Hannah Maria Rotter
Selbsterhaltung und Wille zur Macht

Monographien und Texte zur Nietzsche-Forschung

Herausgegeben von
Christian J. Emden
Helmut Heit
Vanessa Lemm
Claus Zittel

Begründet von
Mazzino Montinari, Wolfgang Müller-Lauter, Heinz Wenzel

Advisory Board:
Günter Abel, R. Lanier Anderson, Keith Ansell-Pearson, Sarah Rebecca Bamford,
Christian Benne, Jessica Berry, Marco Brusotti, João Constâncio, Daniel Conway,
Carlo Gentili, Oswaldo Giacoia Junior, Wolfram Groddeck, Anthony Jensen,
Scarlett Marton, John Richardson, Martin Saar, Herman Siemens,
Andreas Urs Sommer, Werner Stegmaier, Sigridur Thorgeirsdottir,
Paul van Tongeren, Aldo Venturelli, Isabelle Wienand, Patrick Wotling

Band 73

Hannah Maria Rotter

Selbsterhaltung und Wille zur Macht

Nietzsches Spinoza-Rezeption

DE GRUYTER

ISBN 978-3-11-076330-0
e-ISBN (PDF) 978-3-11-061523-4
e-ISBN (EPUB) 978-3-11-061340-7
ISSN 1862-1260

Library of Congress Cataloging-in-Publication Data: 2019949175

Bibliografische Information der Deutschen Nationalbibliothek
Die Deutsche Nationalbibliothek verzeichnet diese Publikation in der Deutschen National-
bibliografie; detaillierte bibliografische Daten sind im Internet über http://dnb.dnb.de
abrufbar.

© 2021 Walter de Gruyter GmbH, Berlin/Boston
Dieser Band ist text- und seitenidentisch mit der 2019 erschienenen gebundenen Ausgabe.
Printing and binding: CPI books GmbH, Leck

www.degruyter.com

Inhalt

Danksagung —— VII

Siglenverzeichnis —— IX

Einleitung —— 1

1 **Nietzsches Spinoza-Bild in seiner Entwicklung** —— 14

2 **Eine indirekte Rezeption – Nietzsches Quellen zu Spinoza** —— 22
2.1 Nietzsches Quellen in den 1870er Jahren —— 23
2.2 Nietzsches Hauptquelle ab 1881: Kuno Fischers *Geschichte der neuern Philosophie I, 2* —— 34
2.3 Weitere Quellen in den 1880er Jahren —— 40

3 **Von der Selbsterhaltung zur Machtsteigerung: Nietzsches Machtkonzeption vor dem „Willen zur Macht"** —— 53
3.1 *Menschliches, Allzumenschliches, Morgenröthe* und *Die Fröhliche Wissenschaft* —— 53
3.2 Die Auseinandersetzung mit Schopenhauers „Willen zum Leben" —— 60
3.2.1 Schopenhauers Lehre vom Willen zum Leben —— 61
3.2.2 Gemeinsamkeiten zwischen dem Willen zum Leben und dem Willen zur Macht —— 65
3.2.3 Nietzsches Kritik am Willen zum Leben —— 67

4 **Wille zur Macht contra Selbsterhaltung? Nietzsche als Kritiker Spinozas in den 1880er Jahren** —— 72
4.1 Gegen das rationalistische Selbsterhaltungsprinzip (1881) —— 73
4.2 Die sekundäre Stellung der Selbsterhaltung (*Also sprach Zarathustra*) —— 83
4.3 Selbsterhaltung als Implikation des Willens zur Macht (*Jenseits von Gut und Böse* 13) —— 86
4.4 Selbsterhaltung als Minimalform des Willens zur Macht (*Die Fröhliche Wissenschaft* 349) —— 97

5 **Nietzsches Auseinandersetzung mit dem Darwinismus** —— 105

6 **Exkurs: Spinozas *conatus*-Lehre – eine Theorie der Selbsterhaltung** —— 114
6.1 Das Streben, in seinem Sein zu verharren —— 114

6.2 Implikationen der *conatus*-Lehre —— 121
6.3 Zum Verhältnis von Selbsterhaltung und Machtsteigerung —— 123
6.4 Zum Problem der Teleologie —— 129

7 Nietzsches indirekte Rezeption von Spinozas *conatus*-Lehre —— 134
7.1 Seine Quellen —— 134
7.2 Seine Interpretationen und Motive —— 142

8 Selbsterhaltung und Machtsteigerung in Nietzsches Konzeption des Willens zur Macht —— 146
8.1 Eine Typologie der Selbsterhaltung —— 148
8.1.1 Selbsterhaltung als Funktion in der Triebökonomie eines Organismus —— 150
8.1.2 Selbsterhaltung als Notwehr —— 155
8.2 Die paradoxe Interpretation der Selbsterhaltung beim späten Nietzsche —— 156
8.2.1 Selbsterhaltung des Willens zur Macht —— 156
8.2.2 „Erhaltungs- und Wachsthums-Gesetze" —— 158
8.2.3 Das Stillstandsargument —— 160

Schlussbetrachtung —— 165

Anhang I
Eine unpublizierte Handschrift Nietzsches zu Spinoza —— 170

Anhang II
Nachweis von Nietzsches Fischer-Exzerpten im Notat 11[193] von 1881 —— 178

Literaturverzeichnis —— 182
   Quellen —— 182
   Weitere Literatur —— 184

Personenregister —— 198

Sachregister —— 201

Danksagung

Das vorliegende Buch geht auf meine Dissertationsschrift zurück, die ich 2015 am Institut für Philosophie der Humboldt-Universität zu Berlin – noch unter meinem Geburtsnamen Grosse Wiesmann – eingereicht und verteidigt habe. Mein Dank geht an die Studienstiftung des deutschen Volkes, die diese Arbeit durch ein Promotionsstipendium ermöglicht hat. Ebenfalls danke ich der Klassik Stiftung Weimar, die mich in der Abschlussphase des Projekts durch ein Fellowship am Kolleg Friedrich Nietzsche gefördert hat, und der Spinoza-Gesellschaft, die mir einen großzügigen Druckkostenzuschuss gewährt hat.

Zu danken habe ich auch den Betreuern meiner Dissertation: Prof. Dr. Dr. h. c. Volker Gerhardt, der das Projekt über mehrere Jahre begleitet hat, und Prof. Dr. Wolfgang Bartuschat, der das Zweitgutachten erstellt und mir im Vorfeld durch kritische Lektüren sehr geholfen hat – ebenso wie Prof. Dr. Marco Brusotti, der als dritter Gutachter an der Disputation mitgewirkt hat.

Der Entstehungsprozess dieser Arbeit wurde von drei weiteren Personen nachhaltig geprägt. Prof. Dr. Helmut Heit hat mich von Beginn an mit großem Interesse, sachkundiger Hilfe und steter Ermutigung begleitet. Durch seine Aufgeschlossenheit und seine unhierarchische, dialogische Wissenschaftspraxis war und ist er mir Vorbild. Das von ihm 2008 gegründete und bis 2015 geleitete Berliner Nietzsche Colloquium bot für meine Arbeit ein Forum, wie es anregender kaum hätte sein können. Prof. Dr. Martin Saar hat mir durch viele klärende Gespräche, die immer kritisch, bestärkend und wegweisend waren, zur Seite gestanden, Dr. Manfred von Boetticher durch akribische Überarbeitungen meiner Texte ebenso wie mit stets erhellendem Rat. Ihnen bin ich für ihre Unterstützung besonders dankbar.

Mehrere Personen und Institutionen haben den Fortgang der Arbeit darüber hinaus maßgeblich gefördert. PD Dr. Peter Villwock vom Nietzsche-Haus in Sils Maria vermittelte mir wertvolle Kontakte. Prof. Ken Gemes, Prof. Susan James, Dr. Christoph Schuringa und Dr. Alexander Douglas luden mich 2013 zu einer Londoner Konferenz über Nietzsche und Spinoza ein und besprachen meine Arbeit dort kritisch. Die Mitarbeiter des Goethe- und Schiller-Archivs und der Herzogin Anna Amalia Bibliothek in Weimar, insbesondere Dr. Erdmann von Wilamowitz-Moellendorff und Dr. Wolfram Wojtecki, waren mir bei meinen Forschungen hilfreich. Bei der Transkription von Nietzsches Handschrift halfen mir Dr. Marie-Luise Haase und ihre Weimarer Kollegen, ebenso wie Dr. Paul Kahl. Dr. Kerstin Andermann und Dr. Folker Metzger unterstützten mich während meines Aufenthalts in Weimar durch besondere Gastfreundschaft und Hilfsbereitschaft.

Erwähnen möchte ich auch einige Freunde und Kollegen, auf deren großzügige Unterstützung ich in verschiedenen Phasen der Arbeit bauen konnte. Dr. Enrico Müller, Dr. Teresa Pedro und Anna Taton haben mir Literatur zur Verfügung gestellt und mit Recherchen geholfen, Dr. Albrecht Döhnert und Dr. Cecilia Engels das Manuskript merklich verbessert. Dr. Claudia Ibbeken, Dr. Nikolaos Loukidelis, Dr. Nikola

Mirkovic, Dr. Elisabeth Richenhagen und Prof. Dr. Johannes Zachhuber waren kritische Leser und überaus anregende Gesprächspartner. Prof. Dr. Annette Seibt und Dr. Jörg Pyrlik haben es mir ermöglicht, das Projekt unbeschwert von finanziellen Sorgen abzuschließen.

Einen innigen persönlichen Anteil an der Entstehung dieses Buches haben – neben meinem Ehemann Thomas – Dr. Lidia Gasperoni, Dr. Julia Meszaros und Marie Pinson: Für ihre Freundschaft, die eine stete Quelle von Inspiration ist, bin ich zutiefst dankbar. Von Herzen danke ich auch Dir, lieber Thomas. Unsere Wege haben sich erst gekreuzt, als meine Dissertation schon abgeschlossen war. Gleichwohl war und ist Deine Unterstützung beim Vorbereiten dieses Buchs für mich ein besonderes und inspirierendes Zeugnis Deiner Liebe.

Allen voran möchte ich meinen Eltern Roswitha und Dr. Paul Grosse Wiesmann danken. Ohne sie wäre keine Zeile dieses Buchs geschrieben worden. Mit tiefem Interesse, steter Gesprächsbereitschaft, unermüdlichem Zuspruch und jeglicher Form von Unterstützung haben sie mir – nicht nur bei diesem Projekt – zur Seite gestanden. Ihnen ist dieses Buch gewidmet.

Siglenverzeichnis

Schriften Nietzsches

MA   Menschliches, Allzumenschliches
M   Morgenröthe
FW   Die fröhliche Wissenschaft
Za   Also sprach Zarathustra
JGB Jenseits von Gut und Böse
GM   Zur Genealogie der Moral
GD   Götzen-Dämmerung
AC   Der Antichrist
EH   Ecce homo
NL   Nachlass

Ausgaben von Nietzsches Werken

KSA Friedrich Nietzsche: *Sämtliche Werke. Kritische Studienausgabe*, hrsg. von Giorgio Colli und Mazzino Montinari, 2., durchgesehene Aufl., Berlin/New York 1888.
KGW Friedrich Nietzsche: *Werke. Kritische Gesamtausgabe*, begründet von Giorgio Colli und Mazzino Montinari, weitergeführt von Wolfgang Müller-Lauter und Karl Pestalozzi, Berlin/New York 1967 ff.
KSB Friedrich Nietzsche: *Sämtliche Briefe. Kritische Studienausgabe*, hrsg. von Giorgio Colli und Mazzino Montinari, Berlin/New York 1975 ff.
KGB Friedrich Nietzsche: *Briefwechsel. Kritische Gesamtausgabe*, hrsg. von Giorgio Colli und Mazzino Montinari, Berlin/New York 1975 ff.

Schriften Spinozas

E   Benedictus de Spinoza: *Ethik in geometrischer Ordnung dargestellt: Lateinisch-Deutsch*, neu übers., hrsg., mit einer Einl. vers. von Wolfgang Bartuschat, 3., verb. Aufl., Hamburg 2010.
PPC Benedictus de Spinoza: *Descartes' Prinzipien der Philosophie in geometrischer Weise dargestellt mit einem Anhang, enthaltend Gedanken zur Metaphysik*, in: Spinoza: *Werke*, hrsg. von Wolfgang Bartuschat, Bd. 3, Hamburg 2006.

Schriften Schopenhauers

WWV I/1 – II/2 Arthur Schopenhauer: *Die Welt als Wille und Vorstellung*, in: *Zürcher Ausgabe: Werke in zehn Bänden*, nach der historisch-kritischen Ausg. von Arthur Hübscher hrsg. von Angelika Hübscher, Bd. 1–4, Zürich 1977.

VWSG Arthur Schopenhauer: *Ueber die vierfache Wurzel des Satzes vom zureichenden Grunde. Ueber den Willen in der Natur*, nach der historisch-kritischen Ausg. von Arthur Hübscher hrsg. von Angelika Hübscher, Bd. 5, Zürich 1977.

PP I/1 – II/2 Arthur Schopenhauer: *Parerga und Paralipomena: kleine philosophische Schriften*, in: *Zürcher Ausgabe: Werke in zehn Bänden*, nach der historisch-kritischen Ausg. von Arthur Hübscher hrsg. von Angelika Hübscher, Bd. 7–10, Zürich 1977.

HN I Arthur Schopenhauer: *Der handschriftliche Nachlass, Erster Band: Frühe Manuskripte (1804–1818)*, hrsg. von Arthur Hübscher, Frankfurt a. M. 1966.

▸ **Abb. 1:** Der abgebildete Leserbrief von Oscar Levy wurde am 29. Juli 1936 in der *Cape Times* und am 22. August desselben Jahres im *Sydney Morning Herald* abgedruckt. Der Autor selbst hat ihn in seiner privaten Artikelsammlung, die er mithilfe eines Pressedienstes anlegte, archiviert. Die Sammlung befindet sich heute im Besitz des Nietzsche-Hauses in Sils Maria (Engadin/Schweiz); sie wurde der Einrichtung durch Levys Enkeltochter, Julia Rosenthal, geschenkt. – Die Hannoversche „Nietzschestraße" wurde übrigens 1945 wieder in „Spinozastraße" umbenannt; eine Nietzschestraße sucht man dort seitdem vergebens.

International Press-Cutting Bureau,
110, Fleet Street, London, E.C.4.

Extract from

Cape Times
Cape Town

2 9 JULY 1936

"NIETZSCHE STRASSE."

From Dr. OSCAR LEVY, Editor of the authorised English translation of Nietzsche's works (Villa de l'Oasis, Route de Fréjus, Cannes-la Bocca, France):

The Head of the Police of the German Town of Hanover has given notice to the inhabitants, that the "Spinozastrasse" has been renamed and should in future be called "Nietzsche Strasse."

In this connection it may interest your readers to hear of the following letter, written by Nietzsche to his friend Overbeck, then Professor at Bale University, under the date of July 30th, 1881:

"I am astonished, I am delighted. I have a predecessor, and one of what standing! I hardly knew Spinoza. It was perhaps a sort of Instinct, that I just now wished to know more about him. Not only his general tendency is like mine, for he declares Understanding as the Sovereign Principle; but also in five main points of his Teaching I recognize myself again. This most abnormal and solitary of thinkers comes nearest to me in the following particulars: He denies Freedom of Will, the Doctrine of Final causes, the moral order of the Universe, Unegotistical Action and finally: Evil. To sum up: my solitude, which on very high mountains often caused me shortness of breath, is no more; it has become a dialogue with another man. (The untranslatable German runs as follows: Meine Einsamkeit ist jetzt wenigstens eine Zweisamkeit!)

It is to be hoped, in the interest of the good town of Hanover, that der Herr Polizei-Praesident is better up in the elimination of criminals than in the classification of thinkers, so that "Aryan" pickpockets may be as easily removed from its streets as the name of the greatest of Semitic Philosophers.

Abb. 1: Abbildung mit freundlicher Genehmigung des Nietzsche-Hauses in Sils Maria.

Einleitung

Spinoza: ein Vorgänger Nietzsches?

Jeder Philosoph hat zwei Philosophien: seine eigene und diejenige Spinozas – so äußerte sich einmal Henri Bergson.[1] Dies gilt auch für Nietzsche, obwohl er Spinoza wahrscheinlich nie gelesen hat. Nietzsche sah jedoch in Spinoza seinen „V o r g ä n - g e r", er begrüßte dessen „Gesamttendenz", die der seinen gleich sei – „die Erkenntniß zum m ä c h t i g s t e n A f f e k t zu machen" – und fand sich philosophisch in „fünf Hauptpunkten" Spinozas wieder: Im Leugnen der „Willensfreiheit", der „Zwecke", der „sittliche[n] Weltordnung", des „Unegoistische[n]" und des „Böse[n]" (Nietzsche an Franz Overbeck, 30. Juli 1881, KSB 6, 111). Spinoza, „dieser abnormste und einsamste Denker" (Nietzsche an Franz Overbeck, 30. Juli 1881, KSB 6, 111), war in Nietzsches Augen ein philosophischer Vorgänger, mit dem er sich in der Geschichte der Philosophie in einsamer Gesellschaft befand; keinen anderen Denker hat er so häufig als seinen Vorgänger bezeichnet.[2] Nachdem er Spinozas Leben und Werk 1881 in Kuno Fischers *Geschichte der neuern Philosophie* näher kennengelernt hatte, führte für Nietzsche kein Weg mehr an dem Ethiker, dem Machttheoretiker und dem Moralkritiker Spinoza vorbei. Dennoch – oder vielleicht gerade deshalb – war er in seinen Schriften fortan bemüht, die Bedeutung Spinozas für sein eigenes Denken und die

---

1 Vgl. Bergson, *Hommage à Spinoza*, 2: „[...] nous avons beau nous être engagés [...] dans des voies différentes de celles que Spinoza a suivies, nous n'en redevenons pas moins spinozistes, dans une certaine mesure, chaque fois que nous relisons l'*Ethique*, parce que nous avons l'impression nette que telle est exactement l'altitude où le philosophe doit se placer, telle est l'atmosphère où réellement le philosophe respire. En ce sens, on pourrait dire que tout philosophe a deux philosophies: la sienne et celle de Spinoza". Bergsons Höhen- und Atmosphären-Metaphorik hätte Nietzsche, der sich mit Spinoza „6000 Fuss über dem Meere und viel höher über allen menschlichen Dingen" (NL Frühjahr-Herbst 1881, 11[141], KSA 9, 494) – in Sils-Maria – vertraut machte, vermutlich angesprochen.
2 Vgl., neben dem bereits zitierten Brief, vier nachgelassene Notate aus den 1880er Jahren (bezeichnenderweise hat Nietzsche Spinoza nur in privaten, nachgelassenen Schriftstücken als seinen Vorgänger bezeichnet): NL Herbst 1881, 12[52], KSA 9, 585: „Wenn ich von Plato Pascal *Spinoza* und Goethe rede, so weiß ich, daß ihr Blut in dem meinen rollt – ich bin s t o l z , wenn ich von ihnen die Wahrheit sage – die Familie ist gut genug, daß sie nicht nöthig hat, zu dichten oder zu verhehlen; und so stehe ich zu allem Gewesenen, ich bin s t o l z a u f d i e M e n s c h l i c h k e i t , und stolz gerade in der unbedingten Wahrhaftigkeit"; NL Herbst 1881, 15[17], KSA 9, 642: „In dem, was Zarathustra, Moses, Muhamed Jesus Plato Brutus *Spinoza* Mirabeau bewegte, lebe ich auch schon, und in manchen Dingen kommt in mir erst reif an's Tageslicht, was embryonisch ein paar Jahrtausende brauchte. Wir sind die ersten Aristokraten in der Geschichte des Geistes [...]"; NL Frühjahr 1884, 25[454], KSA 11, 134: „,Der Mensch ist etwas, das überwunden werden muß' – es kommt auf das tempo an: die Griechen bewunderungswürdig: ohne Hast, / – meine Vorfahren H e r a c l i t E m p e d o c l e s S p i n o z a G o e t h e"; NL Sommer-Herbst 1884, 26[432], KSA 11, 266: „Wenn ich an meine philosophische Genealogie denke, so fühle ich mich im Zusammenhang mit der antiteleologischen, d. h. *spinozistischen* Bewegung unserer Zeit, doch mit dem Unterschied, daß ich auch ,den Zweck' und ,den Willen' i n u n s für eine Täuschung halte [...]".

geistige Verwandtschaft, die er zwischen ihnen sah, verdeckt zu halten. Spinoza war für Nietzsche nicht nur ein philosophischer Vorgänger, er war, als systematischer und rationalistischer Denker *par excellence*, auch sein vollendeter Antipode. In dieser Gegensätzlichkeit war er für Nietzsche ein Skandalon in der Philosophie: ein Stolperstein, der in seiner Deutung der christlich-platonischen Denktradition unbequem aneckte. Nietzsche würdigte Spinoza daher mit höchstem Befremden als seinen Vorgänger; zusammen mit ihm bildet er, so ließe sich sagen, das Gespann der verfeindeten Dioskuren der neuzeitlichen Philosophie.³

Dass Nietzsches Umgang mit Spinoza von großer Ambivalenz geprägt ist, kann vor diesem Hintergrund kaum verwundern. Die Ambivalenz zeigt sich nicht nur, wenn man Nietzsches private, nachgelassene Äußerungen mit den Hinweisen auf Spinoza in seinen veröffentlichten Schriften vergleicht; auch seine Haltung zu Spinoza innerhalb des öffentlichen Werks ist ambivalent: Während in Nietzsches Schriften bis *Morgenröthe* ein positives Spinoza-Bild vorherrscht, nehmen seine Bezugnahmen auf den Denker danach eine überaus kritische Wendung. Entscheidend ist für diesen Wandel die Lektüre von Kuno Fischers *Geschichte der neuern Philosophie I, 2*,⁴ mit der Nietzsche 1881 seine gezielte und intensive, jedoch nach wie vor indirekte Spinoza-Rezeption beginnt.⁵ Aber selbst in den Schriften nach 1881 bleibt Nietzsches Beurteilung Spinozas nicht frei von Ambivalenzen: Während er den verketzerten Denker in *Zur Genealogie der Moral* zum Vorbild seiner eigenen radikalen Moralkritik stilisiert,⁶ verschreit er ihn in *Götzen-Dämmerung* und *Der Antichrist* als sinnenfeindlichen, in Begriffsgewebe versponnenen Metaphysicus.⁷ Gleichwohl stellt das Jahr 1881 die entscheidende Zäsur dar: Im Sommer dieses Jahres verwandelt sich Nietzsches zuvor eher flüchtige und beiläufige Beschäftigung in eine gezielte, intensive Rezeption Spinozas. Nietzsches nachgelassene Notizen und Briefe zeugen von dieser intensiven Rezeption; während in ihnen sowohl Nietzsches Anerkennung als auch seine kritische Distanzierung von Spinoza zum Ausdruck kommt, dominiert in den Schriften der 1880er Jahre ein kritisches und polemisches Spinoza-Bild. Die produktive Rezeption findet in den Aufzeichnungen statt, die Nietzsche nicht veröffentlicht hat; in seinen

---

3 Vgl. Yovel, *Spinoza und Nietzsche*, 284: Der Autor bezeichnet Spinoza und Nietzsche als die „beiden feindlichen Brüder[...] der modernen Philosophie".
4 Kuno Fischer: *Geschichte der neuern Philosophie I, 2. Descartes' Schule. Geulinx. Malebranche. Baruch Spinoza*, zweite völlig umgearbeitete Auflage, Heidelberg 1865. Dass Nietzsche diese Auflage von Fischers Buch verwendete, hat M. Scandella nachgewiesen: vgl. ders., *Did Nietzsche Read Spinoza?*.
5 Kuno Fischers Spinoza-Studie hat Nietzsche in Auszügen mindestens zweimal gelesen, wie nachgelassene Exzerpte und Notizen von 1881 und 1887 zeigen; darüber hinaus rezipierte er in den 1880er Jahren einige weitere Autoren, die sich auf Spinoza beziehen. Vgl. dazu das nachfolgende Kapitel zu Nietzsches indirekter Spinoza-Rezeption.
6 Vgl. GM, *Vorrede* 5, KSA 5, 252; GM II, 6, ebd., 301; GM II, 15, ebd., 320 f.
7 Vgl. GD, *Streifzüge eines Unzeitgemässen* 23, KSA 6, 126; AC 17, ebd., 184 (Dort mokiert sich Nietzsche über die „Herrn Metaphysiker", die „Begriffs-Albinos", die den jüdisch-christlichen Gott so lange umsponnen hätten, „bis er, hypnotisirt durch ihre Bewegungen, selbst Spinne, selbst Metaphysicus wurde" und die Welt „sub specie Spinozae" wieder „aus sich heraus" spann.).

veröffentlichten Schriften inszeniert Nietzsche dagegen funktionale, strategische Spinoza-Bilder, die es ihm – sei es durch Abgrenzung oder durch Vereinnahmung – erlauben, seine eigenen philosophischen Positionen zu entwickeln und zu profilieren.[8]

Eine produktive Auseinandersetzung mit Spinoza

Nietzsches Auseinandersetzung mit Spinoza in den 1880er Jahren umfasst verschiedene Themenkreise, von denen vier in besonderer Weise hervortreten: Einerseits hat Nietzsche sich in Bezug auf Fragen der *Moralkritik* mit Spinoza befasst. Er hat ihn in *Zur Genealogie der Moral* als seinen Vorgänger im Denken ‚jenseits von Gut und Böse' inszeniert. Dennoch erscheint Spinoza in Nietzsches nachgelassenen Notizen der 1880er Jahre als nicht radikal genug: Trotz seiner Relativierung der Werte ‚gut' und ‚böse' und seiner Kritik der jüdisch-christlichen Moral sei auch Spinoza von moralischem Grundurteil bestimmt;[9] weil er den Glauben an Gott und die Wahrheit nicht aufgegeben habe, mangele es seiner Moralkritik letztlich an Radikalität.[10] Andererseits hat Nietzsche sich mit Spinoza in Bezug auf die Frage nach der *Stellung* und den *Grenzen der Vernunft* auseinandergesetzt. Die rationalistische Vernunftkonzeption Spinozas diente ihm als Reibungsfläche, um seine eigene Erkenntnis- und Vernunftkritik zu entwickeln und diese polemisch gegen eine bestimmte, als metaphysisch und rationalistisch kritisierte Tradition abzugrenzen.[11] Dabei ging es Nietzsche um eine Neubewertung der Stellung der Vernunft im Verhältnis zu Leiblichkeit und Affektivität. Ferner hat Nietzsche durch seine Spinoza-Rezeption wichtige Impulse in Bezug auf eine *Ethik der Bejahung* erhalten, die er im Kontext des Gedankens der ewigen Wiederkunft des Gleichen und des *amor fati*-Begriffs zu entwickeln suchte. Mit dem von ihm geprägten Ausdruck „amor fati"[12] bezieht sich Nietzsche polemisch auf

---

[8] In Bezug auf die Zeit nach 1881 hat H.-J. Gawoll überzeugend zwischen einem ‚exoterischen', polemischen Spinoza-Bild in Nietzsches Schriften und einem ‚esoterischen', von sachlicher Auseinandersetzung geprägten Spinoza-Bild im Nachlass unterschieden: Vgl. Gawoll, *Nietzsche und der Geist Spinozas*.
[9] Vgl. NL Herbst 1885 – Herbst 1886, 2[127], KSA 12, 126; NL Sommer 1886 – Herbst 1887, 5[50], KSA 12, 203.
[10] Vgl. z. B. NL Herbst 1885 – Herbst 1886, 2[161], KSA 12, 144.
[11] Spinozas rationalistische Vernunft- und Erkenntniskonzeption ist das Hauptmotiv von Nietzsches kritischen Darstellungen in FW und JGB sowie an vielen Stellen im Nachlass der 1880er Jahre: Vgl. FW I, 37, KSA 3, 406; FW IV, 333, ebd., 558 f.; JGB V, 198, KSA 5, 118; FW V, 372, KSA 3, 624, sowie NL Frühjahr-Herbst 1881, 11[132], KSA 9, 490; 11[193], ebd., 517 f.; NL Sommer-Herbst 1884, 26[285], KSA 11, 226; NL Ende 1886 – Frühjahr 1887, 7[4], KSA 12, 261. Zu Nietzsches Auseinandersetzung mit Spinoza hinsichtlich der Vernunft- und Erkenntniskonzeption vgl.: Gawoll, *Nietzsche und der Geist Spinozas*, 50 – 53; Stegmaier, ‚*Philosophischer Idealismus' und die ‚Musik des Lebens'*, insb. 114 – 116; Wollenberg, *Power, Affect, Knowledge*; Rezension zu Letzterem: Boehm, *Interpretationen der Affektivität*.
[12] Vgl. NL Herbst 1881, 15[20], KSA 9, 643; NL Dez. 1881 – Jan. 1882, 16[22], ebd., 664; FW IV, 276, KSA 3, 521; NL Frühjahr-Sommer 1888, 16[32], KSA 13, 492.

Spinozas Konzeption des „amor Dei intellectualis"; zugleich nimmt er aber mit dem, was man als seine Ethik der Bejahung bezeichnen kann, Spinozas Ideal einer Affirmation der immanenten Notwendigkeit alles Geschehens auf und führt dieses fort.[13] Schließlich und vor allem hat sich Nietzsche in Bezug auf die Problematik der *Macht* mit Spinoza auseinandergesetzt. Sein gezieltes Interesse an Spinoza erwachte 1881 im Zusammenhang machttheoretischer Überlegungen, die ihn das Prinzip der Selbsterhaltung kritisieren ließen. Mit dem Machttheoretiker, genauer: dem Selbsterhaltungstheoretiker Spinoza setzte sich Nietzsche in den folgenden Jahren kontinuierlich auseinander, um seine Konzeption des Willens zur Macht begrifflich auszuarbeiten und in Abgrenzung vom Selbsterhaltungsprinzip kritisch zu positionieren.[14] In Bezug auf diese Thematik zeigt sich Nietzsches produktivste Auseinandersetzung mit Spinoza.

Eine indirekte Rezeption Spinozas

Wenn im Titel dieser Arbeit von „Nietzsches Spinoza-Rezeption" die Rede ist, so muss zunächst geklärt werden, wie sich diese Rezeption vollzogen hat. Zwar bezieht sich Nietzsche häufig auf Spinoza, den Spinozismus oder Spinozistisches; in Schriften und Nachlass explizit in annähernd 100 Texteinheiten. Doch auf eine wirkliche Lektüre Spinozas im Original gibt es in seinen Schriften, Notizen und Briefen keinerlei Hinweis; vielmehr deutet alles darauf hin, dass Nietzsche seine Kenntnis ausschließlich aus Sekundärquellen gewonnen hat. Dies wäre ein für ihn nicht untypisches Leseverhalten gewesen. Auch andere neuzeitliche Philosophen, auf die er sich häufig und ausführlich bezieht, wie Kant oder Rousseau, kannte er in erster Linie aus Sekundärquellen.[15] Philosophiegeschichtliche Kompendien und Gesamtdarstellungen erlaubten es ihm, sich rasch einen Überblick über den ihn interessierenden Denker zu verschaffen und eine geschlossene Interpretation vorzufinden, die ihm als Anknüpfungs- und Reibungsfläche dienen konnte. Für die neuzeitlichen Philosophen, mit denen er nicht schon aufgrund seines altphilologischen Studiums vertraut war, interessierte sich Nietzsche als Philosoph stets nur *situativ*, nämlich im Hinblick auf die Probleme, die ihn jeweils beschäftigten; er rezipierte diese Philosophen mit gezieltem Interesse und daher meist nur punktuell.[16] In Bezug auf Spinoza war es sein Interesse

---

13 Vgl. NL Sommer-Herbst 1884, 26[416], KSA 11, 262; NL Herbst 1884, 28[49], KSA 11, 319; NL Sommer 1886 – Herbst 1887, 5[71], KSA 12, 213 f. Zu Nietzsches Auseinandersetzung mit Spinoza in Bezug auf „amor dei" und „amor fati" vgl.: Yovel, *Spinoza und Nietzsche*; Stambaugh, *The other Nietzsche*, 75–93.
14 Vgl. JGB I, 13, KSA 5, 27 f.; FW V, 349, KSA 3, 585 f., sowie NL Frühjahr-Herbst 1881, 11[193], KSA 9, 517 f.; NL Frühjahr 1888, 14[121], KSA 13, 301 u. a.
15 Vgl. Brobjer, *Nietzsche's Philosophical Context*, 78; zu Kant vgl. ebd. 36–39; zu Rousseau vgl. auch: Klaiber, ‚*Ich hasse Rousseau…*', 50.
16 Eine Ausnahme bildet Schopenhauer, den Nietzsche ab 1865 eingehend las und mit dessen Werk er bestens vertraut war.

an einer auf dem Selbsterhaltungsprinzip beruhenden Machttheorie, die ihn, während er seine eigene Machtkonzeption ausarbeitete, zur genannten Studie Kuno Fischers greifen ließ. Vor dem Hintergrund eines solchen fokussierten Interesses war es allein schon der Zeitökonomie geschuldet, wenn er sich einer Gesamtdarstellung und nicht den Originalschriften des Autors zuwandte. Doch auch Nietzsches Selbstverständnis als Denker könnte sich in diesem Leseverhalten verraten haben. Mit gebührender Ironie bemerkt Andreas Urs Sommer diesbezüglich: „Ein großes Individuum muss das, worüber es spricht, nicht aus eigener Anschauung kennen"[17]. Es gibt mehrere Gründe für die Annahme, dass Nietzsche Spinoza nur indirekt über Sekundärquellen rezipiert hat: Einerseits enthalten weder seine Schriften noch sein Nachlass einen Hinweis darauf, dass er Spinoza im Original gelesen hätte. (Wie wenig er im Gegenteil an einer direkten Lektüre Spinozas interessiert war, lässt ein Retourenbeleg aus dem Jahre 1875 vermuten, mit dem C. Detloff's Buchhandlung in Basel bescheinigte, ein Ansichtsexemplar von Spinozas *Ethik* von ihm zurückerhalten zu haben.[18]) Andererseits können Nietzsches wichtigste Bezugnahmen auf Spinoza in den Schriften und im Nachlass auf Sekundärquellen zurückgeführt werden, die er nachweislich gelesen hat.[19] Auch wenn man davon ausgeht, dass es nahezu unmöglich ist, zu beweisen, dass jemand einen Autor oder ein Buch nicht gelesen hat,[20] kann aus den genannten Gründen doch zu Recht behauptet werden, dass Nietzsche Spinoza nur indirekt rezipierte.

Zur Vorgehensweise

Auf dieser Grundlage lassen sich bestimmte methodologische Forderungen formulieren. Der indirekte Charakter von Nietzsches Spinoza-Rezeption macht es notwendig, dass man nicht Spinozas Originalschriften, sondern die von Nietzsche rezipierten Sekundärquellen zur Grundlage der Rekonstruktion und Beurteilung seiner Spinoza-Interpretationen macht. Die Quelle, auf die sich die vergleichsweise meisten von Nietzsches Bezugnahmen auf Spinoza zurückführen lassen – Kuno Fischers *Geschichte der neuern Philosophie I, 2* – ist dabei ins Zentrum zu stellen.[21] Einer solchen methodologischen Vorgabe trägt die vorliegende Arbeit auf dreierlei Weise Rechnung:

---

17 Sommer, *Nietzsche anti Darwin*, 171.
18 Vgl. Campioni et alii, *Nietzsches persönliche Bibliothek*, 719.
19 Vgl. Brobjer, *Nietzsche's Philosophical Context*, 156, Anm. 82. Bereits W. Wurzer ging davon aus, dass Nietzsche Spinoza nur mittelbar aus Sekundärquellen rezipiert habe (vgl. Wurzer, *Nietzsche und Spinoza*, insb. 141–148). Brobjer, der Wurzers Quellenstudien aufgenommen, ergänzt und teilweise revidiert hat, hat überzeugend die These vertreten, dass Nietzsche Spinoza nie gelesen hat (vgl. Brobjer, *Nietzsche's Philosophical Context*, 77). Jüngst hat M. Scandella diese These durch akribische Analyse von Nietzsches Hauptquelle, K. Fischers *Geschichte der neuern Philosophie I, 2* in der zweiten Auflage von 1865, zu untermauern gesucht (vgl. Scandella, *Did Nietzsche Read Spinoza?*).
20 Vgl. Brobjer, *Nietzsche's Philosophical Context*, 156, Anm. 82.
21 Vgl. Brobjer, *Nietzsche's Philosophical Context*, 77.

Zum einen werden die Quellen von Nietzsches indirekter Spinoza-Rezeption, die in der Forschung bereits nachgewiesen oder vermutet wurden, zusammengetragen, geprüft und um weitere Quellen ergänzt. Zum anderen werden Nietzsches Spinoza-Interpretationen auf Quellen, die er nachweislich oder mutmaßlich rezipiert hat, zurückgeführt, durch die Analyse dieser Quellen kontextualisiert und in Bezug auf sie interpretiert. Schließlich dient Spinozas Philosophie nicht als direkter Vergleichsgegenstand für Nietzsches Interpretationen, sondern wird zu dem Zweck dargestellt, die Problematik des spinozanischen Selbsterhaltungsprinzips unabhängig von Nietzsches Perspektive zu entwickeln; dies soll eine Verständnisgrundlage für die von Nietzsche rezipierten Interpretationen schaffen. Es kann dabei jedoch nicht darum gehen, die Angemessenheit von Nietzsches Spinoza-Deutung anhand von Spinozas Schriften selbst zu beurteilen.

Über die rezeptionsgeschichtliche Perspektive hinaus soll die vorliegende Arbeit einen Beitrag zur *inhaltlichen Interpretation von Nietzsches Machtkonzeption* liefern, indem die Entstehung und begriffliche Bestimmung dieser Konzeption vor dem Hintergrund von Nietzsches Auseinandersetzung mit Spinoza rekonstruiert wird. Erst der Fokus auf Spinoza erlaubt es, Nietzsches Machtkonzeption – die nur im Zusammenhang mit dem Begriff des Willens zur Macht und durch eine Interpretation dieses Begriffs erschlossen werden kann – ihrem begrifflichen Gehalt und ihrer kritischen Ausrichtung nach angemessen zu interpretieren. Um die Bedeutung von Nietzsches Spinoza-Rezeption für seine Machtkonzeption aufzuzeigen, sind die Spinoza-Bilder und -Interpretationen, die Nietzsche entworfen hat, im Hinblick auf die Funktionen zu untersuchen, die sie innerhalb seines Denkens erfüllen.[22] Dabei wird sich zeigen, dass Nietzsche die Abgrenzung seiner Machtkonzeption vom neuzeitlichen Selbsterhaltungsprinzip hauptsächlich durch seine Auseinandersetzung mit Spinoza vollzogen hat. Um dies zu verdeutlichen, werden nicht nur Nietzsches Schriften, sondern auch seine nachgelassenen Notate herangezogen.[23] Im Gang der Untersuchung wird zunächst ein Überblick über die Entwicklung von Nietzsches Spinoza-Bild gegeben und

---

22 Letzteres erfordert eine genaue Textinterpretation, die in zweierlei Hinsicht kontextuell orientiert sein muss: Einerseits ist der *werk-immanente Kontext* bei Nietzsche zu berücksichtigen, also Stellen in seinen Schriften und im Nachlass, die es ermöglichen, die Bedeutung des jeweils interpretierten Textes auszulegen; andererseits ist auf den *historischen Kontext* Bezug zu nehmen, indem jene von Nietzsche verwendeten Quellen herangezogen werden, die die Voraussetzungen, Problematik und Intention seiner Interpretationen erhellen können.

23 Der Interpretation von Nietzsches Nachlass kommt für die vorliegende Untersuchung besondere Bedeutung zu. Nachgelassene Notate werden jedoch nicht in eigenständiger philosophischer Bedeutung interpretiert – etwa um Nietzsches ‚eigentliche' Philosophie herauszustellen –, sondern um Nietzsches indirekte Spinoza-Rezeption zu rekonstruieren und um ein Licht auf die Entstehungsgeschichte und Problemstellungen seiner Machtkonzeption zu werfen. Die Untersuchung des Nachlasses dient also einerseits der historischen Kontextualisierung, andererseits der textgenetischen Rekonstruktion und inhaltlichen Problematisierung der in Nietzsches Schriften vorgetragenen Gedanken. (Zum Stellenwert des Nachlasses und methodischen Umgang damit vgl.: Zittel, *Nachlaß 1880–1885*, 138 f. Dort werden auch die wichtigsten bisherigen Interpretationsansätze behandelt.)

daraufhin Nietzsches indirekte Spinoza-Rezeption anhand der von ihm verwendeten Quellen rekonstruiert. Anschließend kann die Entwicklung von Nietzsches Machtkonzeption im Einzelnen nachvollzogen werden. Dafür soll zuerst die Problematik der Macht *vor* dem Auftreten des Willens zur Macht in Bezug auf das Spannungsverhältnis von Selbsterhaltung und Machtsteigerung dargestellt werden. Darauf aufbauend kann Nietzsches begriffliche Bestimmung und Positionierung der Konzeption des Willens zur Macht mittels seiner kritischen Auseinandersetzung mit Spinoza in den 1880er Jahren untersucht werden. Da Nietzsche die Abgrenzung des Willens zur Macht vom Selbsterhaltungsprinzip nicht nur in Auseinandersetzung mit Spinoza vollzogen hat, sondern auch durch eine Kritik an anderen Autoren bzw. intellektuellen Strömungen, vor allem an Schopenhauer und dem Darwinismus, sind auch diese Auseinandersetzungen zu berücksichtigen. Nach einem Exkurs zu Spinozas Theorie der Selbsterhaltung und der Rekonstruktion von Nietzsches indirekter Rezeption derselben ist abschließend die Konzeption des Willens zur Macht im Hinblick auf das Verhältnis von Selbsterhaltung und Machtsteigerung zu interpretieren. Die Neubestimmung dieses Verhältnisses durch Nietzsche kann als das wichtigste Ergebnis seiner Auseinandersetzung mit Spinoza und zugleich als einer seiner relevantesten machttheoretischen Beiträge angesehen werden.

Wille zur Macht und neuzeitliche Selbsterhaltung

Nietzsches Spinoza-Rezeption kommt für die Entstehung und Ausarbeitung seiner Konzeption des Willens zur Macht grundlegende Bedeutung zu. Erst die kritische Auseinandersetzung mit Spinoza ermöglicht es Nietzsche, sein Machtverständnis in den 1880er Jahren begrifflich zu präzisieren und kritisch zu profilieren. Als er Spinoza 1881 intensiv zu rezipieren beginnt, ist seine Konzeption des Willens zur Macht noch unausgearbeitet; erst die kontinuierliche Beschäftigung mit Spinoza wird es ihm erlauben, diese Konzeption im Hinblick auf die Priorität der Machtsteigerung gegenüber der Selbsterhaltung zu präzisieren und sie damit kritisch gegen eine bestimmte philosophische Tradition auszurichten: Als Prinzip von Machtsteigerung positioniert Nietzsche den Willen zur Macht gegen die neuzeitliche Tradition des Selbsterhaltungsprinzips.

Die Konzeption des Willens zur Macht kann daher hinsichtlich ihrer *kritischen Ausrichtung*, ihres philosophischen *Problemgehalts* und ihres historischen *Neuerungscharakters*, d.h. ihrer Originalität, nur vor dem Hintergrund von Nietzsches Spinoza-Rezeption angemessen verstanden werden. Insofern lässt sich im Hinblick auf den Willen zur Macht, jenes zentralen Konzepts von Nietzsches Philosophieren von *Also sprach Zarathustra* bis in die Spätschriften, zeigen, dass die indirekte Spinoza-Rezeption Nietzsches Philosophie entscheidend geprägt hat. Dennoch gibt es bisher keine Monographie, die Nietzsches Spinoza-Rezeption in ihrer Bedeutung für die Konzeption des Willens zur Macht umfassend untersucht.[24]

In der Nietzsche-Forschung pflegt man unter der Formel ‚Der Wille zur Macht' nicht nur eine philosophische Konzeption zu verstehen, sondern auch ein zeitweilig von Nietzsche verfolgtes Werkprojekt und eine aus dem Nachlass posthum herausgegebene Kompilation.[25] Dass der *Konzeption* des Willens zur Macht in Nietzsches Werk eine eminente Bedeutung zukommt, ist unbestreitbar. Ihr ist seit den Anfängen der philosophischen Nietzsche-Interpretation besonderes Interesse zuteil geworden, und dies nicht nur, weil sie an zentralen Stellen in Nietzsches Schriften auftritt und eine tragende Rolle in den nachgelassenen Aufzeichnungen von 1885 bis 1888 einnimmt, sondern auch, weil ihr eine besondere systematische Relevanz zukommt.[26] Die inhaltliche Bestimmung dieser Konzeption bleibt jedoch ebenso umstritten wie die Frage nach ihrem theoretischen Geltungsanspruch. Jüngere Debatten darum, ob es sich um eine Theorie im klassischen Sinne handle, die einen objektiven und allgemeinen Wahrheitsanspruch erhebe, oder nicht vielmehr um eine experimentelle Hypothese, mit der Nietzsche seine persönliche Interpretation der Welt formuliere, werden der philosophischen Problematik und Tragweite der Konzeption letztlich nicht gerecht.[27] Denn jenseits dieser Dichotomie lässt sich festhalten, dass Nietzsche

---

[24] Die vorliegende Studie kann sich jedoch auf eine Reihe von Forschungsergebnissen und Vorarbeiten stützen: Vgl. Wurzer, *Nietzsche und Spinoza*, 194–202; Yovel, *Spinoza und Nietzsche*, 291–295; Schacht, *The Nietzsche-Spinoza Problem*, 222–226; Spindler, *Spinoza and Nietzsche*; Rupschus/Stegmaier, *Inconsequenz Spinoza's*; Sommer, *Nietzsche's Readings on Spinoza*, 170–177; Benoit, *Nietzsche lecteur de Spinoza*; Ioan, *A case of 'consumption'*; vgl. auch von der Verfasserin: Grosse Wiesmann, ‚Chaos sive natura'; Grosse Wiesmann, *Spinoza's Conatus and Nietzsche's Will to Power*. Um eine systematische Annäherung der Machtkonzeptionen Spinozas und Nietzsches haben sich jüngst F. Spindler, F. Lodoli, S. Pethick und, in problemgeschichtlicher Perspektive, T. Boehm bemüht (vgl. Spindler, *Philosophie de la puissance et détermination de l'homme*; Lodoli, *Spinoza e Nietzsche*; Pethick, *Affectivity and Philosophy after Spinoza and Nietzsche*; Boehm, *Nietzsches Wiederholung Spinozas*); sie vernachlässigen jedoch die rezeptionsgeschichtliche Problematik. Ansätze zu einem systematischen Vergleich finden sich bereits bei: Avila Crespo, *Spinoza y Nietzsche*.
[25] Vgl. dazu: Montinari, *Textkritik und Wille zur Macht*. Der Autor geht vor allem auf das zeitweilig von Nietzsche verfolgte, 1888 definitiv verworfene literarische Werkprojekt ein.
[26] Vgl. die bemerkenswerten systematischen Interpretationen in: Jaspers, *Nietzsche*, 297–318; Giesz, *Existenzialismus und Wille zur Macht*, VII-XIII, 1–20, 49–69, 115–126; Heidegger, *Nietzsche*, Bd. 1, 11–254, 473–658; ebd., Bd. 2, 7–29, 257–333; Bartuschat, *Nietzsche. Selbstsein und Negativität*; Deleuze, *Nietzsche et la philosophie*, 7–9, 46–50, 56–59, 69–72, 95–99); Kaufmann, *Nietzsche*, 207 ff. Die systematische Bedeutung der Konzeption des Willens zur Macht tritt am deutlichsten in der klassisch gewordenen Interpretation W. Müller-Lauters zutage (vgl. ders., *Nietzsche. Seine Philosophie der Gegensätze*, 10–33, 66–80, 95–115; *Nietzsches Lehre vom Willen zur Macht*), von der auch die systematisch weiterführenden Studien G. Abels (vgl. ders., *Nietzsche*) und V. Gerhardts (vgl. ders., *Vom Willen zur Macht*) ausgehen.
[27] Die These, dass es sich beim Willen zur Macht lediglich um eine persönliche Interpretation handle, mit der Nietzsche seine eigenen Wertvorstellungen in die Welt hinein lese, vertritt z. B. M. Clark (vgl. dies., *Nietzsche on Truth and Philosophy*, 205–244; *Nietzsche's Doctrine of the Will to Power*). J. Richardson (vgl. ders., *Clark on Will to Power*), R. Schacht (vgl. ders., *Nietzsche's Will to Power*) und David

mit dem Begriff des Willens zur Macht beansprucht, eine umfassende und einheitliche Auslegung der Erfahrungswelt zu geben – und sei es auch in hypothetisch-experimenteller Form. Aufgrund dieses Charakters der Willen zur Macht-Konzeption spricht einiges dafür, Nietzsches damit verbundene philosophische Anstrengungen der *Metaphysik* zuzurechnen. Dies hätte allerdings, wie sich mit Volker Gerhardt betonen lässt, nicht nur Folgen für das Verständnis von Nietzsches Philosophie, sondern auch für dasjenige der Metaphysik.[28] Gerhardt hat gezeigt, dass Nietzsche mit seinem Bemühen, durch den Willen zur Macht das Ganze der Wirklichkeit als einen einheitlichen Erfahrungszusammenhang zu bestimmen, dem metaphysischen Denken verpflichtet bleibt.[29] Das sich in Nietzsches Machtkonzeption äußernde Bedürfnis und der Versuch, die Welt und das Ich begrifflich als eine Einheit zu fassen, kennzeichnen Nietzsches Philosophieren demnach ebenso wie die von Nietzsche kritisierte metaphysische Tradition. Zwar lässt Nietzsche die Seinsmetaphysik – im Sinne einer „*Metaphysik der gegebenen Welt*", wie sie von Platon bis Leibniz betrieben wurde – ebenso hinter sich wie die von Kant als „*Metaphysik der entworfenen Welt*" konzipierte Vernunftmetaphysik.[30] Doch indem er den Willen zur Macht als seine persönliche Auslegung der Wirklichkeit behauptet, ist auch Nietzsche von dem genuin metaphysischen Motiv angetrieben, einen „*einheitlichen* und *bedeutungsvollen* Zusammenhang der erfahrenen Welt, als mögliche *Sinneinheit* von Ich und Welt, zu denken".[31] Die von Nietzsche betriebene Metaphysik ist allerdings eine andere als die von ihm kritisierte, weil er aufgrund seiner Erkenntniskritik einen objektiven Wahrheitsanspruch ebenso verabschiedet wie ein allgemeines Vernunftkriterium.[32]

Bevor auf die Frage der Metaphysik weiter eingegangen werden kann, soll zunächst die historisch-systematische Problemlage, auf die sich Nietzsche mit der Konzeption des Willens zur Macht bezieht, entwickelt werden. Indem er den Willen zur Macht dem spinozanischen Selbsterhaltungsprinzip entgegensetzt, zielt Nietzsche auf eine philosophische Tradition ab, die aus seiner Sicht das neuzeitliche Denken bis in die zeitgenössischen Wissenschaften hinein dominiert. Spinoza dient ihm als exemplarische Figur, durch die er sich von einer historischen Tradition abgrenzen und zu einer bestimmten philosophischen Problematik Stellung beziehen kann. Seine eigene Position innerhalb der historisch-systematischen Problemstellung des neuzeitlichen Selbsterhaltungsprinzips formt Nietzsche nicht nur in Auseinandersetzung

---

Owen (vgl. ders., *Is there a Doctrine of Will to Power?*) argumentieren dagegen, mit der Konzeption des Willens zur Macht werde ein objektiver und relativ allgemeiner Wahrheitsanspruch erhoben, z. B. im naturwissenschaftlich-biologischen Sinne (zu letzterem vor allem Richardson).
28 Vgl. Gerhardt, *Macht und Metaphysik*, 94f.
29 Vgl. Gerhardt, *Vom Willen zur Macht*, 285–292.
30 Gerhardt, *Vom Willen zur Macht*, 288; vgl. auch 289.
31 Gerhardt, *Vom Willen zur Macht*, 289.
32 Mit dieser Interpretation von Nietzsches Philosophie wendet sich V. Gerhardt gegen anti-metaphysische Rekonstruktionen wie etwa diejenige G. Abels (vgl. dazu Gerhardt, *Gipfel der Innerlichkeit*, insb. 464–466); zugleich grenzt er sich von anderen metaphysischen Deutungen ab, insb. von derjenigen M. Heideggers (vgl. Gerhardt, *Vom Willen zur Macht*, 288, Anm. 6; ders., *Macht und Metaphysik*, 81–89).

mit Spinoza, sondern auch im kritischen Dialog mit Schopenhauer und dem Darwinismus aus.[33] Spinoza kommt in dieser Konstellation jedoch eine hervorragende Stellung zu; der Denker erscheint in Nietzsches Schriften der 1880er Jahre als Vertreter des abzulehnenden Selbsterhaltungsprinzips *par excellence*, weil die metaphysische und universelle Formulierung des Prinzips bei Spinoza es Nietzsche erlaubt, seine eigene Position in der größtmöglichen Schärfe auszuarbeiten.[34] Nietzsches Gegenposition zum Selbsterhaltungsprinzip lautet, dass nicht die Erhaltung des eigenen Daseins der Hauptgegenstand des Strebens von Individuen sei, sondern dass es allen Lebewesen, ja allem Seienden überhaupt, primär darum gehe, Macht auszuüben; die Ausübung von Macht sei aber aus sich selbst heraus in einer Dynamik der *Steigerung* begriffen. Insofern lässt sich die mit der Konzeption des Willens zur Macht verbundene – sowohl historisch als auch systematisch relevante – Kritik Nietzsches auf die Formel bringen: Nicht Selbsterhaltung ist das Wesentliche, sondern Macht und deren Steigerung. Alles Wirkliche vollzieht sich Nietzsche zufolge in Form von Machtäußerungsprozessen, bei denen sich Individuen nicht primär zu erhalten suchen, sondern auf mehr als das Gegebene zielen, auf eine Steigerung ihres jeweiligen Zustandes; gegenüber dieser Machtsteigerungsdynamik ist Selbsterhaltung ein nur sekundäres, abgeleitetes Phänomen. Kämpfe um Herrschaft, nicht Kämpfe um das bloße Überleben bestimmen also primär alles Geschehen. Als Gegenbild zu dieser Position inszeniert Nietzsche die Philosophie Spinozas, die mit der Behauptung eines allem Seienden wesenhaft zukommenden *conatus* der Selbsterhaltung den agonalen und dynamischen Charakter des Wirklichen grundlegend verkenne.

Spinozas Theorie des *conatus in suo esse perseverandi* eignet sich deshalb besonders als Reibefläche für Nietzsches Konzeption des Willens zur Macht, weil sie eine metaphysische Theorie ist, die die Bestimmung alles Seienden betrifft. Der metaphysische und universale Anspruch von Nietzsches eigener Konzeption des Willens zur Macht kommt in dieser Gegnerschaft deutlich zum Ausdruck. Nietzsches Invektiven gegen Spinoza haben in historischer Hinsicht zugleich eine exemplarische Funktion: Seine Kritik zielt auf eine umfassendere geistesgeschichtliche Tradition ab und erhält ihre aktuelle Relevanz zugleich dadurch, dass diese Tradition aus seiner Sicht in den zeitgenössischen, darwinistisch geprägten Natur- und Sozialwissenschaften fortwirkt. Der historisch-systematische Problemkontext, in dem Nietzsches Kritik zu verorten ist, lässt sich durch einen kurzen Überblick über die Entwicklungslinie des neuzeitlichen Selbsterhaltungsgedankens erschließen.

Das neuzeitliche Selbsterhaltungsprinzip, auf das sich Nietzsche mit dem Willen zur Macht kritisch bezieht, hat seine deutlichste Ausprägung im 17. Jahrhundert mit Hobbes, Descartes, Spinoza und Newton gefunden; in derselben gedanklichen Linie steht Leibniz' Satz von der Erhaltung der Kraft/Energie, der vor allem ab Mitte des

---

33 Vgl. dazu Gerhardt, *Vom Willen zur Macht*, 184–193.
34 Vgl. Gerhardt, *Vom Willen zur Macht*, 193.

19. Jahrhunderts für die Naturwissenschaften von grundlegender Bedeutung wurde.[35] Bei Hobbes kommt dem Selbsterhaltungsprinzip eine zentrale anthropologische, ethische und politische Bedeutung zu. Die Selbsterhaltung wird als primäres Ziel menschlichen Strebens und Handelns aufgefasst und im Hinblick auf das Fortbestehen des Einzelnen wie auch des Staates zum ersten Prinzip und obersten Gebot der Vernunft erklärt. Newton stellt das gleiche Prinzip hinsichtlich der physikalischen Mechanik und der Kräfte-Bestimmung auf: Das von ihm formulierte Gesetz der Trägheit (*vis inertiae*) besagt, dass jeder Massepunkt in seinem jeweiligen Bewegungszustand verharrt, sofern nicht externe Kräfte auf ihn einwirken. Erst Spinoza verbindet mit dem Selbsterhaltungsprinzip einen metaphysischen und universalen Geltungsanspruch, wodurch die Begrenzung auf Anthropologie, Ethik, Politik oder Physik überschritten und Selbsterhaltung zum Wesensmerkmal alles Seienden erklärt wird. Ein ‚Streben, in seinem Sein zu verharren' kommt nicht nur allem Lebendigen, sondern allem Seienden überhaupt zu und betrifft damit als Bestimmung die Grundauslegung alles Wirklichen. Eine weitere entscheidende Neuerung, die mit Spinozas Selbsterhaltungsprinzip hervortritt, lässt sich im Hinblick auf Descartes verdeutlichen. Der Lehrer Spinozas, für dessen Gottesbeweis in der dritten *Meditatio* der Erhaltungsgedanke eine zentrale Rolle spielt, argumentiert noch im Rahmen der scholastischen Lehre von der *creatio continua:* Die physische Fortdauer der Dinge hängt demnach von Gott als deren externer Ursache ab; würden die Dinge nicht in jedem Augenblick von Gott neu erschaffen und dadurch in ihrem Dasein erhalten, so zerfielen sie in nichts. Weil ihnen keine Kraft zur Selbsterhaltung innewohnt, bedürfen die geschaffenen Dinge einer kontinuierlichen Neuerschaffung, d. h. Erhaltung, durch Gott. Spinozas Theorie des *conatus in suo esse perseverandi* erklärt dagegen die Erhaltung der Dinge aus einer ihnen selbst essentiell zukommenden Tendenz, im Dasein zu beharren. Es bedarf keiner äußeren Ursache mehr, die ein Ding im Dasein erhält, sondern die Ursache, durch die das Ding fortbesteht, liegt nach Spinoza in dem Ding selbst als die ihm eigene Kraft zur Selbsterhaltung. Das transitive Erhaltungsmodell Descartes' und der scholastischen Tradition ist abgelöst worden von einem intransitiven und reflexiven Modell der *Selbst*-Erhaltung, bei dem alle Dinge die Ursache ihrer Fortdauer in sich selbst enthalten. Grundlage für diese Neuformulierung des Erhaltungsgedankens ist bei Spinoza ein veränderter Gottesbegriff: Gott ist die allen Einzeldingen *immanente* Ursache, an deren unbedingter Kraft zur Selbsterhaltung (als *causa sui*) die Dinge teilhaben und kraft derer auch sie das Vermögen haben, sich selbst im Dasein zu erhalten. In dieser Formulierung eines Selbst-Erhaltungsprinzips, das sich gegen alle Fremd-Erhaltung behauptet, tritt Hans Blumenberg zufolge die spezifische Gestalt der neuzeitlichen Rationalität zutage.[36] Was sich im Übergang vom scholastisch-cartesischen zum frühneuzeitlichen, spinozanischen Modell der Erhal-

---

[35] Hierzu und zum Folgenden vgl.: Abel, *Nietzsche*, 28–38.
[36] Vgl. dazu die historisch vielschichtige und gedankenreiche Rekonstruktion der Entwicklung des neuzeitlichen Selbsterhaltungsbegriffs bei Blumenberg, *Selbsterhaltung und Beharrung*. Zum oben dargestellten Zusammenhang zwischen Descartes und Spinoza vgl. insb.: ebd., 146–149, 185–188, 191.

tung vollzieht, ist, genauer betrachtet, eine Zurücknahme von Begründungsstrukturen in die Immanenz. Eine solche Immanentisierung (wie man sagen könnte) ist nicht nur für die Entstehung, sondern auch für die Ausprägung der neuzeitlichen Rationalität bis hin zu Nietzsche bestimmend.[37]

Nietzsches Konzeption des Willens zur Macht kann jedoch als Versuch der Überwindung des für die neuzeitliche Rationalität charakteristischen Selbsterhaltungsgedankens verstanden werden.[38] In diesem Sinne behauptet Günter Abel, dass sich bei Nietzsche die für die neuzeitliche Rationalität bestimmende Tendenz zur (anti-teleologischen) Immanentisierung von Begründungsansprüchen vollendet, indem auch die intransitive Form der Selbsterhaltung, die noch rest-teleologisch ist, durch die Theorie der Willen zur Macht überboten wird: Erst mit der Auffassung allen Geschehens als Willen zur Macht-Geschehen werde die Teleologie restlos überwunden und damit der neuzeitliche Anspruch auf „Endogenisierung alles Wirklichen"[39] erfüllt. Aus der Perspektive der Willen zur Macht-Konzeption können demnach sowohl die Auffassung der Erhaltung als externe *creatio continua* als auch deren neuzeitliche Überwindung im Selbsterhaltungstheorem als historische und systematische Durchgangsstadien angesehen werden; am Ende dieser Entwicklung erscheint Selbsterhaltung bei Nietzsche nicht mehr als primäres Moment, sondern als Folge einer Dynamik von Machtsteigerung.[40] Mit dieser Rückführung der Selbsterhaltung auf die nicht mehr teleologische Steigerungsdynamik der Willen zur Macht vollendet sich – Abel zufolge – in Nietzsches Philosophie die ursprüngliche Intention der frühneuzeitlichen Rationalität.Die vorliegende Arbeit knüpft einerseits an diese Überlegungen an, indem sie zu zeigen versucht, wie Nietzsche in Opposition zu Spinoza, aber auch gegen Schopenhauer und den Darwinismus, eine *Substitution von Prinzipien* vornimmt: An die Stelle der Selbsterhaltung als primäres Prinzip von Geschehen und Entwicklung tritt in Nietzsches Philosophie die Machtsteigerung, die als Tendenz alles Seiende kennzeichnet und gegenüber der Selbsterhaltung einen lediglich abgeleiteten, sekundären Status hat. Nietzsches Abgrenzungsprozess soll hier detailliert nachvollzogen und seine theoretische Position in Bezug auf das Verhältnis von

---

[37] Zu Nietzsches Stellung im Prozess der Ausformung der neuzeitlichen Rationalität vgl.: Blumenberg, ebd., 198–200.
[38] Diese Programmatik liegt der Nietzsche-Interpretation G. Abels zugrunde; vgl. ders., *Nietzsche contra Selbsterhaltung*; ders., *Nietzsche*. Der Autor hat damit Nietzsches Philosophie in die vor allem zwischen H. Blumenberg und D. Henrich geführte, von den Arbeiten W. Diltheys angestoßene Diskussion um die neuzeitliche Rationalität eingebracht. Vgl. dazu, neben dem bereits zitierten Beitrag Blumenbergs: Henrich, *Die Grundstruktur der modernen Philosophie*; ders., *Über Selbstbewußtsein und Selbsterhaltung*; ferner: Dilthey, *Weltanschauung und Analyse des Menschen*.
[39] Abel, *Nietzsche contra Selbsterhaltung*, 374.
[40] Die historisch-systematische Entwicklungslinie des Selbsterhaltungsgedankens von der frühen Neuzeit bis zu Nietzsche zeichnet Abel in sechs Stufen nach, die von einem rein externen Erhaltungskonzept bei Descartes bis zu einem völlig internen Konzept bei Nietzsche reichen, demzufolge Selbsterhaltung nur noch eine Folgeerscheinung von Akkumulation, Steigerung und Auslassung von Kraft ist (vgl. Abel, *Nietzsche*, 28–38, insb. 38).

Selbsterhaltung und Machtsteigerung rekonstruiert werden. In der Behauptung der Priorität der Machtsteigerung gegenüber der Selbsterhaltung besteht, wie gezeigt werden soll, die *Originalität* von Nietzsches Machtkonzeption, die auch dadurch nicht gemindert wird, dass schon bei Spinoza, wie auch bei Schopenhauer und Darwin, die bloße Selbsterhaltung im Hinblick auf Machtsteigerung überschritten wird.

Andererseits und darüber hinaus ist aber zu zeigen, dass es in Nietzsches Denken nicht bei einer Substitution von Prinzipien bleibt, sondern dass sich in seinen Spätschriften eine Reflexion auf die Bedeutung der Selbsterhaltung vollzieht, die zu einer *neuen Interpretation* und *genuinen Rehabilitierung des Selbsterhaltungsprinzips* führt. Abels These, dass Nietzsche das neuzeitliche Selbsterhaltungsprinzip überwinde, ist daher zu widersprechen: Nietzsches eigene, bisher kaum beachtete Interpretation des Selbsterhaltungsbegriffs in den Schriften nach 1887 zeigt, dass Selbsterhaltung bei ihm nicht einfach in der sekundären, abgeleiteten Stellung verbleibt, die ihr von *Also sprach Zarathustra* bis *Zur Genealogie der Moral* zukam. Auf der Grundlage der Kritik des Selbsterhaltungsprinzips in jenen Schriften bestimmt Nietzsche den Selbsterhaltungsbegriff ab 1887 neu: Selbsterhaltung versteht er nun nicht mehr als bloße Folgeerscheinung einer Tendenz zur Machtsteigerung, sondern als dynamisches Prinzip von Geschehen, demzufolge sich nicht ein ‚Selbst', sondern ein ‚Wille zur Macht' erhält. Das Selbst, das sich zu erhalten sucht, ist Nietzsche zufolge kein beständiges Subjekt mehr, sondern eine Willen zur Macht-Dynamik, die sich gerade *als* Dynamik kontinuierlicher *Selbst-Übersteigung* zu *erhalten* sucht. Mit dieser radikal-prozesshaften Interpretation des Erhaltungsbegriffs überwindet Nietzsche letztlich nicht die neuzeitliche Tradition des Selbsterhaltungsprinzips, sondern führt diese Tradition auf originelle Weise fort.

Abschließend wird zu fragen sein, ob die Neu-Interpretation der Selbsterhaltung beim späten Nietzsche nicht Konsequenzen formuliert, die dem neuzeitlichen Selbsterhaltungsprinzip schon anfänglich innewohnen. Diese Frage wird exemplarisch in Bezug auf Nietzsches Verhältnis zu Spinoza zu stellen sein.[41] Lassen die Konsequenzen, die Nietzsche aus seiner Kritik am spinozanischen Selbsterhaltungsprinzip zieht, nicht eine grundsätzliche Problematik erkennen, die schon ursprünglich im Prinzip der Selbsterhaltung liegt? Wird hier nicht deutlich, dass Selbsterhaltung bereits in sich und aus ihrer eigenen Struktur auf Machtsteigerung bezogen ist? Diese Frage lässt schon erkennen, dass Nietzsches Stellung zum Selbsterhaltungsprinzip nicht nur einen Zugang zum Zentrum seines machttheoretischen Denkens eröffnet, sondern dass sie auch ein Licht auf die grundsätzliche Problematik des neuzeitlichen Selbsterhaltungsprinzips wirft.

---

[41] In Bezug auf Hobbes und Nietzsche hat S. Müller eine solche Fragestellung aufschlussreich untersucht (vgl. Müller, *Selbsterhaltung und Wille zur Macht*).

1 Nietzsches Spinoza-Bild in seiner Entwicklung

Nietzsche hat sich auf Spinoza kontinuierlich vom Anfang der 1870er Jahre bis in seine spätesten Schriften und nachgelassenen Notizen bezogen; dabei hat sich seine Beurteilung des Philosophen beträchtlich gewandelt. Die Entwicklung seines Spinoza-Bildes sei im Folgenden überblicksartig nachgezeichnet, indem hauptsächlich zwischen zwei Phasen unterschieden wird: In den Jahren vor 1881, als Nietzsches Spinoza-Kenntnis noch flüchtig und beiläufig war, ist sein Bild des Philosophen im veröffentlichten Werk durchaus positiv, aber von zugleich vagem und typisierendem, inhaltsarmem und idealisierendem Charakter. Ab dem Sommer 1881, als Nietzsche Kuno Fischers Studie liest, differenziert sich sein Spinoza-Bild: Während seine nachgelassenen Notizen fortan von einer intensiven Rezeption des Philosophen zeugen, werden seine Schriften zum Schauplatz einer überwiegend kritischen, bisweilen polemischen Auseinandersetzung. Das Jahr 1881 stellt für die Entwicklung von Nietzsches Spinoza-Bild die entscheidende Zäsur dar. Nietzsche hat Spinoza bei seiner Fischer-Lektüre im Sommer dieses Jahres für sich regelrecht entdeckt, was nicht nur aus einer berühmten Postkarte hervorgeht, die er aus Sils-Maria schrieb. In seinem Nachlass aus dieser Zeit finden sich auch etliche Exzerpte und Notizen zu Spinoza und in der *Fröhlichen Wissenschaft* (1882) wird Spinoza erstmals als eigenständige Figur und in Bezug auf präzise Inhalte inszeniert.

In den 1870er Jahren bezog sich Nietzsche auf Spinoza vergleichsweise selten: Im Nachlass erwähnte er ihn viermal und in *Menschliches, Allzumenschliches* und *Morgenröthe* jeweils dreimal. Der Name Spinoza tritt zuerst in seinen Notizen auf, verstreut und beiläufig bezieht sich Nietzsche hier auf den Autor der *Ethik:* 1872/73 kritisiert er Spinozas *mos geometricus* unter Bezugnahme auf Goethe als „starre mathematische Formel", die „nur noch als ästhetisches Ausdrucksmittel ein Recht" (NL Sommer 1872 – Anfang 1873, 19[47], KSA 7, 434) habe, 1875 gibt er zwei abfällige Äußerungen Eugen Dührings über Spinozas Moralkritik wieder.[1] 1876 notiert sich Nietzsche ein Zitat aus dem vierten Teil der *Ethik:* „Homo liber de nulla re minus quam de morte cogitat et ejus sapientia non mortis sed vitae meditatio est. Spinoza." (NL Okt.-Nov. 1876, 19[68], KSA 8, 346).[2] Die Bestimmung der Weisheit des freien Menschen als ein Nachdenken über das Leben – und nicht im Sinne des platonischen *Phaidon* als ein Erlernen des Sterbens – scheint Nietzsche beeindruckt zu haben; seine Quelle für das Zitat ist jedoch unbekannt.

In seinen Schriften erwähnt Nietzsche Spinoza erstmals in *Menschliches, Allzumenschliches* (1878/79) – und zwar, wie auch in *Morgenröthe* (1881), nicht allein, sondern stets zusammen mit anderen Denkern. In *Menschliches, Allzumenschliches* zeichnet er ein typisierendes und idealisierendes Spinoza-Bild, indem er den verket-

---

1 Vgl. NL Sommer 1875, 9[1], KSA 8, 133 und 142.
2 Vgl. bei Spinoza: E IV, pr 67.

zerten Philosophen als Beispiel des „wissende[n] Genius" (MA I, 157, KSA 2, 147 f.)³ und des „reinsten Weisen" (MA I, 475, KSA 2, 310)⁴ darstellt; am Ende der *Vermischten Meinungen und Sprüche* nennt er Spinoza zusammen mit Goethe als einen von acht Gesprächspartnern, mit denen er in einem philosophischen Geistergespräch stehe:

> Auch ich bin in der Unterwelt gewesen, wie Odysseus, und werde es noch öfter sein; und nicht nur Hammel habe ich geopfert, um mit einigen Todten reden zu können, sondern des eignen Blutes nicht geschont. Vier Paare waren es, welche sich mir, dem Opfernden nicht versagten: Epikur und Montaigne, Goethe und *Spinoza*, Plato und Rousseau, Pascal und Schopenhauer. Mit diesen muss ich mich auseinandersetzen, wenn ich lange allein gewandert bin, von ihnen will ich mir Recht und Unrecht geben lassen, ihnen will ich zuhören, wenn sie sich dabei selber untereinander Recht und Unrecht geben. Was ich auch nur sage, beschliesse, für mich und andere ausdenke: auf jene Acht hefte ich die Augen und sehe die ihrigen auf mich geheftet. (MA II, 408, KSA 2, 533 f.)

Dass Nietzsche Goethe und Spinoza als Paar – und, im Unterschied zu den anderen Paaren, nicht in historischer Reihenfolge – nennt, zeugt davon, dass er Spinoza zu dieser Zeit hauptsächlich aus Goethes Schriften kannte; der enthusiastische Spinozismus des Weimarer Dichters findet in seinen eigenen Schriften einen Widerhall. Auch in *Morgenröthe* zeichnet Nietzsche ein überaus positives, wenn auch vages und idealisierendes Spinoza-Bild, wobei er den Denker weiterhin in historischen Gruppen nennt – einmal mit Platon, Pascal, Rousseau und Goethe, deren Gedanken seiner Meinung nach „eine leidenschaftliche Seelen-Geschichte" ausmachen und immer „zugleich eine unwillkürliche Biographie einer Seele" (M V, 481, KSA 3, 285 f.).⁵

Als eigenständige Figur tritt Spinoza erst nach 1881 in Nietzsches Schriften auf. Zuvor hatte Nietzsche den Denker auf einer Postkarte an Franz Overbeck enthusiastisch als seinen Vorgänger begrüßt. Aus Sils-Maria schrieb er am 30. Juli 1881:

> Ich bin ganz erstaunt, ganz entzückt! Ich habe einen V o r g ä n g e r und was für einen! Ich kannte Spinoza fast nicht: daß mich j e t z t nach ihm verlangte, war eine ‚Instinkthandlung'. Nicht nur, daß seine Gesamttendenz gleich der meinen ist – die Erkenntniß zum m ä c h t i g s t e n A f f e k t zu machen – in fünf Hauptpunkten seiner Lehre finde ich mich wieder, dieser abnormste und ein-

---

3 Das Zitat lautet im Kontext: „Der wissende Genius, wie Kepler und *Spinoza*, ist für gewöhnlich nicht so begehrlich [wie der künstlerische Genius (H.M.R.)] und macht von seinen wirklich grösseren Leiden und Entbehrungen kein solches Aufhebens. Er darf mit grösserer Sicherheit auf die Nachwelt rechnen und sich der Gegenwart entschlagen; während ein Künstler, der diess thut, immer ein verzweifeltes Spiel spielt, bei dem ihm wehe um's Herz werden muss."
4 Das Zitat lautet im Kontext: „Trotzdem möchte ich wissen, wie viel man bei einer Gesammtabrechnung einem Volke [i.e. dem jüdischen Volk] nachsehen muss, welches, nicht ohne unser Aller Schuld, die leidvollste Geschichte unter allen Völkern gehabt hat und dem man den edelsten Menschen (Christus), den reinsten Weisen (*Spinoza*), das mächtigste Buch und das wirkungsvollste Sittengesetz der Welt verdankt."
5 Das Zitat lautet im Kontext: „Vergleicht man Kant und Schopenhauer mit Plato, *Spinoza*, Pascal, Rousseau, Goethe in Absehung auf ihre Seele und nicht auf ihren Geist: so sind die erstgenannten Denker im Nachtheil: ihre Gedanken machen nicht eine leidenschaftliche Seelen-Geschichte aus, es giebt da keinen Roman, keine Krisen, Katastrophen und Todesstunden zu errathen, ihr Denken ist nicht zugleich eine unwillkürliche Biographie einer Seele […]".

samste Denker ist mir gerade in d i e s e n Dingen am nächsten: er leugnet die Willensfreiheit –; die Zwecke –; die sittliche Weltordnung –; das Unegoistische –; das Böse –; wenn freilich auch die Verschiedenheiten ungeheuer sind, so liegen diese mehr in dem Unterschiede der Zeit, der Cultur, der Wissenschaft. In summa: meine Einsamkeit, die mir, wie auf ganz hohen Bergen, oft, oft Athemnot machte und das Blut hervorströmen ließ, ist wenigstens jetzt eine Zweisamkeit. – Wunderlich! (Nietzsche an Franz Overbeck, 30. Juli 1881, KSB 6, 111)

Schenkt man Nietzsches Selbstzeugnis Glauben, war seine Kenntnis von Spinozas Philosophie vor dem Sommer 1881 allenfalls flüchtig; andererseits wusste er offenbar schon genug über den Denker, um ‚instinktiv' nach einer Auseinandersetzung mit ihm zu verlangen. Die geistige Verwandtschaft zwischen Spinoza und sich selbst begrüßt Nietzsche enthusiastisch, weil seine philosophische und existenzielle Einsamkeit sich durch sie „wenigstens" in eine „Zweisamkeit" verwandle – dass er davon nicht nur „entzückt", sondern auch „erstaunt" und geradezu verwundert ist, verhehlt er nicht. Er nennt sechs Gemeinsamkeiten, eine „Gesamttendenz" und „fünf Hauptpunkte[…]", durch die nicht nur Spinoza, sondern auch er selbst philosophisch ‚einsam' und ‚abnorm' sei.[6] Als Fazit von Nietzsches Fischer-Lektüre sind sie bemerkenswert: Für die „Gesamttendenz" – „die Erkenntniß zum m ä c h t i g s t e n A f f e k t zu machen" – konnte er bei Fischer eine Vorlage finden, während sich die „fünf Hauptpunkte[…]" bei diesem nicht explizit finden, sondern Nietzsches eigenständiges Résumé seiner Lektüre darstellen. Schon in Bezug auf die gemeinsame „Gesamttendenz" zeigt sich aber Nietzsches Eigenständigkeit gegenüber seiner Quelle: Die Erkenntnis zum mächtigsten Affekt zu machen, versteht Fischer im Sinne einer Beherrschung der Leidenschaften durch den ‚tätigen Affekt' des Erkennens,[7] während Nietzsche die Formel in Bezug auf seine eigene Philosophie wohl nicht im Sinne rationaler Affektkontrolle begreift, sondern eher dahingehend, dass die Erkenntnis selbst auf Affektivität zurückzuführen sei und die Interpretationsmacht der Affekte am stärksten zum Ausdruck bringe. Mit Blick auf Nietzsche überrascht die „Gesamttendenz" dabei mehr als in Bezug auf Spinoza; es scheint, dass Nietzsche bei seiner Fischer-Lektüre eine Eigenart seines eigenen Denkens entdeckt hat, die ihm erst im Vergleich mit Spinoza deutlich wurde. Bemerkenswert ist schließlich, dass die von Nietzsche erwähnten Gemeinsamkeiten nicht den vier Hauptaspekten seiner kritischen Auseinanderset-

---

[6] Diese sechs Punkte können im Sinne einer gemeinsamen antiplatonischen und antichristlichen Tendenz Nietzsches und Spinozas verstanden werden; vgl.: Wiehl, *Nietzsches Anti-Platonismus und Spinoza*, 343–349.

[7] Vgl. Fischer, *Geschichte der neuern Philosophie I, 2*, 473 f.: „Sittliche Vollkommenheit ist nur möglich, wenn wir unsere Begierden und Leidenschaften beherrschen können. Sie können nur beherrscht werden durch eine Macht, die größer ist als sie. Diese größere Macht ist bei den thätigen Affecten. Unsere einzige wahrhafte Thätigkeit ist die denkende, die Erkenntniß der Dinge, die adäquate Erkenntniß. Jetzt wissen wir, daß der menschliche Geist einer solchen Erkenntniß fähig ist. Wenn diese Erkenntniß zugleich Affect und unter allen Affecten der mächtigste ist, dann werden die Leidenschaften ihr unterliegen." Vgl. auch ebd., 490 f. sowie 517 („Hier sehen wir schon, wie die klare Erkenntniß die Macht der Leidenschaften vermindert, und wie der mächtigste Affect selbst der klaren Erkenntniß Bahn bricht."). Vgl. auch 518 (Titel: „Der mächtigste Affect") sowie 536.

zung mit Spinoza in den 1880er Jahren entsprechen; sie kehren als Motive aber darin wieder, z. B. wenn das Problem der „Zwecke" oder des „Unegoistischen" im Kontext von Nietzsches machttheoretischer Auseinandersetzung mit Spinoza hervortritt.[8]

Die Faszination für seinen „Vorgänger" wird Nietzsche in den 1880er Jahren nicht mehr loslassen. Wie bedeutend die über Fischer vermittelte Spinoza-Rezeption vom Sommer 1881 für Nietzsche wurde, zeigt die Tatsache, dass er nicht nur die Konzeption des Willens zur Macht von dieser Zeit an präzise ausgearbeitet hat, sondern dass er auch den Gedanken der ewigen Wiederkunft des Gleichen erstmals im Kontext seiner Fischer-Exzerpte von 1881 formuliert hat.[9] Angesichts der Tatsache, dass Nietzsche Spinoza 1881 und auch später in nachgelassenen Notaten als seinen Vorgänger bezeichnet, ist es jedoch verwunderlich, dass seine Bezugnahmen auf Spinoza in den Schriften ab 1882 überwiegend kritisch, wenn nicht polemisch sind. Mit Thomas Brobjer ließe sich dieser Sinneswandel dadurch erklären, dass Nietzsche seine enthusiastische Postkarte an Overbeck schrieb, bevor er seine Lektüre von Fischers Studie abgeschlossen und sein Urteil über Spinoza ausdifferenziert hatte.[10] Doch die Polemik gegen Spinoza, die schon 1882 in der *Fröhlichen Wissenschaft* einsetzt, zeugt von einer klaren Interpretationsentscheidung Nietzsches: Er hat beschlossen, die Gemeinsamkeiten zwischen Spinoza und sich selbst auszublenden und ausschließlich das, was ihn an Spinoza stört, zu thematisieren. Wenn er in der genannten Schrift Spinozas Satz „Non ridere, non lugere, neque detestari, sed intelligere!" zum Anlass nimmt, die affektfeindliche, rationalistische Vernunftkonzeption des Philosophen zu kritisieren,[11] oder wenn er Spinozas Irrtum anprangert, in der

---

8 Eine ausführliche, Punkt-für-Punkt-Interpretation von Nietzsches Äußerungen auf der zitierten Postkarte findet sich bei: Turco Liveri, *Nietzsche e Spinoza*, 57–115. Dem Autor kann nicht darin zugestimmt werden, dass sich in den von Nietzsche genannten „fünf Hauptpunkten" eher Gegensätze als Gemeinsamkeiten zwischen diesem und Spinoza zeigen.
9 Die betreffenden Notizen folgen in Nietzsches nachgelassenem Heft M III 1 unmittelbar auf seine ersten Exzerpte aus Fischers Spinoza-Studie: Vgl. NL Frühjahr-Herbst 1881, 11[141], KSA 9, 494 sowie viele nachfolgende Notate im NL Frühjahr-Herbst 1881.
10 Vgl. Brobjer, *Nietzsche's Philosophical Context*, 80.
11 Vgl. FW IV, 333, KSA 3, 558 f.: „Non ridere, non lugere, neque detestari, sed intelligere! sagt *Spinoza*, so schlicht und erhaben, wie es seine Art ist. Indessen: was ist diess intelligere im letzten Grunde Anderes, als die Form, in der uns eben jene Drei auf Einmal fühlbar werden? Ein Resultat aus den verschiedenen und sich widerstrebenden Trieben des Verlachen-, Beklagen-, Verwünschen-wollens? Bevor ein Erkennen möglich ist, muss jeder dieser Triebe erst seine einseitige Ansicht über das Ding oder Vorkommniss vorgebracht haben; hinterher entstand der Kampf dieser Einseitigkeiten und aus ihm bisweilen eine Mitte, eine Beruhigung, ein Rechtgeben nach allen drei Seiten, eine Art Gerechtigkeit und Vertrag [...]. Wir, denen nur die letzten Versöhnungsscenen und Schluss-Abrechnungen dieses langen Processes zum Bewusstsein kommen, meinen demnach, intelligere sei etwas Versöhnliches, Gerechtes, Gutes, etwas wesentlich den Trieben Entgegengesetztes; während es nur ein g e - w i s s e s   V e r h a l t e n   d e r   T r i e b e   z u   e i n a n d e r   i s t. [...] Ja, vielleicht giebt es in unserm kämpfenden Innern manches verborgene H e r o e n t h u m, aber gewiss nichts Göttliches, Ewig-in-sich-Ruhendes, wie *Spinoza* meinte. Das b e w u s s t e Denken, und namentlich das des Philosophen, ist die unkräftigste und desshalb auch die verhältnissmässig mildeste und ruhigste Art des Denkens: und so

Wissenschaft „etwas Selbstloses, Harmloses, Sich-selber-Genügendes, wahrhaft Unschuldiges" gesehen zu haben, „an dem die bösen Triebe des Menschen überhaupt nicht betheiligt seien" (FW I, 37, KSA 3, 405 f.)¹², so ist von seiner Anerkennung von Spinozas „Gesamttendenz", „die Erkenntniß zum **mächtigsten Affekt** zu machen", bzw. von Spinozas Leugnen des „Böse[n]" (Nietzsche an Franz Overbeck, 30. Juli 1881, KSB 6, 111) nichts mehr zu erkennen.¹³ Wenn er in *Jenseits von Gut und Böse* die „Inconsequenz Spinoza's" (JGB I, 13, KSA 5, 27) kritisiert, die darin zu sehen sei, dass Spinoza mit dem Selbsterhaltungstrieb ein teleologisches Prinzip angenommen habe, so entlarvt er den Denker, den er zuvor gerade im Leugnen der Zwecke als seinen Vorgänger begrüßt hatte, als verkappten Teleologen. In all diesen Fällen scheint Nietzsche sein früheres Urteil gegenüber Overbeck nicht differenziert, sondern regelrecht widerrufen zu haben.

Nietzsches Bezugnahmen auf Spinoza haben darüber hinaus oft einen pathologisierenden Charakter; dabei bedient sich Nietzsche des *argumentum ad hominem*, mit der er Spinozas Denkweisen als Symptome von Krankheit und sozialer Ausgrenzung verdächtig macht. So polemisiert er in *Jenseits von Gut und Böse* gegen den „Hocu-

---

kann gerade der Philosoph am leichtesten über die Natur des Erkennens irre geführt werden." Vgl. JGB 5, 198 (KSA 5, 118), wo Nietzsche „jenes Nicht-mehr-Lachen und Nicht-mehr-Weinen des *Spinoza*, seine so naiv befürwortete Zerstörung der Affekte durch Analysis und Vivisektion derselben" anprangert; vgl. auch NL Frühjahr 1888, 14[92], KSA 13, 269: „[...] sich in Gewalt haben, um mit Gründen und **nicht** mit Affekten in den Kampf zu treten – die **List** des *Spinoza* – das Aufdröseln der Affekt-Irrthümer...".
12 Das Zitat lautet im Kontext: „**Aus drei Irrthümern.** – Man hat in den letzten Jahrhunderten die Wissenschaft gefördert, theils weil man mit ihr und durch sie Gottes Güte und Weisheit am besten zu verstehen hoffte – das Hauptmotiv in der Seele der grossen Engländer (wie Newton) –, theils weil man an die absolute Nützlichkeit der Erkenntniss glaubte, namentlich an den innersten Verband von Moral, Wissen und Glück – das Hauptmotiv in der Seele der grossen Franzosen (wie Voltaire) –, theils weil man in der Wissenschaft etwas Selbstloses, Harmloses, Sich-selber-Genügendes, wahrhaft Unschuldiges zu haben und zu lieben meinte, an dem die bösen Triebe des Menschen überhaupt nicht betheiligt seien – das Hauptmotiv in der Seele *Spinoza*'s, der sich als Erkennender göttlich fühlte: – also aus drei Irrthümern."
13 Die anfangs als Gemeinsamkeit begrüßte „Gesamttendenz" Spinozas, „die Erkenntniß zum **mächtigsten Affekt** zu machen", macht Nietzsche nach 1881 durchweg zum Gegenstand von Kritik und Polemik. Nicht nur in seinen Schriften, sondern auch im Nachlass greift er Spinozas Rationalismus an: Im Frühjahr 1887, als er zum zweiten Mal Kuno Fischers Spinoza-Studie liest und erneut ausführliche Exzerpte daraus entnimmt, die er mit Blick auf „Spinoza's psychologische[n] Hintergrund" kommentiert, erscheint ihm Spinoza als „der ‚spezifische' Denker"-Typus, bei dem die „Erkenntniß [...] Herr über alle anderen Affekte" geworden ist (NL Ende 1886 – Frühjahr 1887, 7[4], KSA 12, 260 f.). Vgl. ebd., 263 f.: „Höchste und komische Pedanterie eines Logikers, **der seinen Trieb vergöttert** / *Spinoza* glaubt, Alles absolut erkannt zu haben. / Dabei hat er das **größte Gefühl von Macht.** Der Trieb dazu hat alle anderen Triebe überwältigt und ausgelöscht. / Das Bewußtsein dieser ‚Erkenntniß' hält bei ihm an: eine Art ‚Liebe zu Gott' resultirt daraus, eine Freude am Dasein, wie es auch sonst ist, an **allem** Dasein. [...] / **Nichts** hat Werth gegenüber dem **Werthe klaren Folgerns**. Alle anderen Werthe sind nur Folge unklaren Denkens. Schnöde Verwerfung aller Güter des Lebens; beständige **Verleumdung** von Allem, um Eins in die höchste Höhe zu bringen, das **klare Denken**. ‚Aller **Zweifel** rührt davon her, daß die Dinge ohne Ordnung untersucht werden.'!!!").

spocus von mathematischer Form, mit der *Spinoza* seine Philosophie [...] wie in Erz panzerte und maskirte, um damit von vornherein den Muth des Angreifenden einzuschüchtern, der auf diese unüberwindliche Jungfrau und Pallas Athene den Blick zu werfen wagen würde [...]", indem er den spinozanischen *mos geometricus* symptomatisiert: „– wie viel eigne Schüchternheit und Angreifbarkeit verräth diese Maskerade eines einsiedlerischen Kranken!" (JGB I, 5, KSA 5, 19) müssen:

> Diese Ausgestossenen der Gesellschaft, diese Lang-Verfolgten, Schlimm-Gehetzten, – auch die Zwangs-Einsiedler, die *Spinoza*'s oder Giordano Bruno's – werden zuletzt immer, und sei es unter der geistigsten Maskerade, und vielleicht ohne dass sie selbst es wissen, zu raffinirten Rachsüchtigen und Giftmischern (man grabe doch einmal den Grund der Ethik und Theologie *Spinoza*'s auf!) [...] (JGB II, 25, KSA 5, 43)[14]

Die Figur ‚Spinoza' nimmt dabei oft eine *exemplarische* Funktion ein, die Nietzsche dazu dient, Probleme und Defizite der philosophischen Tradition zu personifizieren und sich dadurch von dieser Tradition polemisch abzugrenzen:

> [Die] alten Philosophen waren herzlos: Philosophiren war immer eine Art Vampyrismus. Fühlt ihr nicht an solchen Gestalten, wie noch der *Spinoza*'s, etwas tief Änigmatisches und Unheimliches? Seht ihr das Schauspiel nicht, das sich hier abspielt, das beständige B l ä s s e r - w e r d e n –, die immer idealischer ausgelegte Entsinnlichung? Ahnt ihr nicht im Hintergrunde irgend eine lange verborgene Blutaussaugerin, welche mit den Sinnen ihren Anfang macht und zuletzt Knochen und Geklapper übrig behält, übrig lässt? – ich meine Kategorien, Formeln, W o r t e (denn, man vergebe mir, das was von *Spinoza* ü b r i g b l i e b , amor intellectualis dei, ist ein Geklapper, nichts mehr! was ist amor, was deus, wenn ihnen jeder Tropfen Blut fehlt?...) (FW V, 372, KSA 3, 624)

Erst in *Zur Genealogie der Moral* (1887) rückt Nietzsche Spinoza überraschend in vorteilhaftes Licht, wenn er ihn hinsichtlich der Kritik der Mitleidsmoral als philosophische Autorität anführt,[15] ihn im Kontext einer Apologie der Grausamkeit mit dem (angeblich spinozanischen) Begriff der „sympathia malevolens"[16] zitiert oder wenn er sich für seine Genealogie des schlechten Gewissens auf Spinoza beruft:

---

14 Vgl. FW V, 349, KSA 3, 585: „Man nehme es als symptomatisch, wenn einzelne Philosophen, wie zum Beispiel der schwindsüchtige *Spinoza*, gerade im sogenannten Selbsterhaltungs-Trieb das Entscheidende sahen, sehen mussten: – es waren eben Menschen in Nothlagen."
15 Vgl. GM, *Vorrede* 5, KSA 5, 252: „Diese moderne Philosophen-Bevorzugung und Überschätzung des Mitleidens [z. B. bei Schopenhauer (H.M.R.)] ist nämlich etwas Neues: gerade über den U n w e r t h des Mitleidens waren bisher die Philosophen übereingekommen. Ich nenne nur Plato, *Spinoza*, La Rochefoucauld und Kant, vier Geister so verschieden von einander als möglich, aber in Einem Eins: in der Geringschätzung des Mitleidens. –".
16 Vgl. GM II, 6, KSA 5, 301: „Es widersteht, wie mir scheint, der Delikatesse, noch mehr der Tartüfferie zahmer Hausthiere (will sagen moderner Menschen, will sagen uns), es sich in aller Kraft vorstellig zu machen, bis zu welchem Grade die G r a u s a m k e i t die grosse Festfreude der älteren Menschheit ausmacht, ja als Ingredienz fast jeder ihrer Freuden zugemischt ist; wie naiv andrerseits, wie unschuldig ihr Bedürfniss nach Grausamkeit auftritt, wie grundsätzlich gerade die ‚uninteressirte Bosheit' (oder, mit *Spinoza* zu reden, die sympathia malevolens) von ihr als n o r m a l e Eigenschaft des Menschen angesetzt wird –: somit als Etwas, zu dem das Gewissen herzhaft J a sagt!".

> Die Welt war für *Spinoza* wieder in jene Unschuld zurückgetreten, in der sie vor der Erfindung des schlechten Gewissens dalag: was war damit aus dem morsus conscientiae geworden? ‚Der Gegensatz des gaudium, sagte er sich endlich, – eine Traurigkeit, begleitet von der Vorstellung einer vergangnen Sache, die gegen alles Erwarten ausgefallen ist.' Eth. III propos. XVIII schol. I. II. N i c h t   a n d e r s   a l s *Spinoza* haben die von der Strafe ereilten Übel-Anstifter Jahrtausende lang in Betreff ihres ‚Vergehens' empfunden: ‚hier ist Etwas unvermuthet schief gegangen', n i c h t : ‚das hätte ich nicht thun sollen' – [...] (GM II, 15, KSA 5, 320 f.)

Spinoza, „der Gut und Böse unter die menschlichen Einbildungen verwiesen und mit Ingrimm die Ehre seines ‚freien' Gottes gegen jene Lästerer vertheidigt hatte, deren Behauptung dahin gieng, Gott wirke Alles sub ratione boni (‚das aber hiesse Gott dem Schicksale unterwerfen und wäre fürwahr die grösste aller Ungereimtheiten' –)" (GM II, 15, KSA 5, 320 f.), diesen Spinoza inszeniert Nietzsche in der *Genealogie der Moral* als einen Vorgänger seines eigenen Denkens ‚jenseits von Gut und Böse' und damit als Ahnherren der eigenen genealogischen Moralkritik. Doch Nietzsches positives, wenngleich eher anekdotisches Spinoza-Bild in jener Schrift steht der polemischen Instrumentalisierung der Figur Spinozas in fast allen anderen Schriften der 1880er Jahre gegenüber. Gleichviel, ob Nietzsche sich auf Spinoza anerkennend oder kritisch bezieht, seine Spinoza-Bilder und -Interpretationen sind von der *Fröhlichen Wissenschaft* bis zum *Antichrist* durchweg instrumenteller und strategischer Art: Er benutzt Spinoza, um seine eigenen philosophischen Positionen zu verdeutlichen – sei es, um sie philosophiegeschichtlich abzugrenzen, sei es, um sie durch eine Autorität zu bestärken. Spinozas Philosophie dient ihm als Folie, gegen die er seine eigenen Thesen profilieren kann. Für sein Verhältnis zu anderen Denkern, von den Vorsokratikern bis Schopenhauer, ist dieses Verhalten typisch: Nietzsche versteht sich in der Tat nicht als ein um Werkgerechtigkeit bemühter Interpret, sondern er versucht, im Dialog mit Anderen seine eigenen Gedanken auszuformen. Entsprechend dienen ihm seine Interpretationen Spinozas dazu, eine Antithese zu dem Gedanken zu gewinnen, den er herausstreichen will,[17] problematische Aspekte der philosophischen Tradition (z. B. den ‚Willen zur Wahrheit') an einer exemplarischen Figur festzumachen,[18] oder – weitaus seltener –, eine eigene These zu stützen.[19] Erst im Hinblick auf die nachgelassenen Exzerpte und Notizen wird deutlich, dass Nietzsche sich mit Spinoza intensiv auseinandergesetzt hat und seine eigenen philosophischen Positionen in dieser Auseinandersetzung entwickeln und präzisieren konnte. Beim Interpretieren der Spinoza-Bilder in den veröffentlichten Schriften ist dagegen der instrumentelle und strategische Charakter von Nietzsches Darstellungen stets zu berücksichtigen: Nietzsche entwirft Spinoza-*Bilder*, die den Philosophen als seinen Gegner oder Bruder im Geiste erscheinen lassen und darin der Verdeutlichung seiner eigenen Gedanken

---

17 Vgl. z. B. FW IV, 333, KSA 3, 558 f.; JGB I, 13, KSA 5, 27 f.
18 Vgl. z. B. JGB I, 5, KSA 5, 18 f.; JGB II, 25, ebd., 42 f.; JGB V, 198, ebd., 118 f.
19 Vgl. z. B. GM II, 15, KSA 5, 320 f.

dienen.[20] Dass er bei diesem Vorgehen oft auch etwas Wesentliches an der kritisierten Position trifft, macht seine Auseinandersetzung philosophisch interessant.

---

20 Vgl. Reschke, *Wie und warum Nietzsche sich Heine als Franzosen sah*, 77.

2 Eine indirekte Rezeption – Nietzsches Quellen zu Spinoza

Dass Nietzsche Spinozas Schriften – im Original oder in Übersetzung – jemals gelesen hätte, lässt sich nicht nachweisen; dagegen können viele seiner Spinoza-Zitate oder -Paraphrasen auf Sekundärquellen zurückgeführt werden, die er nachweislich rezipiert hat. Der indirekte Charakter von Nietzsches Spinoza-Rezeption macht es erforderlich, seine Quellen im Einzelnen zu identifizieren und die durch sie vermittelte Darstellung von Spinozas Philosophie und Person nachzuzeichnen, anstatt seine Spinoza-Interpretation direkt auf Spinozas Schriften zu beziehen. Dabei ist zwischen drei verschiedenen Quellentypen mit Bezug auf Spinoza zu unterscheiden: 1) Quellen, auf die sich Nietzsche durch Lesespuren, Zitate oder Paraphrasen nachweislich bezogen hat; 2) Quellen, die Nietzsche nachweislich gelesen hat, bei denen sich jedoch keine der unter 1) genannten Rezeptionszeugnisse in Bezug auf die Stellen zu Spinoza finden lassen; 3) Quellen, bei denen ein thematischer Bezug zu Nietzsches Bezugnahmen auf Spinoza besteht, ohne dass ein Rezeptionsverhältnis mit Sicherheit nachgewiesen werden könnte.

Im Folgenden sollen die wichtigsten, unter diese Typologie fallenden Quellen von Nietzsches allgemeiner Spinoza-Rezeption dargestellt werden, bevor in einem späteren Kapitel Nietzsches besondere Rezeption von Spinozas *conatus*-Theorie erörtert wird. Viele Quellen von Nietzsches Spinoza-Rezeption wurden in der Forschung bereits nachgewiesen;[1] die wichtigsten Ergebnisse werden hier zusammengestellt, weiter ausgeführt und teilweise revidiert; ergänzt werden sie vereinzelt durch neue, bisher nicht erbrachte Quellennachweise. Dabei muss darauf verzichtet werden, Nietzsches Interpretation seiner Quellen ausführlich zu kommentieren; lediglich in Bezug auf besonders bedeutende Quellen wird ein kurzer Kommentar gegeben. An späterer Stelle wird dies durch eine detaillierte Analyse jener Autoren, die Nietzsche zum Thema Macht und Selbsterhaltung bei Spinoza rezipierte, weiter vertieft und ergänzt werden.

Nietzsches weitaus wichtigste Quelle war Kuno Fischers *Geschichte der neuern Philosophie*, Band I, 2. Die Lektüre dieses Buchs stellt den entscheidenden Wendepunkt in Nietzsches Beschäftigung mit Spinoza dar: Hier verwandelte sich sein zuvor eher oberflächliches und beiläufiges Interesse an Spinoza in eine gezielte Beschäftigung mit dem als seinen Vorgänger begrüßten Philosophen. Entsprechend lässt sich

---

[1] Eine wohlinformierte Quellenstudie hat jüngst Th. Brobjer geliefert: Vgl. ders., *Nietzsche's Knowledge of Spinoza*; dasselbe leicht gekürzt in: Brobjer, *Nietzsche's Philosophical Context*, 77–82. Brobjers Ergebnisse müssen als Ausgangspunkt für jede quellenkundliche Darstellung dienen; sie werden entsprechend hier aufgenommen und durch ausführlichere Darstellungen der jeweiligen Quellen vertieft. Zu nennen ist ferner die wegbereitende Arbeit von W. Wurzer (Vgl. ders., *Nietzsche und Spinoza*, 13–17, 51–53, 68–71, 127–138), die in Brobjers Untersuchung eingeflossen ist, teilweise jedoch von diesem revidiert wurde.

Nietzsches Spinoza-Rezeption in zwei Zeitabschnitte unterteilen: nämlich in die Zeit vor und die Zeit nach seiner erster Kuno Fischer-Lektüre von 1881. Die hier behandelten Quellen werden entsprechend dieser Unterteilung chronologisch gegliedert.

2.1 Nietzsches Quellen in den 1870er Jahren

Im Sommer 1881 bekannte Nietzsche gegenüber Overbeck: „Ich kannte Spinoza fast nicht: dass mich j e t z t nach ihm verlangte, war eine ‚Instinkthandlung'." Um ‚instinktiv' nach Spinoza verlangen zu können, musste Nietzsche sich ein, wenn auch vages, Bild von Spinoza schon vor 1881 gemacht haben. Seine früheste dokumentierte Bekanntschaft mit Spinozas Denken erfolgte im Sommersemester 1865 in Karl *Schaarschmidts* Vorlesung zur „Allgemeine[n] Geschichte der Philosophie" in Bonn. Die Mitschrift, die Nietzsche von dieser Vorlesung anfertigte, wird im Goethe- und Schiller-Archiv in Weimar aufbewahrt und wurde bisher nicht publiziert.[2] Sie umfasst 53 handgeschriebene Seiten, wobei die Ausführungen zu Spinoza mit etwa 4 Seiten darin die vergleichsweise umfangreichsten sind.[3] Als Zeugnis von Nietzsches frühester indirekter Spinoza-Rezeption sind diese Notizen von hohem Wert, und sie werden deshalb im Anhang an diese Arbeit erstmals in Transkription wiedergegeben. Von besonderer Bedeutung ist der kurze Passus, der sich auf Spinozas *conatus*-Lehre bezieht; hier notierte Nietzsche:

> Jedes Ding sucht in seinem Sein zu verharren. ‚in suo esse perseverare conatur.'
> Somit rettet er den Individualismus.
> Wenn wir handeln, so steigern wir unsre Macht. Die körperlichen Affecte haben ihren Ausdruck in der Seele. cupiditas – appetitus. Die Lust ist der lebendige Affect der Thätigkeit, durch Traurigkeit zu immer größerer Passivität. Liebe und Haß – Grundwesen – Freude und Traurigkeit. Der Mensch in einem fortwährenden Kampfe. Das setzt eine Statik der Affecte u. eine Dynamik.

Es ist bemerkenswert, dass die einzige Marginalie, die Nietzsche in seine vierseitige Mitschrift zu Spinoza setzte, sich genau an dieser Stelle befindet: In die zweite Zeile der zitierten Sätze schreibt Nietzsche an den Rand: „Selbsterhaltungsstreben", wodurch er diesen Aspekt gegenüber allen anderen Themen hervorhebt. Bereits 1865

---
[2] Sie trägt den Titel „Nietzsche – Kollegnachschriften. Karl Schaarschmidt: Allgemeine Geschichte der Philosophie. Vermischte Notizen" und ist mit der Signatur GSA 71/41 versehen. Der Hinweis auf die Existenz dieser Handschrift findet sich bei Brobjer, *Nietzsche's Philosophical Context*, 78.
[3] Die Mitschrift zu Spinoza befindet sich auf Blättern 23 und 24 nach der Foliierung des Goethe- und Schiller-Archivs, die auf jeder zweiten Seite unten links angebracht ist.

zieht das Problem der Selbsterhaltung bei Spinoza also Nietzsches besondere Aufmerksamkeit auf sich. Bemerkenswert ist auch, dass Nietzsche schon zu diesem Zeitpunkt einen Zusammenhang zwischen Selbsterhaltung und Machtsteigerung bei Spinoza zur Kenntnis genommen hat: „Wenn wir handeln, so steigern wir unsere Macht."[4] Auch wenn davon auszugehen ist, dass dieses erste Kennenlernen von Spinozas Philosophie flüchtig war, so wird es Nietzsches Spinoza-Bild dennoch geprägt haben. Die Handschrift ist daher im Zusammenhang der Untersuchung von Nietzsches Verhältnis zu Spinoza unbedingt zu berücksichtigen; sie wird in diese Arbeit an mehreren Stellen einfließen.

Schaarschmidts Vorlesung hat in Nietzsches frühen Schriften keine direkten Spuren hinterlassen; die erste Äußerung zu Spinoza im Nachlass von 1872 oder 1873 bezieht sich nicht auf den Bonner Professor, sondern auf einen Weimarer Dichter und bekennenden Spinozisten: *Goethe*, den Nietzsche seit seiner Jugend mit Begeisterung las, kommt für das frühe Spinoza-Bild Nietzsches in der Tat entscheidende Bedeutung zu.[5] Er hat Nietzsches Bild des Philosophen bis in die späten 1880er Jahre hinein geprägt und ist als Quelle schon insofern bedeutend, als Nietzsche aus seinen Schriften, und nur aus seinen, kontinuierlich von der ersten bis zu den letzten Bezugnahmen auf Spinoza geschöpft hat. Es ist Nietzsche nicht entgangen, dass Spinoza als der Heilige[6] Goethes für die Ausformung von dessen Selbst- und Weltverständnis zentrale Bedeutung gehabt hatte.[7] Das vage, typisierende und idealisierende Bild Spinozas, das sich in seinen Schriften vor 1881 findet, spiegelt Goethes Hochschät-

---

4 Damit lässt sich die frühe Vorlesungsmitschrift unter die Quellen einreihen, aus denen Nietzsche eine Kenntnis des Zusammenhangs von Selbsterhaltung und Machtsteigerung bei Spinoza schöpfen konnte. Zu diesen Quellen vgl. ausführlicher Kap. 7.
5 Zu Goethe hat sich Nietzsche mit einer bei ihm einmaligen Beständigkeit in den unterschiedlichen Phasen seines Werks bekannt; neben Wagner gibt es keinen Autor, auf den er sich häufiger offen oder verdeckt bezieht als auf Goethe. Im Unterschied zu Wagner war Goethe für Nietzsche jedoch „sakrosankt" (Gerhardt, *Nietzsche, Goethe und die Humanität*, 309 f.): „[i]n der von ihm [i. e. Nietzsche] gesuchten Gemeinsamkeit mit dem Dichter und Denker stellt er sich selbst in eine Tradition, in der er offenbar (anders als in der Geschichte der Philosophie) keine rabiate Abgrenzung braucht" (ebd., 309).
6 Vgl. Goethe an Charlotte von Stein, 27. Dez. 1784, in: Goethe, *Briefe, Tagebücher und Gespräche*, 568. Nietzsche könnte diesen Brief aus Adolf Schölls *Goethe in Hauptzügen seines Lebens und Wirkens* gekannt haben (vgl. Scandella, *Zur Entstehung einiger Verweise auf Spinoza in Nietzsches Schriften*, 174).
7 Goethes Äußerungen zu Spinoza finden sich, neben einer nachgelassenen ‚Studie nach Spinoza' (vgl. J. W. Goethe, *Schriften zur allgemeinen Naturlehre, Geologie und Mineralogie*, hrsg. von Wolf von Engelhardt und Manfred Wenzel, Frankfurt a. M. 1989, 14–17), vor allem in seinen autobiographischen Schriften: in *Dichtung und Wahrheit* (vgl. ebd., 667f., 712ff.), den Gesprächen mit Eckermann (vgl. Eckermann, *Gespräche mit Goethe*, 423f.) und den Briefen. Bereits in Jugendjahren hat Nietzsche diese gelesen – die Gespräche mit Eckermann nennt er später das „beste[...] deutsche[...] Buch[...], das es giebt" (MA II, WS 109, KSA 2, 599) – und er bezieht sich auf sie kontinuierlich bis in seine letzte Schaffensperiode hinein. Noch 1887/88 erwähnt er mehrmals, dass Goethe in Spinoza seinen „Heiligen" gesehen habe (vgl. NL 1887, 9[176], KSA 12, 439; NL 1887/88, 11[138], KSA 13, 64; NL 1888, 12[1], KSA 13, 200), und zitiert den Dichter mit den Worten, er fühle sich Spinoza „sehr nahe", „obgleich sein Geist viel tiefer und reiner ist als der meinige" (NL 1887, 9[176], KSA 12, 439; vgl. Goethe an Knebel, 11. Nov. 1784, in: Goethe, *Briefe, Tagebücher und Gespräche*, 551).

zung der Person und der Philosophie Spinozas wider. Neben Schopenhauer ist Goethe als die wichtigste Quelle von Nietzsches Spinoza-Kenntnis für die Jahre vor der Kuno Fischer-Lektüre von 1881 anzusehen.[8] Andererseits lässt sich mit Hans-Gerd von Seggern sagen, dass Goethes Spinozismus seinerseits „zentral für Nietzsches Interesse an der Figur Goethe"[9] war. Dies gilt besonders für die Jahre nach der Kuno Fischer-Lektüre, in denen Nietzsche sich kontinuierlich auf Goethes Spinoza-Bild bezieht und sein eigenes Urteil über Spinoza mit Goethes Spinozismus kontrastiert. Um Goethes Bedeutung für Nietzsches spätes Spinoza-Bild soll es erneut gegen Ende dieses Kapitels gehen.

Zunächst ist die Bedeutung des Dichters für Nietzsches Spinoza-Rezeption vor 1881 zu betrachten. Die erste Äußerung zu Spinoza, die sich in Nietzsches Notizen, nach der Mitschrift von Schaarschmidts Vorlesung, findet, bezieht sich auf Goethe:

> Die Schönheit und die Großartigkeit einer Weltconstruktion (alias Philosophie) entscheidet jetzt über ihren Werth – d.h. sie wird als Kunst beurtheilt. Ihre Form wird sich wahrscheinlich verändern! Die starre mathematische Formel (wie bei *Spinoza*) – die auf Göthe einen so beruhigenden Eindruck machte, hat eben nur noch als ästhetisches Ausdrucksmittel ein Recht. (NL Sommer 1872-Anfang 1873, 19[47], KSA 7, 434)

Nietzsche bezieht sich offenbar auf eine Stelle in *Dichtung und Wahrheit*, an der Goethe Spinozas großen Einfluss auf sich bezieht:

> [...] ich fand hier [in Spinozas *Ethik*] eine Beruhigung meiner Leidenschaften, es schien sich mir eine große und freie Aussicht über die sinnliche und sittliche Welt aufzutun. [...] Die alles ausgleichende Ruhe Spinoza's kontrastierte mit meinem alles aufregenden Streben, seine mathematische Methode war das Widerspiel meiner poetischen Sinnes- und Darstellungsweise, und eben jene geregelte Behandlungsart, die man sittlichen Gegenständen nicht angemessen finden wollte, machte mich zu seinem leidenschaftlichen Schüler, zu seinem entschiedensten Verehrer.[10]

Anders als Goethe, der Spinozas *mos geometricus* als eine zu seiner eigenen ästhetischen Sinnesart komplementäre Methode würdigt, sieht Nietzsche in der geometrischen Methode nur eine „starre mathematische Formel", die nicht komplementär zur Kunst sei, sondern selbst als Kunst begriffen werden müsse. Diese pejorative Be-

---

8 Insgesamt werden Spinoza und Goethe bei Nietzsche in 14 Texteinheiten auf einander bezogen, davon 4 vor und 10 nach der Fischer-Lektüre. (Darüber hinaus gibt es eine Reihe von Texten, in denen Nietzsche Spinoza und Goethe nennt, ohne sie direkt aufeinander zu beziehen.)
9 Seggern, *Nietzsche und die Weimarer Klassik*, 15. Zu Goethes Spinoza-Rezeption und -Interpretation seien, aus der großen Fülle an Literatur, nur drei der jüngsten Beiträge genannt: Förster, *Goethe's Spinozism*; Schings, *Philosoph des Klassischen*; Schmidt, *Der ‚naturforschende Pantheist'*.
10 Goethe, *Dichtung und Wahrheit*, 667 f. Vgl. auch ebd., 713: „Ich erinnerte mich noch gar wohl welche Beruhigung und Klarheit über mich gekommen als ich einst die nachgelassenen Werke jenes merkwürdigen Mannes [i.e. Spinozas] durchblätterte. Diese Wirkung war mir noch ganz deutlich ohne daß ich mich des Einzelnen hätte erinnern können; ich eilte daher abermals zu den Werken, denen ich soviel schuldig geworden, und dieselbe Friedensluft wehte mich wieder an."

schreibung des *mos geometricus* findet sich bei Goethe, jenem „Spinoza der Poesie"[11], um ein Wort Heinrich Heines aufzunehmen, nicht.

Goethes Bedeutung für Nietzsches frühes Spinoza-Bild zeigt sich zum Einen darin, dass Nietzsche dort, wo er sich auf geistige Vorfahren beruft, und damit gewissermaßen eine philosophische Autogenealogie im Geiste der monumentalischen Historie schreibt, Spinoza und Goethe stets als Paar nennt.[12] Zum Anderen zeigt sich diese Bedeutung darin, dass mehrere der – verhältnismäßig wenigen – Stellen, an denen Nietzsche Spinoza vor der Kuno Fischer-Lektüre in seinen Schriften erwähnt, den Weimarer Dichter zum Bezugsautor haben: In *Menschliches, Allzumenschliches* stellt Nietzsche Spinoza als idealtypischen Repräsentanten des „wissende[n] Genius" (MA I, 157, KSA 2, 147 f.)[13] dar; das Lob des Genius, das u. a. in Goethes Gesprächen mit Eckermann leitmotivisch wiederkehrt, führt Nietzsche auch in *Morgenröthe* fort, nicht ohne den Begriff mit Gänsefüßchen zu versehen:

> Von ‚Genius' wäre am ehesten bei solchen Menschen zu reden, wo der Geist, wie bei Plato, Spinoza und Goethe, an den Charakter und das Temperament nur l o s e a n g e k n ü p f t erscheint, als ein beflügeltes Wesen, das sich von jenen leicht trennen und sich dann weit über sie erheben kann. (M V, 497, KSA 3, 292)

Solche Menschen haben nach Nietzsche „[...] das r e i n e, r e i n m a c h e n d e A u g e, das nicht aus ihrem Temperament und Charakter gewachsen scheint, sondern frei von ihnen und meist in einem milden Widerspruch gegen sie auf die Welt wie auf einen Gott blickt und diesen Gott liebt." (M V, 497, KSA 3, 292). Noch bevor er den „Geist" Spinozas und Goethes solcherart charakterisiert, rühmt Nietzsche deren „Seele" als das eigentliche Movens ihres Denkens: Spinoza und Goethe gehören jenem Denkertypus an, der „in der Leidenschaft des Denkens verbrennt", dessen Gedanken „eine

---

11 Vgl. Heine, *Geschichte der Religion und Philosophie*, III, 100 f.: „Der Pantheismus des Goethe ist [...] von dem heidnischen sehr unterschieden. Um mich kurz auszudrücken: Goethe war der Spinoza der Poesie. Alle Gedichte Goethes sind durchdrungen von demselben Geiste der uns auch in den Schriften des Spinoza anweht. Daß Goethe gänzlich der Lehre des Spinoza huldigte ist keinem Zweifel unterworfen".
12 Vgl. MA II, VM 408, KSA 2, 534. Bezeichnend für Goethes Mittlerrolle ist hier, dass Nietzsche Goethe vor Spinoza nennt und damit den Dichter und den Denker als einziges Paar nicht in historischer Reihenfolge aufführt; bezeichnend dafür ist auch, dass Spinoza zu dieser Zeit kaum in Nietzsches Schriften erwähnt wird (Ausnahmen sind: M V, 481, KSA 3, 285; M V, 497, KSA 3, 292.) In zwei weiteren Notaten wird Nietzsche, auch nach der Kuno Fischer-Lektüre, Spinoza und Goethe seine geistigen Vorfahren nennen: vgl. NL Herbst 1881, 12[52], KSA 9, 585; NL Frühjahr 1884, 25[454], KSA 11, 134. In einer Aufreihung mit Anderen nennt Nietzsche Spinoza und Goethe außerdem in: M V, 481, KSA 3, 285; M V, 497, KSA 3, 292.
13 Die zitierte Stelle lautet im Kontext: „Der wissende Genius, wie Kepler und *Spinoza*, ist für gewöhnlich nicht so begehrlich und macht von seinen wirklich grösseren Leiden und Entbehrungen kein solches Aufheben. Er darf mit grösserer Sicherheit auf die Nachwelt rechnen und sich der Gegenwart entschlagen; während ein Künstler, der diess thut, immer ein verzweifeltes Spiel spielt, bei dem ihm wehe um's Herz werden muss".

leidenschaftliche Seelen-Geschichte" ausmachen und dessen Denken immer „zugleich eine unwillkürliche Biographie einer Seele" (M V, 481, KSA 3, 285 f.) ist. Nietzsches Spinoza-Bild ist hier ebenso typisierend wie idealisierend; es speist sich einerseits aus Goethes von Spinoza inspiriertem ästhetischem Pantheismus, andererseits aus der existentiell motivierten und leidenschaftlichen Spinoza-Rezeption des Dichters. Spinoza wird für Nietzsche, wie Goethe selbst, zu einer Identifikationsfigur, die Nietzsches eigene „Leidenschaft des Denkens" präfiguriert.

Neben Goethe ist Nietzsches Spinoza-Bild in den 1870er Jahren auch von *Schopenhauer* geprägt worden, dessen Schriften Nietzsche seit 1865 mit glühendem Eifer las und der sich oft, mit Lob wie mit vernichtender Kritik, auf Spinoza bezog.[14] Dabei ist Schopenhauer nicht vorrangig als Quelle für Nietzsches nachweisbare Spinoza-Rezeption von Bedeutung, sondern eher als Gewährsmann, der Nietzsches Interesse an Spinoza geweckt und ihm allgemeine Kenntnisse von dessen Philosophie vermittelt hat. Es wird Nietzsches Neugierde nicht entgangen sein, dass Schopenhauer befand, Spinozas Lehre verhalte sich zu seiner eigenen „wie das Neue Testament zum alten" (WWV II/2, 755)[15], ja, dass Spinoza für Schopenhauer offenbar eine so bedeutende philosophische Bezugsgröße gewesen war wie der Autor von *Die Welt als Wille und Vorstellung* für Nietzsche selbst. Zwar überwiegt bei Schopenhauer ein kritischer Gestus; dennoch konnte Nietzsche bei ihm ein differenziertes Spinoza-Bild finden, für das Schopenhauers Urteil bezeichnend ist, dass Spinozas *Ethik* „[...] durchweg ein Gemisch von Falschem und Wahrem, Bewunderungswürdigem und Schlechtem" (PP I/1, *Fragmente zur Geschichte der Philosophie*, § 12, 87)[16] sei. Neben Goethe hat Schopenhauer Nietzsches Spinoza-Bild in der Zeit vor 1881 vermutlich am stärksten geprägt, wie sich allein aufgrund der Häufigkeit von Schopenhauers Bezugnahmen auf Spinoza und Nietzsches intensiver Schopenhauer-Lektüre annehmen lässt. Gemessen an den wenigen Bezugnahmen auf Schopenhauers Spinoza-Darstellung in Nietzsches Schriften der 1870er Jahre muss diese Prägung dennoch eher beiläufig und flüchtig gewesen sein. Dies geht auch daraus hervor, dass das wichtigste Thema von Schopenhauers Auseinandersetzung mit Spinoza, die Substanzmetaphysik und ihre Aufnahme durch die deutschen Idealisten, keinen Widerhall bei Nietzsche gefunden

---

14 Zur Bedeutung Spinozas für Schopenhauer vgl.: Rappaport, *Spinoza und Schopenhauer*; Brann, *Schopenhauer und Spinoza*; Schulz, *Schopenhauers spinozistische Grundansicht*. Im Rahmen der vorliegenden Studie von besonderem Interesse ist: Bouriau, *Conatus spinoziste et volonté schopenhauerienne*.
15 WWV II/2, 755. Im Kontext des Zitats gibt Schopenhauer eine ausführliche Charakterisierung des Verhältnisses zwischen Spinoza und ihm selbst, in der er Spinozas Denken abschließend kritisch beurteilt:"Kurz, es ist Optimismus: daher ist die ethische Seite schwach, wie im Alten Testament, ja, sie ist sogar falsch und zum Theil empörend." Zum Optimismus Spinozas, ein auch beim späten Nietzsche wiederkehrendes Motiv, vgl. auch: PP I/1, *Fragmente zur Geschichte der Philosophie*, 87: „Pantheismus ist wesentlich und nothwendig Optimismus".
16 Vgl. die Ausführungen zu Spinoza, PP I/1, *Fragmente zur Geschichte der Philosophie*, § 12, 83–88.

hat.¹⁷ Dieser negative Befund lässt andererseits einen Grundzug von Nietzsches Spinoza-Rezeption erkennen: Nietzsche interessiert sich nicht für die Metaphysik und Erkenntnistheorie Spinozas, die bei mehreren der von ihm rezipierten Interpreten im Zentrum steht; vielmehr richtet sich sein Interesse auf den Ethiker, den Psychologen und den Machttheoretiker Spinoza. Das einzige Spinoza-Zitat, das Nietzsche offenbar von Schopenhauer übernommen hat, lässt Spinoza als Machttheoretiker zu Wort kommen. Es findet sich in *Menschliches, Allzumenschliches*, wo Nietzsche es ohne Nennung des Autors wiedergibt: „unusquisque tantum juris habet, quantum potentia valet" – ‚ein Jeder hat so viel Recht, wie er durch Macht gilt' – ein Satz, den Nietzsche in einer für sein Machtverständnis charakteristischen Weise korrigiert: „quantum potentia valere creditur" (MA I, 93, KSA 2, 91)¹⁸ – ‚... wie man *glaubt*, dass er durch Macht gilt'.¹⁹

Neben Goethe und Schopenhauer ist hier eine weitere, bisher nicht nachgewiesene Quelle zu erwähnen, die für Nietzsches Spinoza-Rezeption in den 1870er Jahren in Frage kommt: Es handelt sich um Heinrich *Heines* Schriften *Zur Geschichte der Religion und Philosophie in Deutschland* (1835) und *Die romantische Schule* (1836).²⁰

---

17 Am ausführlichsten wird Spinozas Substanzmetaphysik in *Ueber die vierfache Wurzel des Satzes vom zureichenden Grunde* (Kap. 2, 25–31) behandelt, in dem überhaupt längsten Text Schopenhauers über Spinoza. Hier heißt es in pointierter Polemik: „[...] wenn die Neospinozisten (Schellingianer, Hegelianer u. s. w.), gewohnt, Worte für Gedanken zu halten, sich oft in vornehm andächtiger Bewunderung über dieses *causa sui* ergehn; so sehe ich meinerseits in *causa sui* nur eine *contradictio in adjecto*, ein Vorher was nachher ist, ein freches Machtwort, die unendliche Kausalkette abzuschneiden, ja, ein Analogon zu jenem Oesterreicher, der, als er, die Agraffe auf seinem festgeschnallten Schacko zu befestigen, nicht hoch genug hinaufreichen konnte, auf den Stuhl stieg. Das rechte Emblem der *causa sui* ist Baron Münchhausen, sein im Wasser sinkendes Pferd mit den Beinen umklammernd und an seinem über den Kopf nach vorn geschlagenen Zopf sich mit sammt dem Pferde in die Höhe ziehend; und darunter gesetzt: *Causa sui*" (VWSG, 29). – Es ist übrigens bemerkenswert, dass Nietzsche wie Schopenhauer zur Bezeichnung anschauungsfreier metaphysischer Begriffsgewebe die Metapher der „Spinne" und ihres Netzes verwendet (vgl. WWV I/1, § 7, S. 65 bzw. Za III, *Vor Sonnen-Aufgang*, KSA 4, 209; vgl. Springmann, *Macht und Organisation*, 64); dabei stehen die Begriffe der Spinne und „Spinneweberei" bei Nietzsche immer wieder im Zusammenhang mit dem Namen Spinoza (vgl. AC 17, KSA 6, 184; GD, *Streifzüge* 23, KSA 6, 126; auch JGB I, 25, KSA 5, 42f.).
18 Bei Schopenhauer findet sich das Zitat in der Anmerkung zu einem längeren Passus, in dem der Autor das Verhältnis zwischen Spinozas Philosophie und seiner eigenen charakterisiert. Schopenhauer führt das Zitat zum Beleg der „Immoralität Spinozischer Philosophie" an, deren „rechte[s] Kompendium" das 16. Kapitel des *Tractatus theologico-politicus* sei. Die Stelle scheint Nietzsche interessiert zu haben: „Unusquisqe tantum juris habet, quantum potentiâ valet. Tract. pol., c. 2, § 8. – Fides alicui data tamdiu rata manet, quamdiu ejus, qui fidem dedit, non mutatur voluntas. Ibid. § 12. – Uniuscujusque jus potentiâ ejus definitur. Eth. IV, pr. 37, schol. 1." (WWV II/2, 755f.) Nach Brobjer (*Nietzsche's Philosophical Context*, 157) hat Nietzsche das Zitat aus *Parerga und Paralipomena*, wo es in der Tat in dem Wortlaut steht, den Nietzsche in MA I, 93 zitiert (vgl. PP II, 263).
19 Zur philosophischen Interpretation von Nietzsches Korrektur an Spinozas Satz vgl. Gerhardt, *Das ‚Princip des Gleichgewichts'*, 114–116; Bartuschat, *Spinoza als Kritiker der Politischen Theologie*, 192.
20 Die Bücher befinden sich nicht in Nietzsches Bibliothek, in der nur zwei Gedichtbände von Heine enthalten sind. Nietzsche hat sich darüber ausgeschwiegen, welche von Heines Gedichten er kannte

Zwar lässt sich nicht belegen, dass Nietzsche diese Bücher gelesen hat, doch finden sich in ihnen mehrere Stellen, die eine auffällige Nähe zu zwei Äußerungen Nietzsches über Spinoza aufweisen. Deren erste wurde bereits im Zusammenhang mit Goethe zitiert; es geht um Nietzsches Beurteilung des *mos geometricus* im Nachlass von 1872/73: „Die starre mathematische Formel (wie bei *Spinoza*) – die auf Göthe einen so beruhigenden Eindruck machte, hat eben nur noch als ästhetisches Ausdrucksmittel ein Recht" (NL Sommer 1872-Anfang 1873, 19[47], KSA 7, 434). Die Quelle für Nietzsches pejorative Beurteilung von Spinozas geometrischer Darstellungsform könnte folgende Stelle in Heines *Romantischer Schule* gewesen sein:

> Wenn man den Spinoza einst aus seiner starren, altkartesianischen, mathematischen Form erlöst, und ihn dem großen Publikum zugänglicher macht, dann wird sich vielleicht zeigen, daß er mehr als jeder Andere über Ideendiebstahl klagen dürfte. Alle unsere heutigen Philosophen, vielleicht oft ohne es zu wissen, sehen sie [i. e.: die Ideen] durch die Brillen die Baruch Spinoza geschliffen hat.[21]

Wenngleich es sich bei dieser die Form gegenüber dem Inhalt abwertenden Darstellung Spinozas um einen Topos der Spinoza-Rezeption handelt, lässt die wörtliche Nähe zwischen Heines und Nietzsches Formulierungen vermuten, dass Nietzsche aus Heines Schrift geschöpft hat. Ein Passus aus *Menschliches, Allzumenschliches* legt die Vermutung, dass Heine für Nietzsches indirekte Spinoza-Rezeption eine Rolle gespielt hat, noch näher. Hier heißt es:

> Unangenehme, ja gefährliche Eigenschaften hat jede Nation, jeder Mensch; es ist grausam, zu verlangen, dass der Jude eine Ausnahme machen soll. [...] Trotzdem möchte ich wissen, wie viel man bei einer Gesammtabrechnung einem Volke nachsehen muss, welches, nicht ohne unser Aller Schuld, die leidvollste Geschichte unter allen Völkern gehabt hat und dem man den edelsten Menschen (Christus), den reinsten Weisen (*Spinoza*), das mächtigste Buch und das wirkungsvollste Sittengesetz der Welt verdankt. (MA I, 475, KSA 2, 310)

Die Quelle für diese Parallelisierung der Lauterkeit und der Leiden Spinozas und Christi könnte Heines *Geschichte der Religion und Philosophie in Deutschland* gewesen sein:

---

und ob er dessen Prosaschriften überhaupt gelesen hat; er bezieht sich oft auf Heine, ohne aber bestimmte Stellen in dessen Schriften zu nennen. Seine Rezeption des Dichters lässt sich daher schwerlich rekonstruieren. Zu Aspekten der Rezeption sowie zu thematischen Parallelen zwischen Nietzsche und Heine vgl.: Friedl, *Heine und Nietzsche* (darin zur Bedeutung von Heines Spinoza-Interpretation: 208–212); Midgley, *Heine bei Nietzsche*.

21 Heine, *Die romantische Schule*, II, 187. Vgl. auch Heine, *Geschichte der Religion und Philosophie*, II, 54: „[wir] finden [...] bey Spinoza, wie bey Descartes, die der Mathematik abgeborgte Beweisführung. Dieses ist ein großes Gebrechen. Die mathematische Form giebt dem Spinoza ein herbes Aeußere. Aber dieses ist wie die herbe Schale der Mandel; der Kern ist um so erfreulicher". Vgl. auch: ebd. III, 102, wo es in Bezug auf Goethes Spinozismus heißt: „[A]m reinsten und lieblichsten beurkundet sich dieser goethesche Pantheismus in seinen kleinen Liedern. Die Lehre des Spinoza hat sich aus der mathematischen Hülle entpuppt und umflattert uns als goethesches Lied".

> Constatirt ist es, daß der Lebenswandel des Spinoza frey von allem Tadel war, und rein und makellos wie das Leben seines göttlichen Vetters, Jesu Christi. Auch wie dieser litt er für seine Lehre, wie dieser trug er die Dornenkrone. Ueberall wo ein großer Geist seinen Gedanken ausspricht ist Golgatha.[22]

Sollte Nietzsche Heines Darstellung des Lebens und der Lehre Spinozas in *Zur Geschichte der Religion und Philosophie* gekannt haben, so hätte er vor seiner Kuno Fischer-Lektüre eine von besonderer Hochschätzung geprägte Darstellung Spinozas kennengelernt:[23] Für Heine ist Spinoza der unzeitgemäße Denker *par excellence*, der im 19. Jahrhundert jedoch „zur alleinigen Geisterherrschaft emporsteigt"[24], indem sein Pantheismus sich als die wahre Religion und Philosophie entpuppt. Darüber hinaus zeichnet Heine mit einer auf Nietzsche vorausweisenden psychologisch-biographischen Betrachtungsweise ein Bild des ausgestossenen und verfolgten häretischen Juden Spinoza;[25] und er liefert eine eingehende Darstellung der Metaphysik Spinozas, die Nietzsche hier in ihren Grundzügen kennengelernt haben könnte.[26]

Als mögliche Quellen von Nietzsches indirekter Spinoza-Rezeption kommen außerdem mehrere Autoren in Betracht, die Nietzsche in den 1870er Jahren gelesen hat und die sich, mehr oder weniger ausführlich, auf Spinoza beziehen. Zu nennen sind Friedrich Ueberweg, Eduard von Hartmann, Eugen Dühring und Paul Rée sowie, mit marginalen Bezugnahmen auf Spinoza, Friedrich Albert Lange und African Spir. Nietzsches Hauptinteresse an diesen Autoren galt nicht deren Spinoza-Interpretation, dennoch konnte er bei ihnen vereinzelte oder ausführliche Darstellungen Spinozas finden; in manchen Fällen lässt sich ein Rezeptionsverhältnis anhand von Nietzsches Lesespuren oder Notizen nachweisen, in anderen Fällen lässt es sich zumindest vermuten.

Nachweislich hat sich Nietzsche für eine Stelle zu Spinoza aus Friedrich *Ueberwegs Grundriss der Geschichte der Philosophie von Thales bis auf die Gegenwart* (1863–66) interessiert. In dem mehrbändigen Werk hat Nietzsche 1868 und 1873 gelesen; dessen dritter Band enthält eine Darstellung von Spinozas Philosophie, die etwa zwanzig Seiten umfasst.[27] Die einzige Anmerkung, die Nietzsche in seinem Ex-

---

22 Heine, *Geschichte der Religion und Philosophie*, II, 54. Eine, wenn auch nicht explizite, Parallelisierung der Lehren Spinozas und Christi in Bezug auf die Frage der Entsagung findet sich laut M. Mommsen schon bei Goethe (vgl. Mommsen, *Goethes Verhältnis zu Christus und Spinoza*).
23 Vgl. z. B. Heine, *Geschichte der Religion und Philosophie*, II, 54.
24 Heine, *Geschichte der Religion und Philosophie*, II, 54 .
25 Vgl. Heine, *Geschichte der Religion und Philosophie*, II, 54. Vgl. dazu Friedl, *Heine und Nietzsche*, 199: „Heine hat vor allem in seinen Prosaschriften Ansätze und Grundzüge einer Psychologie und Charakteriologie entwickelt, die auf den Nietzsche von *Menschliches, Allzumenschliches* vorausweisen [sic!]. [...] [B]ei Heine kündigt sich eine Psychophysiologie der Kulturgeschichte an".
26 Vgl. Heine, *Geschichte der Religion und Philosophie*, II, 55–57. Heine steht in seiner Deutung der spinozanischen Substanz- und Attributenlehre offenbar unter dem Einfluss von Hegels Akosmismus-These: „Statt zu sagen, er [Spinoza] läugne Gott, könnte man sagen, er läugne den Menschen" (ebd., 56).
27 Ueberweg, *Grundriss der Geschichte der Philosophie*, 56–77.

emplar des Buchs hinterlassen hat, eine Randlinie, findet sich im Abschnitt über Spinoza an der Stelle, an der Ueberweg das siebte Axiom des ersten Teils der *Ethik* kritisch bespricht.[28] Der Autor führt das Axiom – „Was als nicht existierend begriffen werden kann, dessen Essenz schließt nicht Existenz ein" – auf den „ontologischen Paralogismus" Spinozas zurück, demzufolge es etwas gebe, dessen bloße Definition notwendige Existenz einschließe. Im Hintergrund dieser Bemerkung Ueberwegs steht also die Kritik an Spinozas *causa sui*-Begriff, eine Kritik, die Nietzsche schon bei Schopenhauer kennengelernt hatte. Diese Stelle bei Ueberweg ist übrigens eine der wenigen, an der sich Nietzsches Interesse auf Spinozas Substanzmetaphysik richtet, für die es sonst bei ihm kaum Rezeptionszeugnisse gibt.

Eduard von *Hartmanns Philosophie des Unbewussten* (1869), die Nietzsche 1869, 1870 und 1873 gelesen hat, enthält ferner eine Vielzahl zumeist positiver Bezugnahmen auf den „so grosse[n] und so ehrliche[n] Geist"[29] Spinoza. Anerkennend hebt Hartmann u. a. Spinozas Teleologie-Kritik und dessen Lehre von der Unsterblichkeit der Seele hervor, und er preist den Rationalisten als philosophischen Mystiker.[30] Nietzsche kannte Hartmanns Buch gut; obwohl sich keine Übernahmen der darin enthaltenen Spinoza-Darstellung bei ihm finden lassen, ist dennoch anzunehmen, dass Hartmanns positives Spinoza-Bild einen Eindruck bei ihm hinterlassen und sein Interesse an Spinoza weiter gefördert hat.

Nietzsches Spinoza-Bild ist vor 1881 nachweislich auch von Eugen *Dühring* geprägt worden, aus dessen Buch *Der Werth des Lebens* (1865) Nietzsche 1875 umfangreiche Exzerpte entnommen hat.[31] Diese Exzerpte beziehen sich an zwei Stellen auf Spinoza. Dührings Kritik richtet sich dabei gegen Spinozas Moralphilosophie; Nietzsche referiert sie wie folgt:

---

28 Vgl. dazu Brobjer, *Nietzsche's Philosophical Context*, 79. Nietzsches Randlinie befindet sich entlang der letzten 13 Zeilen von S. 68, wo Ueberweg ausführt: „Das siebente und letzte Axiom lautet: Quidquid ut non existens potest concipi, ejus essentia non involvit existentiam. Dieses Axiom involvirt den ontologischen Paralogismus, als ob es solches gäbe, aus dessen Definition die Existenz erschlossen werden könne. Jede essentia, die realiter vorhanden ist, involvirt das Sein der Objecte, deren Essenz sie ist; aber dieser Satz wäre eine blosse Tautologie. Keine Essenz kann Ursache sein, ehe sie Dasein hat; Dasein aber hat sie nur in den Objecten, deren Essenz sie ist. Der Gedanke aber, der auf die essentia geht, d. h. der (subjective) Begriff (conceptus) kann wohl unter der Voraussetzung der Realität des Gedachten die Beilegung bestimmter Prädicate begründen, aber nicht ohne diese Voraussetzung, und kann daher niemals diese Voraussetzung selbst erweisen. / An die Definitionen und Axiome schliessen sich die Lehrsätze (propositiones), die mit Beweisen versehen sind, freilich nur mit Scheinbeweisen, sofern schon die zum Beweisgrunde dienenden Definitionen und Postulate logische Fehler involviren" (Ueberweg, *Grundriss der Geschichte der Philosophie*, 68).
29 Hartmann, *Philosophie des Unbewussten*, 25.
30 Zu letzterem Aspekt vgl. Hartmann, *Philosophie des Unbewussten*, 288: „Sollte ich den Mann nennen, den ich für die Blume des philosophischen Mysticismus halte, so sage ich Spinoza: als Ausgangspunct die mystische Substanz, als Endpunct die mystische Liebe Gottes, in der Gott sich selber liebt, und alles Uebrige sonnenklar – nach mathematischer Methode". Zu Hartmanns Bedeutung für Nietzsches Rezeption von Spinozas *conatus*-Theorie vgl. Kap. 7 der vorliegenden Arbeit.
31 Vgl. dazu Brobjer, *Nietzsche's Philosophical Context*, 79.

> Das Gesammturtheil über den Werth des Lebens ist die Resultante der Elementarbestimmungen; es kann keinen theoretischen Begriff geben, welcher im Voraus feststellte, wie das Leben beschaffen sein müßte, um unseren Beifall zu haben. Absurde Standpunkte sind also solche: das Übel ist zu leugnen, denn es ist nur vom Standpunkt des Menschen wirklich Übel. Oder mit Spinoza: nichts ist an sich verwerflich; erst das Wollen der Menschen stempelt dies zum Guten, jenes zum Bösen. Wenn man so das Menschliche überhaupt aufgibt, so verliert man jedes Maaß für praktische Werthschätzung. Nebenbei verliert man das sittliche Urtheil (man darf nicht mehr von gut und böse reden, ja jede rein theoretische Entscheidung müßte als Täuschung bezeichnet werden). (NL Sommer 1875, 9[1], KSA 8, 133)[32]

Auf diese Kritik, die er, man muss es zugeben, eher unkritisch übernimmt, lässt Nietzsche eine eigene Reflexion zur Frage der Wertsetzung folgen:

> Also am Streben mißt sich der Werth der Dinge, für den gar nicht Strebenden giebt es keine Werthe, für den rein Erkennenden fehlt alles Gut und Böse, alles Zustimmen und Verwerfen. [...] Mir scheint also, daß alle Höhe des Urtheils über den Werth des Lebens an der Höhe und Stärke des Strebens hinge d. h. einmal am Ziele, und zweitens an dem Grad des nach dem Ziele Hindrängens, Hinlaufens. (NL Sommer 1875, 9[1], KSA 8, 133)

Mit einer solchen Bewertung des Strebens – mit Spinoza könnte man sagen: des *conatus* – liegt Nietzsche, wohl ohne es zu wissen, näher an Spinozas Theorie der Werte, als es Dührings undifferenzierte Kritik vermuten lässt. In demselben Notat exzerpiert Nietzsche eine weitere Stelle zu Spinoza, an der dieser als Vertreter des Egoismus ins Visier von Dührings Kritik gerät:

> Gewisse anmaaßende Lehren suchen [...] den isolirten Subjektivismus und noch dazu eine abstrakte Einheit aller Affektionen: diese stellen ein Reich des Egoismus auf. Spinoza davon nicht frei zu sprechen. (NL Sommer 1875, 9[1], KSA 8, 142)[33]

Solche kritischen Äußerungen zu Spinoza scheinen keinen prägenden Eindruck bei Nietzsche hinterlassen zu haben; ab 1876 beginnt er vielmehr, Spinoza in vorteilhaftem Lichte darzustellen, wie sich in *Menschliches, Allzumenschliches* zeigt.[34] Nietzsches Bild des Philosophen ist zu dieser Zeit vermutlich von Paul *Rée* geprägt worden, mit dem Nietzsche seit Mitte der 1870er Jahre in intensivem Gedankenaustausch stand und dessen Buch *Der Ursprung der moralischen Empfindungen* (1877) einige Bezugnahmen auf Spinoza enthält.[35] Rée war von Spinozas moralkritischem Denken be-

---

[32] Vgl. die entsprechende Stelle bei Dühring, *Der Werth des Lebens*, 6.
[33] Vgl. die entsprechende Stelle bei Dühring, *Der Werth des Lebens*, 25 f. Wurzer (*Nietzsche und Spinoza*, 40 f.) hat das oben zitierte und das vorherige Exzerpt irrtümlicherweise Nietzsche selbst zugeschrieben und ist daher zu falschen Schlüssen hinsichtlich Nietzsches Spinoza-Bild Mitte der 1870er Jahre gelangt; erst Brobjer (*Nietzsche's Philosophical Context*, 79) hat darauf hingewiesen, dass es sich um ein Exzerpt aus Dührings Buch handelt.
[34] Vgl. MA I, 157, KSA 2, 147 f.; 475, ebd., 310; MA II, 408, KSA 2, 534.
[35] Vgl. Rée, *Ursprung der moralischen Empfindungen*, 28 (Hier wird Spinoza in einer Liste mit anderen Philosophen genannt, die die Willensfreiheit verneinen.); ebd., 52 (hier ebenfalls in einer Liste,

einflusst, er teilte mit Spinoza u. a. die Kritik der Willensfreiheit und der moralischen Werturteile.[36] Sein Einfluss auf Nietzsche zur Zeit von *Menschliches, Allzumenschliches* war so groß, dass Nietzsches Freunde in dem Buch einen Spielart des „Réealismus" zu sehen meinten, wie sich Nietzsche selbst ironisch äußerte.[37] Dass Nietzsche von Rées kritischem Naturalismus beeinflusst war, ist oft hervorgehoben worden, weniger klar ist jedoch, ob es Nietzsche auch bewusst war, wie sehr Rées Denken spinozistisch geprägt war. Jedenfalls ist ihm nicht entgangen, das Rée nach Erscheinen seines Buchs in der Presse als ein ‚neuer Spinoza' gefeiert wurde: „[...] haben Sie gehört, was das Jenaer Litteraturblatt von dem jungen ‚Spinoza' erzählt hat?" (Nietzsche an Paul Rée, 19. Nov. 1877, KSB 5, 291)[38] schrieb Nietzsche an Rée, nachdem er die folgenden Worte eines Rezensenten gelesen hatte: „Ich gestehe, dass mir beim Lesen vielfach der Gedanke gekommen ist: du hast einen Spinoza in seiner Art vor Dir".[39]

Dass hingegen Friedrich Albert *Langes Geschichte des Materialismus* einen wichtigen Einfluss auf Nietzsches frühes Spinoza-Bild gehabt hätte, wie William Wurzer behauptet, ist fraglich:[40] Langes Nennungen Spinozas in der Ausgabe von 1866 sind flüchtig und allgemein und finden in Nietzsches frühen Schriften keinerlei Widerhall.[41] Dasselbe gilt für African *Spir*, dessen zweibändiges Buch *Denken und Wirklichkeit* Nietzsche in erster Auflage von 1873 im selben und im darauffolgenden Jahr zur Kenntnis genommen, in zweiter Auflage von 1877 – die in seiner persönlichen Bibliothek enthalten ist – 1877, 1881 und 1885 gelesen und vielfach annotiert hat. Das Buch enthält zwar einige Nennungen Spinozas und eine zweiseitige Ausführung zu

---

nämlich von philosophischen Verfechtern des Todesstrafe); ebd., 61 (Hier zitiert Rée zwei Stellen aus der *Ethica* zum Thema der Relativität der Eigenschaften gut und böse bzw. der Sinnesempfindungen.).
36 Nicht nur Rée, sondern auch Lou von Salomé, mit der Nietzsche ab 1882 für kurze Zeit eine enthusiastische Freundschaft verband, bekannte sich zu Spinoza, den sie über den Prediger Hendrik Gillot in Petersburg kennengelernt hatte. Obwohl es keine Belege dafür gibt, dass Nietzsche und Salomé sich über Spinoza ausgetauscht haben, vermutet Wurzer (vgl. ders., *Nietzsche und Spinoza*, 87 f.), dass Nietzsche auch durch sie mit einer spinozistischen Weltanschauung in Berührung gekommen ist.
37 Vgl. Nietzsche an Paul Rée, 10. August 1878, KSB 5, 346: „A l l e meine Freunde sind jetzt einmüthig, daß mein Buch v o n I h n e n geschrieben sei und herstamme: weshalb ich zu dieser neuen Autorschaft gratulire [...]. Es lebe der Réealismus und mein guter Freund!" Vgl. Erwin Rohde an Nietzsche, 16. Juni 1878, KGB II 6/2, 895–898; Reinhart von Seydlitz an Nietzsche, 19. Juni 1978, KGB II 6/2, 901; Erwin Rohde an Franz Overbeck, 31. Mai 1879, in: Patzer, *Overbeck – Rohde: Briefwechsel*, Bd. 1, 34.
38 Vgl. auch Nietzsche an Ernst Schmeitzner, 25. Nov. 1879, KSB 5, 468.
39 Vgl. Schultze, *Paul Rée, der Ursprung der moralischen Empfindungen*: „Ich gestehe, dass mir beim Lesen vielfach der Gedanke gekommen ist: du hast einen Spinoza in seiner Art vor dir. Ein Capitel z. B. wie das über die Eitelkeit kann sich den besten Moraldeductionen, die wir besitzen, kühn an die Seite stellen. Das Büchlein wird zweifellos von allen professionellen Moralisten verdammt werden; um so mehr Zukunft darf es sich versprechen".
40 Vgl. Lange, Friedrich Albert: *Geschichte des Materialismus und Kritik seiner Bedeutung in der Gegenwart*, Iserlohn 1866. W. Wurzer sieht in Lange neben Schopenhauer und Goethe die wichtigste Quelle von Nietzsches früher, indirekter Bekanntschaft mit Spinoza (vgl. Wurzer, *Nietzsche und Spinoza*, 13 ff.).
41 Daher ist Brobjer (*Nietzsche's Philosophical Context*, 79) zuzustimmen, der bestreitet, dass Langes Einfluss auf Nietzsches Spinoza-Bild nennenswert gewesen sei.

dem „Pantheisten"[42], die aber keine nachweisbaren Spuren bei Nietzsche hinterlassen haben.[43]

2.2 Nietzsches Hauptquelle ab 1881: Kuno Fischers *Geschichte der neuern Philosophie I, 2*

Für Nietzsches Spinoza-Rezeption ist 1881 das entscheidende Jahr: Im Frühsommer fordert er, aus Sils-Maria schreibend, „den Band Kuno Fischer's über Spinoza" (Nietzsche an Franz Overbeck, 8. Juli 1881, KSB 6, 101) von Franz Overbeck an; er bittet den Freund, das Buch in einer Baseler Bibliothek oder Lesegesellschaft auszuleihen und es ihm zuzuschicken. Ende des Monats berichtet er bereits enthusiastisch von seiner Lektüre.[44] Kuno Fischers Abhandlung – *Geschichte der neuern Philosophie I, 2: Descartes' Schule. Geulinx. Malebranche. Baruch Spinoza*, die Nietzsche in der zweiten Auflage von 1865 gelesen hat – ist das erste Buch, das Nietzsche gezielt liest, um sich mit Spinozas Philosophie vertraut zu machen, und es ist die weitaus wichtigste Quelle seiner indirekten Spinoza-Rezeption.[45] Nietzsche hat es zweimal, 1881 und 1887, zumindest in Teilen gelesen und beide Male ausführlich exzerpiert; da er mit Leihexemplaren arbeitete, ist es in seiner persönlichen Bibliothek nicht enthalten. Welche Ausgabe des Buchs er gelesen hat, hat Nietzsche nicht angegeben; bis 1881 waren drei Auflagen (1854[46], 1865[47] und 1880[48]) erschienen, die zweite war gegenüber der ersten umfassend überarbeitet worden, die dritte enthielt nur noch wenige Änderungen.[49] Ein präziser Abgleich von Nietzsches Exzerpten mit den drei zu Nietzsches Lebzeiten erschienenen Auflagen des Buchs hat ergeben, dass Nietzsche sowohl 1881 als auch

---

42 Vgl. S. 45, 186, 281, 344 und 361–363 der zweiten Auflage.
43 Die einzige mögliche Ausnahme bildet eine Stelle, die Nietzsche angestrichen hat und die in der vorliegenden Arbeit im Zusammenhang mit JGB 13 besprochen wird. – Mit meiner Beurteilung von A. Spir schließe ich mich Brobjer (*Nietzsche's Philosophical Context*, 80) an; ich widerspreche insofern Wurzer, der Spir einen bedeutenden Einfluss auf Nietzsches frühe Spinoza-Rezeption zuschreibt (vgl. Wurzer, *Nietzsche und Spinoza*, 38 ff.).
44 Vgl. Nietzsche an Franz Overbeck, 30. Juli 1881, KSB 6, 111.
45 Vgl. dazu: Scandella, *Did Nietzsche Read Spinoza?*.
46 Kuno Fischer: *Geschichte der neuern Philosophie I. Das classische Zeitalter der dogmatischen Philosophie*, Mannheim 1854.
47 Kuno Fischer: *Geschichte der neuern Philosophie I, 2. Descartes' Schule. Geulinx. Malebranche. Baruch Spinoza*, zweite völlig umgearbeitete Aufl., Heidelberg 1865.
48 Kuno Fischer: *Geschichte der neuern Philosophie I, 2. Fortbildung der Lehre Descartes'. Spinoza*, dritte neu bearbeitete Aufl., München 1880.
49 Im Vorwort der 4. Auflage von 1898 äußerte sich Fischer zu den Entwicklungen, die sein Buch durchlaufen hatte, wie folgt: „Er [der Gesichtspunkt] ist in allen vier Auflagen nach stets erneuter Prüfung unverändert geblieben, nur im Einzelnen, wie es der litterarische Stand der Sache mit sich gebracht hat, noch genauer und ausführlicher entwickelt worden" (*Geschichte der neuern Philosophie II. Descartes' Schule. Spinozas Leben, Werke und Lehre*, vierte neu bearbeitete Aufl., Heidelberg 1898, V).

1887 die zweite Auflage von 1865 benutzt hat.[50] Sie enthält eine knapp 500-seitige Abhandlung der Philosophie Spinozas; die Darstellungen der Cartesianer Geulinx und Malebranche, die im selben Band enthalten sind, umfassen zusammen knapp 80 Seiten. Fischer unternimmt eine Charakterisierung der geschichtlichen Stellung Spinozas (Kap. 6), seines Lebens und Charakters (Kap. 7) sowie eine ausführliche Erörterung seiner Schriften (Kap. 8–23), wovon die Ausführungen zur *Ethik* (Kap. 12–23) den weitaus umfangreichsten Teil bilden; abschließend widmet er sich einer „Charakteristik und Kritik der Lehre Spinoza's" (Kap. 24), in der Spinozas Denken – auf eine für die damalige Philosophiegeschichtsschreibung charakteristische, in -ismen systematisierenden Weise[51] – als rationalistisch, pantheistisch, naturalistisch und dogmatisch charakterisiert wird und in der die aus Fischers Sicht bedeutendsten Antithesen zu Spinoza diskutiert werden.[52]

Das Buch ist deshalb als die wichtigste Quelle von Nietzsches Spinoza-Rezeption anzusehen, weil sich die vergleichsweise größte Anzahl von Nietzsches nachgelassenen Exzerpten und Notizen zu Spinoza darauf zurückführen lässt. Auf Fischers Darstellung beziehen sich die folgenden Notizen Nietzsches, die im Zusammenhang mit der Lektüre entstanden sind: Im Nachlass von 1881 sind es die Notate 11[132], [137], [193], [194], [307], 12[52] und 15[17][53], im Nachlass von 1887 das Notat 7[4].[54] Die in diesen Texten behandelten Themen – Spinozas Selbsterhaltungstheorie, die Teleologie-Kritik, die Konzeption der Vernunft, die Moralkritik – sind in Nietzsches veröffentlichten Schriften an vielen Stellen in sein Spinoza-Bild eingeflossen.[55] Die Exzerpte und Notizen, die Nietzsche zu Fischers Spinoza-Buch verfasste, werden in der vorliegenden Arbeit wiederholt auf ihre Quelle untersucht und interpretiert werden.[56]

---

50 Vgl. Scandella, *Did Nietzsche Read Spinoza?*, 309–311 und 319–329. Darauf hatte bereits Montinari (KSA 14, 646) hingewiesen; Scandella kommt das Verdienst zu, die Quellenlage präzise erörtert zu haben. Zu widersprechen ist dagegen H.-J. Gawoll, der davon ausgeht, dass Nietzsche die Ausgabe von 1854 verwendet habe und dass er sie schon vor 1881 „wenigstens kursorisch" (Gawoll, *Nietzsche und der Geist Spinozas*, 49, Anm. 10) gelesen habe. Zu diesem Schluss kommt Gawoll, weil Fischers Buch von 1854 das einzige ist, in dem das von Nietzsche notierte Zitat von *Ethik* I, prop. 67 vorkommt (vgl. NL Okt.-Dez. 1876, 19[68], KSA 8, 346); zur kritischen Diskussion dieser Behauptung vgl. Scandella, *Did Nietzsche Read Spinoza?*, 309 f.
51 Vgl. dazu Schneider, *Spinoza in der deutschen Philosophiegeschichtsschreibung*, 317–319.
52 Aus diesem Schlusskapitel hat Nietzsche Mendelssohns Kritik an Spinoza entnommen (vgl. NL Frühjahr-Herbst 1881, 11[137], KSA 9, 493; Quelle nachgewiesen von Brusotti, *Leidenschaft der Erkenntnis*, 352 f. Anm. 83) sowie möglicherweise Trendelenburgs Kritik an Spinozas Teleologie-Konzeption (vgl. Rupschus/Stegmaier, *Inconsequenz Spinoza's*).
53 Brobjer (*Nietzsche's Philosophical Context*, 158, Anm. 102) führt außerdem das Notat 14[20] auf Nietzsches Fischer-Lektüre zurück; dies konnte ich bisher nicht nachvollziehen.
54 Nach Montinari (KSA 14, 739) und vielen anderen hernach (z. B. Brobjer, *Nietzsche's Philosophical Context*, 81) las Nietzsche Fischer 1887 wahrscheinlich in der Bibliothek von Chur. Scandella stellt dies in Frage: Vgl. ders., *Did Nietzsche Read Spinoza?*, 319 f.
55 Explizit bezieht sich Nietzsche auf Fischers Spinoza-Interpretation gleichwohl nur in GM II, 15 (KSA 5, 320) und zwar kritisch.
56 Zu Fischer als Quelle von Nietzsches Rezeption der *conatus*-Theorie vgl. auch Kap. 7.

Von besonderer Bedeutung für die Thematik von Selbsterhaltung und Machtsteigerung in Nietzsches Machtkonzeption sind dabei die Exzerpte 11[193] im Nachlass von 1881 und 7[4] im Nachlass von 1887. Da Fischer die für Nietzsches Spinoza-Rezeption wichtigste Quelle darstellt, wird im vorliegenden Kapitel darauf verzichtet, einzelne Quellennachweise hierzu zu erbringen; vielmehr erfolgt dies im Verlauf der Arbeit jeweils dort, wo Nietzsches Bezugnahmen auf Fischer einzeln thematisiert werden. Hier soll es einführend allein um Nietzsches Gesamtverhältnis zu Fischer und um die allgemeine Charakterisierung von Fischers Spinoza-Interpretation gehen.

Auch wenn sich Nietzsche weitestgehend auf Fischers Darstellung verlässt, sie ihm als Grundlage für sein Spinoza-Verständnis dient, nimmt er seinen Gewährsmann nicht unkritisch auf: Schon 1871/72, nach seiner ersten Lektüre eines Buchs von Kuno Fischer, hatte er den Autor in einer Liste unter dem Titel „Anzugreifen" (NL Sommer 1872 – Anfang 1873, 19[259], KSA 7, 500 f.) genannt, und 1887, als Nietzsche Fischers Spinoza-Band ein zweites Mal liest, bemüht er sich „[t]rotz K. Fischer" (NL Ende 1886 – Frühjahr 1887, 7[4], KSA 12, 262)[57] um eine eigenständige Interpretation des „morsus conscientiae" bei Spinoza. Insgesamt lässt sich sagen, dass Nietzsche auf der Grundlage von Fischers Darstellung eine eigenständige Beurteilung Spinozas entwickelt: Seine Befürwortung und Kritik Spinozas geht nicht unmittelbar auf Fischer zurück, sondern entspringt eigenen Urteilen, die er auf der Grundlage seiner Fischer-Rezeption bildet.

Dass Nietzsche der Machttheorie Spinozas, in deren Zusammenhang das Selbsterhaltungstheorem steht, besondere Aufmerksamkeit schenkt, ist sicherlich durch seine Fischer-Lektüre bedingt worden: Kuno Fischer betont in der Tat wie kein anderer Interpret seiner Zeit die zentrale Bedeutung des Machtbegriffs für Spinozas Denken.[58]

---

[57] Das gesamte Zitat lautet: „Als Gegensatz das gaudium, wenn der erwartete Ausgang nicht eintrifft und die Furcht plötzlich aufhört. Trotz K. Fischer wäre es möglich, daß hier Spinoza die Bezeichnung a potiori gewählt habe: und daß er als den objektiven Kern jedes ‚Gewissensbisses' das Bezeichnete ansah. Er mußte ja bei sich die Schuld leugnen: was war also ihm die Thatsache ‚conscientiae morsus', welche übrig blieb?"; vgl. GM II, 15, KSA 5, 320: „Dies kam einmal auf eine verfängliche Weise Spinoza zum Bewusstsein (zum Verdruss seiner Ausleger, welche sich ordentlich darum bemühen, ihn an dieser Stelle misszuverstehn, zum Beispiel Kuno Fischer), als er eines Nachmittags, wer weiss, an was für einer Erinnerung sich reibend, der Frage nachhieng, was eigentlich für ihn selbst von dem berühmten morsus conscientiae übrig gelieben sei – er, der Gut und Böse unter die menschlichen Einbildungen verwiesen und mit Ingrimm die Ehre seines ‚freien' Gottes gegen jene Lästerer vertheidigt hatte, deren Behauptung dahin gieng, Gott wirke Alles sub ratione boni („das aber hiesse Gott dem Schicksale unterwerfen und wäre fürwahr die grösste aller Ungereimtheiten' –). Die Welt war für Spinoza wieder in jene Unschuld zurückgetreten, in der sie vor der Erfindung des schlechten Gewissens dalag: was war damit aus dem morsus conscientiae geworden? ‚Der Gegensatz des gaudium, sagte er sich endlich, – eine Traurigkeit, begleitet von der Vorstellung einer vergangnen Sache, die gegen alles Erwarten ausgefallen ist.' Eth. III propos. XVIII schol. I. II. [...]".
[58] An Fischers Betonung der Macht zeigt sich der zugleich unzeitgemäße und wegweisende Charakter seiner Studie. Während der Machtbegriff in der Spinoza-Literatur des 19. Jahrhunderts weitgehend unterbelichtet blieb, hat er in der Forschung des 20. und 21. Jahrhundert große Beachtung gefunden. Zu nennen sind insb.: Deleuze, *Spinoza – Philosophie pratique*, insb. 134–143; ders., *Spinoza et le problème*

Wie Nietzsche die Darstellung der spinozanischen Machttheorie bei Fischer rezipierte und was er ausgehend von Fischer über Spinozas Theorie des *conatus* wissen konnte, wird an anderer Stelle zu erörtern sein.[59] Hier darf die Beobachtung genügen, dass Fischers Betonung des Machtgedankens bei Spinoza für Nietzsches eigenes Nachdenken über die Macht von entscheidender Bedeutung wurde: Die Auseinandersetzung mit Spinoza wäre für Nietzsche im Zusammenhang der Entwicklung seiner Willen zur Macht-Konzeption ohne seine Fischer-Lektüre nicht denkbar gewesen.

Mit Fischer, dessen Monographie von 1865 die wohl bedeutendste philosophiegeschichtliche Studie zu Spinoza in der zweiten Hälfte des 19. Jahrhunderts war, hatte Nietzsche zudem einen Gewährsmann gefunden, der als Gelehrter ganz in der kantisch-hegelschen Tradition stand. Der Heidelberger Professor ist damit in zweierlei Hinsicht exemplarisch für die Spinoza-Rezeption des 19. Jahrhunderts: Einerseits, weil er sich nicht als origineller Denker, sondern als Gelehrter mit historischem Interesse Spinoza zuwendet, andererseits, weil er an die jüngere idealistische Philosophie anknüpft und von ihrem Standpunkt aus Spinozas System beurteilt. Im 19. Jahrhundert hatte sich die zuvor eher theologisch-polemisch geprägte Diskussion um Spinoza in den Bereich der Philosophiegeschichtsschreibung verschoben: Ein historisches Interesse trat in den Vordergrund, das nicht mehr, wie im 18. Jahrhundert, vorrangig unter Dichtern und Denkern, sondern unter Universitätsgelehrten ausgetragen wurde; die Beschäftigung mit Spinoza erhielt einen akademischen Rahmen.[60] Dieses aufkommende historische Verständnis Spinozas hatte Ulrich Schneider zufolge „konstitutive Bedeutung für die gesamte, damals neuentstehende Philosophiegeschichtsschreibung".[61] Historisch war die neue Betrachtungsweise auch insofern, als sie das Denken Spinozas mit der jüngeren und jüngsten deutschen Philosophie verglich und von dieser ausging, um jenes zu beurteilen. Von der „paradoxen Emphase"[62] der Idealisten gegenüber Spinoza lassen sich laut U. Schneider viele Spuren in der deutschen Historiographie des 19. Jahrhunderts finden. Hegels Diktum – „Spinoza ist Hauptpunkt der modernen Philosophie: entweder Spinozismus oder keine Philosophie"[63] – blieb für die Historiographen ebenso maßgeblich wie die Tendenz der

---

de l'expression; Negri, *Die wilde Anomalie*. Ins Zentrum ihrer Interpretationen haben jüngst folgende Autoren die Machttheorie Spinozas überzeugend gerückt: Abdo Ferez, *Die Produktivität der Macht*; Viljanen, *Spinoza's Geometry of Power*; Saar, *Die Immanenz der Macht*.

59 Vgl. Kap. 7 dieser Arbeit.

60 Vgl. Schneider, *Spinoza in der deutschen Philosophiegeschichtsschreibung*. Der Autor weist darauf hin, dass in der ersten Hälfte des 19. Jahrhunderts eine Vielzahl an Werkausgaben Spinozas erschien, die von einem großen dokumentarischen Interesse an Spinoza zeugt (vgl. Schneider, ebd., 306 f.). Man wollte, wie es Heinrich Ritter formuliert hat, nicht mehr, wie im 18. Jahrhundert, „mit vorgefaßter Meinung", sondern „aus reingeschichtlichem Triebe" (zit. bei Schneider, ebd., 314) an Spinoza herantreten.

61 Schneider, *Spinoza in der deutschen Philosophiegeschichtsschreibung*, 306.

62 Schneider, *Spinoza in der deutschen Philosophiegeschichtsschreibung*, 322.

63 Hegel, *Vorlesungen über die Geschichte der Philosophie III*, 163 f. Vgl. auch Schellings Diktum: „[...] es kann wohl keiner hoffen, zum Wahren und Vollendeten in der Philosophie fortzugehen, der nicht

Idealisten, Spinoza als ihren Gegner und dessen System als radikalen Gegenentwurf zu ihrem eigenen darzustellen. Diese neue historiographische Betrachtungsweise blieb dennoch auch von dem Spinoza-Bild des 18. Jahrhunderts geprägt. Mit dem enthusiastischen Spinozismus Goethes, Herders und Jacobis verband sie – dies ist besonders für Fischers Spinoza-Darstellung bezeichnend – die Begeisterung für die Philosophie Spinozas ebenso wie für seine Person; das Leben des verketzerten Denkers faszinierte nach wie vor durch die Radikalität seiner Weltabgewandtheit ebenso wie durch den Widerspruch zur vorherrschenden öffentlichen Vernunft.[64]

Diese Eigenheiten der im 19. Jahrhundert aufkommenden historiographischen Spinoza-Interpretation wurden skizziert, weil sie es erlauben, Kuno Fischers Studie näher zu charakterisieren: Sie zeichnet sich einerseits durch das schon der Rezeption des 18. Jahrhunderts eigene große Interesse für das Leben und die Persönlichkeit Spinozas aus; andererseits durch einen sachgetreuen historischen Blickwinkel, von dem aus Spinozas System unparteiisch rekonstruiert werden sollte; schließlich durch eine – von der sachlichen Rekonstruktion unterschiedene – Beurteilung Spinozas auf der Grundlage des Hegelschen Geschichtsverständnisses. Diesen drei Aspekten soll im Folgenden etwas weiter nachgegangen werden.

Fischer bringt nicht nur immer wieder seine Faszination für die Person Spinozas zum Ausdruck, er begreift Spinozas Leben und Werk als eine Einheit und sucht die charakteristischen Merkmale der spinozanischen Lehre durch die Lebensbedingungen und Persönlichkeitszüge ihres Autors zu erklären.[65] Fischers Begeisterung spiegelt sich auf Nietzsches Postkarte an Overbeck vom Sommer 1881 wider;[66] seine Methode der Parallelisierung von Leben und Werk findet ihr Pendant in Nietzsches psychologisierender und physiologisierender Betrachtungsweise, nach der „jede grosse Philosophie [...] das Selbstbekenntnis ihres Urhebers und eine Art ungewollter und unvermerkter mémoires" (JGB I, 6, KSA 5, 19) ist. Im Unterschied zu Fischers Nachspüren der Einheitlichkeit von Leben und Werk hat Nietzsches symptomatisierende Be-

---

einmal wenigstens in seinem Leben sich in den Abgrund des Spinozismus versenkt hat." (F. W. J. von Schelling, *Zur Geschichte der neueren Philosophie, Münchener Vorlesungen*, in: *Friedrich Wilhelm Joseph von Schellings sämmtliche Werke*, hrsg. von Karl Friedrich August Schelling, Abt. I, Bd. 10, Stuttgart/Augsburg 1861, 36).

64 Vgl. dazu Schneider, *Spinoza in der deutschen Philosophiegeschichtsschreibung*, 305.

65 Vgl. dazu Fischers *Geschichte der neuern Philosophie: Descartes und seine Schule* von 1854, aus der 1865 die Spinoza-Monographie hervorging. Fischer hat 1865 auch einen Vortrag gehalten, in dem er das Leben, die Persönlichkeit und das Denken Spinozas als lebendige Einheit darstellt: vgl. Kuno Fischer, *Baruch Spinoza's Leben und Charakter. Ein Vortrag*, Mannheim 1865; vgl. dazu: Vogel, *Die Philosophie will ein Meisterstück machen*, 373–376. Fischers Vortrag wurde auch ins Englische übersetzt: vgl. Fischer, Kuno: *The Life and Character of Baruch Spinoza: a Lecture*, translated by Frida Schmidt, Edinburgh 1882. Es handelt sich dabei nicht um eine Übersetzung von Fischers Spinoza-Band aus der *Geschichte der neuern Philosophie*, wie Brobjer irrtümlicherweise annimmt (vgl. ders., *Nietzsche's Philosophical Context*, 158, Anm. 101).

66 Vgl. Nietzsche an Franz Overbeck, 30. Juli 1881, KSB 6, 111.

trachtungsweise, die sein Spinoza-Bild ab 1881 dominiert, jedoch einen entlarvenden und pathologisierenden Charakter.

Fischer sah seine Leistung als Interpret in der sachgetreuen Rekonstruktion, der begrifflichen Klassifikation und der historisch informierten Kritik von Spinozas System. Sein Ruhm als Philosophiehistoriker gründete darauf, dass er philosophische Lehren mit außergewöhnlicher Kongenialität darzustellen vermochte und sich dabei mit den Autoren regelrecht zu identifizieren schien; Kritik äußerte er stets erst am Ende seiner Darstellung, und auch dort erhob er nicht den Anspruch auf eine eigenständige philosophische Rezeption, sondern referierte einflussreiche, von Anderen vorgebrachte Kritik, deren Überzeugungskraft er beurteilte. In seiner Spinoza-Studie von 1865, in der Spinozas und Fischers eigener Standpunkt zu verschmelzen scheinen, zeigt sich seine Kongenialität besonders; in Verbindung mit großer begrifflicher Schärfe und gedanklicher Komplexität ließ diese Kongenialität das Buch zu einer bis heute klassischen Gesamtdarstellung werden.

Die sachgetreue Darstellung von Spinozas Lehre diente andererseits Fischers umfassenderer Bemühung, in seiner *Geschichte der neuern Philosophie* den dialektischen Fortschritt der Philosophie von System zu System aufzuzeigen, die einzelnen Lehren als notwendige Stufen einer hegelianisch gedachten Entwicklung zu begreifen. Als Hegelianer war Fischer davon überzeugt, dass sich eine philosophische Position aus der anderen notwendig entwickelt, wobei diese Entwicklung ihm zufolge durch den Gegensatz von dogmatischer und kritischer Philosophie bestimmt wird. Insofern ging es Fischer nicht um ein bloßes Nacherzählen von Spinozas Philosophie, sondern darum, diese unter der Voraussetzung der Gültigkeit des Hegelschen Systems zu beurteilen. Spinozas kausalistischer Naturalismus galt Fischer als dogmatisch, Spinoza mithin als ein Denker, der hinter dem Übergang zur kritischen Philosophie Kants zurückstand. Seinen hegelianischen Ansatz verband Fischer mit einer kantianischen Perspektive, insofern er beanspruchte, die Hegelsche Philosophie auf transzendentale Grundlage zu stellen. In diesem kantianisierenden Hegelianismus zeigte sich deutlich die für Fischer und für die philosophische Historiographie seiner Zeit typische Anknüpfung an die idealistische Tradition.[67] Diese kurze Darstellung von Fischers *Geschichte der neuern Philosophie I, 2* sowie der Methodik und geschichtlichen Stellung ihres Autors darf vorerst genügen, um die Quelle, deren Bedeutung für Nietzsches Spinoza-Rezeption richtungweisend und zentral ist, zu skizzieren.

---

67 Zu Fischers hegelianischem Verständnis der Philosophiegeschichte als eines „System[s] von Systemen" (Fischer, *Geschichte der neuern Philosophie I, 2*, 1854, 19) und zur kantianischen Ausrichtung desselben vgl.: Vogel, *Die Philosophie will ein Meisterstück machen*, 353–361.

2.3 Weitere Quellen in den 1880er Jahren

Nach seiner ‚Entdeckung' Spinozas bei Kuno Fischer beginnt Nietzsche, sich auf den niederländischen Philosophen weitaus häufiger zu beziehen als zuvor. Sein verstärktes Interesse an Spinoza setzt sich nach 1881 kontinuierlich fort: Spinoza wird zu einem von Nietzsches wichtigsten Bezugsautoren, die Themen der Auseinandersetzung vervielfältigen sich, in den Schriften wird der häretische Denker nicht mehr vage konturiert, sondern wegen präziser Lehrinhalte attackiert oder (weitaus seltener) gefeiert, und in den nachgelassenen Notizen trägt Nietzsche fortan einen intensiven Dialog mit Spinoza aus.

Andererseits lassen sich viele der Äußerungen, die Nietzsche zwischen 1881 und 1887, als er Kuno Fischers Buch zum zweiten Mal exzerpiert, und nach 1887 zu Spinoza niedergeschrieben hat, nicht auf Fischers Buch zurückführen. Sofern Nietzsche dabei aus Sekundärquellen schöpfte, muss es sich um andere Autoren gehandelt haben; in der Tat hat er in den 1880er Jahren eine Vielzahl an weiteren Büchern gelesen, die sich, wenn auch meist nur marginal, auf Spinoza beziehen. Welche Äußerungen zu Spinoza Nietzsche beachtete, exzerpierte oder anderweitig in seine Notizen und Schriften einfließen ließ, lässt sich zwar nicht immer nachvollziehen, in manchen Fällen aber doch nachweisen oder zumindest vermuten. Neben den vielen wissenschaftlichen Autoren, die Nietzsche in Bezug auf Spinoza rezipiert hat, bleibt in den achtziger Jahren auch Goethe für Nietzsches Spinoza-Bild prägend. Auf den Weimarer Dichter wirft Nietzsche, nachdem sein Interesse an Spinoza 1881 durch die Kuno Fischer-Lektüre entfacht wurde, einen neuen Blick: Goethes Spinozismus wird für Nietzsches Interesse an ihm fortan zentral.[68] Zahlreiche Stellen im Nachlass und in den Spätschriften zeigen, dass Nietzsches Spinoza-Bild bis zuletzt von Goethe geprägt wurde: Der „Spinoza der Poesie"[69] bleibt für Nietzsche Gewährsmann eines überaus positiven Spinoza-Bildes, das angesichts von Nietzsches sich zuspitzender Kritik an Spinoza für diesen zum Stein des Anstoßes und zur Herausforderung wird. Noch bis in die Mitte der 1880er Jahre hatte Nietzsche an Spinoza und Goethe als Paar gedacht, das ihm in Bezug auf den Gedanken einer Überwindung des Menschen vorausgegangen war[70] und dessen „guten Willen" für eine „heidnische" Frömmigkeit er der christlich geprägten Frömmigkeit der deutschen Philosophie seit Kant entgegensetzen

---

[68] Wie M. Scandella im Rekurs auf A. U. Sommer gezeigt hat, speiste sich Nietzsches Vorstellung von Goethes Spinozismus in den 1880er Jahren besonders aus Adolf Schölls *Goethe in Hauptzügen seines Lebens und Wirkens*, einer einführenden biographischen Schrift, die „Goethes Spinozismus" auf 2–3 Seiten behandelt (vgl. Scandella, *Zur Entstehung einiger Verweise auf Spinoza in Nietzsches Schriften*, 174–176).
[69] Heine, *Geschichte der Religion und Philosophie*, III, 100.
[70] Vgl. NL Frühjahr 1884, 25[454], KSA 11, 134: „‚Der Mensch ist etwas, das überwunden werden muß' – es kommt auf das tempo an: die Griechen bewunderungswürdig: ohne Hast, / – meine Vorfahren H e r a c l i t   E m p e d o c l e s   S p i n o z a   G o e t h e".

konnte.⁷¹ Doch 1887/88 will Nietzsche sein anti-christliches „h e i d n i s c h e [s] Ideal" (NL Nov. 1887 – März 1888, 11[138], KSA 13, 63) nur noch von Goethe verkörpert sehen, während Spinoza ihm zum Vertreter einer entgegengesetzten Geisteshaltung wird, die sich im „a n ä m i s c h e [n] Ideal" ausdrücke. Dieses Ideal wachse auf dem Boden von „Zuständen [...], wo die Welt leerer, blässer, verdünnter g e s e h e n wird, wo die ‚Vergeistigung' und Unsinnlichkeit den Rang des Vollkommnen einnimmt" (NL Nov. 1887 – März 1888, 11[138], KSA 13, 64). Nietzsche ist nun vor allem bemüht, sein Spinoza-Bild vom Goetheschen abzugrenzen: Spinoza verkörpert für ihn fortan den Typus des missratenen Philosophen – „[w]ie arm, wie einseitig!" –, während Goethe als Exemplar des ‚volleren' Künstler-Typus „gut da [steht]" (NL Sommer-Herbst 1884, 26[3], KSA 11, 151). In zwei für die Veröffentlichung geplanten Schriftstücken wendet sich Nietzsche hingegen kritisch sowohl gegen Goethe als auch gegen Spinoza: Als Konterpart zum Gedicht „An Goethe", das er später in die „Lieder des Prinzen Vogelfrei" aufnimmt,⁷² verfasst er 1884 ein Poem „An Spinoza", in dem er den „Einsiedler" (NL Herbst 1884, 28[49], KSA 11, 319)⁷³ als rachsüchtigen Juden zu entlarven sucht. Das Gedicht, das er schließlich unveröffentlicht lässt, psychologisiert die theistische Welt-Interpretation Spinozas, gegen die Nietzsche sich auch im Gedicht *An Goethe*, dort jedoch eher in spielerischem Widerspruch, richtet.

Als Nietzsche in seinen letzten Schaffensjahren am literarischen Projekt *Der Wille zur Macht* arbeitet, ist er von Goethes Bekenntnis, in Spinoza seinen „Heiligen" gefunden zu haben, zutiefst irritiert. Über die Gründe der Heiligung Spinozas durch Goethe wollte er offenbar einen Abschnitt in dem projizierten Buch schreiben;⁷⁴ ein nachgelassenes Notat aus der Zeit verdeutlicht, wie er das Urteil des Dichters symptomatisieren wollte: „das a n ä m i s c h e Ideal: unter Umständen kann es das Ideal solcher Naturen sein, welche das erste, das heidnische d a r s t e l l e n (: so sieht *Goethe* in *Spinoza* seinen ‚Heiligen')" (NL Nov. 1887 – März 1888, 11[138], KSA 13, 64)⁷⁵. Verstört

---

71 Vgl. NL Juni-Juli 1885, 38[7], KSA 11, 605.
72 Vgl. FW, Lieder des Prinzen Vogelfrei, KSA 3, 639.
73 „A n S p i n o z a . / Dem ‚Eins in Allem' liebend zugewandt, / Ein amor dei, selig, aus Verstand – / Die Schuhe aus! Welch dreimal heilig Land! – – / Doch unter dieser Liebe fraß / unheimlich glimmender Rachebrand: / – am Judengott fraß Judenhaß. – / – Einsiedler, hab ich dich erkannt?". In NL Herbst 1885-Herbst 1886, 2[47], KSA 12, 85 führt Nietzsche die beiden Gedichte zusammen in einer Liste der damals noch als Anhang für JGB geplanten „Lieder des Prinzen Vogelfrei" auf.
74 Vgl. NL Anfang 1888, 12[1], KSA 13, 200, wo er in einer langen Themensammlung den Titel „(126) Spinoza als der Heilige Goethes" aufführt. Vgl. NL Herbst 1887, 9[176], KSA 12, 439: „<(126)> Spinoza, von dem Goethe sagte ‚ich fühle mich ihm sehr nahe, obgleich sein Geist viel tiefer und reiner ist als der meinige', – den er gelegentlich seinen Heiligen nennt". Wie A. U. Sommer gezeigt hat, stammt das Zitat aus Goethes Brief an Karl Ludwig von Knebel vom 11.11.1784, der von Adolf Schöll in dem von Nietzsche als Quelle verwendeten Werk *Goethe in Hauptzügen seines Lebens und Wirken* zitiert wird (vgl. Sommer, *Kommentar zu Nietzsches Der Fall Wagner/Götzen-Dämmerung*, 553).
75 Vgl. NL Herbst 1887, 10[170], KSA 12, 558: „N B V e r s t e c k t e r e F o r m e n d e s C u l t u s **des christlichen Moral-Ideals.** – D e r w e i c h l i c h e u n d f e i g e B e g r i f f ‚**Natur**' [...] – Was *Goethe* an ihr haben wollte, – warum er *Spinoza* verehrte – Vollkommene U n w i s s e n h e i t der Voraussetzung dieses C u l t u s ...".

angesichts von Goethes Verehrung des blutlosen Metaphysikers, als den er Spinoza Ende der achtziger Jahre sehen will, bemüht sich Nietzsche darum, das Spinoza-Bild des Dichters durch Psychologisierung von sich zu distanzieren. Andererseits kann Nietzsche nicht umhin, die außerordentliche Fruchtbarkeit von Goethes Spinozismus zu würdigen. In der „fulminante[n] Apotheose"[76] des Dichters, die er in die „Streifzüge eines Unzeitgemässen" einfügt, charakterisiert er Goethe, der „kein deutsches Ereigniss, sondern ein europäisches" sei, folgendermaßen:

> Er nahm die Historie, die Naturwissenschaft, die Antike, insgleichen Spinoza zu Hülfe, vor Allem die praktische Thätigkeit; er umstellte sich mit lauter geschlossenen Horizonten; er löste sich nicht vom Leben ab, er stellte sich hinein; er war nicht verzagt und nahm so viel als möglich auf sich, über sich, in sich. (GD, *Streifzüge eines Unzeitgemässen* 49, KSA 6, 151)

Aus der Vorstufe zu diesem Text geht hervor, welches Spinoza-Bild Nietzsche hier voraussetzt. Es heißt dort:

> Goethe sein 18. Jahrhundert in sich findend und b e k ä m p f e n d : die Gefühlsamkeit, die Naturschwärmerei, das Unhistorische, das Idealistische, das Unpraktische und Unreale des Revolutionären; er nimmt die Historie, die Naturwissenschaft, die Antike zu Hülfe, insgleichen *Spinoza* (als höchsten *Realisten*) [...] (NL Herbst 1887, 9[178]).[77]

In der publizierten Textfassung geht das Attribut des Realismus auf Goethe selbst über, ebenso wie auf Napoleon, in dem Goethe einen Wahlverwandten gefunden habe.[78] Doch als Erzieher zu Goethes ‚realistischer' Weltsicht gilt weiterhin Spinoza, der insofern als eine den sinnlichen Gegebenheiten des Lebens zugewandte und in dieser Zuwendung sowohl erkenntnissuchende als auch lebensbejahende Figur erscheint.[79] Nietzsches *Götzen-Dämmerung* lässt sich darüber hinaus eine weitere Charakterisierung von Goethes Spinozismus entnehmen; damit enthält diese Schrift *in nuce* jene Aspekte von Nietzsches Spinoza-Bild, die genuin durch Goethe an ihn vermittelt wurden. In Bezug auf die Selbstgestaltung des Dichters heißt es dort: „Was er wollte, das war T o t a l i t ä t ; er bekämpfte das Auseinander von Vernunft, Sinnlichkeit, Gefühl, Wille [...], er disciplinirte sich zur Ganzheit, er s c h u f sich..." (GD, *Streifzüge eines Unzeitgemässen* 49, KSA 6, 151). Die spezifische Form der Selbstkul-

---

76 Seggern, *Nietzsche und die Weimarer Klassik*, 108.
77 Hier zitiert nach der (abweichenden) Transkription in KGW IX/6, 7. Dieses Notat hat Nietzsche übrigens im Kontext des Willen zur Macht-Projekts nummeriert.
78 Vgl. GD, *Streifzüge eines Unzeitgemässen* 49, KSA 6, 151.
79 Treffend bemerkt dazu M. Scandella: „Ziemlich kurios erscheint Nietzsches Bezeichnung Spinozas ‚als höchsten Realisten', da er meistens Spinoza als ‚Rationalist' betrachtet, worin er Kuno Fischers Interpretation folgt." (Scandella, *Zur Entstehung einiger Verweise auf Spinoza in Nietzsches Schriften*, 175). Nietzsches Bezeichnung könnte durch einen von Adolf Schöll in *Goethe in Hauptzügen seines Lebens und Wirken* zitierten Brief Goethes an Jacobi vom 9.12.1785 erklärt werden (vgl. Scandella, *Zur Entstehung einiger Verweise auf Spinoza in Nietzsches Schriften*, 175).

tivierung, die Goethe praktizierte, stellt Nietzsche als ein Streben nach Ganzheit, eine Bemühung um Integration seiner unterschiedlichen Vermögen in eine umfassende Einheit der Selbstgestaltung dar. Dieses Streben interpretierte Goethe selbst spinozistisch, wobei er eine Transposition von Spinozas All-Einheits-Gedanken auf die Ebene des ästhetischen und ethischen Selbstentwurfs vornahm. All-Einheit im spinozistischen Sinne steht für Goethe im Dienst der Selbstgestaltung des schöpferischen Individuums, und in diesem Sinne ist sie in Nietzsches Spinoza-Bild eingegangen. Bei Goethe lernt Nietzsche somit eine Interpretation des Spinozismus kennen, die ganz auf den Menschen fokussiert ist, indem sie Spinozas ontologischen Grundgedanken der All-Einheit als Ganzheitsideal in Bezug auf die menschliche Selbstgestaltung umdeutet. Dass Goethe die Grundlage seines Menschenbildes in Spinozas *Ethik* gefunden hatte, ist für Nietzsche deshalb besonders wichtig, weil es gerade die Frage nach der Menschlichkeit ist, die Nietzsche im Laufe seiner philosophischen Entwicklung kontinuierlich mit Goethe verbindet.[80]

Goethes spinozistisches Menschenbild resultierte in einer Haltung, in der er ganz dem ‚Eins in Allem'[81] zugewandt war und im Glauben an die gesetzmäßige Notwendigkeit allen Geschehens zu rückhaltloser Affirmation gelangte – so jedenfalls schildert Nietzsche Goethes Grundhaltung:

> Ein solcher freigewordner Geist steht mit einem freudigen und vertrauenden Fatalismus mitten im All, im Glauben, dass nur das Einzelne verwerflich ist, dass im Ganzen sich Alles erlöst und bejaht – er verneint nicht mehr... Aber ein solcher Glaube ist der höchste aller möglichen Glauben: ich habe ihn auf den Namen des Dionysos getauft. – (GD, Streifzüge eines Unzeitgemässen 49, KSA 6, 152)

Goethes Weltanschauung sieht Nietzsche hier als den Kern seines eigenen dionysischen Ideals an, und es ist deshalb entscheidend, dass gerade Spinoza in seinen Augen große Bedeutung für die Ausbildung dieser Weltanschauung zukommt.[82] Obwohl Nietzsche in den späten 1880er Jahren vor allem bemüht ist, Spinoza von sich zu distanzieren, lebt der verketzerte Denker doch – auf eine für Nietzsche selbst irritierende und daher nicht explizit gemachte Weise – in Nietzsches überaus positivem Goethe-Bild fort.

Neben Goethe hat Nietzsche in den 1880er Jahren eine Reihe von wissenschaftlichen Autoren rezipiert, die sein Spinoza-Bild in manchen Fällen nachweislich, in anderen Fällen mutmaßlich geprägt haben. 1881 hat Nietzsche neben Kuno Fischer

---

80 Vgl. Gerhardt, *Nietzsche, Goethe und die Humanität*, 310: „[…] mit Goethe fügt […] [Nietzsche] sich selbst in eine Wirkungsgeschichte ein, die dem *Menschen* als dem ganz der Natur und ganz dem Geist zugehörigen Wesen verpflichtet ist. […] Von Goethe her können wir noch am ehesten verstehen, warum Nietzsches Neigung, die *Grenzen des Humanen* zu sprengen, keine Aufhebung der Humanität impliziert".
81 Vgl. Goethes Gedicht „Eins und Alles", in: ders., *Gedichte 1800–1832*, hrsg. von Karl Eibl, Frankfurt a. M. 1988, 494 f.
82 Vgl. Yovel, *Spinoza und Nietzsche*, 284 f.

mindestens zwei weitere Autoren gelesen, die Spinozas Philosophie behandeln. Es handelt sich einerseits um Leckys *Sittengeschichte Europas von Augustus bis auf Karl den Grossen* (1879), andererseits um Otto Liebmanns *Zur Analysis der Wirklichkeit* (1880).[83] In Leckys Schrift, deren erster Band viele Lesespuren Nietzsches enthält, finden sich einige marginale Äußerungen zu Spinoza: Der Autor nennt diesen, einer Anekdote des Spinoza-Biographen Colerus folgend, „einen der lautersten, edelsten und wohlwollendsten Menschen", dessen „einziges Vergnügen" gleichwohl „darin bestand, Fliegen in Spinnengewebe zu setzen und ihren Kampf und Tod zu beobachten."[84] Spinoza von den Stoikern absetzend, die durch ihre „fortwährenden Erörterungen" des Todes diesem „eine unangemessene Wichtigkeit" gegeben hätten, schreibt Lecky: „Es liegt eine tiefe Weisheit in den Grundsätzen Spinoza's, dass ‚das rechte Studium eines Weisen nicht ist, wie er sterben, sondern wie er leben soll', und dass ‚der Weise an nichts weniger, als an den Tod denken soll'"[85]. Nietzsche hatte sich den entsprechenden Lehrsatz Spinozas im lateinischen Original bereits 1876 notiert, wobei seine damalige Quelle unbekannt ist.[86] Jedoch hat er keine der Spinoza-Stellen bei Lecky angestrichen oder notiert.

Liebmanns Buch hat Nietzsche ein Jahr nach dessen Erscheinen gelesen und es mit vielen Anstreichungen und Kommentaren versehen.[87] Zwar wird Spinoza auch dort nur marginal behandelt, doch hat Nietzsche sich für Liebmanns oftmals kritische Ausführungen zu Spinoza interessiert, wie zwei Anmerkungen von seiner Hand zeigen. Die erste markierte Stelle handelt von Spinozas Kritik der Willensfreiheit, einer Thematik, für die Nietzsche sich auch bei Fischer interessierte:[88]

> [...] vergleiche man mit Spinoza den Menschen, der seinen Willen für frei hält, einem geworfenen Stein, der, während seines Fluges plötzlich zum Bewußtsein kommend, sich gleichfalls für frei halten würde, w e i l ihm die Ursachen unbekannt sind, aus denen seine Flugbahn mit naturgesetzlicher Nothwendigkeit hervorgeht [...][89]

---

83 Der Hinweis findet sich bei Brobjer, *Nietzsche's Philosophical Context*, 159, Anm. 105.
84 Lecky, *Sittengeschichte Europas*, Bd. 1, 259 f. Die Anekdote der Fliegen findet sich bei Colerus, *La Vie de Spinoza*, 42.
85 Lecky, *Sittengeschichte Europas*, Bd. 1, 182 f. Die Stellenangabe zu diesem Zitat (*Ethik* IV, pr. 67) findet sich bei Lecky in der Anmerkung.
86 Vgl. NL Okt. – Dez. 1876, 19[68], KSA 8, 346.
87 Er bestellte es kurz nach seiner Kuno Fischer-Lektüre: Vgl. Nietzsche an Franz Overbeck, 20./21. August 1881, KSB 6, 117. Zur Bedeutung von Liebmanns Buch für Nietzsches Rezeption der spinozanischen *conatus*-Theorie vgl. Kap. 7.
88 Vgl. Nietzsches Exzerpt im NL Frühjahr-Herbst 1881, 11[193], KSA 9, 518.
89 Liebmann, *Zur Analysis der Wirklichkeit*, 667.

An den Rand dieses Passus hat Nietzsche die Worte „sehr gut"[90] geschrieben. An anderer Stelle hat er Spinoza gegen Liebmanns Kritik mit einem entschiedenen „bravo" verteidigt, das er neben den folgenden Satz schrieb:

> Im Spinoza fehlt trotz der edlen, echt ethischen Stimmung, die sein Werk durchzieht, mit dem Begriff des Normalgesetzes zugleich eigentlich ganz der Begriff der Moralität.[91]

Diese Stellen spiegeln Nietzsches positives Urteil über Spinoza nach der Kuno Fischer-Lektüre wider und sind auch insofern aufschlussreich, als sie zwei jener „fünf Hauptpunkte[...]" betreffen, die Nietzsche gegenüber Overbeck 1881 als Gemeinsamkeit zwischen Spinoza und sich begrüßt hat: das Leugnen der „Willensfreiheit" und der „sittliche[n] Weltordnung" (Nietzsche an Franz Overbeck, 30. Juli 1881, KSB 6, 111).

In den Jahren nach 1881 hat Nietzsche wiederholt Autoren gelesen, die sich Spinoza, zwar nicht als Hauptgegenstand, aber doch in Bezug auf ihre je eigene Thematik widmen. Die für seine Spinoza-Rezeption nach Kuno Fischer wichtigsten, wenn auch ungleich weniger bedeutenden Autoren waren wohl Eduard von Hartmann und Gustav Teichmüller.[92] Thomas Brobjer hat darauf hingewiesen, dass vier Notate, die Nietzsche 1883 zu Spinoza niederschrieb, auf seine Lektüre von Hartmanns *Phänomenologie des sittlichen Bewusstseins* (1879) zurückgeführt werden können.[93] Nietzsche hat dieses Buch, das Spinoza eingehend und zumeist kritisch behandelt, 1883 gelesen, ausführlich annotiert und exzerpiert. Er hielt daraus u. a. folgenden Satz „[n]ach Spinoza" fest, wohl in der Absicht, den uneingestanden utilitaristischen Standpunkt des rationalistischen Philosophen zu entlarven: „ [...] ‚sofern der Mensch die Vernunft anwendet, hält er nur das für **nützlich, was zum Erkennen führt**'." (NL Frühjahr-Sommer 1883, 7[31], KSA 10, 253).[94] Auch die nachfolgende Überlegung ist wahrscheinlich auf Nietzsches Hartmann-Lektüre zurückzuführen, da sie thematisch an Hartmanns Spinoza-Bild anklingt:

> Die Verschmelzung mit der Gottheit kann Gier nach der höchsten Wollust sein (weiblich-hysterisch bei manchen Heiligen) oder Gier nach höchster Ungestörtheit und Stille und Geistigkeit (Spinoza) oder Gier nach Macht usw. (NL Frühjahr-Sommer 1883, 7[108], KSA 10, 279).[95]

---

90 Vgl. das Buch im digitalisierten Bestand der Herzogin Anna Amalia Bibliothek: http://oraweb.swkk.de/digimo_online/digimo.entry?source=digimo.Digitalisat_anzeigen&a_id=13018.
91 Liebmann, *Zur Analysis der Wirklichkeit*, 668.
92 Wurzer nennt als weitere Bezugsautoren für Nietzsches indirekte Spinoza-Rezeption in den 1880er Jahren E. de Roberty und J.-M. Guyau, die hier nicht berücksichtigt werden, weil sie von marginaler Bedeutung sind (vgl. Wurzer, *Nietzsche und Spinoza*, 129 f.). Auf Guyau wird jedoch an späterer Stelle noch einzugehen sein.
93 Vgl. Brobjer, *Nietzsche's Philosophical Context*, 81. Hartmann behandelt Spinoza auf S. 6–23 sowie an mehr als zehn weiteren Stellen seines Buchs.
94 Brobjer führt dieses Spinoza-Zitat auf S. 12 von Hartmanns *Phänomenologie des sittlichen Bewusstseins* zurück (vgl. ders., *Nietzsche's Philosophical Context*, 159, Anm. 108).
95 Diese Stelle enthält zwar keine direkte Bezugnahme auf Hartmanns Buch, sie lässt sich Brobjer zufolge aber doch als Nachhall von Nietzsches Hartmann-Lektüre verstehen (vgl. Brobjer, *Nietzsche's*

Kritischer als Hartmann äußerte sich Gustav Teichmüller über Spinoza: In seinem Buch *Die wirkliche und die scheinbare Welt* (1882), das Nietzsche zwischen 1883 und 1885 gelesen hat, wird Spinoza auf 15 bis 20 Seiten besprochen und darüber hinaus in polemischem Tonfall sehr oft erwähnt; Teichmüllers Spinoza-Bild wird bei Nietzsche sicherlich einen Eindruck hinterlassen haben, auch wenn sich keine Exzerpte oder direkten Bezugnahmen auf dessen Ausführungen bei Nietzsche finden lassen. Auf die Lektüre von Teichmüllers *Die praktische Vernunft bei Aristoteles* geht wahrscheinlich ein Notat aus dem Jahr 1884 zurück, in dem Nietzsche das Wiedererleben von „Spinozas amor dei" als „großes Ereigniß" bezeichnet und sich von „Teichmüller's Hohn" (NL Sommer-Herbst 1884, 26[416], KSA 11, 262)[96] absetzt, dass der Grundgedanke des *amor Dei intellectualis* schon vor Spinoza da gewesen sei.[97]

Eine weitere mutmaßliche Quelle, die jüngst in die Diskussion um Nietzsches Spinoza-Rezeption eingebracht wurde, ist Adolf Trendelenburgs Abhandlung *Ueber Spinoza's Grundgedanken und dessen Erfolg* (1849). Wie Andreas Rupschus und Werner Stegmaier darlegen, hat Nietzsche die von Trendelenburg vorgebrachte Kritik an einer Inkonsequenz Spinozas in den Aphorismus 13 von *Jenseits von Gut und Böse* aufgenommen.[98] Nietzsches Gewährsmann Kuno Fischer referiert Trendelenburgs Kritik an den impliziten teleologischen Annahmen Spinozas, die mit der antiteleologischen Konzeption von dessen System unvereinbar seien.[99] Nietzsche könnte diese Kritik bei Trendelenburg nachgelesen haben; in JGB 13 macht er jedenfalls geltend, dass der von den modernen „Physiologen" propagierte „Selbsterhaltungstrieb" ein „ü b e r f l ü s s i g e [s] teleologische[s] Princip[...]" sei, dass man der „Inconsequenz Spinoza's" verdanke (JGB I, 13, KSA 5, 27 f.). In Spinozas Prinzip der Selbsterhaltung sieht Trendelenburg in der Tat ein Beispiel der unbeabsichtigten teleologischen Denkweise Spinozas: Der Selbsterhaltungstrieb setze, sofern man ihn nicht bloß negativ auffasse – als *vis inertiae*, kraft derer sich ein Ding dem Zerstörtwerden durch Äußeres widersetzt –, eine dem Einzelwesen innewohnende Kraft voraus, die auf ein Ziel, nämlich die Selbsterhaltung, ausgerichtet sei. Ohne diese positive Zielgerichtetheit sei die spinozanische Selbsterhaltung nicht zu verstehen, weshalb das System letztlich an seinem antiteleologischen Anspruch scheitere.[100] Fischer referiert die generelle Kritik

---

Philosophical Context, 159, Anm. 108). Der Autor bezieht auch das Notat 7[35] (KSA 10, 253) auf Hartmanns Buch (vgl. *Phänomenologie des sittlichen Bewusstseins*, 27, 37 und 173), ebenso wie das Notat 7[20] (KSA 10, 243 f.).
96 Die zitierte Stelle lautet im Kontext: „Daß so etwas wie Spinozas amor dei wieder e r l e b t werden konnte, ist s e i n großes Ereigniß. Gegen Teichmüller's Hohn darüber, daß es schon d a w a r! Welch Glück, daß die kostbarsten Dinge zum zweiten Male da sind! – Alle Philosophen! Es sind Menschen, die etwas A u ß e r o r d e n t l i c h e s erlebt haben".
97 Vgl. Scandella, *Did Nietzsche Read Spinoza?*, 317: Die Stelle ist bei Teichmüller, *Die praktische Vernunft*, auf S. 124 zu finden.
98 Vgl. Rupschus/Stegmaier, *Inconsequenz Spinoza's*.
99 Vgl. Fischer, *Geschichte der neuern Philosophie I*, 2, 564–569.
100 Auch wenn Spinoza das Selbsterhaltungsprinzip nur negativ, nämlich als Kraft der Trägheit, einführe, habe er, so Trendelenburg, „[...] dessenungeachtet in jenem Streben, sich selbst zu erhalten

Trendelenburgs, um sie dann ihrerseits zu kritisieren und schließlich zu verwerfen;[101] er geht dabei aber weder explizit auf Trendelenburgs Argument gegen das Selbsterhaltungsprinzip ein, noch übernimmt er dessen Ausdruck „Inconsequenz"[102]. Dass Nietzsche diesen Ausdruck und die damit verbundene Kritik von Trendelenburg übernommen habe, kann daher nur gemutmaßt werden: Nicht nur fehlt jeder Hinweis darauf, dass Nietzsche Trendelenburgs Abhandlung gelesen hätte;[103] der Gedanke, Spinoza sei seiner Teleologie-Kritik gegenüber inkonsequent geworden, war (und ist) zudem ein Topos der Spinoza-Literatur, der besonders den Historiographen des 19. Jahrhunderts lieb war.[104] Rupschus' und Stegmaiers Quellenforschungsbeitrag ist daher in Frage zu stellen. In der Philosophiegeschichtsschreibung des 19. Jahrhunderts war es üblich, von ‚Prinzipien', von der ‚Konsequenz' einer Argumentation oder dem ‚Verhältnis' zwischen Philosophien zu sprechen, im Unterschied zum 18. Jahr-

---

und die eigene Macht zu mehren, so wie in den Vorstellungen, die sich in dieser Richtung erzeugen, mehr gedacht, als in diesen Praemissen liegt. Es sind darin die Zwecke des individuellen Lebens vorausgesetzt, und erst dadurch bekommt der Ausdruck, dass jedes Ding in seinem Wesen zu beharren strebe, wirkliche Bedeutung" (Trendelenburg, *Ueber Spinoza's Grundgedanken*, 82 f.). Damit werde der Gedankengang unausweichlich „auf jene Teleologie [...]" hinausgeführt, „welche der Grundgedanke des Spinoza nicht verträgt [...]", insofern man „an dieser Stelle stillschweigend die Vorstellung des zweckbestimmten Lebens unterschieben" müsse (ebd., 84). Am Ende der Abhandlung fasst Trendelenburg folgerichtig zusammen, dass „Spinoza mitten in dieser Betrachtung der Naturgesetze der Seele den teleologischen Standpunkt voraus[setzt] [...]. Diese Einwürfe ergeben sich, wenn man Spinoza auf seinem eigenen Wege verfolgt und alle Hauptpunkte an der Consequenz oder Inconsequenz mit dem Grundgedanken misst" (ebd., 110). – In der vorliegenden Arbeit wird eine andere Deutung des spinozanischen *conatus* vorgeschlagen, derzufolge es sich dabei in der Tat nur um ein negatives Selbsterhaltungsprinzip handelt.

101 Aus der Differenz zwischen Fischer und Trendelenburg entspann sich eine langwierige Kontroverse, in der es anfangs um Spinoza, dann um Kant und später vor allem um akademischen und persönlichen Streit ging (vgl. dazu Rupschus/Stegmaier, *Inconsequenz Spinoza's*, 304 f.). – Übrigens sah nicht nur Fischer, sondern auch Nietzsches früherer Gewährsmann Schopenhauer in Spinozas Vorgehen keinerlei Inkonsequenz, vielmehr griff er Spinoza gerade für sein *konsequentes* Verwerfen aller Teleologie an: Vgl. WWV II/1, 398.

102 Trendelenburg, *Ueber Spinoza's Grundgedanken*, 110.

103 Auf Trendelenburg hat sich Nietzsche ebenso selten (nur 1873/74) wie kritisch bezogen: Vgl. NL Sommer-Herbst 1873, 29[199], KSA 7, 710; NL Herbst 1873 – Winter 1873 – 74, 30[15], ebd., 738; NL Anfang 1874 – Frühjahr 1874, 32[75], ebd., 781.

104 Der Gedanke und der Ausdruck einer „Inconsequenz Spinoza's" findet sich etwa bei J. Borelius: „Dessen ungeachtet trägt Spinoza kein Bedenken, Gott eine unendliche Wirksamkeit zuzuschreiben oder ‚infinita infinitis modis' aus ihm folgen zu lassen, aus dem ausdrücklich angegebenen Grunde, dass er alle Realität in sich befasst (Eth. 1, propp. 9, 16 und anderwärts). Hier ist der Schlüssel gegeben zu der sonst unerklärlichen Inconsequenz Spinoza's. Ihm gilt jede Bestimmtheit nur als Negation und gehört als solche nicht dem Sein, sondern dem Nichtsein der determinirten Sache an; das Nichtseiende ist aber nicht und bedarf daher keiner Ableitung oder Erklärung. Ist Gott als der Inbegriff aller Realität bestimmt, so enthält er schon in sich Alles, was in den Attributen und Modis real ist und ist also der zureichende Grund alles dessen, was existirt" (Borelius, J[ohan] J[acob]: *Ueber den Satz des Widerspruchs und die Bedeutung der Negation*, Leipzig 1881, 17); in englischer Übersetzung zit. bei Sommer, *Nietzsche's Readings on Spinoza*, 183, Anm. 53).

hundert, in dem man von ‚Lehren', ‚Systemen' und ‚Meinungen' handelte. Spinozas Philosophie wurde im Kontext der neuen Historiographie als „das Paradigma einer sich in Prinzipien resümierenden und immanent-konsequent aufbauenden Philosophie"[105] begriffen, deren Konsequenz man kritisch unter die Lupe nahm. Nietzsche hatte diese Vorgehensweise schon in der bereits zitierten Vorlesung seines Lehrers Schaarschmidt kennengelernt; in seiner Mitschrift ist von einer „Inconsequenz Spinozas" im Zusammenhang mit der Kritik der Willensfreiheit und dem Selbsterhaltungsprinzip die Rede:

> Es giebt nur einzelne Willens-
> acte. Damit ist die sogenannte Willens-
> freiheit aufgehoben. (ebenso wie die an-
> thropologische Vorstellung v. d. Persönlich-
> keit Gottes.) Hiermit mußte jede
> Ethik wegfallen.
> Eigenthümliche Inconsequenz Spinozas,
> da er doch eine relative Freiheit annimmt.
> Jedes Ding sucht in seinem Sein zu ver-
> harren. ‚in suo esse perseverare conatur.'
> Somit rettet er den Individualismus.[106]

In Dührings *Kritischer Geschichte der Philosophie*, die Nietzsche in der zweiten Auflage von 1873 vorgelegen hat, enthält das Kapitel über Spinoza sogar einen ganzen Abschnitt mit dem Titel „Inconsequenzen"[107]; und in African Spirs *Denken und Wirklichkeit* (1877) hat Nietzsche einen Satz angestrichen, der Spinozas vermeintliche Konsequenz kritisch in den Blick nimmt.[108] Nicht nur die Tatsache, dass es sich bei der Kritik an einer Inkonsequenz Spinozas um einen philosophiegeschichtlichen Gemeinplatz handelte, lässt Rupschus' und Stegmaiers Quellenangabe fraglich erscheinen. Dass Nietzsche seine Kritik aus Trendelenburgs Abhandlung geschöpft hätte, ist auch deshalb unwahrscheinlich, weil es für sein Leseverhalten in den 1880er Jahren sehr untypisch gewesen wäre, sich durch Sekundärliteratur anregen zu lassen, um auf eine schon ältere fachwissenschaftliche Studie zurückzugreifen. Andreas Urs Sommer hält den Rückgriff auf eine populärere, zeitgenössische Quelle für wahr-

---

105 Schneider, *Spinoza in der deutschen Philosophiegeschichtsschreibung*, 321.
106 Vgl. die vollständige Transkription von Nietzsches Mitschrift zu Spinoza im Anhang an diese Arbeit.
107 Vgl. Dühring, *Kritische Geschichte der Philosophie*, S. X.
108 „Hier will ich zunächst die Lehre des Spinoza ein wenig ins Auge fassen, dessen Consequenz ganz besonders gerühmt wird" (Spir, *Denken und Wirklichkeit*, 361). Nach dieser von Nietzsche angestrichenen Stelle heißt es bei Spir: „Die Ansicht dieses ‚consequenten' Denkers ist so unklar, dass einige dieselbe für einen Akosmismus, Andere dagegen für einen Atheismus hielten" (ebd.). Nietzsche hat Spirs Schrift 1877, 1881 und 1885 gelesen; vgl. das digitalisierte Exemplar aus seiner Bibliothek unter: http://ora-web.swkk.de/digimo_online/digimo.entry?source=digimo.Digitalisat_anzeigen&a_id=13676&p_ab=0. Zu Spir als möglicher Quelle für Nietzsches Inkonsequenz-Kritik vgl.: Scandella, *Zur Entstehung einiger Verweise auf Spinoza in Nietzsches Schriften*, 182 f..

scheinlicher und nennt als Beispiel Richard Falckenbergs *Geschichte der neueren Philosophie* von 1886, wo im Zusammenhang der Selbsterhaltungsthematik das Stichwort „Inkonsequenz" fällt.[109] Am wahrscheinlichsten ist es jedoch, dass Nietzsche seine Kritik ausgehend von seinen eigenen früheren Notizen zu Spinoza und unter Rückbesinnung auf die ihm bekannte Kritik African Spirs entwickelt hat.[110]

Eine nachweisbare Quelle von Nietzsches Spinoza-Rezeption in den 1880er Jahren ist Harald Höffdings *Psychologie in Umrissen auf Grundlage der Erfahrung* (1887), die Nietzsche kurz nach ihrem Erscheinen gelesen und in der er fünf Stellen zu Spinoza angestrichen hat.[111] Das Buch ist offenbar die Quelle für Nietzsches Bemerkung zu Spinoza in *Zur Genealogie der Moral* II, 6:[112] Im Kontext seiner Apologie der Grausamkeit spricht Nietzsche dort von der „,uninteressierte[n] Bosheit' (oder, mit Spinoza zu reden, d[er] sympathia malevolens) [...] als n o r m a l e [r] Eigenschaft des Menschen" (GM II, 6, KSA 5, 301). Der Ausdruck „sympathia malevolens" findet sich, wohlgemerkt, bei Spinoza nicht; allein der Gedanke „uninteressierte[r] Bosheit'" ist dessen Gedankenwelt im Grunde fremd. Bei Höffding hingegen steht die Formel „uninteressierte Bosheit (malevolent sympathy)" auf einer Seite, auf der auch Spinoza erwähnt wird; Nietzsche hat diese Stelle unterstrichen und sie mit dem Kommentar „gut" versehen. Höffding bezieht die Formel zwar mitnichten auf Spinoza, sondern lässt die Frage nach deren Autor offen.[113] Doch Nietzsche scheint dies nicht weiter gekümmert zu haben: Sei es, dass er zu flüchtig gelesen hat, sei es, dass er mutwillig falsch zitiert hat, jedenfalls findet sich der Ausdruck in der *Genealogie der Moral* als Diktum Spinozas wieder. Auf einer anderen Seite, die Nietzsche angestrichen hat,

---

109 Vgl. Sommer, *Nietzsche's Readings on Spinoza*, 174 f. Der Autor zitiert (in englischer Übersetzung) folgende Stelle bei Falckenberg (*Geschichte der neueren Philosophie*, 100): „Die Grundlage der Tugend ist das Streben nach S e l b s t e r h a l t u n g: wie kann jemand gut handeln wollen, wenn er nicht existieren will (IV *prop.* 21–22)? Da die Vernunft nichts Naturwidriges gebietet, so fordert sie notwendig, daß jeder sich selbst liebt, seinen wahren Nutzen sucht und alles begehrt, was ihn vollkommener macht. Nach dem Naturrecht ist alles Nützliche erlaubt. Nützlich ist, was unsere Macht, Thätigkeit oder Vollkommenheit erhöht, oder was die Erkenntnis fördert, denn das Leben der Seele besteht im Denken (IV *prop.* 26; *app. cap.* 5). Ein Übel ist allein, was den Menschen hindert, die Vernunft zu vervollkommnen und ein vernünftiges Leben zu führen. Tugendhaft handeln bedeutet soviel als in der Selbsterhaltung der Führung der Vernunft folgen (IV *prop.* 24). – Nirgends sind bei Spinoza die Fehlschlüsse dichter gehäuft, nirgends offenbart sich das Unzureichende der künstlich zurechtgemachten, in ihrer geradlinigen Abstraktheit der Wirklichkeit an keiner Stelle kongruenten Begriffe deutlicher, als in der Moralphilosophie. Der Absicht, mit Ausschluß des Imperatorischen sich einzig darauf zu beschränken, das wirkliche Handeln der Menschen zu begreifen, ist er so wenig treu geblieben, wie irgend ein Philosoph, der sich die gleiche gesetzt hat. Er mildert die Inkonsequenz, indem er seine Gebote in das antike Gewand eines Ideals des weisen und freien Menschen kleidet". Das Werk ist nicht in Nietzsches Bibliothek enthalten.
110 Vgl. dazu: Scandella, *Zur Entstehung einiger Verweise auf Spinoza in Nietzsches Schriften*, 182 f..
111 Vgl. dazu Brobjer, *Nietzsche's Philosophical Context*, 82. Zu Höffdings Bedeutung für Nietzsches Rezeption von Spinozas *conatus*-Theorie vgl. Kap. 7.
112 Darauf hat M. Brusotti hingewiesen: Vgl. ders., *Beiträge zur Quellenforschung*, 390.
113 Vgl. Höffding, *Psychologie in Umrissen*, 319.

nennt Höffding Spinoza als Vertreter einer psychologischen Entsprechung von Egoismus und Altruismus:

> Sie unternehmen es sogar, zu zeigen, daß sich eine psychologische Brücke zwischen absolutem Rücksichtnehmen auf sich selbst und absolutem Selbstvergessen, zwischen Selbsterhaltung und Aufgeben des Selbst schlagen lasse. Die interessantesten und originalsten Darstellungen in dieser Richtung sind von Spinoza und Hartley geleistet. Später haben James Mill und Stuart Mill die nämliche Theorie weiter entwickelt.[114]

An anderer Stelle sieht Höffding das von ihm vertretene „Gesetz der Beziehung" entgegengesetzter affektiver Zustände bei Spinoza präfiguriert. Nietzsche hat sich für Höffdings Gedanken der Relativität von Lust- und Unlustzuständen interessiert und die folgende Stelle zu Spinoza angestrichen:

> Das Gesetz der Beziehung, das von Hobbes als allgemeiner psychologischer Grundsatz ausgesprochen wurde [...], war schon früher von Cardanus mit Rücksicht auf die Gefühle der Lust und der Unlust aufgestellt worden. Etwas später hat Spinoza dasselbe auf klare Weise entwickelt. Wie er sich ausdrückt, fühlen wir Lust am Fortgang der Vollkommenheit oder der Energie, Unlust an deren Rückgang; aber nicht die Vollkommenheit an und für sich erregt die Lust; denn wäre der Mensch mit derselben geboren, so würde er keine Lust daran fühlen. Ebenso die Unvollkommenheit: nur wer die Vollkommenheit kennt, wird durch jene betrübt.[115]

Trotz seiner Würdigung Spinozas kritisiert Höffding, dass der psychologisch luzide Philosoph dem trügerischen Ideal eines stabilen Glückszustandes erlegen sei. Die entsprechende Stelle hat Nietzsche ebenfalls angestrichen:

> [...] der menschliche Geist hat im Gegensatz hierzu [i. e.: zum ‚wechselnden Spiel' der Gefühle] das Bild eines idealen Zustandes entworfen, in welchem das volle Gefühl der Seligkeit durch keine Gegensätze oder Veränderungen unterbrochen wird. Sogar Spinoza, der, solange er als Psycholog spricht, ein so völliges und korrektes Verständnis des Gesetzes der Beziehung zeigt, schildert am Schlusse seiner ‚Ethik' einen Zustand der Vollkommenheit, wo aller Gegensatz, alle Veränderung und aller Übergang aufgehoben ist.[116]

Nietzsches Lesespuren bei Höffding zeigen, dass er sich Mitte der 1880er Jahre, zur Zeit der Entstehung der *Genealogie der Moral*, besonders für den naturalistischen Moral-

---

114 Höffding, *Psychologie in Umrissen*, 308. Nietzsche hat eine weitere Stelle, zur Frage der „uninteressierte[n] Liebe" bei Spinoza, angestrichen: Vgl. ebd., 327, wo Höffding ausführt, dass „Spinoza in philosophischer Form eine von aller Rücksicht auf das Selbst, von aller Belohnung oder Bestrafung unabhängige Liebe als das Höchste aufstellte[...]". An den Rand dieses Passus hat Nietzsche geschrieben: „Dostojewsky ‚humiliés et offensés" [sic]. Der Seitenrand ist aber offenbar durch Buchbindung beschädigt worden.
115 Höffding, *Psychologie in Umrissen*, 348. Die zitierte Stelle hat Nietzsche bis zu der Formulierung „[w]ie er sich ausdrückt" angestrichen.
116 Höffding, *Psychologie in Umrissen*, 352. Nietzsche hat diese Stelle (bis zu der Formulierung „ein so völliges und korrektes") angestrichen.

kritiker und Psychologen Spinoza interessiert hat; als solcher ist Spinoza in die *Genealogie der Moral* in sehr vorteilhaftem Licht eingegangen. Nietzsches Wertschätzung Spinozas in dieser Schrift, die angesichts der vielen polemischen Bezugnahmen auf den Philosophen in den Schriften der achtziger Jahre verwundert, ist gewiss zum Teil auf seine Lektüre von Höffdings *Psychologie in Umrissen* zurückzuführen.

Eine weitere mögliche Quelle von Nietzsches Spinoza-Bild in den 1880er Jahren sind Paul Bourgets *Essais de Psychologie contemporaine* (1883) sowie die *Nouveaux Essais de Psychologie contemporaine* (1886), die Nietzsche beide kurz nach ihrem Erscheinen gelesen hat.[117] Bourgets Philosophen-Darstellungen zeichnen sich durch eine biographisch-psychologische Betrachtungsweise aus;[118] sein Spinoza-Bild ist das eines von sozialer Ausgrenzung und Krankheit gebeutelten Einsiedlers, der in vollendeter Weise den Typus des weltabgewandten Metaphysikers verkörpert.[119] Das Bild von Spinoza als idealtypischem, in seine Spekulationen versunkenen und weltverneinenden „Begriffs-Albino[...]" (AC 17, KSA 6, 184)[120], das in Nietzsches Spätschriften hervortritt, sowie Nietzsches biographisch-psychologisch unterfütterte Polemik gegen Spinoza in den Schriften der 1880er Jahre könnten u. a. von Bourget beeinflusst worden sein. Zwar sind keine von Nietzsches Äußerungen direkt auf Stellen bei Bourget zurückzuführen, doch ist die Nähe zum Spinoza-Bild des französischen Essayisten auffallend, etwa dort, wo Nietzsche Spinozas Theorie des Selbsterhaltungsprinzips untersucht: „Man nehme es als symptomatisch, wenn einzelne Philosophen, wie zum Beispiel der schwindsüchtige Spinoza, gerade im sogenannten Selbsterhaltungs-Trieb das Entscheidende sahen, sehen mussten: – es waren eben Menschen in Nothlagen." (FW V, 349, KSA 3, 585). Wenn Nietzsche Spinoza mit Giordano Bruno zu den „Ausgestossenen der Gesellschaft, diese[n] Lang-Verfolgten, Schlimm-Gehetzten, – auch d[en] Zwangs-Einsiedler[n]" (JGB II, 25, KSA 5, 43) unter den Denkern zählt, wenn er im Nachlass von 1888 das „System Spinozas" als „eine Phänomenologie der Schwindsucht" (NL Frühjahr-Sommer 1888, 16[55], KSA 13, 504) bezeichnet, oder wenn er in der *Fröhlichen Wissenschaft* seine Leser fragt: „Fühlt ihr nicht an solchen Gestalten, wie noch der Spinoza's, etwas tief Änigmatisches und Unheimliches?" (FW V, 372, KSA 3, 624) – dann nährt sich sein Spinoza-Bild von einer langen Tradition der Spinoza-Darstellung, die aber durch Bourget an ihn vermittelt worden sein könnte.

Auch eine Züricher Doktorandin, von der Nietzsche Impulse in Bezug auf Spinoza empfangen haben könnte, darf nicht unerwähnt bleiben: Resa von Schirnhofer, die

---

117 Vgl. dazu und für das Folgende: Scandella, *Did Nietzsche Read Spinoza?*, 317–319.
118 In Bezug auf Spinoza vgl.: Bourget, *Essais*, 192.
119 Vgl. z. B. Bourget, *Essais*, 203f.; ders., *Nouveaux essais*, 9f. sowie 93f.
120 Das Zitat lautet im Kontext: „Selbst die Blassesten der Blassen wurden noch über ihn [i. e. den jüdisch-christlichen Gott (H.M.R.)] Herr, die Herrn Metaphysiker, die Begriffs-*Albinos*. Diese spannen so lange um ihn herum, bis er, hypnotisirt durch ihre Bewegungen, selbst Spinne, selbst Metaphysicus wurde. Nunmehr spann er wieder die Welt aus sich heraus – sub specie Spinozae –, nunmehr transfigurirte er sich ins immer Dünnere und Blässere, ward ‚Ideal', ward ‚reiner Geist', ward ‚absolutum', ward ‚Ding an sich'…".

Nietzsche 1884 über seine Freundin Meta von Salis kennengelernt hatte, schrieb eine Dissertation, in der sie die Lehren Spinozas und Schellings in Bezug auf Ontologie und Erkenntnistheorie verglich und die sie im Januar 1889 verteidigte.[121] Nietzsche schätzte die junge Philosophin als Gesprächspartnerin, es ist also nicht auszuschließen, dass er sich mit ihr über Spinoza ausgetauscht hat; in einem Brief an Meta von Salis erkundigt er sich 1888 jedenfalls nach dem Fortschritt von Schirnhofers Arbeit mit den Worten: „Was macht Fräulein Resa? Ist sie bereits promota?" (Nietzsche an Meta von Salis, 17. Juni 1888, KSB 8, 337).

Die vorangegangenen Überlegungen haben gezeigt, dass Nietzsche sich besonders für den Ethiker, den Psychologen und den Machttheoretiker Spinoza interessiert hat, während er den Spinoza der ersten zwei Teile der *Ethik* eher vernachlässigte. Dies ist umso bemerkenswerter, als es doch der Metaphysiker und Erkenntnistheoretiker Spinoza ist, der bei mehreren der von Nietzsche gelesenen Autoren im Zentrum steht. Gegenüber den vorherrschenden Interessen der Interpreten seines Jahrhunderts setzt Nietzsche eigene Akzente; sein Fokus auf die Machttheorie Spinozas entspricht dabei gleichwohl der Deutung Kuno Fischers, welche die Machtthematik bei Spinoza ins Zentrum rückt.

Nach diesem Überblick über die allgemeine Quellenlage zu Nietzsches Spinoza-Rezeption kann die Perspektive nun auf die Entwicklung von Nietzsches Machtkonzeption vor und nach seiner näheren Auseinandersetzung mit Spinoza (1881) gerichtet werden; dabei ist im Einzelnen nachzuvollziehen, wie Nietzsche seine Machtkonzeption nicht nur von Spinoza, sondern auch von Schopenhauer und dem Darwinismus abgrenzt. An späterer Stelle wird die rezeptionsgeschichtliche Perspektive wieder eingenommen und auf Nietzsches Aufnahme von Spinozas Selbsterhaltungstheorie gerichtet werden.

---

[121] Die Dissertation erschien im selben Jahr in Zürich unter dem Titel *Vergleich zwischen den Lehren Schelling's und Spinoza's*. Sie umfasst 85 Seiten; die Thematik der Macht bzw. der Selbsterhaltung bei Spinoza behandelt Schirnhofer nicht.

3 Von der Selbsterhaltung zur Machtsteigerung: Nietzsches Machtkonzeption vor dem „Willen zur Macht"

3.1 *Menschliches, Allzumenschliches, Morgenröthe* und *Die Fröhliche Wissenschaft*

Nietzsches Machtkonzeption ist noch unausgereift, als er sich 1881 der Spinoza-Studie Kuno Fischers zuwendet, durch deren Lektüre er seine zuvor eher beiläufige Rezeption Spinozas in eine gezielte Beschäftigung mit dem Philosophen umwandelt. Erst in den 1880er Jahren tritt in seinen Schriften eine klar profilierte Machtkonzeption hervor, die 1883 mit dem Begriff des Willens zur Macht in *Also sprach Zarathustra* auch eine terminologische Form annimmt.[1] Für die Entstehung dieser Konzeption ist die über Fischer vermittelte Spinoza-Rezeption für Nietzsche von entscheidender Bedeutung. In der Auseinandersetzung mit Spinozas Theorie der Selbsterhaltung wird Nietzsche seinen Begriff des Willens zur Macht inhaltlich ausarbeiten und kritisch profilieren können: als Prinzip der Machtsteigerung, das als Gegenentwurf zum neuzeitlichen Selbsterhaltungsprinzip zu verstehen ist.

Nach 1882 häuft sich in Nietzsches nachgelassenen Notaten der Begriff „Wille zur Macht", bevor er 1883 durch die Worte Zarathustras in Nietzsches veröffentlichtes Werk eingeführt wird. An dem Begriff, mit dem Nietzsche noch Anfang der 1880er Jahre nur versuchsweise operiert hatte, wird er fortan festhalten. Nur in Verbindung mit diesem Begriff ist Nietzsches Machtkonzeption überhaupt zu erschließen.[2] Dass der Wille zur Macht in den achtziger Jahren zum zentralen Begriff wird, mit dem Nietzsche seine philosophische Gegenstellung zum neuzeitlichen Selbsterhaltungsprinzip markiert, ist dabei zu großen Teilen auf Nietzsches Auseinandersetzung mit Spinoza zurückzuführen. Diese Auseinandersetzung ist in der Tat mit der Frage nach der Macht aufs Engste verbunden. Nietzsches 1881 erwachendes, ‚instinktives'[3] In-

---
1 Vgl. Za I, *Von tausend und Einem Ziele*, KSA 4, 74–76; Za II, *Von der Selbst-Ueberwindung*, ebd., 146–149; *Von der Erlösung*, ebd., 177–182.
2 Gleichwohl ist hervorzuheben, dass Nietzsche seine Machtkonzeption schon *vor* dem Willen zur Macht in wichtigen Ansätzen entwickelt hat. Die Macht spielt in Nietzsches gesamter Denkentwicklung eine zentrale Rolle. Vgl. Gerhardt, *Macht und Metaphysik*, 90: „Noch vor der Suche nach einem durchgängigen Motiv für alles Geschehen [mit dem Willen zur Macht (H.M.R.)] erweist sich Nietzsche als differenzierter Phänomenologe der Macht". Wie der Autor gezeigt hat, ist auch die Auseinandersetzung mit dem Selbsterhaltungsgedanken schon in Nietzsches Frühwerk präformiert: In der Konzeption des ‚Genius', im Hervorheben der künstlerischen Produktivität, im Betonen der Entladung und Gestaltung von Kräften (u.a.) ist bereits Nietzsches Ungenügen an der bloßen Selbsterhaltung zu erkennen; der philosophische Ästhetizismus des frühen Nietzsche enthält *in nuce* bereits wichtige Motive für die spätere Kritik am Selbsterhaltungsprinzip (vgl. Gerhardts Diskussionsbeitrag in: Abel, *Nietzsche contra Selbsterhaltung*, 392; vgl. auch: Gerhardt, *Vom Willen zur Macht*, 98–124).
3 Vgl. Nietzsche an Franz Overbeck, 30. Juli 1881, KSB 6, 111.

teresse an Spinoza steht im Nachlass aus dieser Zeit im Kontext von machttheoretischen Überlegungen; die Notate, die Nietzsche sich vor seinen ersten Exzerpten aus Fischers Spinoza-Buch im Frühjahr 1881 machte, zeigen, dass er sich zu dieser Zeit intensiv mit Fragen der Macht- und Triebanalyse[4] und, im Zusammenhang damit, mit der Selbsterhaltung,[5] der Arterhaltung,[6] und dem Problem des Eigennutzes[7] befasste. Es ist daher zu vermuten, dass es Nietzsches Überlegungen zur *Natur menschlicher Macht* sind, die ihn 1881 zum Spinoza-Studium bewegen. Nietzsche entdeckt Spinoza bei Kuno Fischer als einen Machttheoretiker, der es ihm ermöglicht, seine eigene Machtkonzeption zu präzisieren und gegen eine bestimmte philosophische Tradition zu profilieren.

Welche Probleme sind es, mit denen Nietzsche sich Anfang der achtziger Jahre im Hinblick auf die Natur der Macht befasst? Worin liegt der spezifische Beitrag, den seine Spinoza-Rezeption zur Klärung der Machtproblematik in seinem Denken leistet? Eine Antwort auf die erste Frage findet man, wenn man die Entwicklung von Nietzsches machttheoretischem Denken von der zweiten Hälfte der 1870er bis zum Anfang der 1880er Jahre nachzeichnet; damit bereitet man zugleich eine Antwort auf die zweite Frage vor. Im Folgenden soll es daher um die Entwicklung von Nietzsches Machtverständnis von *Menschliches, Allzumenschliches* (1878) bis zur *Fröhlichen Wissenschaft* (1882) gehen, wobei das Spannungsverhältnis von Selbsterhaltung und Machtsteigerung in dieser Periode nachzuvollziehen ist. Damit soll verdeutlicht werden, dass der Begriff des Willens zur Macht, den Nietzsche in den achtziger Jahren als Prinzip von Machtsteigerung profiliert, in den Schriften der späten 1870er Jahre bereits vorbereitet wird. Zwischen diesen und jenen Schriften besteht kein Bruch, sondern eine kontinuierliche Entwicklung,[8] die durch Nietzsches gezielte Spinoza-Rezeption aber entscheidend gelenkt und vorangetrieben wird.

Der Machtbegriff wird in Nietzsches Denken prominent, als dieser in *Menschliches, Allzumenschliches* und *Morgenröthe* (1881) nach einer Grundkraft sucht, die alle menschlichen Lebensäußerungen antreibt. Dabei steht die Frage nach der Macht schon dort in dem Spannungsverhältnis von Selbsterhaltung und Machtsteigerung, das in der Konzeption des Willens zur Macht später ausgetragen wird. Der Begriff des

---

[4] Vgl. NL Frühjahr-Herbst 1881, 11[11], KSA 9, 444 f.; 11[16], ebd., 447; 11[19], ebd., 449; 11[21], ebd., 450 f.; 11[59], ebd., 463; 11[73], ebd., 469 f.; 11[75], ebd., 470; 11[119], ebd., 483; 11[130], ebd., 487 f.; 11[134], ebd., 490 ff.

[5] Vgl. NL Frühjahr-Herbst 1881, 11[2], KSA 9, 441; 11[56], ebd., 461 f.; 11[59], ebd., 463; 11[108], ebd., 479.

[6] Vgl. NL Frühjahr-Herbst 1881, 11[42], 11[43], 11[44], 11[46], KSA 9, 456 ff.; 11[122], ebd., 484 f.; 11[126], ebd., 486.

[7] Vgl. NL Frühjahr-Herbst 1881, 11[5], KSA 9, 442; 11[55], 11[56], 11[57], ebd., 461 f.; 11[61], ebd., 464; 11[106], ebd., 479; 11[112], ebd., 481.

[8] Vgl. Gerhardt, *Vom Willen zur Macht*, 127 f. Gerhardt bestärkt damit die etwa von Jaspers (*Nietzsche*, 305–309) und Kaufmann (*Nietzsche*, 207–231) vorgetragene These eines genetischen Zusammenhangs zwischen der Machtkonzeption der 1870er Jahre und der späteren Theorie vom Willen zur Macht; er wendet sich zugleich gegen Interpreten, die die Diskontinuität zwischen der frühen Machtkonzeption und dem Willen zur Macht betonen, etwa Mittelman, *Will to Power*, 122–141.

Machtgefühls, den Nietzsche in diesen Schriften verwendet, der Gedanke einer Lust an der Überlegenheit oder einer aus wechselseitiger Taxierung hervorgehenden Entsprechung von Macht und Recht – für letzteren Gedanken bemüht Nietzsche sogar ein Spinoza-Zitat[9] – sind Volker Gerhardt zufolge als „systematische Keimzellen des Willens zur Macht"[10] anzusehen.

Nachdem Nietzsche sich in *Menschliches, Allzumenschliches* durchgehend der Erklärungskraft des Selbsterhaltungsbegriffs bedient hat, lässt er in *Morgenröthe* die Tendenz zur Machtsteigerung als Merkmal menschlicher Lebensäußerungen in den Vordergrund treten. In MA ist das Verfechten des Selbsterhaltungsprinzips auf einen darwinistischen Standpunkt zurückzuführen, den Nietzsche sich wohl im Zuge seines Gedankenaustauschs mit Paul Rée um 1876 aneignete. Unter dem an Rées Buch[11] angelehnten Titel „Geschichte der moralischen Empfindungen" bemüht sich Nietzsche, die Entstehung moralischer Wertschätzungen auf die oberste Notwendigkeit individueller Selbsterhaltung zurückzuführen: Als Ursprungsmoment moralischer Werte wie der Gerechtigkeit gilt ihm der natürliche Egoismus der Menschen, der fundamental auf die Erhaltung des eigenen Lebens ausgerichtet sei.[12] Nietzsches Suche nach einer Grundkraft, die alles Lebendige antreibt, findet damit vorübergehend ihr Ziel im Selbsterhaltungstrieb, dessen Erklärungskraft die ‚moralischen' wie die ‚unmoralischen' Phänomene umfasse:

> Wenn man überhaupt die Nothwehr als moralisch gelten lässt, so muss man fast alle Aeusserungen des so-genannten unmoralischen Egoismus' auch gelten lassen: man thut Leid an, raubt oder tödtet, um sich zu erhalten oder um sich zu schützen, dem persönlichen Unheil vorzubeugen; man lügt, wo List und Verstellung das richtige Mittel der Selbsterhaltung sind. (MA I, 104, KSA 2, 100 f.)[13]

Die Not der Selbsterhaltung setzt nach Nietzsche in den unterschiedlichsten Lebensäußerungen „ihr Vernunft-Räderwerk" in Bewegung, geht es dem Einzelnen doch primär darum, im Kampf der Individuen „mit Leib und Leben davonzukommen" (MA II, 33, KSA 2, 565). Menschliche Macht wird hier in der Hauptsache als Macht zur Selbstverteidigung und Selbstbehauptung verstanden, als *defensives* Vermögen, durch das ein Individuum sich gegen Andere und Anderes bewahrt.

In *Morgenröthe* wird Nietzsche diesen Standpunkt hinter sich lassen, indem er der Selbsterhaltung den Gedanken einer wesentlich zur Macht gehörigen Tendenz zur Steigerung der Kräfte entgegensetzt, einen Gedanken, den er im Zusammenhang mit dem Begriff des „Machtgefühls"[14] entfaltet. Das Selbsterhaltungsprinzip zielt nach

---

9 Vgl. MA I, 93, KSA 2, 91. Das Spinoza-Zitat hat Nietzsche wahrscheinlich von Schopenhauer übernommen.
10 Vgl. Gerhardt, *Vom Willen zur Macht*, 128.
11 Paul Rée, *Der Ursprung der moralischen Empfindungen*, Chemnitz 1877.
12 Vgl. MA I, 92, KSA 2, 89 f.
13 Vgl. auch MA I, 102, KSA 2, 99.
14 Vgl. u. a. M II, 112, ebd., 101; 140, ebd., 132; M III, 189, ebd., 161; 201, ebd., 175; M IV, 245, ebd., 203.

Nietzsche auf einen längst gegebenen Zustand ab und zeugt darin von einem falschen Machtverständnis, weil es die Dynamik der Macht als wesentlich konservativ auffasst. Mit dem Begriff des „Machtgefühls" bereitet Nietzsche dagegen ein Verständnis von Macht als eines expansiven Vermögens vor. Dabei nimmt er zunächst eine Analyse der Relationalität der Kräfte und der fortwährenden Verschiebung von Kräfteverhältnissen vor, die sich in korrespondierenden Affekten, nämlich in Erfahrungen von Überlegenheit oder Unterlegenheit, Macht oder Ohnmacht widerspiegeln.[15] Kräfterelationen verändern sich fortwährend nicht nur zwischen Menschen, sondern auch innerhalb jedes Einzelnen, insofern ein Individuum nichts als die prekäre Einheit einer Vielheit von Trieben und Affekten ist, die den selben Kräftegesetzen gehorchen.[16] Als die treibende Kraft in solchen Verschiebungen von „Machtgrade[n]" (M II, 112, KSA 3, 101) sieht Nietzsche ein allen Menschen zukommendes Streben nach dem Gefühl von Stärke oder Macht[17] an, das er auch als „Machtgelüst" (M III, 204, KSA 3, 180) bezeichnet: Die Menschen möchten „im Gefühle der Macht" (MA III, 189, KSA 3, 162) sein, d.h. sie möchten sich selbst als mächtig erleben, als zur Herrschaft über Andere und sich selbst fähig.[18] Dieses Bedürfnis bestimmt ihr Verhalten in weitaus fundamentalerer Weise als das Streben, ihr eigenes Leben zu erhalten, welches nur in bedrohlichen Ausnahmesituationen bestimmend wird.

Dass sich im Begriff des Machtgefühls die später mit dem Willen zur Macht konzipierte Tendenz zur Machtsteigerung bereits ankündigt, verdeutlicht der 13. Aphorismus der *Fröhlichen Wissenschaft*. Unter dem Titel „Zur Lehre vom Machtgefühl" nimmt Nietzsche dort eine Analyse des „Verlangen[s] nach Macht" vor, bei der er dieses als ein Streben nach „Machtzuwachs" kennzeichnet:

> Mit Wohlthun und Wehethun übt man seine Macht an Andern aus – mehr will man dabei nicht! Mit Wehethun an Solchen, denen wir unsere Macht erst fühlbar machen müssen; [...] [m]it Wohlthun und Wohlwollen an Solchen, die irgendwie schon von uns abhängen [...]; wir wollen ihre Macht mehren, weil wir so die unsere mehren, oder wir wollen ihnen den Vortheil zeigen, den es hat, in unserer Macht zu stehen [...]. Ob wir beim Wohl- oder Wehethun Opfer bringen, verändert den letzten Werth unserer Handlungen nicht; selbst wenn wir unser Leben daran setzen, wie der Märtyrer zu Gunsten seiner Kirche, es ist ein Opfer, gebracht unserem Verlangen nach Macht, oder zum Zweck der Erhaltung unseres Machtgefühls. [...] Nur für die reizbarsten und begehrlichsten Menschen des Machtgefühles mag es lustvoller sein, dem Widerstrebenden das Siegel der Macht aufzudrücken; für solche, denen der Anblick des bereits Unterworfenen [...] Last und Langeweile macht. Es kommt darauf an, wie man gewöhnt ist, sein Leben zu würzen; es ist eine Sache des Geschmackes, ob man lieber den langsamen oder den plötzlichen, den sicheren oder den gefährlichen und verwegenen Machtzuwachs haben will [...]. (FW I, 13, KSA 3, 384f.)

---

15 Vgl. z.B. M II, 112, KSA 3, 102.
16 Vgl. M IV, 245, KSA 3, 203. Vgl. auch M V, 548, KSA 3, 318.
17 Vgl. M II, 140, KSA 3, 131f.
18 Auch in den moralischen Werturteilen sieht Nietzsche einen Ausdruck des Machtgefühls: „Wunderliche Tollheit der moralischen Urtheile! Wenn der Mensch im Gefühle der Macht ist, so fühlt und nennt er sich gut: und gerade dann fühlen und nennen ihn die Anderen, an denen er seine Macht auslassen muss, böse!" (MA III, 189, KSA 3, 162).

Nietzsches Analysen der Macht als Grundelement menschlicher Lebendigkeit in *Morgenröthe* haben zu der veränderten Perspektive geführt, die hier ihren Ausdruck findet: Das grundlegende Bedürfnis, sich selbst als machtvoll zu erfahren – ein Zustand, der mit „Wohlgefühl" (FW I, 13, KSA 3, 385) oder Lust einhergeht –, verwirklicht sich in einer fortwährenden Tendenz zur *Steigerung der eigenen Macht*. Die lustvolle Erfahrung der eigenen Macht, das „Machtgefühl", lässt uns nach einem Mehr an Macht verlangen, nach einer Steigerung des Wohlgefühls, das wir hinsichtlich unserer selbst empfinden. Insofern lässt sich sagen, dass das Machtgefühl sich aus sich selbst heraus in einer Dynamik der Steigerung befindet. Diese Einsicht ist es, die sich in der *Fröhlichen Wissenschaft* allmählich Bahn bricht. Die Vorrangstellung der Selbsterhaltung als Prinzip menschlicher Lebendigkeit hat Nietzsche hier zugunsten des Gedankens der Machtsteigerung bereits hinter sich gelassen. Die zitierte Stelle verdeutlicht aber auch, dass Nietzsche den Erhaltungsgedanken in seine neu entstehende Machtkonzeption integriert – nicht als Selbsterhaltung, sondern als „Erhaltung unseres Machtgefühls" (FW I, 13, KSA 3, 385): Wenn keine Aussicht auf Machtmehrung besteht, bemühen wir uns um den Affekt der Überlegenheit, indem wir zumindest den bestehenden Machtgrad sichern. Die Macht ist also in eine Dynamik von Erhaltung *und* Steigerung eingespannt. Sogar die scheinbare Verneinung des Machtstrebens im Selbstopfer oder im Suizid steht im Dienst dieser Dynamik, geschieht sie doch entweder aufgrund unseres „Verlangen[s] nach Macht, oder zum Zweck der Erhaltung unseres Machtgefühls." (FW I, 13, KSA 3, 385).

In der *Fröhlichen Wissenschaft* setzt Nietzsche dem Selbsterhaltungsprinzip aber nicht nur die *Machtsteigerung* entgegen, sondern auch den Gedanken einer Vorrangstellung der *Arterhaltung*. Schon im ersten Aphorismus scheint er die Arterhaltung in den Rang eines Prinzips zu erheben, wenn er schreibt, dass „Nichts [...] älter, stärker, unerbittlicher, unüberwindlicher ist, als jener Instinct", dass dieser „d a s W e s e n unserer Art und Heerde ist" (FW I, 1, KSA 3, 369), derart, dass alle Menschen immer damit beschäftigt sind, „[d]as zu thun, was der Erhaltung der menschlichen Gattung frommt" (FW I, 1, KSA 3, 369). Die Arterhaltung gegen die individuelle Selbsterhaltung ausspielend, bemerkt er, dass „der Satz ‚die Art ist Alles, Einer ist immer Keiner'" sich der Menschheit im Laufe ihrer Entwicklung eingeprägt habe, derart, dass er vielleicht bald ganz „einverleibt" sein werde und zur Maxime einer „fröhliche[n] Wissenschaft'" werden könne, die dem Einzelnen „letzte[...] Befreiung und Unverantwortlichkeit" (FW I, 1, KSA 3, 370) ermögliche.

Tritt in der *Fröhlichen Wissenschaft* mit der Arterhaltung daher ein anderes ontologisches Prinzip an die Stelle des noch in *Menschliches, Allzumenschliches* verfochtenen Selbsterhaltungsprinzips? Die Analyse, die Nietzsche in FW I vornimmt, verdeutlicht, dass es sich bei der Arterhaltung nicht um ein ontologisches Prinzip im Sinne eines dem Menschen wesenhaft zukommenden Triebes handelt, sondern vielmehr um ein naturgeschichtlich entstandenes Faktum: Infolge der historischen Entwicklung der Menschheit kann es heutzutage nichts mehr geben, was ihrer Art schadet.[19] Wie Marco Brusotti überzeugend vertritt, stellt Nietzsche die Frage der Arterhaltung damit im Grunde als unbedeutend heraus: Mit dem Satz „„die Art ist Alles, Einer ist immer Keiner'" werde „eher die Bedeutungslosigkeit des einzelnen [behauptet] als die Bedeutung der Art."[20] Nietzsches Behauptung, dass nichts, nicht einmal das für ‚böse' oder ‚schlecht' Erklärte, der Art überhaupt noch schaden könne, richtet sich dabei gegen utilitaristische Positionen wie diejenige Spencers, die „das Bös-Genannte" für „das der Art Schädliche" (FW I, 4, KSA 3, 376)[21] erklären.[22] Dass Nietzsche in der Arterhaltung kein ontologisches Prinzip erblickt, sondern eine naturgeschichtliche Folgeerscheinung, geht auch aus dem Nachlass von 1880/81 deutlich hervor, dessen gedankliche Konstellation 1882 in die *Fröhliche Wissenschaft* eingeht. Hier notiert sich Nietzsche:

> NB NB. Es giebt keinen Selbsterhaltungstrieb – sondern das Angenehme suchen, dem Unangenehmen entgehen erklärt alles, was man jenem Trieb zuschreibt. Es giebt auch keinen Trieb als Gattung fortexistiren zu wollen. Das ist alles Mythologie (noch bei Spencer und Littré). Die Generation ist eine Sache der Lust: ihre Folge ist die Fortpflanzung d. h. ohne Fortpflanzung würde sich diese Art Lust und keine Art Lust erhalten haben. Die geschlechtliche Begierde hat nichts mit der Fortpflanzung der Gattung zu thun! Der Genuß der Nahrung hat nichts mit der Erhaltung zu thun! (NL Herbst 1880, 6[145], KSA 9, 234)[23]

Anstatt Phänomene wie Lust, Begierde und Genuss teleologisch im Hinblick auf die Erhaltung der Art zu erklären, stellt Nietzsche die Arterhaltung als deren naturgeschichtliche Folge dar, eine Folge, die wiederum zur Fortdauer und Stabilisierung der sie bewirkenden Phänomene beiträgt. Anhand dieses wechselseitigen Wirkungsverhältnisses erklärt er, wie ‚Arterhaltung' sich naturgeschichtlich durchsetzen konnte, ohne dass ihr die Stellung eines ontologischen Prinzips zukäme, auf das die Natur vielleicht sogar teleologisch ausgerichtet wäre.[24] Interessant ist nun, dass Nietzsche die Selbsterhaltung nach demselben Schema erklärt wie die Arterhaltung. Erhaltungstendenzen, ob Einzelner oder großer Gruppen von Individuen, versteht er damit als sekundäre Phänomene, denen eine ursprünglichere Dynamik zugrunde liegt, bei der es nicht um Erhaltung, sondern um „Lust" geht. Lust oder Wohlgefühl aber gehen, wie die obigen Ausführungen gezeigt haben, auf das *Machtgefühl* zurück. Insofern

---

19 Vgl. Brusotti, *Leidenschaft der Erkenntnis*, 431 f., Anm. 98.
20 Brusotti, *Leidenschaft der Erkenntnis*, 431 f., Anm. 98.
21 Vgl. FW IV, 318, KSA 3, 550.
22 Vgl. z. B. NL Frühjahr-Herbst 1881, 11[43], KSA 9, 457.
23 Vgl. NL Frühjahr 1880, 3[149], KSA 9, 95; NL Herbst 1880, 6[123], ebd., 226; NL Frühjahr – Herbst 1881, 11[108], ebd., 479.
24 Überhaupt bestreitet Nietzsche, dass die Natur Gattungen kennt: „Es ist ein falscher Gesichtspunkt: um die Gattung zu erhalten, werden unzählige Exemplare geopfert. Ein solches ‚Um' giebt es nicht! Ebenso giebt es keine Gattung, sondern lauter verschiedene Einzelwesen! Also giebt es auch keine Opferung, Verschwendung! Also auch k e i n e U n v e r n u n f t dabei! – Die Natur will nicht die ‚Gattung erhalten'! Thatsächlich erhalten sich viele ähnliche Wesen, mit ähnlichen Existenzbedingungen leichter als abnorme Wesen." (NL Frühjahr – Herbst 1881, 11[178], KSA 9, 508).

lässt sich zeigen, dass Nietzsche jede Art von Erhaltungsphänomen – auch die Arterhaltung, die er in der *Fröhlichen Wissenschaft* gegenüber der Selbsterhaltung aufwertet – letztlich auf eine Machtdynamik zurückführt, für die der Aspekt der *Steigerung* zentral ist.

Die in seiner Machtkonzeption sich herausbildende Priorität der Machtsteigerung stellt Nietzsche also auch dann nicht in Frage, wenn er in der *Fröhlichen Wissenschaft* aufs Neue mit dem Erhaltungsgedanken operiert. Dass die Arterhaltung vielmehr als naturgeschichtliche Folge einer Machtdynamik zu verstehen ist, für welche die Tendenz zur Machtsteigerung bestimmend ist, ist ein Gedanke, der schon hier angelegt ist.[25] Explizit wird ihn Nietzsche in einem nachgelassenen Notat von 1887 formulieren: „E r h a l t u n g d e r G a t t u n g ' ist nur eine Folge des W a c h s t h u m s der Gattung, d. h. der Ü b e r w i n d u n g d e r G a t t u n g auf dem Wege zu einer stärkeren Art" (NL Herbst 1887, 9[91], KSA 12, 385).[26] Die Stärkung einer als Gattung angesehenen Gemeinschaft ergibt sich aus dem Mit- und Gegeneinander-Ringen einzelner Organismen in ihrem Streben nach Machtsteigerung; diese Stärkung führt vorübergehend zu Erhaltungstendenzen der ‚Gattung', in weiterer Entwicklung kann sie aber ebenso zur Aufhebung des Gattung aufgrund eines von den Machtbestrebungen bestimmten Transformationsprozesses führen.[27] Das agonale Moment, das die Beziehung der einzelnen ‚Individuen' zueinander prägt, bringt insofern eine Dynamik hervor, die nacheinander die Erhaltung und die Aufhebung der Gattung zur Folge hat. Dabei ist entscheidend, dass Erhaltung nicht mehr das primäre Moment, sondern ein gegenüber der Machtsteigerung abgeleitetes Moment von Lebendigkeit darstellt.[28]

Die entscheidende Einsicht, die sich Anfang der 1880er Jahre in Nietzsches Nachdenken über die Natur der Macht herausbildet, lautet, dass die Macht sich *aus sich heraus* in einer Dynamik der Steigerung befindet. Als Macht kann ein Individuum – oder eine Gruppe von Individuen – nicht primär darauf ausgerichtet sein, sich zu

---

[25] In diesem Sinne versteht G. Abel „das, was als Erhaltung der Gattung angesehen wird, [als] eine Folge der Veränderungs-, und das heißt der Wachstums- und Steigerungsprozesse der mit- und gegeneinander ringenden Lebens-Systeme" (Abel, *Nietzsche*, 58).
[26] Vgl. 9[100], KSA 12, 392.
[27] Dass die Arterhaltung auf ein zugrunde liegendes agonales Geschehen zurückgeführt wird, das jene als ein Nebenprodukt hervorbringt, zeigt etwa Nietzsches genealogische Rückführung der Wahrheit auf arterhaltende Irrtümer: „Der Intellect hat ungeheure Zeitstrecken hindurch Nichts als Irrthümer erzeugt; einige davon ergaben sich als nützlich und arterhaltend: wer auf sie stiess, oder sie vererbt bekam, kämpfte seinen Kampf für sich und seinen Nachwuchs mit grösserem Glücke" (FW III, 110, KSA 3, 469).
[28] In Bezug auf den Nachlass hat M. Brusotti gezeigt, dass Nietzsche den Primat der Arterhaltung in normativer Hinsicht aufzuheben beginnt, schon bevor er mit dem Begriff Wille zur Macht den Primat der Selbsterhaltung in ontologischer Hinsicht problematisiert: In der Entstehungszeit des *Zarathustra* versteht Nietzsche den Übermenschen in der Tat als Typus, durch den die Gattung Mensch überwunden werden soll (vgl. Brusotti, *Leidenschaft der Erkenntnis*, 525 f., insb. 526, Anm. 81). Die Aufhebung der Gattung ist also eine Forderung, die Nietzsche in normativer Hinsicht mit dem Begriff des Übermenschen verbindet. Vgl. dazu NL Nov. 1882 – Febr. 1883, 5[1], KSA 10, 202, Nr. 135: „Der Mensch sei der Ansatz zu etwas, das nicht Mensch mehr ist! Arterhaltung wollt ihr? Ich sage: Art-Überwindung!".

erhalten, sondern es muss darauf ausgerichtet sein, sich zu steigern. Gegenüber der Machtsteigerung hat die Erhaltung – sei es eines Einzelnen oder einer ‚Gattung' – einen nur abgeleiteten, *sekundären* Status: Erhaltungsphänomene sind auf die Dynamik der Steigerung zurückzuführen, die der Macht *als* Macht zukommt. In der Entwicklung von Nietzsches machttheoretischem Denken von *Menschliches, Allzumenschliches* bis zur *Fröhlichen Wissenschaft* ist also der Primat der (Selbst-)Erhaltung durch einen Primat der Machtsteigerung abgelöst worden; zwar wird Nietzsche diese Konsequenz erst im Zusammenhang mit dem Begriff des Willens zur Macht, der mit *Also sprach Zarathustra* auftritt, klar formulieren, doch ist sie Anfang der 1880er Jahre bereits *in nuce* vorhanden. Darin zeigt sich, dass in Bezug auf Nietzsches Machtkonzeption zwischen den Schriften vor und den Schriften ab *Also sprach Zarathustra* kein Bruch, sondern eine kontinuierliche Entwicklung besteht.

Inwiefern diese Entwicklung durch Nietzsches Auseinandersetzung mit Spinozas Theorie der Selbsterhaltung entscheidend geprägt wird, ist noch zu zeigen. Doch bevor auf Nietzsches Dialog mit Spinoza eingegangen werden kann, ist zuvor seine Abgrenzung von Schopenhauers Konzeption des „Willens zum Leben" zu untersuchen, die seiner gezielten Spinoza-Rezeption vorausgeht.

3.2 Die Auseinandersetzung mit Schopenhauers „Willen zum Leben"

Für die Entstehung und Ausarbeitung des Begriffs des Willens zur Macht ist Nietzsches Auseinandersetzung mit Schopenhauers Lehre vom Willen zum Leben von unbestreitbarer Bedeutung.[29] Schopenhauer ist der philosophische ‚Erzieher', an dem Nietzsche sein Denken ausgebildet hat und den er besser als jeden anderen neuzeitlichen Philosophen kannte. Mit seiner Formel vom Willen zur Macht bezieht sich Nietzsche offenkundig auf Schopenhauers Formel vom Willen zum Leben. Die Umwandlung des Begriffs verdeutlicht dabei eine Distanzierung von Schopenhauer, die sich, nach anfänglichem glühenden Bekenntnis, in Nietzsches Denken der späten 1870er und 1880er Jahre vollzieht:[30] An die Stelle des Lebens tritt die Macht, eine

---

[29] Unter den zahlreichen Untersuchungen von Nietzsches Verhältnis zu Schopenhauer gibt es nur wenige, die sich diesem Zusammenhang widmen: Vgl. Decher, *Wille zum Leben – Wille zur Macht*; Gerhardt, *Vom Willen zur Macht*, 167–174; Abel, *Nietzsche*, 59–72; Janaway, *Nietzsche, the self, and Schopenhauer*. Zum Verhältnis zwischen Nietzsche und Schopenhauer allgemein vgl. den gewichtigen Aufsatz von G. Simmel (*Schopenhauer und Nietzsche*), ferner: Goedert, *Nietzsche und Schopenhauer*; Haar, *La critique nietzschéenne de Schopenhauer*; Soll, *Schopenhauer as Nietzsche's ‚great teacher' and ‚antipode'*.

[30] Diese Distanzierung bedeutet aber keinen radikalen Bruch, sondern eher eine Weiterentwicklung und Transformation schopenhauerischer Ansätze. Insofern ist Thomas Mann zuzustimmen, demzufolge Nietzsches „Denken und Lehren nach der ‚Überwindung' Schopenhauers mehr eine Fortbildung und Umdeutung von dessen Weltbild als eine wirkliche Trennung davon bedeutete" (Mann, *Schopenhauer*, 296). Die im folgenden darzustellende Kritik Nietzsches an Schopenhauer verdeutlicht aber

Transformation, die nicht zuletzt Nietzsches Kritik am Selbsterhaltungsprinzip zum Ausdruck bringt. Im Kontext dieser Kritik, die er Ende der siebziger Jahre zu üben beginnt und ab *Morgenröthe* (1881) deutlich formuliert, nimmt Nietzsche Schopenhauer als Vertreter einer metaphysischen Erhaltungslehre ins Visier, die das neuzeitliche Denken bis in die aktuelle Wissenschaft hinein dominiere. So wird der Philosoph in eine theoretische Konstellation eingerückt, in der er mit ‚den Darwinisten' und später auch Spinoza gewissermaßen das Dreigestirn des neuzeitlichen Selbsterhaltungsdenkens bildet. Nietzsches Kritik am Willen zum Leben nimmt dabei wichtige Elemente der Gegenstellung zum Selbsterhaltungsprinzip vorweg, die Nietzsche später in seiner Auseinandersetzung mit Spinoza entfalten wird. Andererseits verdeutlicht diese Kritik aber auch, dass Nietzsche vor der gezielten Spinoza-Rezeption noch wichtige Aspekte fehlen, mit denen er seine eigene Machtkonzeption als Antithese zum neuzeitlichen Selbsterhaltungsprinzip wird profilieren können.

Um Nietzsches Kritik an Schopenhauer nachvollziehen zu können, soll zunächst die Theorie vom Willen zum Leben in ihrer Beziehung zum Erhaltungsgedanken dargestellt werden; nach einem Blick auf die Gemeinsamkeiten zwischen Schopenhauers Willen zum Leben und Nietzsches Willen zur Macht, soll es schließlich um Nietzsches Kritik am Willen zum Leben als Erhaltungsprinzip gehen.

3.2.1 Schopenhauers Lehre vom Willen zum Leben

Der Grundgedanke von Schopenhauers Philosophie ist prägnant im Titel seines Hauptwerks, *Die Welt als Wille und Vorstellung*, ausgedrückt: „[D]iese Welt, in der wir leben und sind, [ist] ihrem ganzen Wesen nach, durch und durch W i l l e und zugleich durch und durch V o r s t e l l u n g" (WWV I/1, § 29, 215)[31]. Einerseits ist die Welt Vorstellung, das bedeutet, dass sie als Außenwelt ihre Existenz nur im Bewusstsein von Subjekten hat; insofern sie Bewusstseinsinhalt ist, ist sie uns als Erscheinung gegeben, aber nicht, wie sie an sich ist. Andererseits ist die Welt Wille, eine Bestimmung, zu der Schopenhauer gelangt, indem er fragt, was die Welt über ihren Erscheinungscharakter hinaus noch ist. Gemäß der kantischen Unterscheidung von Erscheinung und Ding an sich muss es etwas geben, worauf die Vorstellungen verweisen: ein An-sich der Dinge, das unabhängig vom erkennenden Subjekt besteht. Im Unterschied zu Kant beansprucht Schopenhauer aber, einen unmittelbaren Zugang zum Ding an sich zu finden, der nicht durch die Erscheinung vermittelt ist. Diesen Zugang findet er über seine leibliche Selbsterfahrung: Als Erkenntnissubjekt ist er an seinen Leib gebunden – er ist kein „geflügelter Engelskopf ohne Leib" (WWV I/1, § 18, 142) – und diese Gebundenheit ermöglicht es ihm, das Ding an sich „am Leitfaden des

---

zugleich, dass es unzutreffend wäre, mit G. Colli zu behaupten, dass der Wille zur Macht eine bloße „Variante" des Willens zum Leben sei (vgl. KSA 5, 416).

31 Für das Folgende vgl.: Spierling, *Schopenhauer*; Decher, *Wille zum Leben – Wille zur Macht*, insb. 23–35.

Leibes"[32], wie man mit Nietzsche sagen könnte, zu bestimmen. Einerseits ist er mit seinem Leib in der Welt der Vorstellungen verwurzelt, durch ihn ist er in ihr individuiert; in diesem Sinne ist sein Leib Objekt, das als Vorstellung zum Gegenstand von Erkenntnis werden kann. Andererseits ist sein Leib aber als etwas ganz anderes gegeben, und dieses Andere bezeichnet Schopenhauer als Wille;[33] er erschließt es, indem er die Bewegungen und Handlungen des Leibes als Willenserscheinungen deutet. Der Leib ist nach Schopenhauer Erscheinung des Willens an sich: Was äußerlich als Leib gegeben ist, ist, von innen her erschlossen, eine Vielheit von Empfindungen, Bedürfnissen und Leidenschaften, die im Begriff des Willens zusammengefasst werden. Der Leib ist die „Objektität" (WWV I/1, § 18, 143) des Willens, d.h. er ist der sichtbare, zur Erscheinung gewordene Wille; insofern ist man berechtigt, von der Identität von Wille und Leib zu sprechen. Weil jeder sich seines Willens im Bewusstsein unmittelbar gewiss ist, ohne dass diese Gewissheit in der Subjekt-Objekt-Relation vermittelt wäre, gilt der Wille Schopenhauer als Ding an sich, welches „nur ganz unmittelbar ins Bewußtseyn kommen [kann], nämlich dadurch, daß es s e l b s t s i c h s e i n e r b e w u ß t wird" (WWV II/1, Kap. 18, 228)[34]. Ausgehend von der Selbstgewissheit des Willens als des inneren Wesens seiner selbst zieht Schopenhauer einen Analogieschluss in Bezug auf die gesamte Natur; die Selbsterkenntnis des Willens erlaube es in der Tat, eine Aussage über das innere Wesen der Erscheinungen zu treffen. Alle Objekte, die uns als Erscheinungen gegeben sind, seien „nach Analogie des Leibes" zu beurteilen; damit gilt das Schema der menschlichen Selbsterfahrung – nach außen Erscheinung, nach innen Wille – als Modell für die gesamte Natur. Der Wille ist „das Ding an sich, der innere Gehalt, das Wesentliche der Welt" (WWV I/2, § 54, 347) und als solcher steht er im Zentrum von Schopenhauers philosophischem System. In der Perspektive der hermeneutisch ansetzenden Metaphysik, die dieser hiermit entwirft, ist die Welt als „Makranthropos" (WWV II/2, Kap. 50, 753), und nicht etwa der Mensch als Mikrokosmos, zu verstehen: Wir „müssen [...] die Natur verstehn lernen aus uns selbst, nicht umgekehrt uns selbst aus der Natur." (WWV II/1, Kap. 18, 229).

Dabei unterscheidet Schopenhauer vier Stufen der Objektivation des Willens, die sich hierarchisch zueinander verhalten: die anorganische Natur, die Pflanzenwelt, die Tierwelt und, auf der höchsten Stufe, der Mensch.[35] Er erklärt diese stufenweise Objektivation des Willens aus dessen eigener Natur: „Im Grunde entspringt dies daraus, daß der Wille an sich selber zehren muß, weil außer ihm nichts daist [sic!] und er ein hungriger Wille ist." (WWV I/1, § 28, 206). Wie sich mit Friedhelm Decher sagen lässt, sind, entsprechend dieser Eigenschaft des Willens, auch „[d]ie den Willen in der Welt

---

32 Vgl. z.B. NL Sommer-Herbst 1884, 26[432], KSA 11, 266.
33 Vgl. WWV I/1, § 18, 143.
34 Schopenhauer relativiert diese Aussage jedoch kurz darauf, indem er einräumt, dass der Wille, weil er uns nur in der Zeit, nämlich in einer Abfolge einzelner Willensäußerungen gegeben ist, nicht unmittelbar, sondern lediglich „unmittelbarer" (WWV II/1, Kap. 18, 230) bekannt ist als alles andere.
35 Vgl. PP II/1, § 85, 156ff.

darstellenden Erscheinungen [...] durch blinden Drang, durch unermüdliches Streben [gekennzeichnet]; sie gieren nach Dasein."[36] Dabei geraten die einzelnen Willenserscheinungen unvermeidlich miteinander in Konflikt, und aus ihrem Kampf geht, durch Übermächtigung und Einverleibung unterlegener Willen, eine jeweils höhere Objektivationsstufe hervor. Der Wille ist damit in einem fortwährenden Prozess der Selbst-Entzweiung begriffen, der auch dann nicht endet, wenn er zur höchsten erreichbaren Stufe, dem Seiner-selbst-Bewusstwerden im Menschen, gelangt. Im Menschen äußert er sich als grenzenloser Egoismus: „[...] Jeder [will] Alles für sich, will Alles besitzen, wenigstens beherrschen, und was sich ihm widersetzt, möchte er vernichten." (WWV I/2, § 61, 414). Die Willensbejahung des Einzelnen führt damit zum Krieg aller gegen alle, der zu scheinbar unaufhebbarem Leiden in der Welt führt; hierin zeigt sich der pessimistische Grundzug, der Schopenhauers Philosophie eingeschrieben ist.

Der Wille als Ding an sich äußert sich in den Einzelwillen als „Wille zum Leben". Diese Formel ist nach Schopenhauer ein Pleonasmus, könnte man doch gleichbedeutend nur von ‚Willen' oder von ‚Willen zum Willen' sprechen.[37] Dass die Einzelwillen auf das Leben ausgerichtet sind, bedeutet nämlich, dass der Wille sich selbst in seiner in der Welt objektivierten Form will. Dabei verwendet Schopenhauer den Lebensbegriff in so weit gefasster Bedeutung, dass er mit dem Begriff des Daseins gleichbedeutend ist: Was der Wille in der Welt will, ist sein eigenes Dasein. Mit dem Willen zum Leben ist demnach bei Schopenhauer ein universelles Erhaltungsprinzip formuliert.[38] Dabei zielt der Wille nicht nur auf Selbsterhaltung, sondern, bei organischen Wesen, auch auf Wohlsein, also auf eine gewisse Qualität des Lebens, und auf Fortpflanzung ab: Alle Triebe und Bedürfnisse von Lebewesen gehen auf zwei Grundtriebe zurück, auf den Trieb zur Selbsterhaltung und auf denjenigen zur Fortpflanzung als Mittel zur Erhaltung der Art.[39] Die Selbsterhaltung ist jedoch der Arterhaltung untergeordnet: Wo die Erhaltung des Einzelnen kein Mittel zum Zweck der Erhaltung der Gattung ist, wird sie dieser geopfert. Insofern bedeutet Selbsterhaltung bei Schopenhauer nicht, um jeden Preis am Leben zu bleiben, sondern, die eigenen Kräfte zu bewahren und zu steigern, um eine gewisse Qualität des Lebens zu sichern, die der Fortpflanzung dient. Das Selbsterhaltungsprinzip ist damit aufs engste mit dem Steigerungsgedanken verbunden – eine Verbindung, die sich auch in der stufenartigen Objektivation des Willens zeigt: „Alles drängt und treibt zum D a s e y n, wo möglich zum o r g a n i s c h e n, d. i. zum L e b e n, und danach zur möglichsten Steigerung desselben [...]" (WWV II/1, Kap. 28, 410). Vor diesem Hintergrund ist die These

---

36 Decher, *Wille zum Leben – Wille zur Macht*, 31.
37 Vgl. WWV I/2, § 54, 347.
38 Zum Zusammenhang zwischen der Schopenhauerschen Willensmetaphysik und dem Erhaltungsgedanken vgl. Abel, *Nietzsche*, 59–72.
39 Vgl. Abel, *Nietzsche*, 60.

vertreten worden, dass Schopenhauer bereits vor Nietzsche den Primat der Selbsterhaltung durch denjenigen der Machtsteigerung abgelöst habe.⁴⁰

Im Prozess allmählicher Objektivation ist sich der Wille zum Leben seiner selbst zumeist nicht bewusst, vielmehr ist er „ein blinder Drang, ohne die Erkenntniß" (HN I, 229), „ein dunkler, dumpfer Drang zu leben, der sich am stärksten im reinen Geschlechtstrieb" (HN I, 226) sowie in der Angst vor dem Tod ausdrückt. Nur in der intellektuellen Selbsterkenntnis des Menschen gelangt der Wille zum Bewusstsein seiner selbst. Entgegen der philosophischen Tradition erklärt Schopenhauer den Intellekt damit zum bloßen Werkzeug des Willens, mittels dessen der Wille sich seiner selbst bewusst wird, um sein Streben nach Dasein, Wohlsein und Fortpflanzung noch besser realisieren zu können.

Es liegt dabei in der Dynamik des Willens zum Leben, dass er unersättlich ist, stets nur vorläufige Ziele kennt, niemals aber endgültige Befriedigung; das Streben jedes Willens ist, im Ganzen betrachtet, end- und ziellos. Sogar in der objektiven Betrachtung der Natur fehlt nach Schopenhauer das Ziel: Zwar ist die Natur auf die Erhaltung der Gattungen ausgerichtet, ein Zweck, dem das einzelne Individuum zum Mittel dient, doch lässt sich letztlich nicht erklären, was der Zweck der Gattungen ist, und so ist der Wille zum Leben im Grunde ziel- und sinnlos. Angesichts des fehlenden Endzieles der Welt gelangt Schopenhauer daher zu dem Schluss, dass sich alles Geschehen immer wieder von vorne wiederholt.

Wie lässt sich aber dem ziel- und sinnlosen Streben des Willens, das den Kreislauf von Leid und Schuld in der Welt endlos fortsetzt, entkommen? Die einzige mögliche Erlösung vom Willen und dem durch ihn bedingten Leiden sieht Schopenhauer in der „Selbstaufhebung des Willens" (WWV I/2, § 70, 499). Diese ist nicht mit dem Suizid zu verwechseln, der vielmehr als eine verzweifelte Bejahung des Willens angesichts lebensfeindlicher Umstände zu verstehen ist. Durch die radikale Aufhebung allen Wollens wird das Subjekt in der Welt vom Grund des Leidens und damit zugleich von der Welt erlöst: „Kein Wille: keine Vorstellung, keine Welt"; „[...] nur die Erkenntniß ist geblieben, der Wille ist verschwunden." (WWV I/2, § 71, 507). Diesen Zustand einer paradoxen Selbstbehauptung qua Willensverneinung beschreibt Schopenhauer als das „relative[...] Nichts" (WWV I/2, § 71, 505), von dem sich nur in Metaphern, Analogien und negativen Formeln sprechen lasse, weil es kein Gegenstand objektiver Erkenntnis sein könne.⁴¹

---

40 Vgl. Broese, *Schopenhauers Überwindung der Selbsterhaltung*, 225 f., 228 ff. Der Autor richtet sich gegen die u. a. von G. Abel vertretene Auffassung, Schopenhauers Philosophie sei eine metaphysische Erhaltungslehre, die gänzlich in der Tradition des Selbsterhaltungsdenkens der neuzeitlichen Rationalität stehe; er vertritt die These, dass „bereits *Schopenhauer und nicht erst Nietzsche* den ‚Erhaltungsgedanken' grundsätzlich in Frage [ge]stellt bzw. die neuzeitliche Rationalität *entscheidend* überb[oten] [hat]" (217 f.). Hinsichtlich dieser Überbietung sei Schopenhauer „ein wichtiger Wegbereiter Nietzsches" (218), während Nietzsche nicht entscheidend über Schopenhauer hinausgehe.
41 Nietzsche hat die von Schopenhauer vorgeschlagene Willensverneinung unter den Begriffen des Pessimismus, des Nihilismus und der Décadence entschieden kritisiert: Vgl. GD, *Streifzüge* 21, KSA 6,

Wie Günter Abel gezeigt hat, kann nicht nur die Bejahung des Willens zum Leben, sondern auch dessen Verneinung unter dem Gesichtspunkt der Selbsterhaltung angesprochen werden: In der Willensverneinung stelle „gerade der Widerstand gegen die Realität der Welt des bejahenden Willens eine Form von Selbsterhaltung und Selbstbehauptung dar. [...] Selbsterhaltung besteht in diesem Falle [...] gerade in der Aufhebung desjenigen Selbsterhaltungstriebes, wie er für die Willensbejahung kennzeichnend ist und das mit dieser verbundene Leiden ausmacht. Es ist Selbsterhaltung *aus* Intellekt."[42] Mithin lasse sich bei Schopenhauer zwischen einer objektiven und einer subjektiven Erhaltung unterscheiden: Erstere bezeichne den Grundtrieb jedes Seienden, seinen Willen zu bejahen, während letztere die Selbstbehauptung eines Erkenntnissubjekts gegenüber seiner zu Leiden und Selbstauflösung führenden Willensbejahung darstelle.[43]

Im Hinblick auf die Frage nach dem Zusammenhang zwischen Schopenhauers Willenstheorie und dem Selbsterhaltungsprinzip lässt sich schließen, dass jene in ihren drei Hauptaspekten als eine „metaphysische Erhaltungslehre"[44] verstanden werden kann: in der Bestimmung des Willens zum Leben als ontologisches Prinzip, in der Bejahung des Willens zum Leben *und* in dessen Verneinung. Damit ist Abel zuzustimmen, der Schopenhauers Willenstheorie „näherhin als Lehre der Selbst-Erhaltung des Individuums, der über das Individuum hinausgehenden Gattungs-Erhaltung und schließlich einer ästhetischen und asketischen Erlösungs-Erhaltung aus Intellekt [...]"[45] kennzeichnet.

3.2.2 Gemeinsamkeiten zwischen dem Willen zum Leben und dem Willen zur Macht

Vor diesem Hintergrund lassen sich zunächst einige markante Gemeinsamkeiten zwischen Nietzsches und Schopenhauers Willenskonzeption herausstellen: 1.) Nietzsche geht, wie Schopenhauer, von einer *Auslegung der Erfahrungswelt* aus, um zu einer aller Erfahrung zugrunde liegenden Wirklichkeit, dem Willen zur Macht, zu gelangen; in diesem Sinne kann man bei Nietzsche wie bei Schopenhauer von einer hermeneutischen Metaphysik sprechen, auch wenn diese bei Nietzsche anders vollzogen wird, insofern nicht mehr zwischen Erscheinungswelt und Ding an sich unterschieden

---

125 (vgl. dazu Abel, *Nietzsche*, 67 f.). Der Willensverneinung setzt Nietzsche die ethische Losung der Steigerung des Machtwillens entgegen.
42 Abel, *Nietzsche*, 63.
43 Vgl. Abel, *Nietzsche*, 63.
44 Abel, *Nietzsche*, 63.
45 Abel, *Nietzsche*, 63; dem Autor zufolge zeigt sich hierin deutlich Schopenhauers Verankerung in der neuzeitlichen Rationalität und die fundamentale Differenz zu Nietzsche. Vgl. dagegen Broese, *Schopenhauers Überwindung der Selbsterhaltung*.

wird.⁴⁶ Metaphysik im Nietzscheschen Sinne, nämlich als *erkenntniskritische Interpretation* der Welt als Wille, ist aber bei Schopenhauer bereits präfiguriert.⁴⁷ 2.) Nietzsche überträgt, wie Schopenhauer, die Interpretation der eigenen Erfahrung *per analogiam* auf die Wirklichkeit als Ganze. Wie Schopenhauer das Schema der Selbsterfahrung, einerseits als Wille, andererseits als Leib, in allem Seienden wiederfindet, so versteht Nietzsche den Willen zur Macht als Modell für die Welt. Schopenhauers Diktum, dass nicht der Mensch als Mikrokosmos, sondern die Welt als „Makranthropos" aufzufassen sei, gilt daher für Nietzsche gleichermaßen. 3.) Auch in Bezug auf das Verhältnis von Wille und Intellekt sind Nietzsches und Schopenhauers Auffassungen affin: In Umkehrung der neuzeitlichen philosophischen Tradition, die im Willen eine bloße Funktion des Intellekts sieht, stufen beide den Intellekt zum Instrument des Willens herab; die Erkenntnis wird damit einem sich zumeist unbewusst vollziehenden Triebgeschehen untergeordnet, zu dessen Funktion sie wird. 4.) Schließlich lässt sich in Schopenhauers pessimistisch gefärbter Auffassung, der zufolge sich alles aufgrund der Ziellosigkeit des Willens immer wieder von vorne wiederholt, ein philosophischer Vorbote von Nietzsches Gedanken der ewigen Wiederkunft des Gleichen erblicken.Diese Gemeinsamkeiten verdeutlichen, dass einige Grundzüge von Nietzsches Konzeption des Willens zur Macht im Denken Schopenhauers nicht nur vorgebildet, sondern regelrecht vorweggenommen sind. Mit Friedhelm Decher lässt sich daher schließen, dass „Nietzsches Konzeption des Willens zur Macht wesentliche Wurzeln in Schopenhauers Bestimmungen des Willens zum Leben [...] hat" und dass es sinnvoll ist, „von dem Willen zum Leben als einer Vorform des Willens zur Macht zu sprechen [...]", wenn auch eher im Sinne einer „Umdeutung und Weiterbildung der Schopenhauerschen Philosophie"⁴⁸. Zu diesem Schluss kommt der Autor seinerseits, nachdem er zentrale „Strukturmomente des Lebens" herausgestellt hat, die Nietzsche bei Schopenhauer aufgegriffen und für seine Konzeption des Willens zur Macht fruchtbar gemacht hat: Zu nennen sind „de[r] Aspekt des Kampfes, de[r] Prozeßcharakter der Willensaktionen, die Entzweiung des Willens mit sich selbst und die Ziellosigkeit des Willens."⁴⁹ Nietzsches entschiedene Kritik am „Willen zum Leben", um die es im Folgenden gehen soll, darf daher nicht vergessen

---

46 Zu Schopenhauers hermeneutisch ansetzender Metaphysik vgl.: Spierling, *Schopenhauer*, 67.
47 Vgl. dazu WWV II/1, Kap. 17, 213. Zu Nietzsches Verständnis der Metaphysik und dessen Vorbereitung durch Schopenhauer vgl. Salaquarda, *Nietzsches Metaphysikkritik*, 229: „[...] Schopenhauer hat seine Auffassung der philosophischen Grunddisziplin von früheren und gleichzeitigen Entwürfen abgehoben, vor allem von den Systemen des Rationalismus und des Deutschen Idealismus. Indem er diese vom Boden seiner empirisch anhebenden, den Anforderungen des Kritizismus genügen sollenden neuen Metaphysik vehement kritisierte, hat er der Metaphysikkritik Nietzsches ein Stück weit vorgearbeitet. Und umgekehrt stützte sich Nietzsche bei seiner Metaphysikkritik auf bestimmte Voraussetzungen, die man als seine Metaphysik bezeichnen könnte".
48 Decher, *Wille zum Leben – Wille zur Macht*, 68 f. Zu den entscheidenden Abweichungen Nietzsches von Schopenhauer vgl. ebd., 70–182.
49 Decher, *Wille zum Leben – Wille zur Macht*, 60; vgl. ebd., 58–69.

lassen, dass bestimmte konstitutive Elemente des Willens zur Macht bei Schopenhauer bereits angelegt und sogar vorformuliert sind.

3.2.3 Nietzsches Kritik am Willen zum Leben

Schopenhauer begreift den Willen als die einheitliche metaphysische Triebkraft, die, als das Prinzip allen Seins, sich in jedem Einzelding als Wille zum Leben äußert. Seine Auffassung, der Mensch sei wesentlich Wille, ist die Position, von der Nietzsche ausgeht, als er Ende der 1870er Jahre nach einer Grundkraft sucht, die alle menschlichen Lebensäußerungen erklären kann. An der grundlegenden Wendung, die Schopenhauer mit seiner Bestimmung des Menschen als Willen vollzogen hat, hält Nietzsche fest, auch wenn er mit dem Willen zur Macht gegen Schopenhauers Willenskonzeption Position beziehen wird. Ende der siebziger Jahre bedient er sich noch des Begriffs der Selbsterhaltung, den er gelegentlich auch als Willen zum Leben bezeichnet; doch weil das Moment der Steigerung der Kräfte in seinem Verständnis des Willens immer weiter in den Vordergrund rückt, lehnt er den Schopenhauerschen Willen schließlich zusammen mit dem Selbsterhaltungsprinzip als konservativ ab: Der Wille zum Leben ziele auf etwas ab, das immer schon gegeben sei, und werde darin der Dynamik des Lebens, die in einem fortwährenden Überwinden des Gegebenen bestehe, nicht gerecht.[50]

Dies ist der gedankliche Hintergrund, vor dem Nietzsche sich in *Also sprach Zarathustra* gegen den Willen zum Leben richtet; er nimmt dort Schopenhauers Willenstheorie in der Bedeutung einer metaphysischen Erhaltungslehre ins Visier.[51] In Zarathustras Rede *Von der Selbst-Ueberwindung* wird ein merkwürdig formalistisches Argument vorgetragen, das den Willen zum Leben als sinnloses Prinzip erscheinen lässt: „[...] was nicht ist, das kann nicht wollen; was aber im Dasein ist, wie könnte

---

50 Vgl. Gerhardt, *Wille zur Macht*, 352.
51 Für seine Gegenstellung zu Schopenhauers Willen zum Leben ist nicht nur entscheidend, dass es sich dabei um ein Erhaltungstheorem handelt; Nietzsches Kritik richtet sich gegen mehrere Aspekte der genannten Willenstheorie, nach F. Decher vor allem „gegen Schopenhauers Überzeugung von der unmittelbaren Gewissheit des Willens, [...] gegen die Ineinssetzung von Wille und Ding an sich und [...] gegen die Folgerungen, die Schopenhauer aus der Erkenntnis des durch den blinden Willen in der Welt hervorgerufenen Leidens zieht" (Decher, *Wille zum Leben – Wille zur Macht*, 53). Vgl. auch G. Abel (*Nietzsche*, 65 f.), der fünf hauptsächliche Kritikpunkte nennt, die Nietzsche gegen Schopenhauers Willenskonzeption anführt; ihm zufolge laufen Nietzsches Gegenargumente darauf hinaus, dass „erst durch eine Auffassung der ‚Willen-zur-Macht-Kräfte' als des jeweils ‚treibende(n)' Momentes Bewegung und Veränderung, mithin Geschehen verstanden werden kann [...]"; entscheidend sei dabei, dass „dieses Willen-zur-Macht-Geschehen nicht als eines der Selbst-Erhaltung, sondern als Selbst-Überwindung im Sinne der Mehrung und Steigerung der Macht aufgefaßt werden muß. Selbst-Erhaltung könnte [nämlich] Veränderung nicht einsichtig machen" (Abel, *Nietzsche*, 66). Darauf wird an späterer Stelle noch einzugehen sein.

das noch zum Dasein wollen!" (Za II, *Von der Selbst-Ueberwindung*, KSA 4, 149)[52]. Sieht man den Willen, wie Schopenhauer, als primär auf die Befriedigung von Trieben und Bedürfnissen ausgerichtet, die der Erhaltung des Einzelnen und der Gattung dienen, so verkennt man nach Nietzsche den Grundcharakter des Wollens: Wollen ist wesentlich ein Auf-etwas-aus-sein, das noch nicht erreicht ist, und nicht ein bloßes Bejahen des Gegebenen. Schon in der Formel vom „Willen *zu* …" kommt diese Tendenz zum Übersteigen des Erreichten zum Ausdruck; die Formel selbst zeigt insofern, dass es dem Willen nicht um Bestandssicherung, sondern um Steigerung, um ein Mehr geht. Das Mehr, auf das der Wille abzielt, ist nach Nietzsche ein Mehr an *Macht*; in der Tat ist Macht jenes Element menschlicher Lebendigkeit, das immer auf mehr als das Gegebene verweist, weil Macht nicht einfach gegeben, sondern immer zu realisieren und damit erst noch zu erobern ist. Ein Wille, der primär auf Erhaltung des Daseins abzielt, ist nach Nietzsche also ein zu statisches Prinzip, um der Grunddynamik des Lebens gerecht zu werden, die primär durch Machtsteigerung gekennzeichnet ist.[53]

Schon zur Zeit von *Menschliches, Allzumenschliches* formulierte Nietzsche in einem nachgelassenen Notat Zweifel an Schopenhauers Willen zum Leben, den er als „Erhaltungstrieb" verstand. Während er einerseits die geglückte Formulierung – im Namen der deutschen Sprache – würdigte, kritisierte er Schopenhauers Prinzip andererseits als irreführend:

> Es war ein sehr glücklicher Fund Schopenhauers als er vom ‚Willen zum Leben' sprach: wir wollen diesen Ausdruck uns nicht wieder nehmen lassen und seinem Urheber dafür im Namen der deutschen Sprache dankbar sein. Aber das soll uns nicht hindern einzusehen, daß der Begriff Wille zum Leben vor der Wissenschaft sich noch nicht das Bürgerrecht erobert hat, ebenso wenig als die Begriffe ‚Seele' ‚Gott' Lebenskraft usw. […] Denn bevor der Mensch ist, ist auch sein […][W]ille noch nicht: oder was sollte dieser sein? Im Leben selber aber sich äußernd – ja ist denn das Wille zum Leben? Doch mindestens Wille i m Leben zu bleiben, also, um den bekannteren Ausdruck zu wählen, Erhaltungstrieb. Ist es wahr, daß, wenn der Mensch in sein Inneres blickt, er sich als E r h a l t u n g s t r i e b wahrnimmt? Vielmehr nimmt er nur wahr, daß er immer fühlt, genauer daß er irgend an welchem Organe irgend welche, gewöhnlich ganz unbedeutende Lust- oder Unlustempfindungen hat […]. Aber mit dem Erhaltungstrieb hat diese Thatsache einer fortwährenden Erregtheit und Bemerkbarkeit des Gefühls nichts gemein. Der Erhaltungstrieb oder die Liebe zum Leben ist entweder etwas ganz Bewußtes oder nur ein unklares irreführendes Wort für etwas anderes: daß wir der U n l u s t entgehen wollen, auf alle Weise, und dagegen nach Lust streben. Diese universale Thatsache alles Beseelten ist aber jedenfalls keine erste ursprüngliche Thatsache, wie es Schopenhauer vom Willen zum Leben annimmt: – Unlust fliehen, Lust suchen setzt die Existenz der Erfahrung und diese wieder den Intellekt voraus. – Die Stärke

---

[52] Im Kontext lässt Zarathustra sich vom personifizierten Leben belehren: „„Der traf freilich die Wahrheit nicht, der das Wort nach ihr schoss vom ‚Willen zum Dasein': diesen Willen – giebt es nicht! / Denn: was nicht ist, das kann nicht wollen; was aber im Dasein ist, wie könnte das noch zum Dasein wollen! / Nur, wo Leben ist, da ist auch Wille: aber nicht Wille zum Leben, sondern – so lehre ich's dich – Wille zur Macht! / Vieles ist dem Lebenden höher geschätzt, als Leben selber; doch aus dem Schätzen selber heraus redet – der Wille zur Macht!' –" (ebd., 148 f.).
[53] Vgl. eingehender zu dieser Problematik: Gerhardt, *Vom Willen zur Macht*, 185–187.

der Wollust beweist nicht den Willen zum Leben, sondern den Willen zur Lust. [...] Es ist nicht wahr daß man das Dasein um jeden Preis will [...]. (NL Ende 1876 – Sommer 1877, 23[12], KSA 8, 407 f.)

Aus psychologischer Sicht, nämlich im Hinblick auf die bewusste Selbstwahrnehmung, sieht Nietzsche sich veranlasst, Schopenhauers Willen zum Leben durch „den Willen zur Lust" zu ersetzen: Im Streben nach Lust, und nicht im Bemühen, sich am Leben zu halten, äußere sich die eigentliche Lebendigkeit „alles Beseelten". In der Differenz von Selbsterhaltung und Luststreben ist Volker Gerhardt zufolge derjenige Gegensatz bereits angelegt, der in den 1880er Jahren mit der Konzeption des Willens zur Macht zutage treten wird: „Während die Selbsterhaltung auf das nackte Leben, auf das *bloße Überleben* zielt, intendiert das Streben nach Lustgewinn immer schon eine gewisse *Qualität* des Lebens."[54]

Nietzsche sieht es als einen Grundfehler Schopenhauers an, den Willen wesentlich auf Erhaltung und Beharrung ausgerichtet zu haben, ein Fehler, der durch eine von „Vernunft und Empirie" (NL Frühjahr-Herbst 1881, 11[307], KSA 9, 559) gesättigte Reflexion über die Natur des Willens behoben werden könne. Dass Schopenhauer den Willen unkritisch als ein konservatives Vermögen aufgefasst habe, führt er in einem Notat von 1881 bemerkenswerterweise auf Spinozas Einfluss zurück:

Schopenhauern war wohl ein Gedanke Spinoza's im Herzen hängen geblieben: daß das Wesen jedes Ding's appetitus sei und daß dieser appetitus darin bestehe, im Dasein zu beharren. Dies leuchtete ihm einmal auf und leuchtete ihm so ein, daß er den Vorgang ‚Wille' nie mehr sorgfältig überdacht hat (ebenso wenig wie alle seine Grundbegriffe – er war in Betreff derer ohne Zweifel, weil er ohne rechte Vernunft und Empirie zu ihnen gekommen war). (NL Frühjahr-Herbst 1881, 11[307], KSA 9)

Die über Kuno Fischer vermittelte Rezeption von Spinozas *conatus*-Lehre ermöglicht es Nietzsche 1881, Schopenhauers Willenskonzeption in eine umfassendere Tradition einzuordnen. Das Notat verdeutlicht, dass ihm durch die Fischer-Lektüre erstmals die philosophiegeschichtliche Tragweite seiner Opposition gegen das Selbsterhaltungsprinzip bewusst wird. Nun kann er Schopenhauer in eine Entwicklungslinie einreihen, die die Geschichte der Metaphysik bestimmt hat und gegen die er sich mit dem Willen zur Macht richten wird: die Tradition der Selbsterhaltung als Prinzip des Seienden. Was Nietzsche zufolge in der Philosophie bisher fehlte, war eine gründliche Analyse des Willens; nur die unkritische Übernahme eines „Volks-Vorurtheil[s]" (JGB I, 19, KSA 5, 32) konnte dazu führen, dass man den Willen als Prinzip der Selbsterhaltung bestimmte. Eine Analyse des Willens wird Nietzsche sich mit der Konzeption des Willens zur Macht zum philosophischen Programm machen; detailliert führt er eine solche in *Jenseits von Gut und Böse* 19 durch, wo er zeigt, dass Wollen „vor Allem etwas Complicirtes" (JGB I, 19, KSA 5, 32) zu sein scheint. Dabei beginnt er mit einer

---

54 Gerhardt, *Vom Willen zur Macht*, 136.

Kritik an Schopenhauers Konzeption des Willens als des unmittelbar Bekannten, eine Kritik, die er ausführlicher bereits in der *Fröhlichen Wissenschaft* formuliert hatte:

> Schopenhauer, mit seiner Annahme, dass Alles, was da sei, nur etwas Wollendes sei, hat eine uralte Mythologie auf den Thron gehoben; er scheint nie eine Analyse des Willens versucht zu haben, weil er an die Einfachheit und Unmittelbarkeit alles Wollens g l a u b t e , gleich Jedermann: – während Wollen nur ein so gut eingespielter Mechanismus ist, dass er dem beobachtenden Auge fast entläuft. (FW III, 127, KSA 3, 483)[55]

Nietzsches Strukturanalyse dieses „Mechanismus" ergibt in JGB 19, dass Wollen nur dem Wort nach eine Einheit ist, dem Geschehen nach hingegen eine komplexe Dynamik von „Herrschafts-Verhältnissen" (JGB I, 19, KSA 5, 34), d. h. von Machtverhältnissen, die innerhalb eines Individuums ausgefochten wird: Im vielgliedrigen Prozess des Wollens sind wir „zugleich die Befehlenden u n d Gehorchenden" (JGB I, 19, KSA 5, 32 f.)[56]; wenn das Befehlen gelingt – wenn ein schwächerer Trieb also das von einem stärkeren Trieb Befohlene ausführt –, ist das Ergebnis ein „Zuwachs" an „Machtgefühl[...]" (JGB I, 19, KSA 5, 33). Insofern ist die Dynamik des Wollens für Nietzsche wesentlich an Macht und deren Zuwachs gebunden. Fasst man den Willen wie Schopenhauer als ein einheitliches Vermögen auf, das primär auf Selbsterhaltung zielt, verkennt man den zugleich komplexen und dynamischen Charakter des Wollens, handelt es sich doch um ein in sich vielfältiges Machtgeschehen, das durch eine Tendenz zur Steigerung bestimmt ist. Nietzsche reiht Schopenhauer unter die Philosophen ein, die ein falsches Verständnis des Willens propagiert haben, weil sie von dem Vorurteil nicht loskamen, dass es ontologisch einheitliche Subjekte gebe, die sich durch ihren Willen auf sich selbst zurückbeziehen und sich dadurch selbst erhalten könnten. Der Subjektglaube ist für Nietzsche die Grundlage des konservativen Missverständnisses des Willens, dem Schopenhauer unterlag.

In der Auseinandersetzung mit Schopenhauers Lehre vom Willen zum Leben formuliert Nietzsche bereits Kritikpunkte, die er in den 1880er Jahren im Hinblick auf Spinoza und den zeitgenössischen Darwinismus ausarbeiten und mittels derer er sich von der Tradition des neuzeitlichen Selbsterhaltungsprinzips abgrenzen wird. Dabei wird Nietzsche von dem Gedanken geleitet, dass das Prinzip der Selbsterhaltung dem Grundcharakter des Willens, der auf mehr als das Gegebene abziele, nicht gerecht wird. Der Wille zum Leben ziele als Selbsterhaltungsprinzip auf die Bewahrung eines immer schon Gegebenen ab und gehe insofern von einem rein konservativen Charakter des Willens aus. Weil der Schopenhauersche Wille auf das bloße Überleben ziele, trage er dem Aspekt nicht Rechnung, dass es einem Lebewesen immer auch um eine bestimmte Qualität des Lebens geht. Als Prinzip ist der Wille zum Leben aus Nietzsches Sicht untauglich, weil er als primäres und hauptsächliches Ziel des Wol-

---

55 Vgl. NL 1881, 12[74], KSA 9, 589. Vgl. auch die erwähnte Stelle in JGB I, 19, KSA 5, 31 f.
56 Vgl. JGB I, 19, KSA 5, 32 f., 33: „Bei allem Wollen handelt es sich schlechterdings um Befehlen und Gehorchen, auf der Grundlage [...] eines Gesellschaftsbaus vieler ‚Seelen' [...]".

lens etwas setzt, das meist von selbst gegeben ist und nicht noch gewollt und erstrebt werden muss: die Fortdauer des Daseins. Dabei blendet Nietzsche aus, dass es Schopenhauer nicht um eine Theorie des nackten Überlebens ging, sondern dass er den Aspekt der Machtsteigerung in seine Erhaltungslehre mit integrierte. Nietzsches Kritik an Schopenhauers Willen zum Leben wird um einen weiteren Aspekt gestärkt, nämlich den Einwand, dass es einen Willen als einheitliches Vermögen eines Subjekts gar nicht gebe. Hierin wird bereits deutlich, dass die Kritik am Selbsterhaltungsprinzip bei Nietzsche mit einer Kritik des herkömmlichen Subjektbegriffs zusammenhängt; Nietzsche wird das Selbsterhaltungsprinzip auf der Grundlage eines veränderten Verständnisses lebendiger Individualität verwerfen.

Beide hier genannten Aspekte der Kritik an Schopenhauer wird Nietzsche in seiner Auseinandersetzung mit Spinoza aufnehmen und weiter ausarbeiten. Erst seine gezielte Spinoza-Rezeption von 1881 wird es ihm ermöglichen, die Vorbehalte, die er gegenüber Schopenhauers Willen zum Leben hat, in einen umfassenderen historischen Kontext einzuordnen: Er erkennt, dass sein Unbehagen gegenüber dem Willen zum Leben sich zu einer Opposition gegen die neuzeitliche Tradition des Selbsterhaltungsprinzips ausweiten lässt; gegen diese Tradition, als deren Hauptvertreter er nicht Schopenhauer, sondern Spinoza ansieht, wird Nietzsche seine Konzeption des Willens zur Macht in den 1880er Jahren positionieren. Doch die Auseinandersetzung mit Spinoza hat nicht nur eine Erweiterung von Nietzsches historischem Horizont zur Folge; sie wird auch entscheidend zur inhaltlichen Präzisierung seiner Kritik am Selbsterhaltungsprinzip und damit zur Ausarbeitung der Konzeption des Willens zur Macht beitragen.

4 Wille zur Macht contra Selbsterhaltung? Nietzsche als Kritiker Spinozas in den 1880er Jahren

Als Nietzsche sich im Sommer 1881 Kuno Fischers Spinoza-Studie zuwendet, steht der Machtbegriff in seinem Denken bereits im Spannungsfeld von Selbsterhaltung und Machtsteigerung. In den Schriften der späten 1870er Jahre und in *Morgenröthe* ist die Problematik, die seine Konzeption des Willens zur Macht bestimmen wird, schon *in nuce* angelegt, und in der Auseinandersetzung mit Schopenhauer bahnt sich die Verabschiedung des Selbsterhaltungsprinzips zugunsten eines Prinzips der Machtsteigerung an. Auch der Begriff des Willens zur Macht tritt im Nachlass von 1880/81 bereits einige Male auf.[1] Nietzsches Konzeption des Willens zur Macht, mit der er das neuzeitliche Selbsterhaltungsprinzip in den 1880er Jahren in Frage stellen wird, ist also schon vor seiner näheren Befassung mit Spinoza auf den Weg gebracht worden. Erst die gezielte Spinoza-Rezeption ab 1881 wird es Nietzsche aber ermöglichen, diese Konzeption in Bezug auf das Verhältnis von Selbsterhaltung und Machtsteigerung begrifflich zu präzisieren und dabei kritisch gegen die neuzeitliche philosophische und wissenschaftliche Tradition auszurichten. Im Folgenden soll untersucht werden, welche inhaltlichen Bestimmungen des Willens zur Macht Nietzsche in Auseinandersetzung mit Spinoza entwickelt; dazu werden die wichtigsten Zeugnisse seiner Rezeption und Kritik der spinozanischen Selbsterhaltungstheorie in den Schriften und im Nachlass der 1880er Jahre herangezogen. Zugleich soll dabei verdeutlicht werden, gegen welche philosophischen und wissenschaftlichen Lehren Nietzsche den Willen zur Macht positionieren will und worin er die historische Originalität seiner Machtkonzeption sieht.

Der gedankliche Kontext, in dem Nietzsches Interesse an Spinoza im Frühjahr 1881 entfacht wird, ist durch machttheoretische Überlegungen bestimmt; es ist die Frage nach der Natur menschlicher Macht, die ihn in den Notizen aus dieser Zeit nach der Bedeutung des Eigennutzes, nach der Natur der Triebe und nach der Stellung der Erhaltung, sei es des Einzelnen oder der Art, fragen lässt. Der Gedanke, dass Macht nicht primär eine Dynamik der Erhaltung, sondern eine Dynamik der Steigerung oder Erweiterung impliziert, dass Machtvollzüge mithin kein konservatives, sondern ein expansives und progressives Geschehen sind, nimmt immer deutlichere Gestalt an; entsprechend dringt auch die Kritik am Selbsterhaltungsprinzip in den Vordergrund. Als zentralen Kontrahenten in der Debatte um die Selbsterhaltung wird Nietzsche fortan Spinoza behandeln. Darin zeigt sich nach Volker Gerhardt das „Bedürfnis nach einer adäquaten Konstellation für seine theoretische Gegnerschaft"[2]; in der Tat könne

---
[1] Vgl. NL Sommer 1880, 4[239], KSA 9, 159; NL Ende 1880, 7[206], ebd., 360; NL Winter 1880–81, 9[14], ebd., 412f.
[2] Gerhardt, *Vom Willen zur Macht*, 193.

Nietzsche weder durch seine Kritik an Schopenhauer, noch durch die Auseinandersetzung mit dem Darwinismus (auf die noch einzugehen sein wird), die metaphysische Reichweite seiner Opposition deutlich genug zum Ausdruck bringen, gehe es ihm doch darum, „die Bindung der Selbsterhaltung an Teleologie und Vernunft zu entschleiern und sie damit als Prinzip universellen Stillstands bloßzustellen"[3]. Dabei komme Spinozas Philosophie ihm „in ihrer metaphysischen Anlage des Selbsterhaltungstheorems entgegen", insofern dieses hier „zum Prinzip *aller* lebendigen Bewegung erhoben und direkt mit der Vernunft, mit Gott und Natur, verbunden"[4] sei.

In vier Schritten soll Nietzsches Auseinandersetzung mit Spinozas Selbsterhaltungstheorie im Folgenden untersucht werden. Zunächst geht es um die indirekte Spinoza-Rezeption im Nachlass von 1881, in deren Zusammenhang Nietzsche seine Konzeption lebendiger Individualität von Spinozas rationalistischem Selbsterhaltungsprinzip abgrenzt. Sodann wird gezeigt, wie Nietzsche den Willen zur Macht in *Also sprach Zarathustra* als Prinzip von Machtsteigerung und damit als Gegenentwurf zum neuzeitlichen Selbsterhaltungsprinzip einführt. Im Hinblick auf *Jenseits von Gut und Böse* 13 wird deutlich, dass Nietzsche den primären und prinzipiellen Status der Selbsterhaltung zurückweist und Selbsterhaltung stattdessen als eine Implikation des Willens zur Macht bestimmt. Schließlich kann in Bezug auf *Die Fröhliche Wissenschaft* 349 gezeigt werden, dass das Selbsterhaltungsprinzip für Nietzsche Ausdruck einer Minimalform des Willens zur Macht ist.

4.1 Gegen das rationalistische Selbsterhaltungsprinzip (1881)

Betrachtet man die Exzerpte, die Nietzsche im Sommer 1881 aus Fischers *Geschichte der neuern Philosophie I, 2* entnommen hat, so sieht man, dass er sich für den Zusammenhang zwischen dem Selbsterhaltungsprinzip und der Vernunftkonzeption bei Spinoza besonders interessiert hat. Im Notat 11[193] ist es genauer die Verbindung von Selbsterhaltung, Vernunft und Tugend, die Nietzsche in den Blick nimmt, wenn er die folgenden Sätze Spinozas aus Fischer exzerpiert:

> ex virtute absolute agere = ex ductu rationis agere, vivere, suum Esse conservare. ‚von Grund aus nicht anderes suchen als den e i g e n e n N u t z e n' ‚Niemand strebt um eines anderen Wesens willen das eigene Sein zu erhalten.' ‚Das Streben nach Selbsterhaltung ist die Voraussetzung aller Tugend.' (NL Frühjahr – Herbst 1881, 11[193], KSA 9, 517)[5]

---

[3] Gerhardt, *Vom Willen zur Macht*, 193.
[4] Gerhardt, *Vom Willen zur Macht*, 193.
[5] Ein ausführlicher Nachweis von Nietzsches Exzerpten und Paraphrasen aus Fischers *Geschichte der neuern Philosophie I, 2* in diesem Notat findet sich im Anhang an diese Arbeit (vgl. Anhang II).

Nietzsche hält fest, dass Spinoza das Wesen des Menschen als „Begierde" bestimmt, nämlich als das „Streben", durch das er auf seine Selbsterhaltung ausgerichtet ist:

> [...] ‚Die Begierde ist das Wesen des Menschen selbst, nämlich das Streben, kraft dessen der Mensch in seinem Sein beharren will.' (NL Frühjahr – Herbst 1881, 11[193], KSA 9, 517)

Zu Spinozas naturalistischer Gleichsetzung von Tugend und Macht – und zur Bestimmung beider Begriffe als Fähigkeit zur Selbsterhaltung – notiert sich Nietzsche:

> ‚Jeder ist in dem Grade ohnmächtig als er seinen Nutzen d. h. seine Selbsterhaltung außer Acht läßt.' / ‚Das Streben nach Selbsterhaltung ist die erste und einzige Grundlage der Tugend.' [...] (NL Frühjahr – Herbst 1881, 11[193], KSA 9, 517 f.)[6]

Von Fischer konnte Nietzsche erfahren, dass die Selbsterhaltung nach Spinoza der erste Grundsatz der Vernunft ist; ein Leben unter der Leitung der Vernunft zu führen, bedeute, auf seinen eigenen Nutzen bedacht zu sein, also auf das, was der Erhaltung des eigenen Daseins dient. Vermöge der Vernunft könnten wir erkennen, was unserer Selbsterhaltung dient, und die Vernunft befähige uns auch, es zu verwirklichen – nämlich die gesellschaftliche Einigkeit. In diesem Sinne exzerpiert und paraphrasiert Nietzsche Fischers Ausführungen:[7]

> ‚Die Menschen sind sich gegenseitig am nützlichsten, wenn jeder seinen eigenen Nutzen sucht.' ‚Kein einzelnes Wesen in der Welt ist dem Menschen so nützlich, als der Mensch der nach der Richtschnur seiner Vernunft ex ductu rationis lebt.' / ‚G u t ist alles, was der Erkenntniß wahrhaft dient; s c h l e c h t dagegen alles, was sie hindert.' / Unsere Vernunft ist unsere größte Macht. Sie ist unter allen Gütern das Einzige, das alle gleichmäßig erfreut, das keiner dem anderen beneidet, das jeder dem Anderen wünscht und um so mehr wünscht als er selbst davon hat. – Einig sind die Menschen nur in der Vernunft. Sie können nicht einiger sein als wenn sie vernunftgemäß leben. Sie können nicht mächtiger sein als wenn sie vollkommen übereinstimmen. – Wir leben im Zustande der Übereinstimmung mit Anderen und mit uns selbst jedenfalls mächtiger als in dem des Zwiespalts. Die Leidenschaften entzweien; sie bringen uns in Widerstreit mit den anderen Menschen und mit uns selbst, sie machen uns feindselig nach außen und schwankend nach innen. (NL Frühjahr-Herbst 1881, 11[193], KSA 9, 517)

Was Nietzsche an Spinozas Selbsterhaltungstheorie besonders interessiert, ist deren Verbindung mit einer Auffassung des Menschen als Vernunftwesen. Dabei weist Nietzsche Spinozas Konzeption der Vernunft schon im Kontext seiner Exzerpte von sich, wie sich an einer dezidiert kritischen Glosse ablesen lässt:

---

6 In einem Notat von 1883/84 bestimmt Nietzsche hingegen programmatisch „Tugend als Lust am Widerstande, Wille zur Macht [...]" (NL Winter 1883–84, 24[31], KSA 10, 662).
7 Spinoza-Zitate kennzeichnet Nietzsche in diesem und in den anderen einschlägigen Notaten durch Anführungszeichen; Zitate oder Paraphrasen von Fischer notiert er sich ohne Anführungszeichen; sie lassen sich daher nicht auf den ersten Blick von seinen eigenen Kommentaren, die er in die Notate einstreut, unterscheiden.

> – **ego:** das Alles ist **Vorurtheil.** Es g i e b t gar keine Vernunft der Art, und o h n e Kampf und Leidenschaft wird alles s c h w a c h , Mensch und Gesellschaft. (NL Frühjahr-Herbst 1881, 11[193], KSA 9, 517)[8]

Nietzsche verwirft Spinozas Vernunftkonzeption im Hinblick darauf, dass sie mit „Kampf" und „Leidenschaft" zwei wesentliche Elemente menschlicher Lebendigkeit verdränge. Fischers Darstellung entnahm er, dass Spinoza die Vernunft als Einheit stiftendes Vermögen auffasst, das Frieden zwischen den Menschen und im einzelnen Menschen schafft, indem es dazu befähigt, die Leidenschaften zu überwinden; als dieses Einheit stiftende Vermögen sei die Vernunft unsere „größte Macht". Die menschliche Macht so zu bestimmen bedeutet für Nietzsche, deren Grundcharakter zu verkennen: Machtvollzüge seien nämlich wesentlich an eine agonale Struktur („Kampf") und an ein durch Affektivität bedingtes Erleiden („Leidenschaft") gebunden.

Dass Spinoza mit seiner Vernunftkonzeption genau diese Aspekte aus der menschlichen Wirklichkeit ausblendet, ist aus Nietzsches Sicht symptomatisch dafür, dass er von einer Konzeption des Menschen als wesenhafter *Einheit* ausgeht. Jeder Mensch ist demnach ein in sich einheitliches Selbst, das die Kraft besitzt, sich als solches zu erhalten. Dem Selbsterhaltungsprinzip entspricht nach Nietzsche eine Auffassung des Menschen als je bestimmter, in sich geschlossener und im Wesen unveränderlicher Einheit. Spinozas Selbsterhaltungsprinzip und seine Vernunftkonzeption hängen aus Nietzsches Sicht insofern miteinander zusammen, als sie beide auf einer Ontologie des Menschen beruhen, die diesen als einheitliches, durch allen Wandel hindurch bestehendes Subjekt bestimmt. Genau dies ist es, worauf Nietzsche in einem weiteren Notat vom Sommer 1881 – dem ersten Zeugnis seiner über Fischer vermittelten Spinoza-Rezeption – abzielt. Spinozas Konzeption der Vernunft als Eintracht stiftendes „Centrum" dient ihm dort als Kontrastfolie, vor der er die Lebendigkeit als agonales Geschehen bestimmen kann:

> Die Vernunft! O h n e W i s s e n ist sie etwas ganz Thörichtes, selbst bei den größten Philosophen. Wie phantasirt Spinoza über die Ve r n u n f t! Ein G r u n d i r r t h u m ist der Glaube an die Eintracht und das Fehlen des Kampfes – dies wäre eben Tod! Wo Leben ist, ist eine genossenschaftliche Bildung, wo die Genossen um die Nahrung den Raum kämpfen, wo die schwächeren sich anfügen, kürzer leben, weniger Nachkommen haben: Verschiedenheit herrscht in den kleinsten Dingen, Samenthierchen Eiern – die Gleichheit ist ein großer Wahn. Unzählige Wesen gehen am Kampf zu Grunde, – einige seltne Fälle erhalten sich. – Ob die Vernunft bisher im Ganzen mehr erhalten als zerstört hat, mit ihrer Einbildung, alles zu wissen, den Körper zu kennen, zu ‚wollen' –? Die Centralisation ist gar keine so vollkommene – und die E i n b i l d u n g

---

[8] Mit dem Stichwort „Leidenschaft" bezieht sich Nietzsche auf den Anfang des Notats zurück, wo er den Unterschied zwischen der Erkenntniskonzeption Spinozas und seiner eigenen wie folgt dargestellt hatte: „Spinoza: wir werden nur durch Begierden und Affekte in unserem Handeln bestimmt. Die Erkenntniß muß Affekt sein, um Motiv zu sein. – Ich sage: sie muß L e i d e n s c h a f t sein, um Motiv zu sein" (NL Frühjahr-Herbst 1881, 11[193], KSA 9, 517).

der Vernunft, dies Centrum zu **sein** ist gewiß der größte Mangel dieser Vollkommenheit. (NL Frühjahr-Herbst 1881, 11[132], KSA 9, 490)

Nietzsche setzt der Vernunftkonzeption, die er Spinoza zuschreibt, hier seine eigene Auffassung des Lebens antithetisch entgegen: Gegenüber dem „Glaube[n] an die Eintracht und das Fehlen des Kampfes" betont er den Kampfcharakter des Lebendigen, gegenüber der „Gleichheit" die „Verschiedenheit", die innerhalb jedes Lebewesens herrsche, und gegenüber der vollkommenen eine allenfalls unvollkommene „Centralisation". Seine Kritik an Spinoza ist dabei bestimmt von dem Gedanken, dass jede Einheit erst durch eine Vielzahl antagonistischer Kräfte konstituiert wird; ein Lebewesen sei mithin als „genossenschaftliche Bildung" von Kräften aufzufassen, die nur als miteinander konkurrierende Kräfte zur Einheit fänden. Weil die Einheit eines Organismus nur durch das agonale Kräfteverhältnis seiner einzelnen Teile hergestellt werde, könne die Vernunft keine übergeordnete Instanz im Sinne eines zentralen, die Teile zur Ganzheit organisierenden Vermögens sein.

Das Notat zeugt einerseits von Nietzsches Fischer-Rezeption, andererseits aber auch von seiner Aufnahme der Organismustheorie Wilhelm Roux'. Die Stelle bei Kuno Fischer, auf die Nietzsche sich offenbar bezieht, hat dabei nicht, wie in Nietzsches Notat 11[132], die intra-individuellen, sondern die inter-individuellen Beziehungen zum Gegenstand: „Die Menschen nützen sich gegenseitig am meisten, wenn sie ihre Eintracht befördern, und sie befördern dieselbe am besten, wenn jeder Einzelne nur nach seiner Vernunft handelt."[9] Dagegen ist die intra-individuelle Perspektive des Notats auf Nietzsches Lektüre von Wilhelm Roux' Schrift *Der Kampf der Theile im Organismus. Ein Beitrag zur Vervollständigung der mechanischen Zweckmässigkeitslehre* (1881) zurückzuführen.[10] Darin hatte Roux den Darwinschen „struggle for existence" auf die interne Struktur von Organismen übertragen und im Sinne eines Kampfs von Zellen und Geweben gedeutet. Wie Wolfgang Müller-Lauter gezeigt hat, hat Nietzsche von Roux den Gedanken aufgenommen, dass die Einheit eines Organismus durch eine agonale Kräftekonstellation gestiftet wird und dass die Auffassung, diese Einheit komme durch ein zentrales, leitendes Organ zustande, einer falschen teleologischen Konzeption des Ganzen entspricht.[11] Im vorliegenden Notat ist Nietzsches Bemerkung, „[d]ie Centralisation ist gar keine so vollkommene", ein nahezu

---

9 Fischer, *Geschichte der neuern Philosophie I*, 2, 486; den betreffenden Abschnitt hat Nietzsche im Notat 11[193] (NL Frühjahr-Herbst 1881, KSA 9, 517) exzerpiert.
10 Nietzsche hat die Schrift offenbar im Jahr ihres Erscheinens gelesen, wovon die folgenden Notate zeugen, die zur selben Zeit entstanden wie seine Notate zu Nietzsches Fischer-Lektüre: NL Frühjahr-Herbst 1881, 11[130], KSA 9, 487 f.; 11[131], ebd., 489; 11[134], ebd., 490 ff.; 11[182], ebd., 509 ff.; 11[241], ebd., 532 f.; 11[243], ebd., 533; 11[284], ebd., 550. Ein Exemplar von Roux' Schrift war in Nietzsches Bibliothek enthalten und enthielt laut dem Verzeichnis Rudolf Steiners Randstriche (vgl. Campioni et alii, *Nietzsches persönliche Bibliothek*, 511).
11 Vgl. Müller-Lauter, *Der Organismus als innerer Kampf*.

wörtliches Roux-Zitat,[12] und der Satz, „Verschiedenheit herrscht in den kleinsten Dingen, Samenthierchen Eiern", eine Paraphrase von Roux' Worten.[13] Von seiner Vorlage weicht Nietzsche jedoch ab, indem er den Kampf der Teile im Organismus – bei Roux handelt es sich um „Molekel", „Zellen", „Gewebe" und „Organe"[14] – auf die Vernunft selbst bezieht, die er mithin auf der Ebene leiblicher Kräfte verortet;[15] im Zuge dieser Verleiblichung verliert die Vernunft ihre Stellung als zentrales, das Ganze des Leibes organisierendes Vermögen, und wird zu einer Teilkraft unter anderen im antagonistischen Ganzen des Organismus.[16]

Dieses Notat zeugt insofern davon, dass sich bei Nietzsche ein Übergang vom alten Organismus-Modell zu einer Auffassung des Individuums als Prozess der Kräfte-Organisation vollzieht.[17] Entgegen dem tradierten, von der Stoa überlieferten Organismusmodell, demzufolge die Vernunft als Ursache und organisierendes Zentrum des lebendigen Körpers zu verstehen ist, dessen Teile sie integriert und erhält,[18] fasst Nietzsche die Vernunft nicht mehr als „Centrum" (NL Frühjahr-Herbst 1881, 11[132],

---

[12] Vgl. Roux, *Der Kampf der Theile im Organismus*, 65: „Zunächst ist [...] zu erwähnen, dass selbst in den höchsten Organismen die Centralisation zum Ganzen gar nicht eine so vollkommene, wie man sie sich noch oft vorstellt, nicht derartig ist, dass alle Theile nur in dem Organismus, welchem sie angehören, und nur an der Stelle ihres normalen Sitzes bestehen könnten und somit, vollkommen in Abhängigkeit, nur als Theile des Ganzen in fest normirter Weise zu leben vermöchten".
[13] Vgl Roux, *Der Kampf der Theile im Organismus*, 71: „So ist denn schon jedes Samenthierchen und jedes Ei vom andern unterschieden und, da es das Wesen der Entwickelung ist, aus dem Gleichartigen das Ungleichartige, aus dem Einfachen das Complicirte hervorzubilden, so liegt es dabei besonders nahe, dass durch alterirende äussere Einwirkungen diese Bildungen differenter Qualitäten und Formen etwas abgelenkt und so immer neue Verschiedenheiten unter den Theilen des Organismus hervorgebracht werden".
[14] Vgl. Roux, *Der Kampf der Theile im Organismus*, 72f.
[15] Vgl. NL Frühjahr-Herbst 1881, 11[243], KSA 9, 533: „[...] Die Vernunft ist ein langsam sich entwickelndes Hülfsorgan, was ungeheure Zeiten hindurch glücklicherweise w e n i g Kraft hat, den Menschen zu bestimmen, es arbeitet im D i e n s t e der organischen Triebe, und emancipirt sich langsam zur G l e i c h b e r e c h t i g u n g mit ihnen – so daß Vernunft (Meinung und Wissen) mit den Trieben kämpft, als ein eigener neuer Trieb – und spät, ganz spät z u m Ü b e r g e w i c h t".
[16] Dieser Gedanke lässt sich im Zusammenhang mit der „Vernatürlichung des Menschen" sehen, die Nietzsche im Sommer 1881, zeitgleich mit seiner Kuno Fischer-Lektüre über Spinoza, als seine „Aufgabe" formuliert: „Meine Aufgabe: die Entmenschung der Natur und dann die Vernatürlichung des Menschen, nachdem er den reinen Begriff ‚Natur' gewonnen hat" (NL Frühjahr-Herbst 1881, 11[211], KSA 9, 525). Zur Interpretation von Nietzsches Programm der Vernatürlichung vgl. Bertino, *„Vernatürlichung"*, insb. 36–44. Mit diesem Programm schließt Nietzsche, wie der Autor gezeigt hat, eng an die naturalisierende Anthropologie Spinozas an (vgl. ebd., 26–31); Nietzsches „Vernatürlichung des Menschen" könne als eine radikalisierte Form von Herders „Temporalisierung des Spinozismus" (ebd., 27) angesprochen werden. Bemerkenswert ist vor diesem Hintergrund aber, dass Nietzsche sich in Bezug auf die „Vernatürlichung" nicht auf Spinoza beruft, sondern sich im Notat 11[132] gerade gegen den naturalistischen Philosophen um eine Naturalisierung der Vernunft bemüht, indem er diese mit Roux' Organismustheorie in seine eigene Konzeption des Lebens übersetzt.
[17] Vgl. dazu Abel, *Nietzsche*, 112–120; in dem genannten Übergang liegt dem Autor zufolge „die Pointe von Nietzsches Philosophie des Lebendigen" (ebd., 113).
[18] Vgl. Ballauff, *Organismus*, 1330; vgl. auch Abel, *Nietzsche*, 114 ff.

KSA 9, 490) des Menschen auf, sondern als eine periphere Kraft, die nicht *per se* einheitstiftend ist. Ein fester Mittelpunkt ist in einem Organismus nicht mehr auszumachen, weil sich dessen Einheit über die Beziehungen von gegen- und miteinander kämpfenden Einzelkräften aufbaut; dabei verschiebt sich die Mitte fortwährend, je nachdem, welche Einzelkraft die anderen im beweglichen Ganzen vorübergehend dominiert.[19] In dem Widerstreit von Einzelkräften, die sich zu zeitweiliger Einheit organisieren, geht es, wie Nietzsche im Notat 11[132] schreibt, um „Nahrung" und „Raum", also um Einverleibung und Ausdehnung: Es geht um *mehr* als das Gegebene, um ein Mehr, das in Konkurrenz zu Anderen erfochten und behauptet wird. Die relative Einheitlichkeit eines Organismus beruht dabei auf der temporären Dominanz einer bestimmten Kraft über eine Vielheit anderer Kräfte, die die Teile des Organismus bilden.[20] Zugrunde gelegt wird der Gedanke, dass die einzelnen Triebkräfte eines Organismus auf Machtzuwachs aus sind, eine Tendenz, die sich auf der Ebene des gesamten Organismus wiederholt. Jede einzelne Kraft ist, wie Nietzsche in Anlehnung an Roux schreibt, durch einen „unbegrenzten Aneignungstrieb[...]" (NL Frühjahr-Herbst 1881, 11[134], KSA 9, 490f.) gekennzeichnet, der zum Wachstum und zur Fortpflanzung der Kraft führt; aus diesem Trieb ergibt sich die Tendenz zum Herrschen, die jede Kraft bestimmt, und die sich in Form von „Ausnützung des Schwächeren" und „Wettstreit mit ähnlich Starken" (NL Frühjahr-Herbst 1881, 11[134], KSA 9, 491) äußert; hieraus wiederum lässt sich der Kampf als Grundcharakter des Lebendigen erklären. Organismen bilden sich also durch die Herrschaft stärkerer Kräfte über weniger starke aus; insofern ist ein Organismus nicht im eigentlichen Sinne ein Individuum, das eine wesenhafte und unteilbare Einheit darstellt, sondern, wie sich unter Entfremdung eines von Nietzsche geprägten Begriff sagen ließe, ein „dividuum"[21], also ein Teilbares. Als solches ist der Organismus eine in sich agonale, daher veränderliche und prekäre Einheit, die aufgrund einer Verschiebung interner Kräfteverhältnisse wieder zerfallen kann und deren Teile dann in neue Kräftekonstellationen eintreten.[22] Ein Individuum ist insofern kein Subjekt, das als unverändert bleibendes Wesen lediglich gewisse ihm zukommende Eigenschaften austauscht, sondern es ist nichts anderes als eine Kräfte-Organisation, die eine beständige Neuordnung von Kräften impliziert und damit fortwährend, wenn auch nur in Nuancen, ein neues Individuum schafft.[23]

---

19 Vgl. Müller-Lauter, *Nietzsches Lehre vom Willen zur Macht*, 66.
20 Vgl. dazu Abel, *Nietzsche*, 113.
21 Nietzsche verwendet diesen Begriff nur zweimal im Zusammenhang moralischer Analysen: vgl. MA I, 57, KSA 2, 76; NL Frühjahr 1884, 25[159], KSA 11, 55.
22 Die interne Spannung, die jeden Organismus kennzeichnet, äußert sich auf anderer Ebene auch im Konflikt zwischen dem Interesse der Gemeinschaft und demjenigen ihrer Glieder, ein Konflikt, der sich nach Nietzsche als „Antagonism" zwischen der „Erhöhung und Verstärkung des Typus" und der „Erhöhung und Verstärkung seiner einzelnen Organe und Funktionen" (NL Frühjahr-Herbst 1881, 11[347], KSA 9, 575) vollzieht.
23 Vgl. Christians (*Selbst*, 323), der den Prozess der Neuordnung des Individuums mit Nietzsches Begriff der Selbstüberwindung belegt.

Was mit Nietzsches Kritik an Spinozas Vernunftkonzeption auf dem Spiel steht, ist demnach eine neue Konzeption lebendiger Individualität: Im Gegensatz zur Auffassung des Individuums als wesenhafter und stabiler Einheit, die sich aus sich selbst heraus erhält, beschreibt Nietzsche die Einheit eines Individuums als veränderliche Kräftekonstellation, die vermöge der Spannung von einander widerstrebenden Trieben besteht.[24] Das Streben der einzelnen Triebe nach Machtsteigerung stiftet Einheit, erklärt aber zugleich die Instabilität des Ganzen, die eine *von innen her* bewirkte Auflösung des Individuums als Möglichkeit impliziert. Ein so verstandenes Individuum erhält sich nicht aus sich selbst heraus, sondern geht beständig in einer Weise über sich hinaus, die sein eigenes Ende potentiell mit einschließt. Die innere Dynamik eines solchen Individuums zielt nicht primär auf Selbsterhaltung, sondern auf Auslassung und Steigerung von Macht; sofern sich das Individuum dabei erhält, tut es dies nicht als ein bestimmtes, unveränderliches Selbst, sondern als eine dynamische Kräfte-Organisation: Es erhält sich nicht als ein Selbst im Sinne eines Subjekts, sondern als ein sich beständig selbst übersteigendes ‚Dividuum'.[25]

Das Selbsterhaltungsprinzip relativiert Nietzsche im Nachlass von 1881 noch in einer weiteren Hinsicht. Im bereits zitierten Notat 11[193] hält er diesem Prinzip ein naturgeschichtliches Argument entgegen, mit dem er der Auffassung Spinozas widerspricht, das Streben nach Selbsterhaltung sei „das Wesen des Menschen selbst" (NL Frühjahr–Herbst 1881, 11[193], KSA 9, 517). Spinoza habe nicht berücksichtigt, dass

---

[24] Nietzsches Konzeption des Individuums entspricht in dieser Hinsicht übrigens dem heraklitischen Begriff der „palintropos harmoniè", der ‚gegenwendigen Fügung' oder ‚widerstrebenden Harmonie' (vgl. Diels/Kranz, *Fragmente der Vorsokratiker I*, 162, Fragment B 51; vgl. auch ebd., 153, Fragment B 10); ein Anklang daran findet sich im Gedicht „Heraklitismus" in FW, *Scherz, List und Rache* 41, KSA 3, 362.

[25] In diesem Sinne setzt Nietzsche in JGB 12 zur Kritik der „Seelen-Atomistik" an, womit er „jenen Glauben" bezeichnet, „der die Seele als etwas Unvertilgbares, Ewiges, Untheilbares, als eine Monade, als ein Atomon nimmt" (JGB I, 12, KSA 5, 27). Demgegenüber sei der Weg offen „zu neuen Fassungen und Verfeinerungen der Seelen-Hypothese", bei denen mit Begriffen wie ‚„sterbliche Seele' und ‚Seele als Subjekts-Vielheit' und ‚Seele als Gesellschaftsbau der Triebe und Affekte'" (ebd.) operiert wird. Schon im Nachlass von 1881 und in der Auseinandersetzung mit Spinoza beginnt Nietzsche eine solche neue Fassung der „Seelen-Hypothese" zu erarbeiten. Man kann also in Nietzsche selbst jenen „n e u e [n] Psycholog[en]" (JGB I, 12, KSA 5, 27) sehen, der das Erbe des „Polen Boscovich" (ebd., 26) antritt, indem er nach der „materialistischen Atomistik" (ebd.) auch die Atomistik der Seele widerlegt. (Bošković war, wohlgemerkt, nicht Pole, sondern Kroate; die polnische Herkunft könnte Nietzsche ihm angedichtet haben, weil er sich selbst – als der neue Psychologe, der Boškovićs Erbe antritt – eine polnische Genealogie im Sinne einer *geistigen* Adelsabstammung schaffen wollte (vgl. dazu EH, *Warum ich so weise bin* 3, KSA 6, 268: „Ich bin ein polnischer Edelmann pur sang, dem auch nicht ein Tropfen schlechtes Blut beigemischt ist, am wenigsten deutsches." – eine Aussage, die übrigens ebenso wenig zutrifft wie diejenige über Boškovićs Herkunft.) – Whitlock vertritt die These, dass die Bošković-Rezeption Nietzsche die theoretischen Grundlagen für die Lehren der ewigen Wiederkunft des Gleichen und des Willens zur Macht lieferte; damit hätte Boškovićs Theorie der Kräfte es Nietzsche ermöglicht, Spinozas Pantheismus ‚umzukehren': vgl. Whitlock, *Boscovich, Spinoza and Nietzsche*. Kritisch setzt sich mit Whitlocks Thesen M. Scandella auseinander (vgl. Scandella, *Zur Entstehung einiger Verweise auf Spinoza in Nietzsches Schriften*, 176–179).

sich selbst erhaltende Individuen evolutionär späte Phänomene seien, die auf ursprünglichere, überindividuelle Organisationsformen zurückgingen:

> Dagegen ich: Voregoismus, Heerdentrieb sind älter als das ‚Sich-selbst-erhalten-wollen'. Erst wird der Mensch als Funktion entwickelt: daraus löst sich später wieder das Individuum, indem es als Funktion unzählige Bedingungen des Ganzen, des Organismus, **kennen gelernt** und allmählich sich einverleibt hat. (NL Frühjahr-Herbst 1881, 11[193], KSA 9, 518)

Der Gedanke eines ursprünglichen „Voregoismus" und „Heerdentrieb[es]" geht auf Nietzsches Auseinandersetzung mit Herbert Spencer und John Stuart Mill sowie dem von ihnen beeinflussten Paul Rée zurück.[26] Aus einem darwinistischen und utilitaristischen Kontext stammt hier also Nietzsches Argument gegen Spinoza:[27] Ihm zufolge gibt es Individuen, die sich selbst erhalten wollen, nicht als ursprüngliche Einheiten, sondern diese haben sich im Laufe einer naturgeschichtlichen Entwicklung erst herausgebildet, indem sie sich gegenüber kollektiven Einheiten verselbständigten. Das Interesse an der Erhaltung einer ‚Herde' – und nicht etwa einer Gattung, wie Nietzsche nun wiederum Darwin-kritisch behauptet[28] – ist gegenüber dem Interesse an individueller Selbsterhaltung geschichtlich primär. Sich selbst erhaltende Individuen können daher nicht als ontologisches Faktum, sondern müssen als etwas naturgeschichtlich Gewordenes angesehen werden.[29]

Nietzsches Einwand gegen das Prinzip individueller Selbsterhaltung steht damit seinerseits im Kontext des Organisationsgedankens, den Nietzsche Spinozas Konzeption des Individuums entgegenhält. In der Tat erlaubt es der bereits skizzierte Gedanke der Organisation von Kräften, den Menschen als Teilkraft eines umfassenderen Organismus zu begreifen, aus welchem er sich historisch emanzipiert hat: Bevor er „Individuum" wurde, war er als unselbständiges Glied einer kollektiven Einheit, einer ‚Herde', Teil eines umfassenderen Triebgefüges, und nunmehr stellt er selbst eine solches Triebgefüge dar. Dass der Mensch sich als Individuum selbst erhalten will, ist dadurch zu erklären, dass er als Herdentier gelernt hat, im Dienste der Erhaltung der Herde zu fungieren. Das Selbsterhaltungsstreben ist also das späte Derivat

---

26 Ausführlich und quellenkritisch hat dies M. C. Fornari gezeigt: vgl. Fornari, *Die Entwicklung der Herdenmoral*.
27 Später hingegen wird Nietzsche Spinoza als Ahnherrn des Darwinismus und dessen Selbsterhaltungsprinzip als Vorläufer des Darwinschen „struggle for life" inszenieren: vgl. FW V, 349, KSA 3, 585 f.
28 Vgl. NL Frühjahr 1884, 25[398], KSA 11, 116; es geht also nicht um Erhaltung einer Gattung als einer ontologisch definierten, daher klar abgrenzbaren Einheit, sondern um Erhaltung einer nur relativ einheitlichen, für neue Elemente grundsätzlich offenen Gemeinschaft, nämlich einer Herde.
29 Vgl. Sommer, *Nietzsche's Readings on Spinoza*, 171; der Autor wendet allerdings treffend gegen Nietzsche ein: „[his] historical argument against Spinoza somehow fails to resonate, for Spinoza by no means regards the world as a collection of atomized or monadic individuals. Spinoza could as easily be talking about the will to self-preservation in plants as in human individuals or human collectives. Translated into Spinoza's ontology, Nietzsche's herd would also be striving for self-preservation" (ebd.).

eines älteren Triebes, nämlich jenes „Heerdentrieb[es]", zu dessen „unzählige[n] Bedingungen" auch eine Tendenz zur Erhaltung gehört. Individualität, auf der das Selbsterhaltungsprinzip beruht, ist insofern ein geschichtlich sekundäres Phänomen; auch in der Gegenwart ist die menschliche Individualität nach Nietzsche noch nicht so stark ausgebildet, dass der „nicht individuelle Egoismus" (NL Frühjahr-Herbst 1881, 11[130], KSA 9, 487 f.) sich zurückgebildet hätte.[30] Vor allem aber ist Individualität ein relatives Phänomen: Jedes Individuum ist aus einer komplex organisierten Einheit hervorgegangen und ist selbst eine umfassende, in sich komplex organisierte Einheit;[31] Individuen sind insofern keine wesenhaften Einheiten, keine Subjekte, die sich durch allen Wandel hindurch in ihrer je bestimmten Individualität erhalten.

Zusammenfassend lässt sich im Rückblick auf die beiden analysierten Notate 11[193] und 11[132] vom Sommer 1881 sagen, dass Nietzsche das Selbsterhaltungsprinzip Spinozas in zweierlei Hinsicht kritisiert: Zum Einen richtet er sich gegen dieses Prinzip, weil es mit einer Konzeption menschlicher Individualität zusammenhängt, die aus seiner Sicht dem dynamischen Charakter der Lebendigkeit nicht gerecht wird. Nietzsche zufolge konzipiert Spinoza den Menschen als ein einheitliches, im Wesen unveränderliches Subjekt; für ein solches Subjekt ist das Streben nach Selbsterhaltung deshalb bestimmend, weil sein Subjektcharakter gerade darin besteht, als dasselbe zu überdauern, also zu ‚sein' und nicht zu ‚werden'.[32] Diese Konzeption des Menschen lässt sich mit Nietzsche als Symptom einer Hypertrophie der Vernunft auffassen, weil sich in ihr das Vermögen der Vernunft, Einheit in der Vielheit zu stiften, derart gegen alle Vielheit durchgesetzt hat, dass nur noch Einheit übrig bleibt. Die Kritik an Spinozas Vernunftkonzeption wird zu einem Leitmotiv in Nietzsches Bezugnahmen auf Spinoza in den 1880er Jahren werden.[33] Zum Anderen kritisiert

---

[30] Vgl. NL Frühjahr-Herbst 1881, 11[130], KSA 9, 487 f.: „Unsere Triebe und Leidenschaften sind ungeheure Zeiträume hindurch in Gesellschafts- und Geschlechtsverbänden gezüchtet worden [...]: so sind sie als sociale Triebe und Leidenschaften stärker als als individuelle, auch jetzt noch. [...] – Dieser nicht individuelle Egoismus ist das Ältere, Ursprünglichere; daher so viel Unterordnung, Pietät [...] Gedankenlosigkeit über das eigene Wesen und Wohl, es liegt das Wohl der Gruppe uns mehr am Herzen". Nietzsches Andeutung, der individuelle Egoismus sei ein evolutionär erstrebenswertes Ziel, darf hier aber nicht dahingehend verstanden werden, dass der Eigennutz sich auf die Selbsterhaltung richten solle.
[31] Vgl. NL Frühjahr-Herbst 1881, 11[130], KSA 9, 488: „Die Zelle ist zunächst mehr Glied als Individuum; das Individuum wird im Verlauf der Entwicklung immer complicirter, immer mehr Gliedergruppe, Gesellschaft".
[32] Hier zeichnet sich bereits Nietzsches Verständnis von Selbsterhaltung als Wahrung des *status quo* ab, in Absetzung von einem Verständnis der Selbsterhaltung als Am-Leben-Bleiben, das Veränderung des sich erhaltenden Selbst mit einschließt; darauf wird noch einzugehen sein.
[33] Vgl. FW IV, 333, KSA 3, 558 f.; vgl. auch NL Frühjahr-Sommer 1883, 7[31], KSA 10, 253; NL Herbst 1887, 9[160], KSA 12, 430, sowie 7[4], ebd., 261. – Die Kritik an Spinozas Vernunftkonzeption ist dabei auch als eine historische Diagnose zu verstehen: Spinozas rationalistisches Menschenbild sei symptomatisch dafür, dass die Vernunft in der neuzeitlichen Philosophie ein „Übergewicht" (NL Frühjahr-Herbst 1881, 11[243], KSA 9, 533) erlangt habe, das gerade nicht lebenserhaltend, sondern lebensschädigend sei. Wenn Kuno Fischer Spinoza mit den Worten wiedergeben konnte, „[u]nsere Vernunft ist unsere

Nietzsche Spinozas Selbsterhaltungsprinzip von einem Standpunkt, den man einen entwicklungsgeschichtlichen nennen kann: Ein individuelles Selbst, das sich erhalten will, hat sich demzufolge geschichtlich erst spät entwickelt, während es die meiste Zeit Funktion eines umfassenderen Organismus war; als Individuum ist es selbst wiederum ein umfassender, komplexer Organismus, in dem die Tendenz zur Selbsterhaltung nur sekundär ist. Dieses Argument gegen Spinoza verfolgt Nietzsche in den 1880er Jahren nicht weiter, es findet sich nur im Notat 11[193] und geht nicht in seine veröffentlichten Schriften ein.[34]

Die beiden genannten Aspekte von Nietzsches Kritik an Spinozas Selbsterhaltungsprinzip markieren ein verändertes Verständnis lebendiger Individualität. Dabei geht es um den Gedanken, dass ein Individuum kein ein für alle Mal definiertes, unveränderliches Subjekt ist, das sich als solches zu erhalten sucht, sondern dass jedes Individuum eine von Grund auf veränderliche, in sich komplex organisierte Einheit ist, deren innere Dynamik nicht primär auf Selbsterhaltung, sondern auf Machtzuwachs zielt. Das Bild von Spinoza als Selbsterhaltungstheoretiker, der die

---

größte Macht", so zeigt sich darin nach Nietzsche, dass der Trieb zur Erkenntnis bei Spinoza alle anderen Triebe überwältigt hat (vgl. NL Ende 1886 – Frühjahr 1887, 7[4], KSA 12, 261): „[…] der spezifische ‚Denker' verräth sich. Die Erkenntniß wird Herr über alle anderen Affekte; sie ist stärker […]"). Nietzsche relativiert diese Diagnose zugleich, indem er feststellt, dass die Zentralität der Vernunft gar keine so vollkommene sei, wie der tyrannisch gewordene Erkenntnistrieb es glauben lassen wolle (vgl. NL Frühjahr-Herbst 1881, 11[132], KSA 9, 490; vgl. auch Nietzsches Analyse des Bewusstseins in FW I, 11, KSA 3, 382f., die sich gleichermaßen auf die Vernunft anwenden lässt); in einer wirklich zentralen Stellung hätte die Vernunft den Menschen längst zugrunde gerichtet (vgl. NL Frühjahr-Herbst 1881, 11[243], KSA 9, 533: „Sonderbar: das worauf der Mensch am stolzesten ist, seine Selbstregulirung durch die Vernunft, wird ebenfalls von dem niedrigsten Organism geleistet, und besser, zuverlässiger! Das Handeln nach Zwecken ist aber thatsächlich nur der allergeringste Theil unserer Selbstregulirung: handelte die Menschheit wirklich nach ihrer Vernunft d. h. nach der Grundlage ihres Meinens und Wissens, so wäre sie längst zu Grunde gegangen […]"). Mit seinem Programm der „Vernatürlichung" zielt Nietzsche vor diesem Hintergrund darauf ab, die Vernunft als einen Trieb unter anderen wieder im organisierten Ganzen des Leibes zu verorten. (Dass die programmatische Vernatürlichung der Vernunft einer Verleiblichung der Vernunft gleichkommt, zeigt sich auch in *Also sprach Zarathustra*, wo Zarathustra die vernunftbegabte Seele als ein „Etwas am Leibe" bezeichnet, eine „kleine Vernunft", die der „grosse[n] Vernunft" des Leibes als bloße Funktion diene; den Leib zeichnet dort dieselbe antagonistische Struktur aus, die Nietzsche im Nachlass in Bezug auf den Organismus ausgearbeitet hatte: Der Leib sei „eine grosse Vernunft, eine Vielheit mit Einem Sinne, ein Krieg und ein Frieden, eine Heerde und ein Hirt" (Za I, *Von den Verächtern des Leibes*, KSA 4, 39).)

34 A. U. Sommer stellt fest, dass Nietzsches herdengeschichtliches Argument Spinozas Selbsterhaltungsprinzip nicht recht trifft, weil dieses Prinzip bei Spinoza nicht nur für einzelne Individuen, sondern auch für kollektive Individuen wie ‚Herden' gilt; dass auch Nietzsche dies gesehen hat, könnte erklären, weshalb er den oben zitierten Einwand gegen Spinoza nicht in seine Schriften übernimmt (vgl. Sommer, *Nietzsche's Readings on Spinoza*, 171). Dem lässt sich allgemein hinzufügen, dass Spinozas Begriff der Individualität sehr weit gefasst ist, insofern jede Art von relativ einheitlichem Compositum nach ihm als Individuum bezeichnet werden kann. Andererseits muss man Nietzsche (gegen Sommer) zugute halten, dass sein Gewährsmann Fischer den Gedanken individueller Selbsterhaltung bei Spinoza betont und den Aspekt kollektiver Selbsterhaltung eher vernachlässigt; insofern lässt sich Nietzsches Kritik zumindest vor dem Hintergrund seiner Fischer-Lektüre nachvollziehen.

Vernunft als einheitstiftendes Vermögen zu „unsere[r] größte[n] Macht" (NL Frühjahr-Herbst 1881, 11[193], KSA 9, 517) erklärt, kraft derer wir uns als selbst-identische Subjekte erhalten, erlaubt es Nietzsche, sein Modell der Organisation von Kräften kontrastiv auszuarbeiten und kritisch zu profilieren: Spinozas Konzeption der Vernunft als Einheit stiftendes „Centrum" (NL Frühjahr-Herbst 1881, 11[132], KSA 9, 490) dient ihm als Kontrastfolie, vor der er seine eigene Konzeption von Individualität herausarbeiten kann. Der Selbsterhaltungstheoretiker Spinoza, den Nietzsche aus Fischers Abhandlung extrahiert, dient Nietzsche dazu, seine eigene Konzeption menschlicher Individualität in Abhebung von einer durch Spinoza repräsentierten philosophischen Tradition auszuarbeiten. Bemerkenswert ist an Nietzsches Notizen von 1881 zu Spinozas Selbsterhaltungstheorem aber nicht nur, was Nietzsche aus Fischers Buch festhält, sondern gerade, was er nicht festhält. In den von Nietzsche exzerpierten Abschnitten betont Fischer, dass Selbsterhaltung bei Spinoza an eine Dynamik von Erhaltung *und* Steigerung der eigenen Macht gebunden ist, und zeigt damit in aller Deutlichkeit, dass das Prinzip im Kontext eines dynamischen Machtbegriffs steht.[35] Bei Fischer konnte Nietzsche etwa lesen: „Die Grundform aller Begierden ist das Streben nach Selbsterhaltung: der Wille, unsere Macht zu erhalten und zu vermehren."[36] Anstatt im Motiv der Machtsteigerung die Nähe zu seinem eigenen Machtverständnis zu begrüßen, blendet Nietzsche die Thematik der Macht und ihrer Steigerung aus seinem Spinoza-Bild 1881 gänzlich aus. Auch auf der Postkarte an Overbeck erwähnt er dieses Motiv nicht unter den Gemeinsamkeiten, obwohl gerade hier die Gemeinsamkeit offenkundig scheint.[37] Nach den Gründen für diese Ausblendung wird noch zu fragen sein. Dass Nietzsche mit ihr ein bestimmtes Interesse verfolgt, zeichnet sich schon im Nachlass von 1881 ab – denn schon dort kündigt sich die Antithese von Selbsterhaltung und Machtsteigerung, auf der Nietzsche seine Gegenstellung zu Spinoza aufbauen wird, an. Diese Antithese wird Nietzsches Kritik an Spinozas Selbsterhaltungsprinzip fortan bestimmen.

4.2 Die sekundäre Stellung der Selbsterhaltung (*Also sprach Zarathustra*)

Als der Begriff des Willens zur Macht 1883 in *Also sprach Zarathustra* erstmals in Nietzsches veröffentlichtes Werk eingeht, steht er sogleich im Zeichen der genannten Antithese. Zwar bezieht sich Nietzsche aufgrund des fiktionalen Charakters der Schrift nicht auf historische Exponenten des Selbsterhaltungsprinzips, doch steht Spinoza, ebenso wie Schopenhauer, in der Rede „Von der Selbst-Ueberwindung" ungenannt im Hintergrund. In dieser Rede lässt Nietzsche die Kunstfigur Zarathustra mitteilen, dass

---

35 Vgl. dazu ausführlich und quellennah das nachfolgende Kapitel zu Nietzsches indirekter Rezeption von Spinozas *conatus*-Lehre.
36 Fischer, *Geschichte der neuern Philosophie I, 2*, 483.
37 Vgl. dazu: Sommer, *Nietzsche's Readings on Spinoza*, 172.

alles Lebendige durch einen Willen zur Macht gekennzeichnet sei, aufgrund dessen es Herrschaft über Anderes gewinnen wolle. Gegenüber diesem Streben nach Herrschaft sei die Erhaltung des eigenen Selbst sekundär, weshalb, wie Zarathustra ausführt, um der Macht willen das eigene Leben aufs Spiel gesetzt werden könne. Dabei klingen die Worte Zarathustras an Nietzsches nachgelassene Überlegungen zum Individuum als Kräfte-Organisation an; diese Überlegungen bilden in der Tat den gedanklichen Hintergrund, vor dem der Begriff des Willens zur Macht in *Also sprach Zarathustra* auftritt. Zarathustra spricht:

> Wo ich Lebendiges fand, da fand ich Willen zur Macht; und noch im Willen des Dienenden fand ich den Willen, Herr zu sein. / Dass dem Stärkeren diene das Schwächere, dazu überredet es sein Wille, der über noch Schwächeres Herr sein will: dieser Lust allein mag es nicht entraten. / Und wie das Kleinere sich dem Grösseren hingiebt, dass es Lust und Macht am Kleinsten habe: also giebt sich auch das Grösste noch hin und setzt um der Macht willen – das Leben dran. / Das ist die Hingebung des Grössten, dass es Wagniss ist und Gefahr und um den Tod ein Würfelspielen. (Za II, *Von der Selbst-Ueberwindung*, KSA 4, 147 f.)

Vom Willen zur Macht wird hier in der Bedeutung eines Strebens nach Herrschaft gesprochen; dabei wird nicht nur Dominanz, sondern gerade auch Unterwerfung im Sinne des Strebens gedeutet, „Herr zu sein". Die sich in Herrschaftsbeziehungen verwirklichende Dynamik des Willens zur Macht wird dabei vom Selbsterhaltungsprinzip abgegrenzt: Gegenüber dem Verlangen, über Anderes (oder sich selbst) zu herrschen, ist diesem Text zufolge die Erhaltung des eigenen Lebens sekundär. Das zeigt sich im Falle des „Grössten" oder Mächtigsten, welches sein Machtstreben so weit ausdehnt, dass es dazu bereit ist, sein eigenes Leben einem vorgestellten Machtgewinn zu opfern. Dass Machtgewinn und Selbsterhaltung in Opposition zueinander geraten und die Selbsterhaltung einem (sei es auch nur projizierten) Machtgewinn geopfert wird, ist jedoch als ein Sonderfall anzusehen: Es ist der Fall des „Grössten", welches das Herrschaftsverhältnis zwischen ‚Grösserem' und ‚Kleinerem' als ein ihm selbst *internes* Herrschaftsverhältnis realisiert, nämlich so, dass es Macht über sein eigenes Leben ergreift. Das „Grösste" ist dadurch ausgezeichnet, dass es sein Machtstreben realisiert, indem es sein eigenes Leben zu jenem ‚Kleineren' macht, über das es herrscht; dies bedeutet, dass, wie sich Zarathustras Rede entnehmen lässt, das „Grösste" dazu bereit ist, für einen Gewinn an Machtgefühl sogar sein eigenes Leben zu opfern. Zieht man die Rede „Vom freien Tode" aus dem ersten Teil von *Also sprach Zarathustra* heran, so wird deutlich, dass Zarathustra nicht nur ein (instrumentelles) Riskieren des eigenen Lebens zu einem höheren Zweck im Sinn hat, sondern dass er als höchste Realisierungsform des Willens zur Macht die *Selbsttötung* versteht. „[N]och ist der Tod kein Fest", heißt es dort, „[n]och erlernten die Menschen nicht, wie man die schönsten Feste weiht." (Za I, *Vom freien Tode*, KSA 4, 93). In einer als Ideal aufgestellten Festkultur des Sterbens wäre der Suizid die höchste Realisierungsform eines Willens zur Macht, insofern ein Mensch im Suizid seine gestalterisch-schöpferische Kraft auf das Äußerste, nämlich auf seinen eigenen Tod ausdehnt. Einen solchen „vollbringenden Tod" (Za I, *Vom freien Tode*, KSA 4, 93), der auf dem Höhepunkt des Lebens vollzogen werde, bezeichnet Zarathustra als die beste Art zu sterben; die zweitbeste Art des Todes bestehe darin, „im Kampfe zu sterben und eine grosse Seele zu verschwenden" (Za I, *Vom freien Tode*, KSA 4, 93). Beiden Todesarten ist gemeinsam, dass das Individuum sich selbst durch sie zum Herrn über sein Leben macht und gerade nicht den Tod den „Herr[n]" sein lässt, indem es ihn „wie einen Dieb" (Za I, *Vom freien Tode*, KSA 4, 93) heranschleichen lässt. In beiden Todesarten wird das eigene Leben einem Zuwachs an Machtgefühl geopfert, welcher darin besteht, sich von seinem Tod „Ruhm" (Za I, *Vom freien Tode*, KSA 4, 94) oder einen andersartigen Gewinn zu versprechen. In beiden Fällen geht es um einen solchen Prozess der Selbst-Überwindung, den Zarathustra in der entsprechend betitelten Rede beschreibt. Vom personifizierten Leben, dessen Worte Zarathustra wiedergibt, wird die Selbst-Überwindung dort als sein „Geheimniss" beschrieben:

> Und diess Geheimniss redete das Leben selber zu mir. ‚Siehe, sprach es, ich bin das, w a s s i c h i m m e r s e l b e r ü b e r w i n d e n m u s s.' / ‚Freilich, ihr heisst es Wille zur Zeugung oder Trieb zum Zwecke, zum Höheren, Ferneren, Vielfacheren: aber all diess ist Eins und Ein Geheimniss. / ‚Lieber noch gehe ich unter, als dass ich diesem Einen absagte; und wahrlich, wo es Untergang giebt und Blätterfallen, siehe, da opfert sich Leben – um Macht! (Za I, *Vom freien Tode*, KSA 4, 94)

Nietzsches Zarathustra lässt das personifizierte Leben seine eigene Aufhebung thematisieren, wodurch die theoretische Negation des Selbsterhaltungsprinzips als Selbstaufhebungsfigur des Lebens rhetorisch in Szene gesetzt wird. Die Selbstaufhebung wird dabei nur als Sonderfall jener Dynamik der Selbst-Überwindung verstanden, die alles Lebendige bestimmt; kennzeichnend ist für diese Dynamik das fortwährende Hinter-sich-Lassen des Erreichten um des Machtgewinns willen.[38] Die Erhaltung des Lebens kann im Hinblick auf diese Dynamik der Selbst-Überwindung nicht bestimmend sein, weil Leben nur am Maßstab der Macht überhaupt eine Wertschätzung erfährt. Tritt die Aussicht auf Machtgewinn mit den Erhaltungsbedingungen des Lebens in Konflikt, so ist ein Lebendiges bereit, sich als das, was es ist, dem – über sein Leben hinaus projizierten – Machtstreben zu opfern.

In Bezug auf die Selbsterhaltung lässt sich schließen, dass sie ihre Stellung als Prinzip in *Also sprach Zarathustra* längst eingebüßt hat. Die beiden betrachteten Reden Zarathustras zeugen dabei hinsichtlich des Stellenwerts der Selbsterhaltung von einer bemerkenswerten Spannung: Während die Rede „Von der Selbst-Ueberwindung" die Opferung des eigenen Lebens als seltenen Sonderfall darstellt, die Selbsterhaltung hingegen als Regelfall impliziert, eröffnete die Rede „Vom freien Tode" im ersten Buch die Perspektive, dass Selbsttötung in einer künftigen Kultur des Sterbens zur üblichen Todesart werden sollte.[39] Beide Standpunkte lassen sich miteinander verbinden, wenn man sieht, dass hier ein historischer Tatbestand – demgemäß

---

38 Eingehender dazu: Conway, *Life and Self-Overcoming*.
39 Vgl. dazu auch NL Frühjahr-Herbst 1881, 11[82], KSA 9, 472: „[...] Der Selbstmord als übliche Todesart: neuer Stolz des Menschen, der sich sein Ende setzt und eine neue F e s t f e i e r erfindet – das Ableben".

Selbsterhaltung auf der jetzigen kulturellen Entwicklungsstufe der Menschheit in Machtprozesse meist impliziert sei – einem künftig erst zu realisierenden Ideal des Menschen gegenübersteht, demzufolge die Selbsterhaltung gegenüber dem Streben nach Macht an Wert verlieren solle.

4.3 Selbsterhaltung als Implikation des Willens zur Macht (*Jenseits von Gut und Böse* 13)

Der Gedanke, dass Selbsterhaltung kein primäres und fundamentales, sondern nur ein sekundäres Moment von Lebendigkeit sei, wird von Nietzsche in den Jahren nach *Also sprach Zarathustra* II weiter verfolgt; davon zeugen zunächst mehrere Notate, die zwischen 1884 und 1885/86 entstanden sind. Selbsterhaltung will Nietzsche nun nur noch als Konsequenz eines grundlegenderen Strebens nach Auslassung von Kraft gelten lassen, wie das Notat 26[277] verdeutlicht: „Gegen den Erhaltungs-Trieb als radikalen Trieb: vielmehr will das Lebendige seine Kraft auslassen – es ‚will' und ‚muß' (beide Worte wiegen mir gleich!): die Erhaltung ist nur eine Consequenz." (NL Sommer-Herbst 1884, 26[277], KSA 11, 222f.). Diesen Gedanken führt Nietzsche in einem weiteren Notat interessanterweise auf die Wirkungsgeschichte Spinozas zurück: „‚Selbst-Erhaltung' nur Nebenfolge, nicht Ziel! Spinoza's Nachwirkung!" (NL Sommer-Herbst 1884, 26[313], KSA 11, 233). Ob er hierfür eine Quelle hatte oder ob es sich um eine selbständige Überlegung handelt, bleibt unklar. Inwiefern der sekundäre Charakter der Selbsterhaltung als Nachwirkung Spinozas verstanden werden könnte, lässt sich jedenfalls dem folgenden, 1885/86 entstandenen Notat entnehmen:

> Die Physiologen sollten sich besinnen, den Erhaltungstrieb als kardinalen Trieb eines organischen Wesens anzusetzen: vor allem will etwas Lebendiges seine Kraft auslassen: die ‚Erhaltung' ist nur eine der Consequenzen davon. – Vorsicht vor überflüssigen teleologischen Principien! Und dahin gehört der ganze Begriff ‚Erhaltungstrieb'. (NL Herbst 1885 – Herbst 1886, 2[63], KSA 12, 89)[40]

Mit dem Zusatz, den Nietzsche hiermit seinen Überlegungen aus dem Notat 26[277] anfügt, verdeutlicht er, dass die Selbsterhaltung als ein überflüssiges teleologisches Prinzip zu verstehen sei. Es liegt also nahe, die Nachwirkung Spinozas, den Nietzsche als Kritiker und Zerstörer der Teleologie kannte,[41] darin zu sehen, dass die Selbsterhaltung aufgrund ihres teleologischen Charakters als Prinzip unglaubwürdig geworden sei. Nicht die Zentralität des Selbsterhaltungsprinzips für die Philosophie, son-

---

[40] Montinari identifiziert in seinem Kommentar keine der beiden Vorstufen; Rupschus und Stegmaier benennen sie zwar, übergehen aber das Notat 26[313] von 1884, das eine wichtige Grundlage für Nietzsches Spinoza-Deutung in JGB 13 liefert.
[41] Vgl. NL Frühjahr-Herbst 1881, 11[137], KSA 9, 493, sowie 11[194], ebd., 519. Beide Notate beziehen sich auf Fischers *Geschichte der neuern Philosophie I, 2*.

dern gerade die Aufhebung dieses Prinzips aufgrund seiner Teleologiekritik wäre dann paradoxerweise als Spinozas Nachwirkung anzusehen.

Dieser Gedanke geht in den 13. Aphorismus von *Jenseits von Gut und Böse* ein, in den Nietzsche 1886 die drei obigen Notate als Vorstufen einfließen lässt. In diesem kurzen, aber für die Geschichte des Selbsterhaltungsgedankens überaus bedeutenden Text setzt Nietzsche seinen Begriff des Lebens als Willen zur Macht dem auf Spinoza zurückgeführten „Selbsterhaltungstrieb" entgegen:

> Die Physiologen sollten sich besinnen, den Selbsterhaltungstrieb als kardinalen Trieb eines organischen Wesens anzusetzen. Vor Allem will etwas Lebendiges seine Kraft a u s l a s s e n – Leben selbst ist Wille zur Macht –: die Selbsterhaltung ist nur eine der indirekten und häufigsten F o l g e n davon. – Kurz, hier wie überall, Vorsicht vor ü b e r f l ü s s i g e n teleologischen Principien! – wie ein solches der Selbsterhaltungstrieb ist (man dankt ihn der Inconsequenz Spinoza's –). So nämlich gebietet es die Methode, die wesentlich Principien-Sparsamkeit sein muss. (JGB I, 13, KSA 5, 27 f.)

Der Aphorismus, der für Nietzsches Auseinandersetzung mit dem neuzeitlichen Selbsterhaltungsprinzip zentral ist, verdient eine besonders ausführliche Interpretation. In ihm kritisiert Nietzsche den „Selbsterhaltungstrieb", der von nicht namentlich genannten „Physiologen" vertreten werde, in zweierlei Hinsicht. Zum Einen sieht er in diesem Trieb eine unzutreffende Grundbestimmung des Lebendigen und ordnet ihn stattdessen einer umfassenderen, die Selbsterhaltung in sich begreifenden Bestimmung des Lebens unter, nämlich dem „Willen zur Macht". Als Wille zur Macht sei das Leben durch ein Auslassenwollen von Kraft gekennzeichnet, während Selbsterhaltung nur eine indirekte Konsequenz, wenn auch eine der häufigsten, dieser Dynamik des Kraftauslassens sei. Zum Anderen bemerkt Nietzsche, dass der Selbsterhaltungstrieb ein überflüssiges teleologisches Prinzip sei, welches sich, wie er scheinbar beiläufig hinzufügt, der Inkonsequenz Spinozas verdanke; auf der Grundlage eines methodologischen Prinzipien-Minimalismus müsse man es fallen lassen.

Betrachtet man den Text im Vergleich zu seinen Vorstufen, so lässt sich beobachten, dass Nietzsche hier den Satz „Leben selbst ist Wille zur Macht" eingeschoben und damit jenen zentralen Begriff ins Spiel gebracht hat, mit dem er das neuzeitliche Selbsterhaltungsprinzip ersetzen will; als entsprechenden philosophischen Gegner hat er Spinoza inszeniert. Nicht dieser ist aber der Hauptadressat des Textes, sondern „[d]ie Physiologen", die Nietzsche gleichwohl nicht explizit benennt. Zunächst ist daher der Frage nachzugehen, wer „[d]ie Physiologen" sind. Im Aphorismus 14 gibt Nietzsche dem Leser einen Wink, wenn er ausführt, dass

> [...] eine andre Art G e n u s s in dieser Welt-Überwältigung und Welt-Auslegung nach der Manier des Plato [war], als der es ist, welchen uns die Physiker von Heute anbieten, insgleichen die Darwinisten und Antiteleologen unter den physiologischen Arbeitern, mit ihrem Princip der ‚kleinstmöglichen Kraft' und der grösstmöglichen Dummheit. (JGB I, 14, KSA 5, 28)

Da die Stichworte ‚Teleologie' und ‚Physiologen' hier wieder aufgenommen werden, lässt sich dieser Passus als Kommentar zum 13. Aphorismus lesen; die nun zu „physiologischen Arbeitern" degradierten „Physiologen" von JGB 13 können dementsprechend als „Darwinisten" und „Antiteleologen" verstanden werden. Offenbar handelt es sich dabei also um zeitgenössische Wissenschaftler – sie werden in der Tat zusammen mit den „Physiker[n] von Heute" genannt –; zu denken wäre an Zeitgenossen Nietzsches, die dem antiteleologischen Geist des Darwinismus verpflichtet waren – allen voran Herbert Spencer und Ernst Haeckel – die Nietzsche wiederholt attackiert, aber auch an Darwin selbst. Der 13. Aphorismus lässt sich vor diesem Hintergrund als Kritik an den verkappten teleologischen Grundannahmen des Darwinismus lesen: Indem sie von einem „Selbsterhaltungstrieb" als Prinzip des Lebendigen ausgehen, setzen die Darwinisten – entgegen ihrem eigenen antiteleologischen Anspruch – uneingestanden ein teleologisches Denken fort; sie werden ihren eigenen Grundsätzen gegenüber also inkonsequent. Dabei liegt eine besondere Ironie darin, dass Nietzsche diese Inkonsequenz auf eine Nachwirkung Spinozas zurückführt, also eines metaphysischen Denkers, auf den die Darwinisten sich selbst kaum berufen.[42]

Die Kritik an den „Physiologen" steht im Kontext einer Gegen-Physiologie, die Nietzsche im ersten Hauptstück von *Jenseits von Gut und Böse* entwirft und die er auf den Begriff des Willens zur Macht bezieht. Der Begriff der „Physiologie" kehrt ab dem 12. Aphorismus häufig wieder, um dann im letzten Aphorismus des Hauptstücks auf eine „eigentliche Physio-Psychologie" (JGB I, 23, KSA 5, 38) hinausgeführt zu werden, also auf eine Psychologie, die physiologisch begründet ist; die Pointe einer solchen Physio-Psychologie liegt für Nietzsche darin, Psychologie „als Morphologie und **Entwicklungslehre des Willens zur Macht** zu fassen" (JGB I, 23, KSA 5, 38) wie er selbst sie in der Tat fasse. Damit stellt er seine Gegen-Physiologie auf die Grundlage des Willens zur Macht-Gedankens und setzt sie eben darin jenen zeitgenössischen Wissenschaften entgegen, die noch immer dem (teleologischen) Selbsterhaltungsprinzip verhaftet seien.[43]

In JGB 13 ist dementsprechend der Gegensatz von Selbsterhaltung und Willen zur Macht das Bestimmende. Gegenüber den Physiologen, die „den Selbsterhaltungstrieb als kardinalen Trieb" eines Lebewesens ansetzen, behauptet Nietzsche, dass ein Le-

---

[42] Lediglich Ernst Haeckel bezieht sich höchst anerkennend auf Spinozas Monismus (vgl. ders.: *Die Welträthsel. Gemeinverständliche Studien über Monistische Philosophie*, 4. unveränderte Aufl., Bonn 1900, 23, 249, 335, 383 u. ö.), jedoch nicht auf dessen Selbsterhaltungstheorie.

[43] In JGB VII legt Nietzsche nahe, dass „die Physiologen", die er in JGB I, 13 für ihre teleologische Annahme des Selbsterhaltungsprinzips kritisiert hatte, eigentlich selbst bereits Physiologie als Entwicklungslehre des Willens zur Macht betreiben. Vgl. ebd., 230, KSA 5, 167; vgl. auch JGB VII, 231, ebd., 170: „Das Lernen verwandelt uns, es thut Das, was alle Ernährung thut, die auch nicht bloss ‚erhält' –: wie der Physiologe weiss". Insofern scheint Nietzsche nahezulegen, dass die Physiologen das Selbsterhaltungsprinzip nur noch nicht abgeschüttelt haben, obwohl sie längst von einem anderen Grundsatz ausgehen – er deutet an, dass sie mit ihren theoretischen Annahmen gegenüber ihrer eigenen wissenschaftlichen Praxis inkonsequent seien – und zwar aus dem Grund, dass sie sich von Spinozas Nachwirkung noch nicht befreit hätten.

bewesen vor allem „seine Kraft a u s l a s s e n" wolle, und verbindet diese Aussage mit der Bestimmung des Lebens als Willen zur Macht. Damit liefert er hier gegenüber *Also sprach Zarathustra* eine weitere Charakterisierung des Willens zur Macht: Während er diesen dort als Dynamik der Selbst-Überwindung bestimmt hatte, gibt er ihn nun als ein Auslassenwollen von Kraft zu verstehen. Das Auslassen im Sinne eines Freilassens von angestautem Kraftpotential bezeichnet dabei seinerseits eine Bewegung des Über-sich-hinaus-Gehens und wird in ebendieser Bedeutung dem Trieb zur Selbsterhaltung entgegengesetzt.

Was Nietzsche unter Auslassung von Kraft genauer versteht, lässt sich vor dem Hintergrund seiner Rezeption der Erhaltungs- und Auslösungskausalität des Physikers Julius Robert Mayer (1814–1878) interpretieren.[44] Der Gedanke, dass „etwas Lebendiges" vor allem seine Kraft auslassen wolle, steht in der Tat im Kontext von Nietzsches Rezeption des Mayerschen Auslösungsbegriffs, den er in der Schrift *Ueber Auslösung* (1876)[45] im Frühjahr 1881 kennenlernte, also unmittelbar vor seiner näheren Beschäftigung mit Spinoza.[46] Mayer war für Nietzsche u. a. insofern von Interesse, als er mit seiner Theorie der Auslösungskausalität die Grenzen des physikalischen Erhaltungsgrundsatzes aufgewiesen hatte; er bot Nietzsche damit eine naturwissenschaftliche Grundlage, um den Willen zur Macht als Kraft-Auslassungs-Geschehen gegen das neuzeitliche Selbsterhaltungsprinzip positionieren zu können. Es ist bezeichnend für Nietzsches Interessenlage, dass er sich 1881 zunächst für Mayers Kritik des Erhaltungsgedankens und dann für Spinozas Begründung der Selbsterhaltung als ontologisches Prinzip interessiert hat.

Mayer hatte die Erklärungskraft des physikalischen Erhaltungsgrundsatzes, nach dem die Energie einer Ursache der Energie ihrer Wirkung äquivalent sein muss, insofern relativiert, als dieser Grundsatz ungeeignet sei, Phänomene zu erklären, bei denen verhältnismäßig kleine Ursachen verhältnismäßig große Wirkungen hervorbringen; zu denken wäre an eine Sprengstoffexplosion, die durch einen in ein Pulverfass fallenden Funken ausgelöst wird, oder an die Entzündung eines Brandes durch ein Streichholz. Phänomene wie diese können Mayer zufolge durch die mechanische Erhaltungskausalität, mit ihrem Grundsatz „causa aequat effectum", nicht erklärt werden, da die Größe der Ursache gegenüber der Größe ihrer Wirkung verschwindend gering ist; man müsse hierfür eine andere Form von Kausalität annehmen, bei der Energie sich nicht erhält, sondern durch eine Auslösung erst entladen wird. Mit seiner Theorie der Auslösungskausalität versuchte Mayer, Kausalrelationen wie diejenige

---

[44] Für das Folgende vgl.: Abel, *Nietzsche*, 43–49; ders., *Nietzsche contra Selbsterhaltung*, 369 f. Dem Autor zufolge ist Nietzsches Stellung zum Selbsterhaltungsprinzip Anfang der 1880er Jahre hauptsächlich durch drei Komponenten bestimmt: Die Kritik am Darwinismus, die Rezeption der Erhaltungs- und Auslösungskausalität J. R. Mayers und die Auseinandersetzung mit Spinoza (vgl. ders., *Nietzsche*, 39). Zu Nietzsches Aufnahme von Mayers Theorie der Auslösungskausalität vgl. auch Mittasch, *Nietzsche als Naturphilosoph*, 110–127, 138–147.
[45] In: Mayer, J[ulius] R[obert]: *Die Torricellische Leere und über Auslösung*, Stuttgart 1876, 9–16.
[46] Vgl. Abel, *Nietzsche*, 49.

von Funke und Explosion zu erklären.⁴⁷ Damit gerieten Phänomene in den Blick, in denen Kraftpotentiale wirksam sind, die erst durch einen Anstoß, eine „Auslösung", in einen Prozess übergehen. Für Nietzsche war es von Interesse, dass sich dabei ein gegenüber dem Erhaltungsgrundsatz neues Verständnis von Kausalität und Kraft ausdrückt: Nicht mehr mechanische, quantitativ berechenbare Kausalvorgänge werden beobachtet, sondern *qualitative* Prozesse, bei denen eine Wirkung sich der quantitativen Berechnung entzieht; Kraft wird damit als qualitatives Phänomen in den Blick genommen. Mayer hatte die Grenzen des Erhaltungsgrundsatzes aufgezeigt und dabei verdeutlicht, dass dieser Grundsatz als der eigentliche Inhalt des Kausalprinzips anzusehen sei. Für Nietzsche war es bedeutend, dass seine eigene Kritik am Erhaltungsprinzip im Anschluss an Mayer auch als Zurückweisung des kausalmechanischen Ursache-Wirkungs-Schemas verstanden werden muss. Nietzsches Kritik am Selbsterhaltungsprinzip kann vor diesem Hintergrund auch als grundlegende Kritik am Kausalprinzip verstanden werden.⁴⁸

Die Bestimmung des Willens zur Macht als ein Auslassenwollen von Kraft in JGB 13 ist vor dem Hintergrund von Nietzsches Rezeption der Mayerschen Auslösungstheorie zu lesen.⁴⁹ In der Tat setzt die dort beschriebene Dynamik des Willens zur Macht einen Kraftbegriff voraus, der sich vom traditionellen, auf dem Erhaltungsgrundsatz beruhenden Kraftverständnis entfernt hat: Das Auslassen von Kraft, auf das der Wille zur Macht zielt, ist nicht kausalmechanisch als Prozess der Bewahrung gegebener Kraft zu erfassen, sondern als eine eruptive Freisetzung aufgestauter Kraft. In der Opposition von „Selbsterhaltungstrieb" und „Willen zur Macht" geht es Nietzsche darum herauszustellen, dass Lebensprozesse sich nicht als Erhaltung des schon Gegebenen vollziehen – im Sinne eines mechanischen Kausalprozesses, für den der Grundsatz der Gleichheit von Ursache und Wirkung gilt –, sondern als ein (mechanisch nicht erfassbares) produktives Kräftegeschehen, bei dem aufgestaute Kraftpotentiale plötzlich entladen werden. Damit eine verhältnismäßig große Kraft freigesetzt werden kann, muss zuvor ein gewisses Kraftpotential aufgestaut worden sein, das durch einen auslösenden Reiz plötzlich entladen wird. Ein Wille zur Macht, der darauf aus ist, seine Kraft auszulassen, vollzieht sich in einem derartigen Wech-

---

47 Zu Mayers Theorie der Auslösungskausalität vgl.: Mittasch, *Mayers Kausalbegriff*, 55–63; der Autor wies später in seiner Studie *Nietzsche als Naturphilosoph* als erster auf Mayers Bedeutung für Nietzsche hin.

48 Vgl. NL Frühjahr-Herbst 1881, 11[81], KSA 9, 472: „Es giebt für uns nicht Ursache und Wirkung, sondern nur Folgen (,Auslösungen') NB".

49 Von dieser Rezeption zeugt auch FW 360, wo Nietzsche „[z]wei Arten Ursache" unterscheidet, „die man verwechselt": „Das erscheint mir als einer meiner wesentlichsten Schritte und Fortschritte: ich lernte die Ursache des Handelns unterscheiden von der Ursache des So- und So-Handelns, des In-dieser Richtung-, Auf-dieses Ziel hin-Handelns. Die erste Art Ursache ist ein Quantum von aufgestauter Kraft, welches darauf wartet, irgend wie, irgend wozu verbraucht zu werden; die zweite Art ist dagegen etwas an dieser Kraft gemessen ganz Unbedeutendes, ein kleiner Zufall zumeist, gemäss dem jenes Quantum sich nunmehr auf Eine und bestimmte Weise ,auslöst': das *Streichholz* im Verhältniss zur *Pulvertonne*" (FW V, 360, KSA 3, 607).

selverhältnis von Zurückhaltung bzw. Anstauung und plötzlicher Entladung der eigenen Kraft; es bedarf dabei nur der inneren „Fülle" oder eines äußeren „Reiz[es]" (NL Frühjahr-Herbst 1881, 11[139], KSA 9, 493), damit die Kraft-Auslassung geschehen kann. Dies gilt in Bezug auf die „kleinsten Organism[en]"[50] (NL Frühjahr-Herbst 1881, 11[139], KSA 9, 493) ebenso wie mit „Blick auf die Weltgeschichte", wo „unbedeutende Reize und Menschen" die „Explosion" einer aufgestauten Kraft bewirken können (NL Frühjahr-Herbst 1881, 11[135], KSA 9, 492). Aufstauung und Auslassung von Kraft bedingen sich also gegenseitig; ein Individuum reagiert deshalb nicht auf jeden Reiz, sondern hält seine Kraft im Sinn einer Selbstdisziplinierung zurück, bevor es optimale Bedingungen erfährt, unter denen das produktive Freisetzen der eigenen Kräfte möglich ist. Das Auslassen tritt dann als ein plötzliches, eruptives Steigern der eigenen Kräfte auf: Es ist ein Steigerungs- und kein Erhaltungsgeschehen – ein Geschehen, bei dem das Individuum seinen vorherigen Zustand derart übersteigt, dass es daraus selbst verwandelt hervorgeht. Eine Erhaltungstendenz wohnt einem solchen Individuum nur insofern inne, als sein Wille zur Macht sich in einer Dynamik abwechselnden Zurückhaltens (oder Erhaltens) und Freigebens von Kraft äußert.

Im Verhältnis zu dieser Steigerungsdynamik, die sowohl Erhaltung als auch Entladung der eigenen Kraft impliziert, ist *Selbst*erhaltung, wie Nietzsche in JGB 13 weiter ausführt, nur „eine der indirekten und häufigsten Folgen". Als nicht notwendige, aber vergleichsweise häufig auftretende Konsequenz der Dynamik des Kraft-Auslassens ist Selbsterhaltung also als *nicht-notwendige Implikation* des Willens zur Macht zu verstehen. Nietzsche erkennt die Selbsterhaltung also nicht mehr als *Prinzip* an, wohl aber als ein, sogar relativ häufig anzutreffendes, *Phänomen* der Lebendigkeit:[51] Der Fehler der Physiologen bestehe darin, die Selbsterhaltung als „kardinalen Trieb" eines Lebewesens anzusetzen, während sie einem anderen, fundamentaleren Trieb nachgeordnet sei, nämlich demjenigen nach Auslassung der eigenen Kraft. Der Selbsterhaltung kommt damit zwar eine gewisse Bedeutung in der Triebökonomie eines Organismus zu, jedoch keine primäre und prinzipielle, sondern eine sekundäre.

Die Dynamik des Auslassens der eigenen Kraft erfordert, wie vor dem Hintergrund von Nietzsches Mayer-Rezeption deutlich wurde, eine Ökonomie von Anstauung, Auslösung und Freisetzung von Kraft. Im Auslassen der eigenen Kraft wird ein Individuum seiner Macht gewahr, es verschafft sich also ein *Gefühl* von Macht, indem es seine Kraft an Anderem auslässt. Dieses im Kraft-Auslassen entstehende Machtgefühl[52] äußert sich als ein Gefühl unmittelbar gesteigerter Mächtigkeit, das nicht notwendigerweise mit einer realen Steigerung der Macht des Individuums einhergeht. In

---

50 NL Frühjahr-Herbst 1881, 11[139], KSA 9, 493
51 Vgl. Abel, *Nietzsche contra Selbsterhaltung*, 393.
52 Der Ausdruck „Machtgefühl", mit dem Nietzsche in *Morgenröthe* vielfach und noch in der *Fröhlichen Wissenschaft* vereinzelt operierte, bevor er den „Willen zur Macht" in sein Werk einführt, kommt in *Jenseits von Gut und Böse* nur ein einziges Mal vor (vgl. JGB I, 19, KSA 5, 33). Im Nachlass bedient sich Nietzsche hingegen weiterhin des Begriffs, etwa wenn er „Lust als das sich fühlbar machende Anwachsen des Machtgefühls" (NL Sommer-Herbst 1884, 27[25], KSA 11, 282) bezeichnet.

der Dynamik des Kraft-Auslassens, die den Willen zur Macht kennzeichnet, kommt es in der Tat nicht darauf an, dass Macht real gesteigert wird, sondern darauf, dass sie *als gesteigert erlebt* wird; zu diesem Erleben gesteigerter Mächtigkeit gehört nicht nur die Selbstwahrnehmung, sondern auch die Anerkennung durch Andere, die unser Kraft-Auslassen an sich als Wirkung erfahren. Es handelt sich beim Willen zur Macht als ein Auslassen-Wollen von Kraft also um eine auf *Steigerung* zielende Dynamik, jedoch um eine solche, bei der die Steigerung phänomenal erlebt wird, ohne dass dabei zugleich eine wirkliche Steigerung eintreten müsste. Gegenüber dieser subjektiv erlebten Steigerungsdynamik, die einen Willen zur Macht kennzeichnet, ist Selbsterhaltung ein sekundäres Phänomen.

Diese Überlegungen verdeutlichen, dass Machtvollzüge nach Nietzsche wesentlich durch *Interpretation* konstituiert werden. Dass eine bestimmte Machtorganisation sich als Macht steigert, ist für Nietzsche in der Tat keine ontologische Aussage, sondern das Ergebnis einer Deutung, bei der ein Wille zur Macht von anderen Willen zur Macht eingeschätzt wird und sich zugleich selbst einschätzt. Als Resultat der Fremd- und Selbsteinschätzung eines Willens zur Macht ist die Machtsteigerung insofern kein ontologisches Faktum, sondern ein sich relational vollziehender Deutungsvorgang. Hierin besteht ein grundlegender Unterschied zwischen Nietzsches und Spinozas Machtkonzeption, den Nietzsche übrigens selbst benannt hat, indem er ein Diktum Spinozas über die Macht korrigierte: In MA I zitiert er den „berühmten" Satz über die Herleitung des Rechts aus der Macht: „unusquisque tantum juris habet, quantum potentia valet". Diesem Satz Spinozas, den er aus Schopenhauers *Parerga und Paralipomena* (2, § 125) übernommen hat, wo auf die entsprechende Stelle im *Tractatus Politicus* (II, 8) verwiesen wird, fügt Nietzsche einen präzisierenden Kommentar hinzu: „oder genauer: quantum potentia valere creditur" (MA I, 93, KSA 2, 91). Nietzsches Korrektur des spinozanischen Satzes weist auf die grundsätzliche Differenz zwischen seiner eigenen Machtkonzeption und derjenigen Spinozas hin: Während Spinoza die Macht als Wesensmerkmal eines Individuums und damit als eine ontologische Bestimmung auffasst, ist sie bei Nietzsche das Ergebnis der Beurteilung eines Individuums durch ein anderes Individuum.[53] Mit dieser Deutung der Macht setzt Nietzsche, wie Volker Gerhardt ausgeführt hat, einen entscheidenden, *„neuen psychologisch-soziologischen Akzent"*[54].

---

53 Vgl. die treffende Analyse in: Bartuschat, *Spinoza als Kritiker der politischen Theologie*, 192. In Bezug auf die Frage, ob Spinoza in der Kritik der politischen Theologie ein Vorgänger Nietzsches sei, stützt der Autor sein methodisches Vorgehen auf die genannte Differenz zwischen Spinozas und Nietzsches Machtkonzeption: Man müsse aufgrund dieses Unterschieds Spinozas Kritik der politischen Theologie, die wesentlich auf dem Machtbegriff beruhe, unabhängig von Nietzsche darlegen, um erst dann nach einem möglichen Bezug zu Nietzsche zu fragen (vgl. ebd.).
54 Gerhardt, *Das ‚Princip des Gleichgewichts'*, 114. Der Autor entwickelt in Bezug auf das Verhältnis von Recht und Macht bei Nietzsche eine aufschlussreiche Interpretation von Nietzsches Korrektur des spinozanischen Satzes in MA I, 92 (vgl. ders., ebd., 114–117). Mit ihm ist festzuhalten: „Die wechselseitig ‚geglaubte Macht', nicht das Factum brutum irgendeiner Kraftverteilung, ist [für Nietzsche] der Ursprung der Gerechtigkeit. Ausschlaggebend ist die Stellung der Menschen zu den eigenen und

Doch zurück zum Text: Nach einem Gedankenstrich, der den zweiten Teil des 13. Aphorismus vom ersten Teil absetzt, führt Nietzsche mit einem einleitenden „Kurz", das die Kritik des ersten Teils zusammenfassend wieder aufnimmt, zu einer Ermahnung über: „Vorsicht vor ü b e r f l ü s s i g e n teleologischen Principien! – wie ein solches der Selbsterhaltungstrieb ist [...]". Dieser Satz gibt einen Grund für das Verwerfen der Selbsterhaltung als kardinalen Trieb an, nämlich, dass der Selbsterhaltungstrieb ein überflüssiges teleologisches Prinzip sei. Er ist zugleich im Sinne einer allgemeinen Ermahnung zu verstehen, dass man teleologische Prinzipien als überflüssige Prinzipien fallen lassen solle; dies erfordere, wie Nietzsche im letzten Satz des Aphorismus ausführt, das methodische Ökonomieprinzip, das „Principien-Sparsamkeit" gebietet.

In einer ideengeschichtlichen Parenthese führt Nietzsche sodann, scheinbar nebensächlich, die kardinale Stellung des Selbsterhaltungstriebs unter modernen Naturwissenschaftlern auf Spinozas „Inconsequenz" zurück. Damit bringt er Spinoza als einen Gegner ins Spiel, der ihm im Unterschied zu den „Physiologen" offenbar würdig scheint, beim Namen genannt zu werden. Erwähnt hatte er ihn schon kurz zuvor, als er im 5. Aphorismus eine Hermeneutik des Verdachts in Bezug auf alle bisherigen Philosophen angeraten hatte: Es sei bei diesen unredlich zugegangen, weil sie die persönlichen Motive für ihre Lehren nicht reflektiert, sondern hinter einem Anspruch auf Objektivität verborgen hätten; so sei Spinozas Philosophie, mit ihrem „Hocuspocus von mathematischer Form", nichts als die „Maskerade eines einsiedlerischen Kranken", die verschleiere, „wie viel eigne Schüchternheit und Angreifbarkeit" (JGB I, 5, KSA 5, 19)[55] ihrem Autor zukomme.[56] In JGB 13 zeigt er nun im Sinne einer entlarvenden Hermeneutik auf, dass sich gerade bei Spinoza, dessen Philosophie (nach JGB 5) durch die mathematische Methode wie „in Erz" (JGB I, 5, KSA 5, 19) gepanzert sei, eine Inkonsequenz finden lässt. Diese Inkonsequenz besteht offenbar darin, dass der Teleologie-Kritiker Spinoza sich mit dem Selbsterhaltungstrieb selbst eines teleologischen Prinzips bedient habe. Nachdem Nietzsche das Leugnen der „Zwecke" 1881 auf der Postkarte an Overbeck noch emphatisch als Gemeinsamkeit zwischen seinem

---

fremden Kräften, ihr Urteil, ihre Wertschätzung oder, wie man im Hinblick auf spätere Funktionen des Willens zur Macht auch sagen kann, ihre *Interpretation*. [...] Recht ist das Produkt wechselseitiger, auf künftige Handlungen projizierter Machtschätzungen. Die Schätzungen bewegen sich im Medium gegenseitiger Anerkennung von Aktionspotentialen vor dem Hintergrund der Selbsterhaltung" (ebd., 115 f.). Während letzteres noch für MA gilt, hat sich Nietzsche in den 1880er Jahren vom Prinzip der Selbsterhaltung längst verabschiedet.
55 Das Zitat lautet im Kontext: „[...] Oder gar jener Hocuspocus von mathematischer Form, mit der Spinoza seine Philosophie – ‚die Liebe zu s e i n e r Weisheit' zuletzt, das Wort richtig und billig ausgelegt – wie in Erz panzerte und maskirte, um damit von vornherein den Muth des Angreifenden einzuschüchtern, der auf diese unüberwindliche Jungfrau und Pallas Athene den Blick zu werfen wagen würde: – wie viel eigne Schüchternheit und Angreifbarkeit verräth diese Maskerade eines einsiedlerischen Kranken!".
56 In JGB 6 schließt Nietzsche daran seine persönliche Feststellung an, was „jede grosse Philosophie bisher war: nämlich das Selbstbekenntnis ihres Urhebers und eine Art ungewollter und unvermerkter mémoires [...]" (JGB I, 6, KSA 5, 19).

„Vorgänger" (Nietzsche an Franz Overbeck, 30. Juli 1881, KSB 6, 111) und sich selbst begrüßt hatte, bezichtigt er Spinoza selbst nun des teleologischen Denkens. Er zeigt sich damit gewissermaßen als der konsequentere Spinozist, der seinem Vorgänger, welcher die Teleologie als „Zufluchtsort der Unwissenheit"[57] verworfen und alle Zweckursachen unter die „menschlichen Einbildungen"[58] verwiesen hatte, den Spiegel vorhält. Die Konsequenz, die Nietzsche aus Spinozas inkonsequenter Annahme eines teleologischen Selbsterhaltungstriebs zieht, ist in JGB 13 die Bestimmung des Lebens als Willen zur Macht.[59]

Dabei ist die These, dass die Bedeutung des Selbsterhaltungsprinzips für die modernen Naturwissenschaften auf Spinozas inkonsequente Annahme eines teleologischen Selbsterhaltungstriebs zurückgehe, historisch höchst unplausibel. Spinozas Philosophie war viel zu kontrovers aufgenommen worden, als dass sie die modernen Naturwissenschaften direkt hätte beeinflussen können, und die Tatsache, dass sie in der Naturphilosophie des Deutschen Idealismus zu so hohem Ansehen gelangt war, musste sie den Naturwissenschaftlern besonders dubios erscheinen lassen.[60] Zu Nietzsches ideengeschichtlicher These bemerkt treffend Kelly Lynch: „Spinoza's ac-

---

57 Nietzsche hielt die Formel aus Spinozas *Ethik*, die er bei Fischer fand, gleich zweimal fest: „Spinoza oder Teleologie als Asylum ignorantiae." (NL Frühjahr-Herbst 1881, NL 11[194], KSA 9, 519; vgl. den entsprechenden Titel bei Fischer, *Geschichte der neuern Philosophie I, 2*, 235); „Der letzte Grund jeder Begebenheit ‚Gott hat sie gewollt' Asylum ignorantiae." (NL Herbst 1887, 7[4], KSA 12, 262; vgl. Fischer, *Geschichte der neuern Philosophie I, 2*, 237; vgl. auch Spinoza, E I, appendix, S. 88: „Et sic porro causarum causas rogare non cessabunt, donec ad Dei voluntatem, hoc est ignorantiae asylum, confugeris."). Nietzsche hat sich für Spinozas Teleologie-Kritik besonders interessiert, wie eines seiner ersten Notate im Kontext der Fischer-Lektüre von 1881 zeigt: „Moses Mendelsohn [sic!] dieser Erzengel der Altklugheit meinte in Betreff der Zwecke, Spinoza werde doch nicht so närrisch gewesen sein, sie zu leugnen! –" (NL Frühjahr-Herbst 1881, 11[137], KSA 9, 493). Der Teleologie-Kritiker Spinoza wird für Nietzsche zur Identifikationsfigur, mit der er sich in einsamer Gemeinschaft sieht und sich gegenüber Mendelsohn und den deutschen Aufklärern abgrenzen kann, die sich von der Teleologie nicht emanzipiert hätten. Vgl. dazu Fischer, *Geschichte der neuern Philosophie I, 2*, 562: „Wo blieben die Vorstellungsweisen, mit denen namentlich die deutsche Aufklärung des achtzehnten Jahrhunderts so schön that? Kein Wunder, daß dieser Aufklärung Spinoza nicht einleuchten wollte, daß sie über ihn erschrak, wie über ein Monstrum, als ihr Jacobi die Lehre Spinoza's in ihrem wahren Lichte zeigte; daß namentlich Moses Mendelssohn nicht glauben konnte, daß Spinoza die Zwecke verneint habe; er nahm diese Behauptung Jacobi's lieber für eine Verläsierung Spinoza's, als daß er diesem eine solche ‚Narrheit', wie die Verneinung der Zwecke, zugetraut hätte".
58 Vgl. Spinoza, *Ethik* I, appendix, S. 84: „[...] omnes causas finales nihil nisi humana esse figmenta [...]".
59 Im Nachlass von 1884 berief sich Nietzsche noch auf den antiteleologischen Geist des Spinozismus, um seine eigene philosophische Position zu charakterisieren: „Wenn ich an meine philosophische Genealogie denke, so fühle ich mich im Zusammenhang mit der antiteleologischen, d. h. spinozistischen Bewegung unserer Zeit, doch mit dem Unterschied, daß ich auch ‚den Zweck' und ‚den Willen' in uns für eine Täuschung halte [...]" (NL 1884, 26[432], KSA 11, 266). Die Kritik am Selbsterhaltungsprinzip in JGB 13 kann im Sinne einer Zurückweisung des (noch immer teleologischen) „Zweck[s]" oder „Willen[s] in uns" verstanden werden.
60 Vgl. dazu: Stegmaier, *Nietzsches Befreiung der Philosophie*, 150.

tual historical influence was hardly that great, a fact of which Nietzsche was presumably not ignorant. Spinoza is, on this level, being used by Nietzsche as a representative of a certain line of thought, and Nietzsche's remark is to this degree not aimed at Spinoza personally at all – a strategy which [...] is typical of Nietzsche."[61]

Welche Quellen Nietzsche für seine Kritik an der „Inconsequenz Spinoza's" verwendet haben könnte, wurde bereits untersucht.[62] Wie diese Kritik gemeint sein könnte und ob sie auf Spinoza zutrifft, wird an anderer Stelle zu fragen sein.[63] In Bezug auf die Frage, ob Nietzsches Wille zur Macht-Konzeption nicht ihrerseits teleologisch verfasst ist, kann hier nur festgestellt werden, dass Nietzsche in JGB 13 zwischen dem Selbsterhaltungstrieb als teleologischem Prinzip und dem Willen zur Macht eine klare Antithese schafft, und dass er damit nahelegt, der Wille zur Macht sei selbst kein teleologisches Prinzip. Die Selbsterhaltung führt er auf den Willen zur Macht als ursprünglicheres Kraftauslassungs-Geschehen zurück; damit soll nicht einfach ein teleologisches Prinzip durch ein anderes ersetzt werden, sondern der Selbsterhaltungstrieb auf ein ihm gegenüber primäres, nicht-teleologisches Kräftegeschehen zurückgeführt werden.[64]

Im letzten Satz von JGB 13 verdeutlicht Nietzsche die methodische Voraussetzung, unter der das teleologische Selbsterhaltungsprinzip zu verwerfen sei: Es ist das methodische Sparsamkeitsprinzip, im 19. Jahrhundert als „Ockham's Rasiermesser"[65] bekannt geworden, demzufolge zur Erklärung eines Sachverhalts diejenige Theorie zu bevorzugen ist, die mit den wenigsten Hypothesen auskommt. Eine ironische Spitze liegt darin, dass Nietzsche dieses Prinzip, das zum Grundsatz der modernen Naturwissenschaften geworden war, gegen die Naturwissenschaftler selbst anführt.[66] Nicht nur gegen diese, sondern auch gegen Spinoza führt er es ins Feld, und er übersieht dabei, dass Spinoza den *conatus*, gegen die scholastisch-cartesische Theorie der *creatio continua*, gerade im Sinne der Prinzipien-Ökonomie vertreten hatte.[67] Aus Nietzsches Sicht jedenfalls hat die Erklärung des Lebens als Wille zur Macht Anspruch auf höchste Prinzipien-Ökonomie.

In JGB 36 erklärt Nietzsche näher, warum dies so sei: Er führt den Willen zur Macht dort als seine eigene Hypothese ein: als „m e i n [e n] Satz" (JGB II, 36, KSA 5, 55), der

---

61 Lynch, ‚*Die Inkonsequenz Spinozas*', 52.
62 Vgl. Kap. 2.
63 Vgl. Kap. 6, darin der Abschnitt zur Teleologie-Problematik.
64 Vgl. Abel (*Nietzsche*, 52f.), der sich auf JGB 13 zustimmend bezieht.
65 Vgl. Cloeren, *Ockham's razor*, 1094.
66 Bei John Stuart Mill, der jedoch nicht im eigentlichen Sinn Naturforscher, also Physiologe war, spielt das Prinzip eine Rolle; möglicherweise ist hier also eine Invektive gegen Mill, den Nietzsche gut kannte und spätestens ab 1880 scharf kritisierte – in *Götzen-Dämmerung* zählte er ihn zu seinen „U n m ö g l i c h e n" (GD, Streifzüge eines Unzeitgemässen 1, KSA 6, 111) – mitzulesen.
67 Vgl. Blumenberg, *Selbsterhaltung und Beharrung*, 199: „Nietzsche konnte nicht sehen, daß für Spinoza gegen die scholastisch-cartesische *creatio continua* gerade dies [i. e. der Selbsterhaltungstrieb] der Inbegriff von methodischer Ökonomie sein mußte, während er selbst darin einen Überschuß wahrnimmt, weil er glaubt, ein noch umfassenderes Prinzip gefunden zu haben".

dadurch das Recht auf Universalität erlangen könne, dass es gelänge, mit ihm alle organischen und alle anorganisch-mechanischen Phänomene der Welt zu erklären. „[V]om Gewissen der Methode aus" führt er dabei, nicht ohne Ironie, erneut das Gebot der Prinzipien-Sparsamkeit an: Man solle

> [n]icht mehrere Arten von Causalität annehmen, so lange nicht der Versuch, mit einer einzigen auszureichen, bis an seine äusserste Grenze getrieben ist (– bis zum Unsinn, mit Verlaub zu sagen): das ist eine Moral der Methode, der man sich heute nicht entziehen darf; – es folgt ‚aus ihrer Definition', wie ein Mathematiker sagen würde. (JGB II, 36, KSA 5, 55)

Die Kausalität, die Nietzsche im selben Text einführt und „hypothetisch als die einzige" setzt, ist „die Willens-Causalität": Man müsse in der Tat „die Hypothese wagen, ob nicht überall, wo ‚Wirkungen' anerkannt werden, Wille auf Wille wirkt – und ob nicht alles mechanische Geschehen, insofern eine Kraft darin thätig wird, eben Willenskraft, Willens-Wirkung ist." (JGB II, 36, KSA 5, 55).[68] Das alleinige Operieren mit einer Kausalität des Willens lässt sich dahingehend verstehen, dass alle Phänomene *nach Analogie der menschlichen Selbsterfahrung* erklärt werden, nämlich als Willensphänomene. Wenn Nietzsche in JGB 36 versucht, „[d]ie Welt von innen gesehen, die Welt auf ihren ‚intelligiblen Charakter' hin bestimmt und bezeichnet" als „‚Wille zur Macht' und nichts ausserdem" (JGB II, 36, KSA 5, 55) zu erklären, so unternimmt er es in der Tat, die Welt nach Analogie der menschlichen Selbsterfahrung zu erklären; und gerade hierin sieht er den Inbegriff methodischer Ökonomie. Den Grundsatz der Prinzipiensparsamkeit wendet er dabei ironisch gegen die Naturwissenschaftler, die in ihrem alleinigen Ausgehen von der mechanischen Kausalität die Welt gerade nicht umfassend erklären können, sondern die Innenseite der Welt – nämlich die aus den Dingen selbst hervorgehende, nach mehr treibende Kraft – nicht erfassen. Erst im Ausgang von der menschlichen Selbsterfahrung lässt sich nach Nietzsche diese Innenseite der Welt, die er mit dem Begriff des Willens zur Macht beschreibt, einheitlich und umfassend erklären.[69]

---

[68] Der *Wille* ist übrigens eines der wichtigsten Themen von JGB I, womit offenbar eines der hauptsächlichen „Vorurtheile[...]" der Philosophen angesprochen wird: Die Aphorismen 13 (Selbsterhaltung vs. Wille zur Macht), 16 (Kritik des Schopenhauerschen „ich will" im Sinne einer Kritik des Begriffs Ich und des Begriffs Wille), 18 (Kritik der Willensfreiheit), 19 (Wollen als „etwas Complizirtes" – Entwurf einer Art Physiologie des Willens), 21 (Kritik der Begriffe Willensfreiheit bzw. -unfreiheit und Ersetzung dieser durch die Begriffe starker bzw. schwacher Wille), 23 (Psychologie als „Morphologie und Entwicklungslehre des Willens zur Macht") handeln alle explizit vom Willen, wobei die umliegenden Aphorismen sich thematisch auch darauf beziehen.

[69] Dabei will Nietzsche die „Causalität" (JGB II, 36, KSA 5, 55) des Willens offenbar nicht als mechanische Kausalität verstanden wissen. Wie er im Nachlass aus der Entstehungszeit von JGB ausführt, setzt die Hypothese des mechanischen Kausalprinzips psychologisch den Glauben an Zwecksächlichkeit voraus und wird daher auch mit diesem Glauben hinfällig: „[...] die psychologische Nöthigung an eine[m] Glauben[...] an Causalität liegt in der **Un**vorstellbarkeit eines Geschehens ohne Absichten: womit natürlich über Wahrheit oder Unwahrheit (Berechtigung eines solchen Glaubens) nicht[s] gesagt ist. Der Glaube an causae fällt mit dem Glauben an τέλη (gegen Spinoza u[nd] dessen

Wenn Nietzsche im zitierten Text festhält, man solle den Versuch, mit nur einer Art von Kausalität auszukommen, „bis an seine äusserste Grenze", d.h. „bis zum Unsinn" treiben, so lässt sich dies zudem als Hinweis auf den experimentellen Charakter jeder Theorie lesen. Auch die von Nietzsche mit dem Willen zur Macht hypothetisch eingeführte ‚Theorie' könnte sich also, wenn sie bis zum Äußersten getrieben würde, in „Unsinn" auflösen und einer neuen Hypothese weichen. Während der Wille zur Macht in JGB 13 – mit dem Satz „Leben selbst ist Wille zur Macht" – zunächst thetisch als Gegen-Prinzip zur Selbsterhaltung eingeführt wurde, wird er in JGB 36, mit direktem Rückbezug auf JGB 13, nun als heuristische Hypothese und damit als ein experimentelles Theorem zu erkennen gegeben, das als solches Nietzsches persönliche Setzung ist.

4.4 Selbsterhaltung als Minimalform des Willens zur Macht (*Die Fröhliche Wissenschaft* 349)

Nachdem Nietzsche in *Jenseits von Gut und Böse* 13 die Selbsterhaltung als Prinzip disqualifiziert und zur bloßen Implikation des Willens zur Macht herabgestuft hat, führt er seine Kritik am Selbsterhaltungsprinzip im fünften Buch der *Fröhlichen Wissenschaft* (1887) fort: Im Aphorismus 349 ist folgerichtig nur noch vom „sogenannten Selbsterhaltungs-Trieb" die Rede, den Nietzsche nicht als kardinalen oder primären Antrieb verstanden wissen will, sondern als eine Ausnahme-Reaktion, die nur unter den Bedingungen einer Notlage auftritt. Als Notwehr zeuge der Wille zur Selbsterhaltung, wie Nietzsche dort ausführt, von einer zeitweiligen „Einschränkung" des Willens zur Macht:

> Sich selbst erhalten wollen ist der Ausdruck einer Nothlage, einer Einschränkung des eigentlichen Lebens-Grundtriebes, der auf M a c h t e r w e i t e r u n g hinausgeht und in diesem Willen oft genug die Selbsterhaltung in Frage stellt und opfert. (FW V, 349, KSA 3, 585)

Nietzsche fährt fort, indem er als prominenten philosophischen Vertreter der Selbsterhaltung Spinoza einführt und diesen einer physio-psychologischen Kritik unterzieht:

> Man nehme es als symptomatisch, wenn einzelne Philosophen, wie zum Beispiel der schwindsüchtige Spinoza, gerade im sogenannten Selbsterhaltungs-Trieb das Entscheidende sahen, sehen mussten: – es waren eben Menschen in Nothlagen. (FW V, 349, KSA 3, 585)

Causalismus.)" (NL Herbst 1885 – Herbst 1886, 2[83], hier zitiert nach der korrekten Transkription in KGW IX/5, 131). Hier wird deutlich, dass Nietzsches Zurückweisung von Spinozas teleologischem Selbsterhaltungsprinzip zugleich eine Zurückweisung des Kausalprinzips bedeutet.

Daraufhin nimmt er „unsre modernen Naturwissenschaften", genauer gesagt „den englischen Darwinismus" ins Visier, womit die „Physiologen" von JGB 13 in neuer Gestalt wieder auftreten:

> Dass unsre modernen Naturwissenschaften sich dermaassen mit dem Spinozistischen Dogma verwickelt haben (zuletzt noch und am gröbsten im Darwinismus mit seiner unbegreiflich einseitigen Lehre vom ‚Kampf um's Dasein' –), das liegt wahrscheinlich an der Herkunft der meisten Naturforscher: sie gehören in dieser Hinsicht zum ‚Volk', ihre Vorfahren waren arme und geringe Leute, welche die Schwierigkeit, sich durchzubringen, allzusehr aus der Nähe kannten. Um den ganzen englischen Darwinismus herum haucht Etwas wie englische Uebervölkerungs-Stickluft, wie Kleiner-Leute-Geruch von Noth und Enge. (FW V, 349, KSA 3, 585)

Dem fügt Nietzsche abschließend den Rat an, als „Naturforscher" seine begrenzte persönliche Perspektive zu verlassen; einer solchen Perspektive setzt er einen scheinbar objektiven Blick auf die Natur entgegen, indem er thetisch behauptet, dass in der Natur nicht Mangel, sondern Überfluss, demnach nicht Selbsterhaltung, sondern Wille zur Macht herrsche:

> Aber man sollte, als Naturforscher, aus seinem menschlichen Winkel herauskommen: und in der Natur h e r r s c h t nicht die Nothlage, sondern der Ueberfluss, die Verschwendung, sogar bis in's Unsinnige. Der Kampf um's Dasein ist nur eine A u s n a h m e, eine zeitweilige Restriktion des Lebenswillens; der grosse und kleine Kampf dreht sich allenthalben um's Uebergewicht, um Wachsthum und Ausbreitung, um Macht, gemäss dem Willen zur Macht, der eben der Wille des Lebens ist. (FW V, 349, KSA 3, 585 f.)[70]

Den Willen, sich selbst zu erhalten, erklärt Nietzsche im ersten Satz des Aphorismus zu einer „Einschränkung" des „eigentlichen Lebens-Grundtriebes", der auf „M a c h t e r w e i t e r u n g" ausgerichtet sei. In Bezug auf den darwinistischen „Kampf um's Dasein" schreibt er kurz darauf, dieser sei eine „A u s n a h m e", eine „zeitweilige Restriktion des Lebenswillens". Damit bestätigt sich die sekundäre Stellung der Selbsterhaltung, die Nietzsche schon in JGB 13 etabliert hatte; jedoch wird die Selbsterhaltung hier nicht als eine *Implikation*, sondern als eine *Restriktion* des Willens zur Macht bestimmt und damit gewissermaßen als eine Minimalform dieses Willens. Wie aber sind diese beiden Bestimmungen miteinander zu verbinden? Wenn die Selbsterhaltung, wie Nietzsche in JGB 13 ausführt, „eine der indirekten und häufigsten F o l g e n" (JGB I, 13, KSA 5, 27) des Lebens als Willen zur Macht ist, so ist sie nicht Prinzip, sondern ein sekundäres Moment der Lebendigkeit. Demgegenüber wird in FW 349 eine andere Perspektive eingenommen: Hier betrachtet Nietzsche das „Sich selbst erhalten *wollen*" (Hervorhebung: H.M.R.), d.h. die bewusste strebende Ausrichtung auf Selbsterhaltung, als eine *Verfallsform* des Willens zur Macht. Wenn Selbsterhaltung zum „Entscheidenden" wird, wenn sie zum Prinzip des Wollens er-

---

[70] Ein ausführlicher Kommentar des gesamten Aphorismus findet sich bei Stegmaier, *Nietzsches Befreiung der Philosophie*, 145–152.

hoben wird – wenn ihr sekundärer Status also gerade verkannt wird –, so ist dies nach Nietzsche ein Zeichen für eine Einschränkung des Willens zur Macht aufgrund einer Notlage. Im Normalfall sei der Wille nämlich auf Machtsteigerung ausgerichtet und zu diesem Zweck bereit, die Selbsterhaltung zu riskieren oder sogar gezielt zu opfern.

Symbolgestalt für diese Verfallsform des Willens zur Macht ist in FW 349 „der schwindsüchtige Spinoza", der im Selbsterhaltungstrieb tatsächlich „das Entscheidende" gesehen haben soll. Er wird hier nur beispielhaft und, wie schon in JGB 13, scheinbar beiläufig erwähnt, doch ist seine Stellung in der theoretischen Konstellation des Aphorismus zentral, da er als Ahnherr des darwinistischen „Kampf[es] um's Dasein"' auftritt. Auf Spinoza als Exemplum „einzelne[r] Philosophen" wendet Nietzsche hier eine genealogische Kritik an, die das Philosophieren aus den physiologischen Bedingungen des Lebens herleitet: Dass ein an *Schwind*sucht leidender Mensch wie Spinoza eine Philosophie der Selbst-*Erhaltung* vertrat, scheint vor dem Hintergrund von Nietzsches Verständnis der Philosophie als „Selbstbekenntnis ihres Urhebers" (JGB I, 6, KSA 5, 19) geradezu zwingend. Noch im Nachlass von 1888 wird Nietzsche „das System Spinozas", „[p]hysiologisch nachgerechnet", als „eine Phänomenologie der Schwindsucht" (NL Frühjahr-Sommer 1888, 16[55], KSA 13, 504) bezeichnen.

Seine Methode genealogischer Kritik wendet Nietzsche in FW 349 auch auf das Selbsterhaltungsprinzip der modernen Naturwissenschaften an, als dessen jüngste und gröbste Gestalt er den „Kampf um's Dasein" der Darwinisten ansieht. Gemäß dem Titel des Aphorismus widmet er sich der Frage nach der „H e r k u n f t d e r G e l e h r t e n", indem er die Verwicklung der Naturwissenschaftler mit dem „Spinozistischen Dogma" der Selbsterhaltung sozio-physiologisch auf die Abstammung der meisten „Naturforscher" aus ärmlichen Verhältnissen zurückführt. Diese genealogische Herleitung ist natürlich, wie Werner Stegmaier im Detail gezeigt hat, historisch unhaltbar, da beinahe alle modernen Naturwissenschaftler, die Nietzsche im Blick haben konnte, aus wohlhabenden Verhältnissen stammten; eine Ausnahme stellt lediglich Ruđer Bošković dar, der jedoch gerade nicht das Selbsterhaltungsprinzip, sondern eine Lehre von aufeinander übergreifenden Kräften vertrat, die Nietzsche zur Bestätigung seiner Willen zur Macht-Konzeption heranzog.[71] Eine weitere mögliche Ausnahme lässt sich in Herbert Spencer erblicken: Der kränkliche und finanziell schlecht abgesicherte Gelehrte, der seiner ‚Notlage' erst durch eine auskömmliche Erbschaft entkam, hatte Darwins Begriff des „struggle for existence" auf gesellschaftliche Entwicklungen angewandt und die Theorie der natürlichen Auslese unter dem Schlagwort „survival of the fittest" popularisiert. Gegen ihn könnte der Aphorismus nach Stegmaier also vor allem gerichtet sein.[72] Doch wie es um Nietzsches

---

[71] Vgl. Stegmaier, *Nietzsches Befreiung der Philosophie*, 150 f. Der Autor widerlegt (unter Mithilfe von Benjamin Alberts) Nietzsches genealogische These in Bezug auf Holbach, Lamarck, Darwin, Spencer, Haeckel, Copernicus, Brahe, Boyle, Huygens, Newton und Malthus, die allesamt aus wohlhabenden Verhältnissen stammten.

[72] Vgl. Stegmaier, *Nietzsches Befreiung der Philosophie*, 150.

genealogische Theorie auch bestellt sein mag, auf ihn selbst angewandt kann sie, anbei bemerkt, nur schwer erklären, warum er, der mit schwerer Krankheit und finanzieller Not zu kämpfen hatte, nicht die Selbsterhaltung, sondern den Willen zur Macht ins Zentrum stellte.

Die Pointe des Aphorismus scheint demnach gar nicht in einer Theorie über die „Herkunft der Gelehrten" zu liegen, sondern in Nietzsches Absicht, sich von der Tradition des Selbsterhaltungsgedankens abzugrenzen. Dabei verdeutlicht die antidarwinistische Stoßrichtung, dass es Nietzsche nicht um die Abgrenzung von einer längst vergangenen Denktradition geht, sondern um eine höchst aktuelle Problematik: Es geht um die Auseinandersetzung mit dem zeitgenössischen Darwinismus und damit um ein adäquates Verständnis von Natur und weltgeschichtlicher Entwicklung.[73] Indem er eine wirkungsgeschichtliche Linie zwischen Spinoza und dem Darwinismus zeichnet, zielt er darauf ab, die darwinistischen Wissenschaften seiner Zeit eines metaphysischen Kerns zu überführen: Die Selbsterhaltungstheorie des Metaphysikers Spinoza habe diesen schließlich einen wichtigen Theoriebaustein geliefert.[74] So wird Spinoza in FW 349 zur Symbolgestalt für das Fortwirken der Metaphysik in den modernen und zeitgenössischen Wissenschaften. Seine eigene Aufgabe sieht Nietzsche offenkundig darin, dieses Fortwirken zu diagnostizieren und das philosophische Denken davon zu befreien.[75]

Die historische Verbindung, die Nietzsche zwischen dem spinozanischen *conatus* und dem darwinistischen Kampf ums Dasein herstellt, ist jedoch höchst fragwürdig. In der von ihm rezipierten Spinoza-Literatur ließ sich dafür keine direkte Vorlage finden. Aufschlussreich ist in diesem Zusammenhang aber eine Nachlass-Notiz von 1884, in der Nietzsche die Philosophie Spinozas als „die Grundlage des englischen Utilitarismus" bezeichnet:

> Ebenso ist die Ängstlichkeit des früheren Daseins der Grund, weshalb die Philosophen so sehr die Erhaltung (des ego oder der Gattung) betonen und als Princip fassen: während thatsächlich wir fortwährend Lotterie spielen gegen dies Princip. Hieher gehören alle Sätze des Spinoza: d. h. die

---

[73] Vgl. Sommer, *Nietzsche's Readings on Spinoza*, 173.
[74] Hierin zeigt sich der demaskierende und delegitimierende Charakter von Nietzsches genealogischer Kritik. Zu Nietzsches Verfahren der Genealogie als Kritik vgl. die aufschlussreichen Analysen bei: Saar, *Genealogie als Kritik*, insb. 9–22, 107–130 (letzterer Abschnitt zur *Macht* als Element des genealogischen Verfahrens).
[75] Das Fortwirken der Metaphysik im zeitgenössischen Darwinismus lässt sich in Nietzsches Begriffen als ein Fortwirken des Gottesglaubens nach dem Tod Gottes verstehen; am Anfang des 5. Buchs der *Fröhlichen Wissenschaft* hatte Nietzsche angekündigt, „[...] was Alles, nachdem dieser Glaube [i. e. an Gott] untergraben ist, nunmehr einfallen muss, weil es auf ihm gebaut, an ihn gelehnt, in ihn hineingewachsen war [...]" (FW V, 343, KSA 3, 573): In FW 349 zeigt sich, dass das Selbsterhaltungsprinzip offenkundig zu den Bauten gehört, die nach dem Verfall des Gottesglaubens einstürzen müssen, obgleich sie sich bis in Nietzsches Gegenwart behaupten konnten.

Grundlage des englischen Utilitarismus. v. das braune Heft. (NL Sommer-Herbst 1884, 26[280], KSA 11, 224)[76]

Für die Verbindung Spinozas und des Utilitarismus in Bezug auf das Selbsterhaltungsprinzip konnte Nietzsche, wie Andreas Urs Sommer gezeigt hat, verschiedene Vorlagen finden.[77] Jean-Marie Guyau hatte in *La morale d'Épicure* (1878) Spinoza ein eigenes Kapitel gewidmet[78] und diesen als „métaphysicien de l'utilitarisme" dargestellt: „Le vaste système de Spinoza, où ceux d'Epicure et de Hobbes sont absorbés, contient d'avance les théories fondamentales de l'école utilitaire française et anglaise"[79]. Unter den Theorien Spinozas, die dem Utilitarismus zugrunde lägen, nannte Guyau die Relativität der Moral und das Selbsterhaltungsprinzip; er befand jedoch, dass dem Spinozismus der Gedanke des Fortschritts, der Evolution – etwa gegenüber Herbert Spencer – noch fehle: „Le seul élément qui semble faire défaut au spinozisme, c'est l'idée d'un réel progrès de la nature ou d'une ,évolution', idée sur laquelle insisteront les métaphysiciens allemands, surtout Hegel, et les moralistes anglais, surtout Spencer."[80] In *La morale anglaise contemporaine* (1879) schrieb Guyau dann in Bezug auf die „conservation de l'être": „M. Herbert Spencer est une sorte de Spinoza positiviste, avec cette différence que, approfondissant davantage le principe de la persistance dans l'être, il en tire celui du progrès dans l'être: toute conservation est une évolution. C'est là l'idée capitale qu'il ajoute aux idées de Spinoza [...]."[81] Mit dem Namen Spencer schlug Guyau die Brücke zum Darwinismus – dieselbe Brücke, die Nietzsche zwischen dem „englischen Utilitarismus" im Notat 26[280] und dem „englischen Darwinismus" in FW 349 schlägt. Guyau hätte also Nietzsches Quelle für die Annäherung Spinozas und des Darwinismus im 349. Aphorismus sein können.[82]

---

76 M. Scandella vermutet, dass es sich bei dem „braunen Heft" um das Großoktavheft M III 1 handelt, das, wie anhand der digitalen Faksimile-Gesamtausgabe überprüft werden kann, in einen braunen Deckel gebunden ist. Mit „alle Sätze des Spinoza" könnten also alle 1881 aus Kuno Fischers Spinoza-Buch exzerpierten Zitate gemeint sein (vgl. Scandella, *Zur Entstehung einiger Verweise auf Spinoza in Nietzsches Schriften*, 180).
77 Für das Folgende vgl. Sommer, *Nietzsche's Readings on Spinoza*, 176.
78 Vgl. Guyau, *La morale d'Épicure*, 227–237.
79 Guyau, *La morale d'Épicure*, 227 (nachgewiesen bei Sommer, *Nietzsche's Readings on Spinoza*, 176). Auch wenn die beiden zitierten Schriften Guyaus in Nietzsches Bibliothek nicht enthalten sind, ist es doch möglich, dass Nietzsche sie gelesen hat, da er zumindest Guyaus *Esquisse d'une morale sans obligation ni sanction* (1885) und *L'irréligion de l'avenir* (^{2}1887) gut kannte.
80 Guyau, *La morale d'Épicure*, 237 (nachgewiesen bei Sommer, *Nietzsche's Readings on Spinoza*, 184, Anm. 59).
81 Guyau, *La morale anglaise contemporaine*, 195 (nachgewiesen bei Sommer, *Nietzsche's Readings on Spinoza*, 176).
82 Zur Zusammenstellung Spencers und Spinozas unter dem Stichwort ‚Selbsterhaltung' vgl. Guyau, *La morale anglaise contemporaine*, 167 f.: „La conscience morale, pour M. Spencer, ne se distinguant pas de l'autre, on peut dire sans doute que la persistance de la force est le principe essentiel de la morale, comme il est celui de la psychologie et de la physique. Spinoza déduisait également sa morale

Damit würde sich zugleich bestätigen, dass die Kritik am „englischen Darwinismus" in FW 349 vornehmlich auf Spencer abzielt. Maurizio Scandella weist allerdings darauf hin, dass es keinen eindeutigen Beweis dafür gibt, dass Nietzsche die Schriften von Guyau gelesen hat; er behauptet, dass es für Nietzsche ausreichend gewesen sein könnte, seine Fischer-Exzerpte von 1881 heranzuziehen, um die Verbindung zwischen Spinoza und dem englischen Utilitarismus herzustellen.[83] Bemerkenswert ist jedenfalls, dass Nietzsche im Unterschied zu Guyau auch bei den Darwinisten, die den Evolutionsgedanken eingeführt hätten, die ängstliche Notwehr am Werk sieht, die ihm zufolge schon den „schwindsüchtige[n] Spinoza" zum Verfechten des Selbsterhaltungsprinzips bewegt hatte; er reiht Spinoza und die Darwinisten also in ein und dieselbe Tradition ein, um sich selbst mit dem Theorem des Willens zur Macht von dieser Tradition abgrenzen zu können. Es geht ihm offenkundig darum, den Willen zur Macht als eine originelle Konzeption zu profilieren, welche Entwicklungen in der Natur durch eine Tendenz zur Machtsteigerung erklärt und darin zum zeitgenössischen Darwinismus ebenso in Opposition steht wie zu einer – durch den Namen „Spinoza" repräsentierten – neuzeitlichen philosophischen Tradition, in die sich der Darwinismus einschreibt.

Dabei ist der Gedanke, dass Machtsteigerung und nicht Selbsterhaltung das eigentliche Movens der Evolution sei, weitaus weniger originell, als Nietzsche im 349. Aphorismus zu verstehen geben will; schon im zeitgenössischen wissenschaftlichen Kontext hatte Nietzsche dafür eine Vorlage: Es handelt sich um William Henry Rolphs Schrift *Biologische Probleme*, die er in der zweiten Auflage von 1884 gelesen hat.[84] Hieraus speiste er die wichtigsten Aspekte seiner Kritik am darwinistischen „Kampf um's Dasein" in FW 349, darunter den für den Aphorismus zentralen Gedanken, dass das Streben nach Selbsterhaltung eine Ausnahme sei, eine Restriktion des eigentlichen Grundtriebes, die nur als widerständige Reaktion auf eine Notlage auftrete. Rolph lieferte Nietzsche ferner den Gedanken, dass die Natur nicht von Mangel, sondern von „Ueberfluss" und „Verschwendung" geprägt sei. Auch das Argument, dass Lebewesen primär auf Steigerung ihres Lebens aus seien, kommt bereits bei Rolph vor; dessen Begriff der „Lebensmehrung"[85] übersetzt Nietzsche in FW 349 in seine eigene Terminologie der „M a c h t e r w e i t e r u n g" und des „Willen[s] zur Macht". Die Gedankenwelt des 349. Aphorismus ist demnach in Rolphs *Biologischen Problemen* geradezu vorgebildet; bis in Nietzsches Formulierung des Schlusssatzes hinein ist Rolphs Einfluss zu erkennen – bei diesem heißt es: „Während es [...] für den Darwinisten überall da keinen Daseinskampf giebt, wo die Existenz des Geschöpfes nicht bedroht ist, ist für mich der Lebenskampf ein allgegenwärtiger: Er ist eben

---

du principe que l'être tend à persévérer dans l'être" (Stelle nachgewiesen bei Sommer, *Spinoza, Nietzsche und die Geschichte*).
83 Vgl. dazu im Detail: Scandella, *Zur Entstehung einiger Verweise auf Spinoza in Nietzsches Schriften*, 181.
84 Zu Nietzsches Rezeption von Rolphs Darwinismus-Kritik vgl. ausführlicher das folgende Kapitel.
85 Rolph, *Biologische Probleme*, 97.

primär ein Lebenskampf, ein Kampf um Lebensmehrung, aber kein Kampf um's Leben!"[86]

Nietzsche setzt seine zentrale Aussage, dass der Kampf in der Natur sich nicht primär um das Überleben, sondern um Macht und mehr Macht drehe, in FW 349 als eine wissenschaftliche Gegenposition zum Darwinismus in Szene. Der thetische und scheinbar objektive Charakter seiner Aussage steht dabei den persönlichen Überzeugungen jener „Naturforscher" und „Philosophen" entgegen, die, wie die Darwinisten und Spinoza, nicht aus ihrem „menschlichen Winkel" herausgekommen seien. Seine mit wissenschaftlichem Anspruch auftretende Antithese zum Darwinismus und Spinozismus schärft Nietzsche allerdings, indem er gänzlich ausblendet, dass auch bei Spinoza und vielen Darwinisten Selbsterhaltung nicht ohne eine Tendenz zur Machtsteigerung gedacht wird. Das Moment der Machtsteigerung ist für Spinozas Selbsterhaltungstheorie von großer Bedeutung – dies hat Nietzsche im Nachlass von 1887 auch zur Kenntnis genommen[87] – und im Darwinismus spielt es ebenfalls eine gewisse Rolle.[88] Nietzsche blendet diesen Zusammenhang jedoch konsequent aus, wenn er das neuzeitliche Selbsterhaltungsprinzip in seinen Schriften attackiert; so gelingt es ihm, seine Konzeption des Willens zur Macht scharf vom Darwinschen „Kampf ums Dasein" und von dessen vermeintlichem metaphysischen Vorläufer, Spinozas Selbsterhaltungstheorie, abzugrenzen. In der Forschung wurde immer wieder behauptet, Nietzsche habe diese Ausblendung und Verdrängung nötig, um die gefährliche Nähe Spinozas bzw. des Darwinismus zu seiner Konzeption des Willens zur Macht zu verbergen und diese Konzeption als originell profilieren zu können; er wolle um jeden Preis verhindern, mit Spinoza oder den Darwinisten verwechselt zu werden.[89] Dem ist entgegenzuhalten, dass Nietzsches Konzeption des Willens zur Macht sich vom neuzeitlichen Selbsterhaltungsprinzip durchaus in distinkter Weise unterscheidet, nämlich dadurch, dass sie die Selbsterhaltung in den Rang eines *sekundären* Phänomens herabstuft. Dass Nietzsche den Zusammenhang zwischen Selbsterhaltung und Machtsteigerung bei Spinoza ausblendet, dient natürlich der Profilierung seines Anliegens und der Abgrenzung von einer philosophischen Tradition, jedoch wäre es falsch, zu behaupten, dass die Originalität von Nietzsches Machtkonzeption ohne diese Ausblendung verloren ginge.

In der Auseinandersetzung mit Spinoza arbeitet Nietzsche seine Konzeption des Willens zur Macht aus und profiliert sie gegen die philosophische und wissenschaftliche Tradition des Selbsterhaltungsprinzips, für die Spinoza in seinen Schriften zur Symbolfigur wird. Die Originalität von Nietzsches Machtkonzeption wird deutlich, wenn man diese Konzeption im Kontext von Nietzsches Auseinandersetzung mit

---

[86] Rolph, *Biologische Probleme*, 97.
[87] Vgl. NL Herbst 1887, 7[4], KSA 12, 261. Die exzerpierte Stelle befindet sich in Fischers *Geschichte der neuern Philosophie I, 2* auf S. 484.
[88] Hierauf wird in den beiden folgenden Kapiteln ausführlicher einzugehen sein.
[89] Vgl. z. B. Stegmaier, *Nietzsches Befreiung der Philosophie*, 151 f.; Sommer, *Nietzsche's Readings on Spinoza*, 173.

Spinoza und der neuzeitlichen Tradition des Selbsterhaltungsprinzips untersucht; nur so lässt sich zeigen, dass Nietzsches spezifischer Beitrag zu einer Theorie der Macht darin besteht, eine Tendenz zur Steigerung als primäres Moment der Macht zu begreifen, der gegenüber Selbsterhaltung eine bloß abgeleitete, d. h. sekundäre Stellung hat. Zwar stellt Nietzsche Spinozas Theorie der Selbsterhaltung verkürzt dar, indem er übergeht, dass der *conatus* der Selbsterhaltung sich nicht ohne eine Tendenz zur Machtsteigerung verwirklicht, doch dient diese Ausblendung letztlich der sachlichen Profilierung seiner Antithese zur neuzeitlichen Tradition, die darin besteht, nicht Erhaltung, sondern Steigerung als primäres Moment der Macht, mithin als das eigentliche Element von Lebendigkeit zu bestimmen. Im Zusammenhang dieser These unternimmt Nietzsche eine differenzierte Kritik und Neubestimmung des Selbsterhaltungsbegriffs, die hier im Detail rekonstruiert wurde.

5 Nietzsches Auseinandersetzung mit dem Darwinismus

Seine Kritik am Selbsterhaltungsprinzip bildet Nietzsche, wie im vorigen Kapitel deutlich wurde, nicht nur im Dialog mit Spinoza heraus, sondern auch in der Auseinandersetzung mit dem Darwinismus.[1] Die in den Wissenschaften seiner Zeit breit aufgenommene Lehre Darwins verleiht dem Selbsterhaltungsprinzip Nietzsche zufolge eine zentrale Stellung und führt darin die metaphysische Tradition des Erhaltungsgedankens fort. Nietzsches Auseinandersetzung mit Spinozas *conatus*-Lehre erhält ihre aktuelle Relevanz gerade dadurch, dass diese Lehre aus seiner Sicht im zeitgenössischen Darwinismus fortwirkt und aktualisiert wird. Indem er Darwins „struggle for life" mit Spinozas Selbsterhaltungsprinzip assoziiert, verleiht Nietzsche seiner Auseinandersetzung mit den zeitgenössischen Natur- und Sozialwissenschaften eine metaphysische Tragweite; in der Tat erlaubt es ihm die metaphysische Dimension des *conatus*, seine Gegenstellung zu Darwins Lehre in der größtmöglichen Schärfe zu profilieren. Schopenhauer, Darwin und Spinoza bilden für Nietzsche insofern drei Figuren ein und derselben theoretischen Gegnerschaft; in Bezug auf das Problem der Selbsterhaltung hat er in den 1880er Jahren stets diese historische Konstellation im Blick. Um zu verdeutlichen, was für Nietzsche in der Auseinandersetzung mit dem Darwinismus auf dem Spiel steht und inwiefern er seine Kritik am Selbsterhaltungsprinzip darin präzisieren kann, soll diese Auseinandersetzung im Folgenden rekonstruiert werden; dabei ist auf Nietzsches Argumente gegen das (vermeintliche) darwinistische Selbsterhaltungsprinzip ebenso einzugehen wie auf die Quellen, aus denen er seine Argumente gespeist hat.

Gegen Darwin und seine Schule hat sich Nietzsche mit pointierter Polemik gewandt, eine Polemik, die seinen Angriffen auf Spinoza in nichts nachsteht. Anders als im Falle Spinozas, kannte er den theoretischen Gegner aber, zumindest teilweise, aus erster Hand: Er war mit den englischen und deutschen Sozialdarwinisten vertraut, las Spencer und Haeckel, und formte ausgehend von diesen sein Bild Darwins, dessen eigene Schriften er jedoch nicht gelesen zu haben scheint.[2] Auch bei Kritikern des Darwinismus, vor allem bei William Rolph und Wilhelm Roux, informierte er sich über

---

[1] Zu Nietzsches Auseinandersetzung mit dem Darwinismus vgl.: Stegmaier, *Darwin, Darwinismus, Nietzsche*; Moore, *Nietzsche, Biology and Metaphor*, insb. 21–55; ders., *Nietzsche and Evolutionary Theory*; Abel, *Nietzsche*, 39–43; Düsing, *Nietzsches Denkweg*, 201–350; Ansell Pearson, *Viroid Life*, 85–122; Johnson, *Nietzsche's Anti-Darwinism*; Sommer, *Nietzsche anti Darwin*. Besondere Beachtung verdient die umfassende Studie von Richardson, *Nietzsche's New Darwinism* (vgl. dazu die Debatte in: Clark, *On Nietzsche's Darwinism*; Reginster, *What is new in 'Nietzsche's New Darwinism'*; Richardson, *Replies to Clark and Reginster*).

[2] Eine mögliche Ausnahme bildet Darwins *A biographical Sketch of an Infant*, das Nietzsche 1877 in der Zeitschrift *Mind* gelesen zu haben scheint (vgl. Nietzsche an Paul Rée, Anfang Aug. 1877, KSB 5, 266).

Darwin.³ Zwischen den Positionen einzelner Darwinisten machte er wenig Unterschied und er las Kritik bereitwillig, bisweilen eher unkritisch auf, wenn es darum ging, seine wichtigste Gegenstellung zum Darwinismus herauszuarbeiten: dass der Kampf in der Natur sich nicht um das Überleben drehe, sondern um Macht. Dass Nietzsche dem Darwinismus mit dieser Antithese nicht gerecht wird, hat nicht nur mit seiner mangelhaften Sachkenntnis, sondern auch mit strategischen Absichten zu tun: Wie im Falle Spinozas, stilisiert er ‚die Darwinisten' zu einem theoretischen Feindbild, das es ihm erlaubt, seine eigenen Positionen kritisch zu profilieren.

Die Frage, ob Nietzsche Darwinist oder Anti-Darwinist oder gar etwas Drittes gewesen sei, wird in der Forschung seit langem kontrovers diskutiert.⁴ Nietzsches zur Schau getragene Feindseligkeit gegenüber dem „englischen Darwinismus" (FW V, 349, KSA 3, 585) mag den Eindruck erwecken, er sei ein entschiedener Gegner dieser Schule gewesen. Andererseits sind seine Anleihen bei darwinistischen Theorien und seine Weiterentwicklung derselben kaum zu übersehen, weshalb er manchen als Darwinist gilt. Mit Andreas Urs Sommer lässt sich die Frage, ob Nietzsche ein Darwinist oder nicht vielmehr ein Anti-Darwinist gewesen sei, letztlich als irrelevant herausstellen, weil er sich „am Darwinismus nur situativ interessiert [zeigt], insofern er sich dagegen profilieren kann. Der Darwinismus dient ihm nicht als Gesamterklärung der Welt, sondern als Reibungsfläche; er muss dazu in kein Bekenntnisverhältnis treten, weder ‚dafür' noch ‚dagegen' sein."⁵

Spätestens ab 1866, als Nietzsche erstmals Friedrich Albert Langes *Geschichte des Materialismus* las, begann er, fortlaufend Schriften über den Darwinismus zu rezipieren. Zur Zeit von *Menschliches, Allzumenschliches* durchlief er selbst eine ‚darwinistische' Phase, unter dem Einfluss Paul Rées stehend; davon zeugt auch die Bedeutung, die er dem Selbsterhaltungsprinzip für die Erklärung menschlichen Verhaltens in der genannten Schrift zuspricht. Doch um 1880, besonders in den Monaten vor seiner ersten Lektüre von Kuno Fischers Spinoza-Buch, nehmen Nietzsches Notizen zum Darwinismus eine kritische Wendung: Er beginnt, das Prinzip des „Kampfs ums Leben" zu hinterfragen. Der für seine Kritik fortan bestimmende Gedanke, dass Selbsterhaltung durch Anpassung im Sinne des „struggle for life" kein Prinzip sei, mit dem die eigentliche Dynamik des Lebendigen erfasst werden könne,

---

3 A. U. Sommer bemerkt treffend: „Für Nietzsche war der Darwinismus eine selbstverständliche Denkvoraussetzung – eine so selbstverständliche, dass er Darwins Hauptwerke nicht im Original lesen musste, sondern sich auf die Darstellung in diversen sekundärliterarischen Quellen und kritischen Auseinandersetzungen verließ, aus denen er seine teilweise recht präzisen Kenntnisse schöpfte. Darwinismus galt Nietzsche als Epochenphänomen, als herrschende ‚Schule'. […] Das Epochenphänomen Darwinismus erwies sich für Nietzsche als ideale Projektionsfläche, um sich selbst, sein eigenes Denken zu konturieren […]" (Sommer, *Nietzsche anti Darwin*, 171).
4 „Der Streit, ob und in welchem Sinne Nietzsche ein guter oder schlechter Anti-Darwinist oder nicht vielmehr im Grunde ein wahrer Darwinist war, ist so alt wie die Nietzsche-Forschung", bemerkt treffend Skowron (*Nietzsches ‚Anti-Darwinismus'*); ein Überblick über die Forschungslage findet sich ebd., 160–165.
5 Sommer, *Nietzsche anti Darwin*, 171.

bricht sich nun Bahn. Für Nietzsche dreht sich der ‚Kampf' nicht um das Überleben oder die Erhaltung, sondern um Macht und deren Mehrung.

Der Darwinismus führt Evolution auf die natürliche Selektion erblicher Eigenschaften zurück; als Prinzip dieser Selektion gilt der „Kampf ums Leben" oder „Kampf ums Dasein", ein Kampf, den nur solche Individuen bestehen, die sich mit ihren Eigenschaften ausreichend an die Umwelt angepasst haben. Es handelt sich dabei um eine Theorie, die Evolution durch das nicht-teleologische Prinzip natürlicher Selektion erklärt.[6] Nietzsches Kritik an der Theorie des Kampfs ums Dasein zielt darauf ab, dass diese selbsterhaltendes, konservatives Verhalten und nicht, wie er selbst, expandierende Machtäußerungen zum Movens lebendiger Entwicklung erklärt.

Wie John Richardson hervorgehoben hat, beruht diese Kritik auf einem grundlegenden Missverständnis von Darwins Theorie der natürlichen Auslese.[7] In der Tat reduziert Nietzsche den Kampf ums Dasein auf die Bedeutung eines Kampfes ums Überleben, sei es des Einzelnen oder der Art; dabei geht er davon aus, dass Erhaltung das Ziel des Willens, Triebs oder Instinkts von Individuen sei, er verleiht dem Daseinskampf also eine intentionale Zielgerichtetheit, die dieser bei Darwin nicht besitzt. In der Tat operierte weder Darwin noch der zeitgenössische Darwinismus mit einem „Selbsterhaltungstrieb", wie Nietzsche ihn den „Physiologen" in *Jenseits von Gut und Böse* 13 unterstellt: Das Überleben ist im Darwinismus nichts, was ein Individuum anstrebt oder worum es kämpft, vielmehr handelt es sich bei der Erhaltung – die nicht vorrangig Selbsterhaltung, sondern Arterhaltung ist – um eine langfristige strukturelle Eigenschaft der Evolution. Individuen mit hohem Anpassungswert tendieren dazu, in ihrer Nachkommenschaft zu überdauern; dies ist nichts, was sie triebhaft anstreben, sondern es ist das Ergebnis der natürlichen Auslese, insofern Eigenschaften, die den Anpassungswert von Individuen erhöhen, tendenziell überdauern und sich mehren; so kommen über lange Zeiträume die wichtigsten Eigenschaften von Lebewesen zustande.[8] Wenn Nietzsche den Willen zur Macht dem Darwinschen Kampf ums Leben entgegensetzt, so geschieht dies damit in einer Bedeutung, die Darwins Idee gar nicht zukommt. Er stellt die Art, in der Individuen um das Überleben kämpfen, falsch dar, weil er die Dynamik der natürlichen Auslese missverstanden hat. Dieses Missverständnis bildet allerdings die Grundlage für seine anti-darwinistische These, dass in der Natur nicht um Erhaltung (weder des Selbst, noch der Gattung) gekämpft wird, sondern um Macht.[9]

---

6 Vgl. Gessmann (Hg.), *Darwinismus*.
7 Vgl. Richardson, *Nietzsche's New Darwinism*, 18–25.
8 Vgl. Richardson, *Nietzsche's New Darwinism*, 22f.; das zugrundeliegende Problem, dem der Autor ausführlich nachgeht, ist die Frage nach der Teleologie im darwinistischen Kampf ums Dasein und in Nietzsches Konzeption des Willens zur Macht.
9 Vgl. Richardson, *Nietzsche's New Darwinism*, 24. Der Autor merkt jedoch an, dass es denkbar sei, dass Nietzsche die eigentliche Bedeutung der Erhaltung durch Auslese bei Darwin verstanden und gerade nach deren Vorbild seine Theorie des Willens zur Macht entwickelt habe: Der Wille zur Macht wäre dann selbst durch natürliche Auslese hervorgebracht worden. In diesem Fall wäre Nietzsches

Ein Blick auf eine zeitgenössische Quelle verdeutlicht, worauf diese Kritik am vermeintlichen darwinistischen Selbsterhaltungsprinzip zurückgeht: auf William Henry Rolphs Schrift *Biologische Probleme*.[10] Gegen Darwin bestreitet Rolph den prinzipiellen Charakter der Selbsterhaltung und betont die Bedeutung der Steigerung der Kräfte für den Prozess der Evolution.[11] Wachstum und Fortpflanzung, auf denen die Evolution beruht, sind nach Rolph nicht durch einen Trieb zum Überleben zu erklären, sondern müssen auf einen Trieb nach Selbststeigerung zurückgeführt werden: Dem Darwinschen „Kampf ums Leben" setzt Rolph einen „Kampf um Lebensmehrung"[12] entgegen, der allein die Entwicklungen in der Natur erklären könne. Es zeichne jedes Lebewesen aus, den jeweils erreichten Punkt seiner Entwicklung übersteigen zu wollen; aus diesem allgemeinen Streben nach Steigerung der Kräfte folge, dass alle Wesen sich in einem fortwährenden Kampf miteinander befänden. Darwins Irrtum bestehe darin, den Kampf als einen reinen Verteidigungskampf um das Überleben verstanden zu haben, während dieser vielmehr als offensiver Kampf um die Übermacht in einer von Nahrungsüberfluss geprägten Welt geführt werde. Es

---

Kritik, dass es sich nicht um das Überleben, sondern um Macht handle, als eine interne Korrektur des Darwinismus zu verstehen (vgl. ebd., 24 f.).

10 W[illiam] H[enry] Rolph: *Biologische Probleme, zugleich als Versuch zur Entwicklung einer rationellen Ethik*, zweite, stark erweiterte Auflage, Leipzig 1884; das Buch ist in Nietzsches Bibliothek enthalten, es enthält viele Anstreichungen und Annotationen von Nietzsches Hand. Zu seiner Aufnahme von Rolphs Darwinismus-Kritik vgl. Moore, *Nietzsche, Biology and Metaphor*, 47–55; dem Autor zufolge ist es keine Übertreibung zu sagen, dass Nietzsche sämtliche Grundvoraussetzungen von Rolphs Biologie seinem Denken einverleibt hat; der Einfluss Rolphs sei insofern nicht geringer als derjenige Wilhelm Roux' gewesen (ebd., 47). Zu Rolphs Bedeutung für Nietzsche vgl. auch: Müller-Lauter, *Der Organismus als innerer Kampf*, 135 f., Anm. 174.

11 Vgl. Rolph, *Biologische Probleme*, 92–95 (Die von Nietzsche unterstrichenen Stellen werden hier und im Folgenden ebenfalls unterstrichen wiedergegeben, die von ihm am Rand angestrichenen Stellen werden kursiviert.): „Der Kampf um's Dasein geht nach Darwin hervor aus dem <u>Selbsterhaltungstriebe</u>, aus dem Streben des Geschöpfes, <u>im Concurrenzkampfe um die Nahrung</u> sich selbst ein ausreichendes Quantum zu sichern. Aber reicht wohl diese Erklärung aus? Ich denke nicht; denn das Geschöpf bestreitet aus seinen Einnahmen auch die <u>Function der Fortpflanzung, welche doch keineswegs zur Selbsterhaltung gehört</u>. [...] *Es fehlt also im Darwinismus eine <u>Ursache</u> für ein über das Maass der <u>Erhaltung des status quo des Lebens</u> <u>hinausgehendes</u> <u>Nahrungsbedürfniss</u>. Nach ihm kann das Thier nur soviel erwerben, als es <u>braucht</u>, also nur genug zur Deckung seiner Bilanz. Der Daseinskampf wäre also ein <u>Vertheidigungskampf</u>, und dementsprechend wäre das Resultat desselben auch im besten Falle nur eine <u>Erhaltung der Art auf ihrer Position</u>, im ungünstigen Falle aber ein Herabsinken von derselben, mit der weiteren Consequenz des Unterganges. Es ist das eine Vorstellung, die sich gesetzmässig aus dem Darwinismus ergiebt, und welche denn auch ganz allgemein geworden ist. Denn wenn sie auch vielleicht nirgends direct ausgesprochen worden, wozu ja auch bei dem Mangel eine Angriffes keine Veranlassung vorlag, so erhellt sie doch Schritt auf Schritt aus der Darwinistischen Literatur.* / Aber diese Vorstellung ist eine durchaus <u>falsche</u>. Das Thier erwirbt nicht nur genug zur Deckung seiner Ausgaben, sondern es <u>erwirbt weit mehr</u>".

12 Rolph, *Biologische Probleme*, 97.

ist hervorzuheben, dass Rolph dabei den Darwinschen Kampf ums Leben auf die Bedeutung einer „Erhaltung des status quo des Lebens"[13] festlegt.

Dem Kampf um Lebensmehrung, der alle wesentlichen naturgeschichtlichen Entwicklungen bestimme, legt Rolph eine Theorie der Unersättlichkeit von Organismen zugrunde, die deren Trieb zur Selbsterweiterung erklären soll.[14] Mit dieser Theorie werden alle organischen Funktionen, von der Ernährung über die Fortpflanzung bis hin zur Evolution, auf ein unersättliches Assimilationsbedürfnis zurückgeführt. Die einfachsten wie die komplexesten Organismen nehmen nach Rolph auf unabschließbare Weise mehr in sich hinein, als zu ihrer Erhaltung notwendig ist:[15] Entsprechend wird z. B. die Fortpflanzung einfacher Organismen, die auf Konjugation oder Teilung beruht, als eine verkappte Form der Ernährung erklärt. Der zugrundeliegende Gedanke lautet: „Es handelt sich [...] in dem Haushalt der Natur keinesfalls um Deckung der Ausgabe, sondern um Steigerung der Einnahme, des Stoffumsatzes."[16]

Dass Nietzsche bei Rolph großzügige Anleihen gemacht hat, ist unschwer zu erkennen. Seine Hefte sind ab 1884 regelrecht übersät mit Notizen, die von einer in-

---

13 Rolph, *Biologische Probleme*, 94.
14 Vgl. Rolph, *Biologische Probleme*, 95–97: „Woher kommt es, *dass der Organismus mehr einzunehmen* strebt, als er ausgiebt, was ist der Grund *seiner Unersättlichkeit*? Das ist das Fundamentalproblem der Descendenztheorie, ohne dessen Lösung die letztere trotz D a r w i n in der Luft schwebt. [...] [D]iese Unersättlichkeit erst erklärt uns das Wachsthum, die Vermehrung, die Vervollkommnung, und die individuelle Entwicklung der Organismen. Ohne sie gäbe es auch jetzt nur eine Welt primitiver Amoeben, und keine Ewigkeit würde dieselben zu höherer Entwicklung gebracht haben. [...] Erst durch die Einführung dieser Unersättlichkeit wird das Darwinistische Princip der Vervollkommnung im Lebenskampfe annehmbar. Denn nun erst haben wir eine Erklärung für die That*sache, dass das Geschöpf, wo immer es kann, mehr erwirbt, als es zur Erhaltung seines status quo bedarf: dass es im Uebermaass wächst*, wo die Gelegenheit dazu gegeben ist, und eine *Fülle von Reservestoffen anlegt*. Es kann eben nicht anders, denn die Assimilation ist seiner Willkür entzogen [...] *Dann aber spielt sich freilich der Daseinskampf nicht mehr um's Dasein ab, er ist kein Kampf um Selbsterhaltung, kein Kampf um die ‚Erwerbung der unentbehrlichsten Lebensbedürfnisse', sondern ein Kampf um Mehr*erwerb. [...] [E]r ist constant, er ist ewig; er kann nie erlöschen, denn eine Anpassung an die Unersättlichkeit giebt es nicht, selbst nicht bei äusserster Abundanz. Dann ist ferner der Daseinskampf kein Vertheidigungskampf, sondern ein Angriffskrieg, der nur unter gewissen Umständen zu einem Vertheidigungskampfe umgewandelt werden kann. Wachsthum aber und Vermehrung und Vervollkommnung sind die Folgen jenes erfolgreichen Angriffskrieges, in keiner Weise aber der Zweck desselben oder gar einer in der Natur liegenden Tendenz. Während es also für den Darwinisten überall da keinen Daseinskampf giebt, wo die Existenz des Geschöpfes nicht bedroht ist, ist für mich der Lebenskampf ein allgegenwärtiger: Er ist eben primär ein Lebenskampf, ein Kampf um Lebensmehrung, aber kein Kampf um's Leben!" (An das Ende dieses Abschnitts hat Nietzsche die Worte „mehr Leben" geschrieben.).
15 Vgl. Rolph, *Biologische Probleme*, 55–71.
16 Rolph, *Biologische Probleme*, 61 – eine Stelle, die Nietzsche mehrfach angestrichen hat: „Wir erkennen also, dass hier die Abgabe gar nicht in Betracht fällt, ja wir müssen behaupten, dass die Abgabe erst von der Aufnahme abhängt. Es handelt sich daher in dem Haushalt der Natur keinesfalls um Deckung der Ausgabe, sondern um Steigerung der Einnahme, des Stoffumsatzes. Das Maass des Wachsthums ist also abhängig von der Intensität der Aufnahme neuer [...] Materie, von der Intensität des Stoffwechsels".

tensiven Rezeption der *Biologischen Probleme* zeugen.[17] In der Tat hat er alle wesentlichen Aspekte seiner Kritik am Darwin'schen Kampf ums Leben von Rolph übernommen; auch die Missverständnisse, die dieser in Bezug auf den Darwinismus hegte, hat er dabei in sein Denken integriert. Schon Rolphs zentrales Argument, demzufolge die Erhaltung der Individuen im Kampf ums Dasein ein sekundäres Phänomen der Evolution sei, die Tendenz zur Steigerung hingegen deren primäres Moment, beruht auf einem grundlegenden Missverständnis: Darwin habe den „struggle for existence" im Malthus'schen Sinne als einen Wettkampf von Artgenossen um knappe Ressourcen verstanden.[18] In *The Principle of Population* (1798) hatte Malthus die Auffassung vertreten, dass die Bevölkerungszahl der Tendenz nach exponentiell wachse, während die Nahrungsmittelversorgung bestenfalls linear zunehmen könne; reguliert werde das dadurch entstehende Missverhältnis *de facto* durch Hungersnöte, Seuchen und Kriege. Rolph zufolge versteht Darwin den Kampf ums Leben, auf der Grundlage der Malthus'schen Bevölkerungstheorie, als einen bloßen Defensivkampf um das Überleben, ein Kampf, der zwischen Individuen unter den Bedingungen der Übervölkerung ausgefochten wird.[19] Nahrungsmangel, nicht Nahrungsüberfluss, sei daher die Voraussetzung, unter der Darwin Variation und Vererbung als die vorantreibenden Faktoren der Evolution zu erklären versuche. Nach Rolph kann Entwicklung aber gerade nicht auf das bare Überleben angepasster Individuen in einem Kampf ums Lebensminimum erklärt werden; evolutionäre Veränderungen ließen sich nur erklären, wenn man von einer fortwährenden Steigerung der Lebenskräfte der Individuen ausgehe, welche durch einen Überschuss an verfügbarer Nahrung ermöglicht werde.[20] Rolph beansprucht, mit dieser Theorie der Abundanz der grundlegenden Bedeutung von Wachstum für Variation und Vererbung gerecht zu werden – eine Bedeutung, die Darwin übersehen habe.[21] Mit seiner Kritik an Darwin

---

17 Ein umfassender Nachweis von Nietzsches Anleihen bei Rolph findet sich bei Moore, *Nachweise aus William H. Rolph*.
18 Vgl. dazu und zum Folgenden: Moore, *Nietzsche, Biology and Metaphor*, 51 f.
19 Vgl. Rolph, *Biologische Probleme*, 82–86: „Darwin bedurfte der Uebervölkerung als der wesentlichen Ursache des Mangels und damit des Kampfes um's Dasein. Denn der Kern seiner Theorie ist die Herbeiführung und sogar die dauernde Existenz von Mangel in Folge von Uebervölkerung. *Darwin braucht den Mangel, um den Schwächling auszujäten, den Bevorzugten aber zu erhalten.* [...] Der Fehler, den der Darwinist hier macht, ist *der, dass er aus der Thatsache, dass Mangel an Nahrung eintreten müsste, wenn alle möglichen Individuen am Leben blieben, den Schluss zieht, dass das nun auch für alle Ueberlebenden wirklich der Fall sei.* [...] Es werden nun nur diejenigen überleben, welche in Bezug auf Nahrungserwerb gewisse Vorzüge vor ihren Concurrenten voraus haben. Die anderen gehen zu Grunde [...]. [...] Leider muss ich gestehen, dass Darwin selbst durch seine Darstellung zu dieser einseitigen Auffassung des Lebenskampfes die Berechtigung gegeben hat. Er hat sich offenbar durch das Malthus'sche Gesetz etwas zu sehr bestechen lassen; und die Anwendung dieses Gesetzes bedeutet Mangel und immer wieder Mangel".
20 Vgl. Rolph, *Biologische Probleme*, 72.
21 G. Moore weist darauf hin, dass Darwin dieses Problem in *The Origin of Species* durchaus gesehen hatte, als er – wenn auch beiläufig – erwog, dass Variabilität teilweise auf Überfluss an Nahrung zurückzuführen sein könnte (vgl. Darwin, *Origin of Species*, 5; zit. bei Moore, *Nietzsche, Biology and*

lag Nietzsches Gewährsmann jedoch insofern falsch, als Darwin Nahrungsmangel nicht als Motor der evolutionären Entwicklung, sondern hauptsächlich als das Mittel versteht, durch das schlechter angepasste Individuen ausgetilgt werden. Entsprechend hat schon 1882 ein Kritiker der *Biologischen Probleme* bemerkt, Rolph kämpfe, wie die meisten von Darwins Gegnern, mit Windmühlen und Gespenstern, die er selbst geschaffen habe.[22]

Für Nietzsche ist jedoch allein von Interesse, dass er in Rolphs Polemik den geeigneten Stoff findet, um seinen Begriff des Lebens als Willen zur Macht gegen die vorherrschende Biologie seiner Zeit profilieren zu können. Rolphs Abundanztheorie fügt er ohne Schwierigkeiten in die Gedankenwelt des Willens zur Macht ein. Damit transponiert er eine anti-darwinistische Biologie auf die Ebene der Ontologie: Die Steigerungstendenz, die von Rolph als rein mechanischer Prozess der Erweiterung aufgefasst wird, führt Nietzsche auf die innere Wirklichkeit des Willens zur Macht zurück. Dieser Wille ist, in der organischen wie in der anorganischen Welt, durch einen Drang zur Assimilation gekennzeichnet, der dem von Rolph beschriebenen Prinzip der Unersättlichkeit gehorcht.[23] Phänomene wie Ernährung, Fortpflanzung, Anpassung und Vererbung erklärt Nietzsche mit Anklang an Rolph durch ein Streben nach Machterweiterung, und er bestreitet zugleich, dass diese durch einen Trieb zur Selbsterhaltung erklärt werden könnten. Er interpretiert solche organischen Prozesse als Manifestationen eines Willens zur Macht, der im Rolph'schen Sinne darauf aus ist, sich immer wieder über den erreichten Punkt seiner Entwicklung zu erweitern.[24]

Die wichtigsten Aspekte von Rolphs Darwinismus-Kritik hat Nietzsche, wie bereits gezeigt wurde, in den 349. Aphorismus der *Fröhlichen Wissenschaft* aufgenommen. Seine Argumente, dass Selbsterhaltung eine Ausnahmereaktion sei, die nur unter den Bedingungen einer Notlage auftrete, dass in der Natur eigentlich Überfluss und Verschwendung herrschen, und dass es allem Lebendigen im Wesentlichen um Wachstum und Macht gehe, zeugen in verdichteter Form von seiner Rolph-Rezeption. Die anti-darwinistische Biologie Rolphs setzt Nietzsche ein, um die Konzeption des Willens zur Macht gegen das vorherrschende wissenschaftliche Dogma seiner Zeit zu profilieren; dabei besteht die einzige Anpassung darin, dass Nietzsche Rolphs Termini „Lebenssteigerung" und „Lebensmehrung" durch den Begriff der „M a c h t e r w e i t e r u n g " ersetzt und jene somit in die Gedankenwelt des Willens zur Macht über-

---

Metaphor, 51). Rolph hatte diesen Aspekt schlichtweg übergangen, vielleicht um seine Abundanztheorie als klare Antithese zu Darwin profilieren zu können.
22 Vgl. „Review of Biologische Probleme", *Kosmos* 2 (1882), 146: „[...] the author, like most of Darwin's opponents, is fighting with windmills and phantoms of his own creation" (zit. bei Moore, *Nietzsche, Biology and Metaphor*, 51f., Anm. 42).
23 Vgl. dazu die Notizen zum Protoplasma, die Nietzsche sich in den Jahren nach seiner Lektüre der *Biologischen Problemen* macht: NL Herbst 1887, 9[151], KSA 12, 424; NL Nov. 1887 – März 1888, 11[121], KSA 13, 57f.; NL Frühjahr 1888, 14[174], KSA 13, 360f.
24 Vgl. Moore, *Nietzsche, Biology and Metaphor*, 48.

setzt.²⁵ In *Götzen-Dämmerung* hat Nietzsche 1888 seine von Rolph inspirierte Kritik unter dem Titel „A n t i - D a r w i n" nochmals prägnant formuliert. Rolphs Rückführung des Darwinschen „struggle for life" auf die malthusianische Bevölkerungstheorie findet dort nochmals einen Widerhall:

> Was den berühmten Kampf um's L e b e n ' [sic!] betrifft, so scheint er mir einstweilen mehr behauptet als bewiesen. Er kommt vor, aber als Ausnahme; der Gesammt-Aspekt des Lebens ist n i c h t die Nothlage, die Hungerlage, vielmehr der Reichthum, die Üppigkeit, selbst die absurde Verschwendung, – wo gekämpft wird, kämpft man um M a c h t ... Man soll nicht Malthus mit der Natur verwechseln. (GD, *Streifzüge* 14, KSA 6, 120)²⁶

Bis in die Spätschriften hinein versteht Nietzsche den Darwinismus als die zeitgenössische Variante eines Denkens, das den Grundcharakter des Lebendigen in der Selbstverteidigung und Selbstbewahrung angesichts von Bedrohungen sieht. Das neuzeitliche Selbsterhaltungsprinzip werde im darwinistischen Kampf ums Dasein fortgeführt und durch diesen sogar seiner Bedeutung nach expliziert: Es handle sich um ein Prinzip, das die Lebendigkeit auf einen widerständigen Reflex der Selbstverteidigung angesichts einer feindlichen, von Mangel geprägten Umwelt reduziere.²⁷ Damit ist nach Nietzsche der eigentliche Charakter des Lebendigen aber gerade verfehlt: Das Selbsterhaltungsstreben im Sinne eines Kampfs ums Überleben kann nur eine Ausnahmereaktion auf Notlagen sein, während sich der Kampf der Individuen im Normalfall um die Übermacht innerhalb einer von Überfluss geprägten Natur drehe. Das Streben nach Selbsterhaltung gilt ihm als eine Restriktion des Willens zur Macht angesichts lebensbedrohlicher Umstände; wird es zum Prinzip erhoben, so zeugt es von einer Verkennung des dynamischen, expansiven Charakters alles Lebendigen und Wirklichen. In diesem Zusammenhang erprobt Nietzsche ein Argument, das er gleichfalls von Rolph übernommen hat: Die Theorie des Kampfs ums Dasein laufe auf die Wahrung des *status quo* des Lebens hinaus und könne insofern Veränderung und Entwicklung nicht erklären; Evolution könne durch das darwinistische Selbsterhaltungsprinzip gerade nicht begründet werden, vielmehr müsse man ein Prinzip annehmen, das bei Lebewesen nicht selbsterhaltendes, sondern expandierendes Verhalten voraussetzt. Solche Überlegungen finden sich bei Nietzsche allerdings nur in nachgelassenen Notizen²⁸ – ein möglicher Hinweis darauf, dass er das Argument,

---

25 Vgl. Moore, *Nietzsche, Biology and Metaphor*, 53.
26 Eine ausführliche Analyse dieses Textes findet sich bei Sommer, *Nietzsche anti Darwin*, 173–181.
27 Ein wesentlicher Kritikpunkt Nietzsches besteht im Übrigen darin, dass Darwin die Bedeutung der Anpassung an die Umwelt überschätzt habe. Vgl. NL Ende 1886 – Frühjahr 1887, 7[25], KSA 12, 304: „– der Einfluß der ‚äußeren Umstände' ist bei D<arwin> ins Unsinnige ü b e r s c h ä t z t ; das Wesentliche am Lebensprozeß ist gerade die ungeheure gestaltende, von Innen her formschaffende Gewalt, welche die ‚äußeren Umstände' a u s n ü t z t , a u s b e u t e t ... ". Vgl. auch GM II, 12, KSA 5, 313–316.
28 Mit direktem Bezug zum Darwinismus vgl.: NL Ende 1886 – Frühjahr 1887, 7[25], KSA 12, 304: „[...] was ist zuletzt ‚nützlich'? Man muß fragen ‚in Bezug w o r a u f nützlich?' Z. B. was der D a u e r des Individuums nützt, könnte seiner Stärke und Pracht ungünstig sein; was das Individuum erhält, könnte es zugleich festhalten und stille stellen in der Entwicklung".Vgl. auch NL Frühjahr 1888, 14[121],

Selbsterhaltung sei ein Prinzip der Wahrung des *status quo*, letztlich für wenig überzeugend hielt.

Zusammenfassend sei hier nochmals festgehalten: Nietzsches Kritik am Darwinismus – dass der Kampf in der Natur sich nicht um das Überleben, sondern um Macht und deren Mehrung drehe – tritt ab 1880, besonders in den Monaten vor seiner ersten Lektüre von Fischers Spinoza-Studie, hervor. Die Gegenstellung zum Darwinismus – nicht Selbsterhaltung, sondern Machtsteigerung – beruht allerdings auf einem grundlegenden Missverständnis der Theorie der natürlichen Auslese, nämlich dass die Auslese auf einem aktiven Kampf ums Überleben beruhe, und nicht eine langfristige strukturelle Eigenschaft der Evolution sei. Vor dem Hintergrund von Rolphs *Biologischen Problemen*, die Nietzsche als Quelle nutzte, wird deutlich, dass Nietzsche den Kampf ums Dasein als einen Defensivkampf unter den Bedingungen der Übervölkerung verstand. Nietzsches von Rolph entlehntes Gegenargument lautet, dass die Entwicklungen in der Natur sich nicht durch einen Überlebenskampf angesichts von Mangel, sondern durch Selbststeigerung und -Entwicklung unter den Bedingungen von Überfluss erklären lasse. Bei Rolph findet Nietzsche den geeigneten Stoff, um seine Konzeption des Willens zur Macht gegen den Darwinismus als wissenschaftliches Epochenphänomen zu profilieren. Selbsterhaltung, im Sinne eines Defensivkampfs ums Überleben angesichts feindlicher Umstände, kann nicht als eigentlicher Motor der Evolution verstanden werden – so lautet Nietzsches Korrektur des Darwinismus, die er allerdings auf der Grundlage einer verkürzenden Interpretation gewinnt. Beim bloßen Selbsterhaltungsstreben handelt es sich nach Nietzsche um eine Restriktion, eine Minimalform des Willens zur Macht. Im Rückblick auf FW 349 lässt sich daher nun erkennen, dass Nietzsches Bestimmung der Selbsterhaltung als Minimalform des Willens zur Macht aus seiner Auseinandersetzung mit dem Darwinismus stammt. In FW 349 figuriert Spinoza als der metaphysische Ahnherr des darwinistischen Missverständnisses von Natur und Entwicklung; die Figur Spinoza dient in diesem Aphorismus also dazu, Nietzsches Kritik am Darwinismus zu einer Gegenstellung zur neuzeitlichen, metaphysischen Tradition des Selbsterhaltungsprinzips auszuweiten.

KSA 13, 301, wo Nietzsche das aus seiner Auseinandersetzung mit dem Darwinismus stammende Argument nicht auf diesen, sondern auf Spinoza bezieht: „Der Satz des Spinoza von der Selbsterhaltung müßte eigentlich der Veränderung einen Halt setzen: aber der Satz ist falsch, das G e g e n t h e i l ist wahr. Gerade an allem Lebendigen ist am deutlichsten zu zeigen, daß es alles thut, um n i c h t sich zu erhalten, sondern um m e h r zu werden...".

6 Exkurs: Spinozas *conatus*-Lehre – eine Theorie der Selbsterhaltung

Der Fokus auf Nietzsche ist nun vorübergehend aufzugeben, um Spinozas Theorie des *conatus* selbst in den Blick zu nehmen. Die Rekonstruktion dieser Theorie, ihrer Implikationen und zweier Problemstellungen, die mit ihr zusammenhängen, erlaubt es, das frühneuzeitliche Selbsterhaltungsprinzip als solches, und zwar in seiner spinozanischen Gestalt, zu interpretieren. Dieser Exkurs geschieht nicht im Hinblick darauf, Nietzsches Deutungen (oder Fehldeutungen) direkt auf Spinozas Schriften zu beziehen, sondern um den Problemgehalt zu verdeutlichen, der mit dem Selbsterhaltungsprinzip schon in seinen Anfängen zusammenhängt. Auch soll dadurch eine Verständnisgrundlage geschaffen werden, die es erlaubt, die von Nietzsche rezipierten Darstellungen von Spinozas *conatus*-Lehre in ihren jeweiligen Interpretationsentscheidungen und -tendenzen zu beurteilen.

6.1 Das Streben, in seinem Sein zu verharren

Das Streben eines Individuums, sein eigenes Sein zu bewahren, wird von Spinoza in der Mitte seines systematischen Hauptwerks, der *Ethica* (1677), eingeführt. Der Lehrsatz, in dem es thematisch wird, lautet: „Unaquaeque res, quantum in se est, in suo esse perseverare conatur." (E III, pr. 6.).[1] Als Selbsterhaltungsstreben stellt der *conatus* des Verharrens nach Spinoza das Wesen jedes Einzeldinges dar, d.h. jedes Individuums als eines endlichen Dings.[2] Spinozas besonderes Interesse gilt dabei dem Menschen, im Hinblick auf den er die Theorie des *conatus* im dritten Teil der *Ethik* ausarbeitet. Wie schon der Titel dieser Schrift zum Ausdruck bringt, geht es in ihr um die Bedingungen des gelingenden menschlichen Lebens, und hierfür ist die Frage nach der gelingenden Selbsterhaltung zentral.[3] Folgt man Wolfgang Bartuschat, so kann in der Tat „die gesamte ‚Ethica' [...] daraufhin gelesen werden, daß sie die Bedingungen entfaltet, unter denen dieses Streben sich realisieren läßt, unter denen also ein Individuum tatsächlich zu dem ihm eigenen Sein gelangt"[4].

---

[1] In der Übersetzung W. Bartuschats lautet dieser Lehrsatz: „Jedes Ding strebt gemäß der ihm eigenen Natur in seinem Sein zu verharren". Die im Folgenden zitierten deutschen Übersetzungen Spinozas stammen in der Regel von W. Bartuschat; sofern es sich um meine eigenen Übersetzungen handelt, wurde dies vermerkt.
[2] Vgl. E III, pr. 7: „Conatus, quo unaquaeque res in suo esse perseverare conatur, nihil est praeter ipsius rei actualem essentiam".
[3] Die Zentralität der *conatus*-Theorie in Spinozas *Ethik* ist immer wieder hervorgehoben worden; so bezeichnet etwa Th. Cook den *conatus* als Dreh- und Angelpunkt der *Ethik* (vgl. Cook, *Conatus*).
[4] Bartuschat, *Spinozas Theorie des Menschen*, IX f.

Die Theorie des *conatus* ist innerhalb von Spinozas System von großer Tragweite: Sie bildet den Ausgangspunkt von Spinozas Naturtheorie, Psychologie, politischer Theorie und Ethik.[5] Seine Naturtheorie gründet Spinoza insofern auf den *conatus*-Begriff, als er das Streben, in seinem Sein zu verharren, in universeller Weise allen Dingen, organischen wie anorganischen, zuschreibt. Seine Psychologie beruht auf dem *conatus*-Begriff, insofern alle „Begierde" (E III, pr. 9, sc.) (*cupiditas*) als Ausrichtung des Erhaltungsstrebens auf bestimmte Einzeldinge, die begehrt werden, begriffen wird – und „Freude" und „Trauer", aus denen alle übrigen Affekte entstehen, auf die Erfüllung bzw. Frustration dieser Begierde zurückgeführt werden. Seine politische Philosophie nimmt ihren Ausgang vom Begriff des *conatus*, insofern das natürliche Recht eines jeden Individuums durch die Macht seines Strebens bestimmt wird. Schließlich ist der *conatus*-Begriff auch für Spinozas Ethik zentral, weil er ein moralisches Bewertungskriterium liefert, insofern die Tugend einer Person mit der Macht ihres Strebens gleichgesetzt wird.[6]

Mit der Annahme eines Selbsterhaltungsprinzips greift Spinoza eine philosophische Tradition auf, die bis zur Stoa, von der er beeinflusst war, zurückreicht.[7] Schon Seneca und Cicero hatten aufgrund der Beobachtung, dass Lebewesen im Allgemeinen ihre Existenz zu bewahren suchen und sich dem Sterben widersetzen, die Selbsterhaltung als Prinzip menschlichen und tierischen Verhaltens etabliert. In Spinozas Jahrhundert machte Hobbes das natürliche Selbsterhaltungsstreben des Menschen zum Ausgangspunkt seiner politischen Theorie,[8] und Spinozas Bezugnahmen auf diese sind unverkennbar. Spinoza geht aber mit seiner Theorie sowohl über Hobbes als auch über die Stoiker weit hinaus, indem er das „Streben, in seinem Sein zu verharren" nicht nur den Menschen und allen anderen Lebewesen zuschreibt, sondern es zur Grundbestimmung jedes existierenden Dinges erklärt. Damit erhebt er das Selbsterhaltungsprinzip in einen universellen Status, den es zuvor bei keinem Denker gehabt hatte.

Um zu verstehen, was es bedeutet, dass jedes Ding, so sehr es kann, danach strebt, in seinem Sein zu verharren, muss man den Kontext berücksichtigen, in den Spinoza diese Aussage einbettet; so lässt sich das Argument für den *conatus* rekonstruieren. Auffällig ist, dass der Kontext, auf den sich Spinoza zum Beweis von Lehrsatz 6 bezieht, nicht sehr umfassend ist:[9] Im Rahmen seines Beweisverfahrens

---

5 Vgl. Garrett, *Spinoza's Conatus Argument*, 127.
6 Der *conatus* nimmt auch die Stelle des von Spinoza verworfenen metaphysischen Willensbegriffs ein, wobei Spinoza beansprucht, mit dem Konzept des Selbsterhaltungsstrebens menschliche Gefühle und Handlungen besser erklären zu können als mit dem Willensbegriff. Vgl. Delahunty, *Spinoza*, 220.
7 Zu Spinozas Beeinflussung durch stoisches Gedankengut vgl.: Dilthey, *Weltanschauung und Analyse des Menschen*, 285–296. Diltheys These, dass „die ganze eigentliche Ethik Spinozas, das Ziel seines Werkes, auf die Stoa gegründet ist" (ebd., 285) wurde von H. Blumenberg hingegen in Frage gestellt (ders., *Selbsterhaltung und Beharrung*, 144 ff.).
8 Vgl. Hobbes, *Leviathan*, Bd. 2, 198 f.
9 Zu dieser Isoliertheit von E III, pr. 6 vgl.: Bartuschat, *Spinozas Theorie des Menschen*, 133 f.

more geometrico bezieht sich Spinoza lediglich auf die zwei unmittelbar vorangegangenen Lehrsätze, die als Prämissen für sein Argument dienen. Der erste dieser beiden Lehrsätze lautet: „Kein Ding kann anders als von einer äußeren Ursache zerstört werden." (E III, pr. 4). Obwohl Spinoza diesen Satz, wie er sogleich erklärt, als selbst-evident betrachtet, schickt er ihm dennoch einen Beweis nach, in dem er von der Positivität der Definition eines Dings auf die Positivität des Dinges selbst schließt: Da die Definition eines Dings dessen Essenz bejaht, nicht aber verneint, lässt sich in einem Ding, sofern man nur auf es selbst (gemeint ist wohl: auf seine Essenz) und nicht auf äußere Ursachen achtet, nichts finden, was dieses Ding verneint.[10] Worauf Spinoza hinaus will, ist offenbar die Tatsache, dass die Zerstörung eines Dings niemals nur auf es selbst, also auf dessen Essenz, zurückgeführt werden kann; vielmehr müssen äußere Faktoren hinzugezogen werden, um zu erklären, weshalb ein Ding zu existieren aufhört.[11] Auf den soeben zitierten Lehrsatz folgt eine zweite, die zentrale Aussage über die Selbsterhaltung vorbereitende Prämisse. Sie lautet: „Dinge sind von entgegengesetzter Natur, d.h. können nicht in demselben Subjekt sein, insoweit das eine das andere zerstören kann." (E III, pr. 5). Dieser Lehrsatz folgt nach Spinoza aus der zuvor etablierten Aussage, dass es kein Merkmal eines Dinges geben kann, aufgrund dessen das Ding zerstört werden könnte. Auf der Grundlage dieser beiden Prämissen soll das Argument etabliert werden können, mit dem Spinoza daraufhin das Selbsterhaltungsstreben beweist: „[...] kein Ding hat etwas in sich, von dem es zerstört werden könnte oder das seine Existenz aufhöbe [...]; vielmehr steht es allem, was seine Existenz aufheben kann, entgegen [...]; mithin strebt es, so viel es kann, d.h. gemäß der ihm eigenen Natur, in seinem Sein zu verharren." (E III, pr. 6, dem.). Inwiefern aus dem Widerstand, den ein Ding gegenüber Äußerem ausübt, gefolgert werden kann, dass das Ding danach *strebt* oder sich *bemüht*, sein Sein zu bewahren, ist hieraus noch nicht ersichtlich. Um dies zu verstehen, muss man den ersten Satz des Beweises berücksichtigen.

Im ersten Teil des Beweises bezieht Spinoza das strebende Einzelding auf eine Macht (*potentia*), die über diejenige des Individuums weit hinausgeht, nämlich auf die Macht Gottes: „Einzeldinge sind [...] Modi, von denen Gottes Attribute auf bestimmte und geregelte Weise ausgedrückt werden [...], d.h. [...] Dinge, die die Macht Gottes, durch die Gott ist und handelt, auf bestimmte und geregelte Weise ausdrücken" (E III, pr. 6, dem.). Das Streben, durch das sich ein endliches Wesen auszeichnet, ist demnach auf Macht bezogen, wobei der Bezug auf die Macht das Erhaltungsstreben in eine metaphysische Theorie einbettet, ohne die es offenbar nicht verstanden werden kann. Metaphysisch ist diese Theorie insofern, als sie auf ein einheitliches Machtgeschehen abzielt, auf das das Streben jedes Dings, sich selbst zu bewahren, ontologisch zurückgeht: Es ist die Macht Gottes, als *causa sui* zu existieren, die in der Macht der

---

10 Vgl. E III, pr. 4, dem.
11 Man hat in E III, pr. 4 das wohl stärkste Zeugnis von Spinozas Rationalismus gesehen (vgl. Della Rocca, *Spinoza*, 138 f.).

Einzeldinge, sich selbst zu erhalten, zum Ausdruck kommt. Ohne die Beziehung menschlicher Macht auf die göttliche Macht, eine Beziehung, die Spinozas Machttheorie im Wesen bestimmt, lässt sich der *conatus* also nicht verstehen. Dass der Widerstand eines Individuums gegen Äußeres (E III, pr. 5) sich als ein Streben (E III, pr. 6), d.h. als ein Tätigsein realisiert, liegt daran, dass jedes Individuum eine bestimmte *Macht* ist, die sich nur dem Grade, nicht aber der Art nach von der Macht Gottes unterscheidet.[12] Gottes Macht, die eigene Existenz zu wahren, ist notwendigerweise uneingeschränkt, weil es gegenüber Gott nichts Äußeres gibt, das ihn vernichten könnte; die Macht der Einzeldinge, ihre Existenz zu bewahren, ist dagegen notwendigerweise beschränkt, weil jedes Einzelding in Bezug auf ihm Äußeres existiert, durch das es zerstört werden kann.

Indem Spinoza das Einzelding in Bezug auf Macht bestimmt, nämlich in Bezug auf Macht als uneingeschränkte Selbstbewirkung (bezeichnet durch den Begriff Gott), verdeutlicht er, warum es der Natur eines Einzeldings gemäß ist, sein eigenes Sein, so sehr es kann, zu erhalten. Das Streben (*conari*) erklärt sich aus der Beziehung der Macht eines endlichen Dings auf die Macht Gottes.[13] Diese Beziehung begreift Spinoza als ein Verbleiben der unendlichen Macht Gottes in der endlichen Macht der Einzeldinge, deren Selbsterhaltungsstreben sie als Modi unendlicher Macht ausweist: „Die Macht, kraft deren Einzeldinge und folglich der Mensch sein Sein erhält [*suum esse conservat*], ist genau Gottes Macht, d.h. die der Natur [...], nicht insofern sie unendlich ist, sondern insofern sie durch des Menschen wirkliche Essenz erklärt werden kann [...]. Des Menschen Macht ist also, insofern sie sich durch seine wirkliche Essenz erklären läßt, Teil von Gottes oder der Natur unendlicher Macht, d.h. [...] Essenz." (E IV, pr. 4, dem.). Die Bestimmung von Essentialität als Macht bedeutet, dass jedes Ding nichts anderes als eine bestimmte Macht *ist*, was im Rahmen von Spinozas Kausalismus bedeutet, dass jedes Ding die Ursache bestimmter Wirkungen ist. Jede Macht realisiert sich nur in ihren Wirkungen und besteht darüber hinaus nicht noch als etwas für sich; die Essenz jedes Dings, als hervorbringende Ursache von etwas, ist somit ein Tätigsein. Dass die Wirkungen, die von einer bestimmten Macht ausgehen, diese Macht nicht negieren, sondern notwendigerweise affirmieren,[14] bedeutet, dass das Tätigsein eines Dinges stets auf Selbst-Affirmation ausgerichtet ist, dass ein Ding sich also, sofern es nicht von außen daran gehindert wird, als die Macht, die es ist, durchsetzt. Spinoza zieht daraus die Konsequenz, „das Streben [*conatus*], mit dem

---

12 Die Gleichartigkeit der Macht Gottes und der Macht endlicher Dinge, etwa des Menschen, bezeugt den rationalistischen Charakter der spinozanischen Philosophie. Mit Spinozas Rationalismus hängt nämlich die naturalistische Forderung zusammen, dass unterschiedliche Dinge denselben Gesetzen gehorchen müssen, weil sie sonst unerklärlich werden (vgl. Della Rocca, *Spinoza*, 152).
13 Zu dieser Beziehung vgl.: Bartuschat, *Spinozas Theorie des Menschen*, 57–65.
14 Vgl. E III, pr. 4.

jedes Ding in seinem Sein zu verharren strebt" als „die wirkliche Essenz ebendieses Dinges"[15] zu bestimmen.[16]

Der Tatbestand, dass ein Ding danach *strebt* oder *sich bemüht*, sein Sein zu bewahren, verweist also auf die ursprüngliche Aktivität eines Dinges, durch die das Ding das ist, was es ist, nämlich eine je bestimmte Macht zu wirken. *Conari* (in E III, pr. 6 als „*conatur*") bedeutet wörtlich „streben", „sich bemühen", und mit „streben" wird es üblicherweise auch übersetzt. Irreführend kann diese Übersetzung allerdings sein, insofern wir mit der Tätigkeit, zu streben, gemeinhin die Vorstellung verbinden, diese sei auf ein Ziel ausgerichtet, welches dem Strebenden auch bewusst sei. Spinozas *conatus*-Begriff bezeichnet aber kein Streben im Sinne eines Anstrebens, und er impliziert auch nicht notwendigerweise Bewusstsein – es handelt sich dabei zunächst gar nicht um einen psychologischen Terminus. Ein Streben im Sinne des *conatus* kommt Menschen und Tieren ebenso zu wie beispielsweise Steinen oder zusammengesetzten Fabrikaten, etwa Stühlen.

Die Bedeutung, in der Spinoza das Verb *conari* verwendet, lässt sich mit Blick auf den Gebrauch dieses Verbs bei Descartes erhellen, dessen *Principia Philosophiae* (1644) Spinoza in der einzigen Schrift, die er zu Lebzeiten unter seinem eigenen Namen publizierte, nach geometrischer Methode dargestellt hat.[17] *Conari* verwendet Descartes in Bezug auf physische Gegenstände: Dass ein Ding ‚danach strebt', etwas zu tun, bedeutet bei ihm nichts weiter, als dass es etwas Bestimmtes tun wird, es sei denn, dass es durch äußere Ursachen daran gehindert wird.[18] Diese Bedeutung von *conari* findet sich in Spinozas Darstellung der *Principia Philosophiae* wieder: „Unter *Streben nach Bewegung* [*conatum ad motum*] verstehen wir nicht irgendein Vorhaben, sondern lediglich daß ein Teil der Materie so gelegen und zu Bewegung angetrieben ist, daß er tatsächlich irgendwohin ginge, würde er nicht von irgendeiner Ursache daran gehindert." (PPC III, def. 3). In den an diese Schrift angehängten *Cogitata Metaphysica*, die eigene Gedanken Spinozas enthalten, setzt Spinoza „die Dinge" mit

---

15 „Conatus, quo unaquaeque res in suo esse perseverare conatur, nihil est praeter ipsius rei actualem essentiam" (E III, pr. 7).
16 E III, pr. 6 besagt nach Bartuschat (*Spinoza*, 106): „Jedes Ding ist als Modus der Substanz etwas in sich selbst (‚in se est'), das als die eigene Macht (‚potentia') beschreibbar ist. Deren Äußerungen sind als Affirmation von Macht ein Streben (‚conatus'), in dem dieses Ding das eigene Sein (‚in suo esse'), d.h. die eigene Macht, gegen Äußeres allererst zu erhalten sucht. Insofern nimmt die Macht eines einzelnen Dinges *notwendigerweise* die Gestalt eines Strebens an, das ebendeshalb das Wesen dieses Dinges ausmacht".
17 Spinoza, *Descartes' Prinzipien der Philosophie* (erschienen 1663; im Folgenden zit. unter der Sigle „PPC").
18 Vgl. Descartes, *Prinzipien der Philosophie* III, 56. In deutscher Übersetzung: „Wenn ich sage, daß die Kügelchen zweiten Elements von den Mittelpunkten, um die sie sich drehen, sich zu entfernen streben, so will ich ihnen damit kein Denken zuteilen, aus dem dieses Streben hervorginge, sondern sie sind nur so gerichtet und zur Bewegung bereit, daß sie wirklich dahin wandern, wenn keine andere Ursache sie daran hindert".

„ihr[em] Streben, in ihrem Zustand zu verharren", gleich.[19] Indem er das besagte Streben am Beispiel eines Körpers beschreibt, der in seinem Bewegungszustand verharrt, setzt er das Streben eines Dinges in Analogie zum physikalischen Trägheitsgesetz.[20] Die Identität eines Dinges mit seinem Streben findet sich später in der *Ethik* wieder, wo Spinoza es als „[d]as Streben, mit dem jedes Ding in seinem *Sein* [Hervorhebung: H.M.R.] zu verharren strebt", zur „wirkliche[n] Essenz ebendieses Dinges" (E III, pr. 7) erklärt. Gegenüber der Frühschrift besteht die philosophische Neuerung der *Ethik* darin, dass ein *conatus* hier nicht nur Körpern zugeschrieben wird, sondern zur Wesensbestimmung jedes endlichen Dinges, also auch geistiger Dinge wie dem menschlichen Geist oder einer Idee, wird. Dabei liegt es nahe, den *conatus* der Selbsterhaltung, sofern er als universelles Prinzip gilt (wie in E III, pr. 6–7 formuliert), ebenfalls nach Analogie des physikalischen Trägheitsprinzips zu verstehen.

Dass jedes Ding danach strebt, in seinem Sein zu verharren, bedeutet also zunächst nicht mehr, als dass es, sofern es existiert, weiter existieren wird, es sei denn, dass es durch äußere Ursachen daran gehindert wird.[21] Es wird sich als die bestimmte Macht, die es ist, betätigen, und das bedeutet, dass es dasjenige tun wird, wodurch es in seiner Existenz bestehen bleibt, sofern es nicht von etwas Anderem gehemmt wird. Dies impliziert jedoch nicht, dass ein Ding sich dessen bewusst ist, dass es sich in seiner Existenz erhält, oder auf welche Weise es sich erhält. Bei einem sehr einfachen

---

19 Das Beispiel, das Spinoza diesbezüglich anführt, sei hier in deutscher Übersetzung zitiert: „Die Bewegung hat eine Kraft, im eigenen Zustand zu verharren, welche Kraft gewiß nichts anderes ist als die Bewegung selbst, der Tatbestand, daß die Natur der Bewegung eben so ist. Wenn ich nämlich sage, daß in diesem Körper A nichts anderes ist als eine bestimmte Bewegungsgröße, folgt daraus klar, daß ich, solange ich auf Körper A achte, immer sagen muß, daß er sich bewegt. Sagte ich nämlich, er verliere aus sich heraus seine Kraft sich zu bewegen, dann schreibe ich ihm zwangsläufig noch etwas anderes zu, als wir der Voraussetzung nach angenommen haben, durch das er seine Natur verliert" (*Cogitata Metaphysica* I, 6, in: PPC, 150). – Zur Präfiguration des *conatus*-Begriffs der *Ethik* in Descartes' *Principia Philosophiae* und Spinozas geometrischer Darstellung derselben vgl.: Della Rocca, *Spinoza's Metaphysical Psychology*, 194 ff., wo die Bedeutung von E III, pr. 6 ausführlich erörtert wird.
20 Dieses Gesetz wurde 1638 von Galileo Galilei erstmals formuliert und 1687, nach Spinozas Tod, in den *Principia Mathematica* von Newton zum ersten Grundgesetz der Bewegung erklärt. In deutscher Übersetzung lautet es: „Jeder Körper verharrt in seinem Zustand des Ruhens oder des Sich-geradlinig-gleichförmig-Bewegens, außer insoweit wie jener von eingeprägten Kräften gezwungen wird, seinen Zustand zu verändern" (Newton, *Die mathematischen Prinzipien*, 33).
21 Dieser Bedeutung von *conari* entspricht bei Descartes die Bedeutung von *in se esse*, ein Terminus, der ebenfalls in E III, pr. 6 eingegangen ist. Das Vorbild findet sich gleichfalls in den *Principia Philosophiae*; in deutscher Übersetzung: „[...] jede Sache, sofern sie einfach und unteilbar ist, [verharrt], so viel von ihr abhängt [*quantum in se est*], stets in demselben Zustand [...] und [verändert] diesen nur infolge äußerer Ursachen [...]. Ist daher irgend ein materieller Teil viereckig, so sehen wir leicht ein, daß er immer viereckig bleiben wird, solange nicht von außen etwas hinzukommt, was seine Gestalt verändert. Ruht er, so sind wir überzeugt, daß er sich nicht zu bewegen anfangen wird, wenn nicht eine Ursache ihn dazu antreibt. Und aus demselben Grunde nehmen wir auch an, daß eine bewegte Sache niemals von selbst und ohne von einer anderen gehemmt zu werden, ihre Bewegung aussetzen wird. Daraus folgt, daß das Bewegte, soviel an ihm ist [*quantum in se est*], sich immer bewegen wird" (Descartes, *Prinzipien der Philosophie* II, 37).

Ding, etwa einem Stein, wird sich das Streben lediglich darin äußern, dass das Ding die bestimmte Proportion von Ruhe und Bewegung erhält, die seine jeweilige Einheit ausmacht.[22] Ein Ding, das körperlich so komplex ist, dass der ihm entsprechende Geist Selbstbewusstsein und eine Auffassung von der Zukunft entwickeln kann, wird sich seines Strebens und der Ergebnisse dieses Strebens hingegen bewusst sein.[23]

Für diesen Unterschied ist bezeichnend, dass am Anfang von *Ethik* III, wo Spinoza den *conatus* als universelles Prinzip einführt, nicht von einem Streben *sich* selbst zu *erhalten* die Rede ist, sondern von dem Streben, in seinem Sein zu *verharren*. Das Verb *perseverare*[24] bringt die Orientierung am Trägheitsprinzip zum Ausdruck, während *conservare* erst später eingeführt wird, sobald sich die Perspektive auf den Menschen einengt. Von Selbsterhaltung (*ipsius conservatio*) spricht Spinoza erstmals in E III, pr. 9, sc., wenn er darlegt, dass der Mensch dazu bestimmt ist, das zu tun, was seiner Erhaltung dient.[25] Von *suum esse conservare* ist in *Ethik* IV dann durchgehend in Bezug auf den Menschen die Rede,[26] wobei Spinoza betont, dass der „conatus sese conservandi" (der somit den *conatus in suo esse perseverandi* von E III, p. 7 ersetzt) die Essenz selbst eines Dinges ist.[27] Der Mensch bildet also den Fluchtpunkt, in Bezug auf den Aussagen über die *conservatio sui* Sinn haben, obwohl diese auch über den Menschen hinaus Gültigkeit beanspruchen können. Einerseits verwendet Spinoza den *conatus sese conservandi* synonym mit dem *conatus perseverandi*; andererseits scheint die Thematisierung des *conatus* im Hinblick auf *Selbsterhaltung* eine Ebene der Reflexion zu implizieren, die für Wesen charakteristisch ist, die sich ihres Strebens bewusst sind.[28]

Der *conatus* ist die tätige Essenz eines jeden endlichen Dinges, er ist das bestimmte Tätigsein, kraft dessen sich ein Individuum im Kontext anderer Individuen behauptet.[29] Weil ein Individuum notwendigerweise im Zusammenhang mit Anderen

---

22 Vgl. E II, pr. 13, lem. 1 sowie – im Ganzen – die Theorie der Körper, die Spinoza im Anhang an E II, pr. 13 entwirft.
23 Vgl. Curley, *Behind the Geometrical Method*, 108.
24 Vgl. E III, pr. 6–9.
25 Vgl. auch E III, affectuum def. 1, expl.; E IV, pr. 4, dem.
26 Vgl. E IV, pr. 4, dem.; pr. 18, sc.; pr. 20–22; pr. 24–26; pr. 67, dem.; pr. 72, dem., sc.; pr. 73, dem.; cap. 8f.
27 Vgl. E IV, pr. 22, dem.
28 Vgl. Blumenberg, *Selbsterhaltung und Beharrung*, 187: „Man sieht, daß *perseverare* nun der sachlich adäquatere Ausdruck geworden ist, andererseits die Formel *suum esse conservare* als Transitivum einfach benötigt wird, um im Zusammenhang einer Ethik von diesem allgemeinen Weltprinzip wieder auf das Handeln gleichsam herunterzukommen und Glück und Tugend dadurch definieren zu können" (zu E IV, pr. 18, sc.).
29 Vgl. Macherey, *Introduction à l'Ethique III*, 86: „[...] on peut dire que l'essence actuelle de la chose c'est aussi son essence en tant que celle-ci n'est pas simplement 'donnée' comme telle, comme une simple forme une fois pour toutes délimitée et arrêtée, mais est une *essence agissante* [Hervorhebung: H.M.R.], qui pousse ou force la chose à exister d'une existence indéfiniment continuée et recommencée, et ceci d'une manière complètement indépendante des causes extérieures qui l'ont fait venir à l'existence et qui, à tout moment, peuvent aussi l'en faire sortir". Das Tätigsein, das den *conatus*

existiert, wird sein Streben, sich zu erhalten, notwendigerweise durch Andere mitgeprägt, nämlich entweder gefördert oder gehemmt.[30] Das Streben ist gegenüber Anderem offen und auch auf Anderes angewiesen, um sich verwirklichen zu können.[31] Ein Individuum wird, weil seine Essenz nicht Existenz einschließt, überhaupt erst dadurch zu existieren beginnen, dass es von äußeren Ursachen hervorgebracht wird; ist es aber einmal ins Dasein getreten, so wird es, nach dem Grade seiner Wirkmacht, sich selbst zu erhalten streben.[32]

6.2 Implikationen der *conatus*-Lehre

Auf der Grundlage der Darstellung von Spinozas *conatus*-Theorie, die hier entwickelt wurde, sollen nun einige ethische Konsequenzen dieser Theorie verdeutlicht werden; sie sind insofern relevant, als sie eine besondere Affinität zwischen Spinozas *conatus* und Nietzsches Willen zur Macht erkennen lassen und sich daher für einen systematischen Vergleich dieser Konzeptionen anbieten.

Dass rein altruistisches, uneigennütziges Handeln nicht existiert, ist eine der Konsequenzen, die sich aus der *conatus*-Lehre ergeben. Altruistisches Handeln ist unter der Voraussetzung eines jeden Menschen wesenhaft bestimmenden Selbsterhaltungsstrebens in der Tat nicht möglich, vielmehr untersteht jede vermeintlich selbstlose Handlung in letzter Instanz dem Erhaltungsstreben ihres Subjekts oder einer Gruppe von Subjekten, zu der dieses sich zugehörig fühlt. Mit polemischer Spitze gegen altruistische Ethiken erklärt Spinoza das Streben, sich selbst zu erhalten, in der

---

auszeichnet, kommt schon dadurch zum Ausdruck, dass der Begriff zunächst als Verb (*conari*, vgl. E III, pr. 6) eingeführt wird, bevor er in E III, pr. 7, substantivisch wird (vgl. Macherey, ebd., 80).

30 Vgl. E IV, pr. 4: „Fieri non potest, ut homo non sit naturae pars et ut nullas possit pati mutationes, nisi quae per solam suam naturam possint intelligi quarumque adaequata sit causa" („Es ist unmöglich, daß der Mensch kein Teil der Natur wäre und bloß solche Veränderungen erleiden könnte, die durch seine eigene Natur allein eingesehen werden können und deren adäquate Ursache er ist."). Dieser wesenhaften Offenheit des *conatus* trägt besonders M. Roveres Interpretation Rechnung: vgl. Rovere, *Exister*, 128–142.

31 Dies wird schon durch die Bedeutung des Stoffwechsels und der Regeneration der Körperteile bei Lebewesen deutlich. Vgl. E II, post. 4: „Corpus humanum indiget, ut conservetur, plurimis aliis corporibus, a quibus continuo quasi regeneratur".

32 Vgl. Bartuschat, *Spinozas Theorie des Menschen*, 134: Die Tendenz zur Selbsterhaltung sei „zu fordern aus dem doppelten Aspekt, daß einmal Dinge in ihrer konkreten Existenz im Verhältnis zu Dingen, die ihnen äußerlich sind, in der Form eines wechselseitigen Einflusses stehen und daß zum anderen Dinge nicht *nur* in dieser Relation als Momente eines ein jedes einzelne Ding übergreifenden Zusammenhanges stehen, vielmehr jedes auch etwas für sich selbst ist kraft einer inneren positiven Bestimmung, die ihm ein eigenes Sein verleiht. Ist der erste Aspekt ein empirischer Tatbestand, so ist der zweite Spinozas fundamentale Grundannahme der Selbständigkeit des Individuellen, die, Leitmotiv seiner Philosophie, keine empirische Basis hat und die angesichts der Empirie zu begründen das Konzept der Ontologie dient".

Ethik zur ersten Tugend, welche die Grundlage aller anderen Tugenden bilde.³³ Nietzsche hat sich für diesen Aspekt von Spinozas Denken besonders interessiert, wie seine beiden umfangreichsten Exzerpte aus Kuno Fischer von 1881 und 1887 zeigen. Dabei entging ihm allerdings, dass Spinozas Ethik der Selbsterhaltung keinen Egoismus impliziert, sondern dass deren Pointe gerade darin besteht, die vermeintliche Gegensätzlichkeit von Egoismus und Altruismus aufzuheben. Für Spinoza sind dies ethische Haltungen und Handlungsweisen, die sich wechselseitig bedingen: Wer sein eigenes Wohl anstrebt, muss stets auch das Wohl der Anderen wollen, die Förderung des Gemeinwohls ist eine notwendige Bedingung für die Entfaltung des eigenen *conatus*, und dies gilt umgekehrt ebenso.

Eine weitere Konsequenz ist die Relativität der Wertsetzungen in Bezug auf den *conatus*: „daß wir etwas weder erstreben noch wollen, weder nach ihm verlangen noch es begehren, weil wir es für gut halten; im Gegenteil, wir halten etwas für gut, weil wir es erstreben, es wollen, nach ihm verlangen und es begehren." (E III, pr. 9, sc.). Der *conatus* ist das Maß unserer Wertsetzungen: Gutes und Schlechtes, bzw. Böses, sind keine Werte, die unabhängig von unserem je individuellen Streben vorgestellt oder erkannt werden können und dieses dann leiten können, vielmehr werden sie von unserem Selbsterhaltungsstreben erst hervorgebracht. Wertsetzungen sind damit der bewusste Ausdruck des wesenhaften, oftmals unbewussten Strebens eines Menschen, im Dasein zu verharren, und in Bezug auf dieses stets relativ. Hierin äußert sich eine pointierte Antithese zu einer – weit über Spinozas Zeit hinaus – platonisch geprägten Tradition der Ethik, die das Gute als einen universalen ontischen Wert ansieht, den wir erkennen oder zumindest vorstellen können und der unser Handeln leitet. Wertsetzungen als relativ auf die individuellen Machtäußerungen eines jeden Menschen anzusehen, wie Spinoza es im Zusammenhang der *conatus*-Lehre tut, bedeutet, eine ganze ethische Tradition umzukehren. Gerade dies hat Nietzsche begrüßt, als er hervorhob, dass Spinoza „die sittliche Weltordnung" und „das Böse" leugne, neben weiteren drei „Hauptpunkten", die den Philosophen zu Nietzsches ebenso einsamem wie radikalem Vorgänger machten.³⁴ In Spinoza sieht Nietzsche auch nach 1881, etwa in der *Genealogie der Moral*, einen Vordenker seines eigenen Philosophierens „jenseits von Gut und Böse" und damit eine Ausnahmeerscheinung in der Geschichte des christlich-platonischen Denkens.³⁵

Einen weiteren Gedanken, den Spinoza auch im Zusammenhang der *conatus*-Lehre entwickelt, ist die Leugnung der *causae finales* und, damit verbunden, die

---

33 Vgl. E IV, pr. 22: „Nulla virtus potest prior hac (nempe conatu sese conservandi) concipi". Hieraus folgert Spinoza: „Conatus sese conservandi primum et unicum virtutis est fundamentum" (ebd., cor.).
34 Vgl. Nietzsche an Franz Overbeck, 30. Juli 1881, KSB 6, 111. Vgl. ferner NL Sommer 1875, 9[1], KSA 8, 133 (dies ist ein Exzerpt aus Dühring, *Der Werth des Lebens*) sowie NL Herbst 1887, 10[150], KSA 12, 539.
35 Vgl. GM II, 15, KSA 6, 320: „[...] er [Spinoza], der Gut und Böse unter die menschlichen Einbildungen verwiesen und mit Ingrimm die Ehre seines ‚freien' Gottes gegen jene Lästerer vertheidigt hatte, deren Behauptung dahin gieng, Gott wirke Alles sub ratione boni (‚das aber hiesse Gott dem Schicksale unterwerfen und wäre fürwahr die grösste aller Ungereimtheiten' –)".

Entwicklung einer eigenen Konzeption von Teleologie, die nicht auf Zweckursächlichkeit rekurriert. Da dieser Aspekt für Nietzsches Auseinandersetzung mit Spinoza und dem neuzeitlichen Selbsterhaltungsprinzip besonders bedeutend ist,[36] wird ihm am Ende dieses Kapitels ausführlicher nachgegangen werden.

Hingegen soll ein Aspekt, in dem Spinozas und Nietzsches Positionen divergieren – wobei sich darin deutlich die Unterschiedlichkeit ihrer Machtkonzeptionen zeigt – schon hier kurz entwickelt werden, nämlich das Problem des Suizids. Die Bestimmung der Essenz eines Dinges als *conatus* der Selbsterhaltung impliziert bei Spinoza, dass die Selbstzerstörung eines Dinges unmöglich ist: Wenn z. B. ein Mensch sich selbst tötet, liegt die Ursache für diesen Vorgang nicht in ihm selbst; eine vermeintliche Selbsttötung kann nicht aus der Essenz des Selbst, sondern nur durch äußere Ursachen erklärt werden.[37] Jede vermeintliche Selbsttötung ist, richtig verstanden, eine Fremdtötung, bei der äußere Ursachen sich des Suizid-Objekts als Akteur ihrer Wirkungen bedienen.[38] Dabei wird ein externer Wirkungszusammenhang von einem Subjekt derart internalisiert, dass die zerstörerische Kraft, die auf das Subjekt ausgeübt wird, als eine ihm interne Interaktion von Kräften erfahren wird.[39] Die Differenz zu Nietzsches Position ist hier offensichtlich; sie ist an späterer Stelle nochmals zu thematisieren. Im Folgenden ist zunächst auf zwei Problemstellungen ausführlich einzugehen, die sich aus Spinozas *conatus*-Theorie ergeben und die für Nietzsches Auseinandersetzung mit Spinozas Selbsterhaltungsprinzip von zentraler Bedeutung sind: das Verhältnis von Selbsterhaltung und Machtsteigerung und die Frage nach der Teleologie.

6.3 Zum Verhältnis von Selbsterhaltung und Machtsteigerung

Auf der Grundlage der universellen Fassung des *conatus* in *Ethik* III, pr. 6–8, die mit dem Trägheitsprinzip konform ist und als solche für alle seienden Einzeldinge gilt, entfaltet Spinoza im Verlauf der *Ethik* eine Theorie der Selbsterhaltung, die über den bloßen Begriff der *vis inertiae* weit hinausgeht. Zumindest für den Menschen gilt: Der *conatus* ist als Selbsterhaltungsprinzip auch ein Prinzip von *Entwicklung*, nämlich vermöge einer *Tendenz zur Machtsteigerung*. Wie die Beziehung zwischen dem Streben

---

36 Vgl. JGB I, 13, KSA 5, 27: Nietzsches Rede von der „Inconsequenz Spinoza's" bezieht sich auf die Teleologie-Problematik.
37 Vgl. E IV, pr. 20, sc.: „Niemand, sage ich, verschmäht Nahrung oder nimmt sich das Leben aus der Notwendigkeit seiner eigenen Natur; nur die tun es, die von äußeren Ursachen dazu gezwungen werden, was auf viele Weisen geschehen kann".
38 Blumenberg bezeichnet die philosophiegeschichtliche Bedeutung dieser Position mit den Worten, es gebe „den inneren, dem Altern und der Ermüdung analogen Zerfallsfaktor als immanente Fatalität der Dinge nicht mehr" (ders., *Selbsterhaltung und Beharrung*, 187).
39 Zur kritischen Diskussion der Suizid-Problematik bei Spinoza, mit Bezug zu Nietzsche, vgl.: Sandkaulen, *Die Macht des Lebens und die Freiheit zum Tod*. Zu Spinoza vgl.: Wittwer, *Selbsttötung als philosophisches Problem*, 92–119.

nach Selbsterhaltung und demjenigen nach Machtsteigerung zu erklären sei und welchen Arten von Einzeldingen überhaupt ein Streben nach Machtsteigerung zukomme, ist jedoch umstritten. Sieht man in dem Verhältnis zwischen Selbsterhaltung und Machtsteigerung einen unaufgelösten Widerspruch im spinozanischen System, weil ein Ding nicht zugleich danach streben könne, seine Macht zu erhalten und zu mehren,[40] wird man der Komplexität der spinozanischen Theorie ebenso wenig gerecht, wie wenn man das Verhältnis als unproblematisch und daher nicht weiter erklärungsbedürftig einstuft.[41] Im Folgenden soll versucht werden, das Verhältnis von Selbsterhaltung und Machtsteigerung hinsichtlich seiner wichtigsten Merkmale bei Spinoza zu rekonstruieren; im Ergebnis kann gezeigt werden, dass Machtsteigerung eine spezifische Tendenz ist, die nur solchen Einzeldingen zukommt, die aufgrund der Komplexität ihres Geistes über *Bewusstsein* verfügen. Damit wird deutlich, dass Spinoza in die *conatus*-Theorie eine interne Differenzierung einführt, die es erlaubt, zwischen Selbsterhaltung als bloß mechanischem Beharrungsvermögen und gelingender Selbsterhaltung in der ethischen Dimension zu unterscheiden.

Die der Selbsterhaltung inhärente Tendenz zur Machtsteigerung führt Spinoza ein, indem er sich wiederum des Ausdrucks *conari* bedient, und zwar in Bezug auf den Geist: „Der Geist strebt [conatur], soviel er kann, sich das vorzustellen, was die Wirkungsmacht des Körpers vermehrt oder fördert."[42] Zuvor hatte er erklärt, dass jede Veränderung des Machtgrades unseres Geistes einer Veränderung des Machtgrades unseres Körpers entspricht.[43] In dem Beweis, den er auf den zitierten Lehrsatz folgen lässt, verweist Spinoza auf den Parallelismus von Körper und Geist, demzufolge jeder Zustand des Körpers ein ihm entsprechendes geistiges Korrelat hat, was *vice versa* gilt. Er bezieht diesen Sachverhalt sodann auf die Steigerung unserer Wirkungsmacht: „solange der Geist etwas vorstellt, das die Wirkungsmacht unseres Körpers vermehrt oder fördert, ist der Körper mithin in Weisen affiziert, die seine Wirkungsmacht vermehren oder fördern [...]; und folglich wird [...] solange des Geistes Macht des Denkens vermehrt oder gefördert." (E III, pr. 12, dem.). Unter Berufung auf E III, pr. 6[44] bzw. pr. 9[45] schließt Spinoza hieraus, dass der Geist so sehr er kann danach strebt, sich das vorzustellen, was die Wirkungsmacht des Körpers steigert; d.h.: das Streben nach Machtsteigerung wird als geistiger Akt verwirklicht.

---

40 So z.B. Alquié, *Le rationalisme de Spinoza*, 281f.
41 So etwa Deleuze, *Spinoza – Philosophie pratique*, 140.
42 „Mens, quantum potest, ea imaginari conatur, quae corporis agendi potentiam augent vel juvant" (E III, pr. 12). Diesem Sachverhalt entspricht eine negative Fassung in E III, pr. 13: „Cum mens ea imaginatur, quae corporis agendi potentiam minuunt vel coercent, conatur, quantum potest, rerum recordari, quae horum existentiam secludunt".
43 Vgl. E III, pr. 11: „Quicquid corporis nostri agendi potentiam auget vel minuit, juvat vel coercet, ejusdem rei idea mentis nostrae cogitandi potentiam auget vel minuit, juvat vel coercet".
44 „Unaquaeque res, quantum in se est, in suo esse perseverare conatur."
45 „Mens, tam quatenus claras et distinctas quam quatenus confusas habet ideas, conatur in suo esse perseverare indefinita quadam duratione, et hujus sui conatus est conscia."

Diese Schlussfolgerung erscheint zunächst als fragwürdig. Aus der Tatsache, dass der Geist eine Steigerung seiner Macht erfährt, muss, so ließe sich einwenden, noch nicht folgen, dass er die Steigerung seiner (und des Körpers) Macht auch aktiv anstrebt. Spinoza behauptet hier aber gerade, dass ein Individuum, das eine Machtsteigerung an sich erfährt, diese tendenziell perpetuieren wird. Der entsprechende negative Sachverhalt lautet: Eine ihm drohende Machtminderung wird ein Individuum dadurch zu hemmen versuchen, dass es die Ursachen der Minderung so sehr es kann als nicht-existent vorstellt.[46] Dabei ist noch nichts darüber ausgesagt, ob das, was der Geist sich als steigernd oder mindernd vorstellt, dessen Macht auch real steigert oder mindert; denn das Streben verwirklicht sich im Bereich der *imaginatio* ebenso wie unter der Leitung der Vernunft, die erkennt, was die eigene Wirkungsmacht wirklich fördert oder hemmt.

Um das Streben nach Machtsteigerung zu verstehen, muss man die drei Grundaffekte der Begierde, der Freude und der Trauer einbeziehen, die im Anschluss an den *conatus*-Begriff eingeführt werden. Begierde (*cupiditas*) bestimmt Spinoza als das Selbsterhaltungsstreben, insofern es sich auf den Geist und den Körper zugleich bezieht und insofern das Ding, das diesen Trieb hat oder vielmehr dieser Trieb ist – Spinoza spricht hier vom Menschen –, sich dessen auch bewusst ist.[47] Unter Freude (*laetitia*) versteht Spinoza das Übergehen des Geistes zu größerer Wirkungsmacht oder „Vollkommenheit", unter Trauer (*tristitia*) dessen Übergehen zu geringerer Wirkungsmacht.[48] Diese drei Grundaffekte, aus denen in *Ethik* III alle weiteren Affekte abgeleitet werden, beziehen sich unmittelbar auf den *conatus*, insofern dieser seiner selbst bewusst ist. Es lässt sich in der Tat beobachten, wie Spinoza ab dem 8. Lehrsatz, in dem der *conatus* als bewusstes Streben eingeführt wird, die Perspektive der Betrachtung auf den Menschen einengt; während der *conatus* anfangs noch in seinem universellen Status als Essenz jedes Einzeldings behandelt wurde, wird er nun in seiner spezifisch menschlichen Dimension erforscht. In dieser Dimension erst ergibt die Rede von den drei Grundaffekten Sinn, insofern sie Spielarten des Selbsterhaltungsstrebens als eines *bewussten* Geschehens sind. Die Begierde versteht Spinoza als die Natur des Menschen, weil der Mensch sich seines Strebens in dessen körperlicher wie geistiger Wirklichkeit bewusst ist. Die quantitativen Veränderungen der Wirkungsmacht des Geistes bezeichnet Spinoza mit den Begriffen der Freude und der

---

46 Vgl. E III, pr. 13.
47 Vgl. E III, pr. 9, sc.; in deutscher Übersetzung: „Bezieht sich dieses Streben [*hic conatus*] allein auf den Geist, wird es Wille genannt, bezieht es sich aber auf den Geist und zugleich auf den Körper, Trieb [*appetitus*]. Er, der Trieb, ist somit nichts anderes als genau die Essenz des Menschen, aus dessen Natur das, was der eigenen Erhaltung dient, notwendigerweise folgt [*ex cujus natura ea, quae ipsius conservationi inserviunt, necessario sequuntur*]; mithin ist der Mensch bestimmt, es zu tun. Zwischen Trieb und Begierde [*cupiditatem*] besteht kein Unterschied, bloß daß der Ausdruck ‚Begierde' gewöhnlich dann gebraucht wird, wenn Menschen sich ihres Triebes bewußt sind; deshalb kann Begierde definiert werden als Trieb mit dem Bewußtsein des Triebes [*appetitus cum ejusdem conscientia*]".
48 Vgl. E III, pr. 11, sc.: „Per laetitiam [...] in sequentibus intelligam passionem, qua mens ad majorem perfectionem transit. Per tristitiam autem passionem, qua ipsa ad minorem transit perfectionem".

Trauer, weil der Mensch diese Veränderungen als bewusste Vorgänge begreift; ohne Bewusstsein ließe sich Machtsteigerung oder -minderung in der Tat nicht als Freude oder Trauer erfahren.

Es ist hervorzuheben, dass der Steigerungsgedanke in *Ethik* III nicht in den Lehrsätzen eingeführt wird, die den *conatus* als universelle Bestimmung in Bezug auf alle Einzeldinge thematisieren,[49] sondern in denjenigen, die vom Streben des Geistes als eines bewussten Strebens handeln.[50] Ohne Bewusstsein lässt sich die Dynamik der Machtsteigerung in der Tat nicht erklären. Die hier vertretene These, dass die Steigerungstendenz eine spezifische Ausprägung des *conatus* solcher Individuen ist, die über Bewusstsein verfügen, kann anhand der Ausführungen in *Ethik* III belegt werden. Der Steigerung der eigenen Macht entspricht nach Spinoza ein positiver Affekt, nämlich die Freude, die nichts weiter ist als das bewusste Übergehen von einem schwächeren zu einem stärkeren *conatus*. Indem wir wahrnehmen, dass unsere Macht – zu denken und zu handeln – gesteigert wird, werden wir von Freude affiziert. Im gesteigerten Zustand ist unsere Macht, uns selbst zu erhalten, größer als zuvor. Unser Streben hat sich aufgrund der Gestaltung äußerer Ursachen verändert: Die Macht, die wir zu erhalten suchen, ist nicht mehr die schwächere, sondern die gesteigerte Macht. Dessen sind wir uns bewusst, d.h. wir erkennen, dass wir im gegenwärtigen Zustand mehr Macht haben, in unserem Sein zu verharren, als im früheren Zustand; wir erkennen, mit anderen Worten, dass der gegenwärtige Zustand unsere Selbsterhaltung besser sichert als der frühere. Weil wir dies aber erkennen, werden wir – so behauptet es Spinoza – danach *streben*, unsere Macht zu steigern.[51]

Hier zeigt sich, dass der *conatus* nicht einfach als mechanisches Beharrungsvermögen zu verstehen ist, das den jeweils gegebenen Zustand nur perpetuiert, sondern dass er auf der Ebene des Geistes eine selbstreflexive Struktur entfaltet, die es einem Individuum erlaubt, seine Selbsterhaltung als ein zu sicherndes Gut zu begreifen. Der seiner selbst bewusste *conatus* wird damit zu einer zielgerichteten Kraft, die alle Mittel anstrebt, welche die Selbsterhaltung des Individuums sichern. Dasjenige, von dem ein Individuum erkennt, dass es seiner Selbsterhaltung, tatsächlich oder vermeintlich, dienlich ist, wird es erstreben; was ihr hingegen abträglich ist oder zu sein scheint, wird es abwehren, so sehr es kann. Dies bedeutet, dass der *conatus* in seiner selbstreflexiven Ausprägung nicht nur gewährleistet, dass die Wirkungen, die von einem Ding ausgehen, dieses Ding affirmieren, sondern auch, dass sie der Selbst-Affirmation des Dinges dienen[52] – oder ihr jedenfalls dienlich zu sein *scheinen*. (Da die Menschen in ihrer Affektivität sich bezüglich des ihnen Nützlichen leicht täuschen lassen, können sie etwas anstreben, von dem sie glauben, dass es ihrer Erhaltung dient,

---

49 Vgl. E III, pr. 4–8.
50 Vgl. E III, pr. 9–13.
51 Ein ähnlicher Gedanke findet sich schon bei Hobbes: vgl. *Leviathan*, Bd. 2, 190f.
52 Vgl. E III, pr. 9, sc.: „[…] appetitus, qui proinde nihil aliud est quam ipsa hominis essentia, ex cujus natura ea, quae ipsius conservationi inserviunt, necessario sequuntur; atque adeo homo ad eadem agendum determinatus est".

während es dieser in Wirklichkeit schadet; daraus erklärt sich die Instabilität der Affekte, bei der Freude leicht in Trauer umschlagen kann.)

Jedes über Bewusstsein verfügende Individuum wird daher die Steigerung seiner Macht als ein Mittel zum Zweck seiner Selbsterhaltung anstreben. In welchem Maße sich ein Individuum um Steigerung seiner Macht bemüht, wird – so lässt sich annehmen – von der Komplexität seines Bewusstseins abhängen: Je größer sein Vermögen zur Erinnerung und zur Antizipation, desto deutlicher wird ein Individuum im Bewusstsein vergangener und möglicher künftiger Bedrohungen einsehen, dass die Steigerung seiner Macht seiner Selbsterhaltung dienlich ist.[53] Wenn es aufgrund vergangener Erfahrungen mögliche Einschränkungen seiner Macht vorhersehen kann, so wird es sich in der Gegenwart bemühen, seine Macht so sehr es kann zu stärken, um künftigen Bedrohungen gewachsen zu sein. Zu fragen ist in diesem Zusammenhang, welchen Arten von Einzeldingen man ein derart komplexes Bewusstsein zuschreiben kann. Spinoza spricht jedem körperlichen Ding ein ihm entsprechendes geistiges Korrelat – eine Idee dieses Dinges – zu; dies besagt jedoch nicht, dass jedes Ding eine so komplexe ihm korrelierende Idee hat, dass diese Idee als *Geist* (*mens*) ihrer selbst bewusst werden kann. Dinge, deren Körper nicht so komplex sind, dass der ihnen entsprechende Geist über Bewusstsein verfügt – man denke etwa an Dreiecke, Steine oder Tische – können sich weder erinnern, noch antizipieren, und werden aus diesem Grund auch nicht dazu tendieren, ihre Macht zu steigern; ihr Streben wird sich lediglich als träge Kraft verwirklichen.[54]

Auch wenn nicht auszuschließen ist, dass die Tendenz zur Machtsteigerung einem Tier oder einem anderen, seiner selbst bewussten Individuum zukommt, beschränkt Spinoza die Perspektive der Betrachtung gleichwohl auf den Menschen. Er führt die Selbstreflexivität, welche die Bedingung für eine Tendenz zur Machtsteigerung ist, als Merkmal des menschlichen *conatus* ein.[55] Hinsichtlich der spezifisch menschlichen Ausprägung des *conatus* lässt sich mit Thomas Kisser sagen: „Spinozas Kraftbegriff als reiner Erhaltungsmacht kommt mit dem Begriff der Physik überein, doch ist die Definition von Kraft als Erhaltung in Bezug auf den Menschen nur ein Teil der Sache [...]. Die kognitiven Möglichkeiten machen sein Sein genauso aus wie seine Kraft. Der Mensch muß immer schon in dieser Einheit gesehen werden. Dann aber kann der Conatus nicht mehr im Sinne der Trägheit verstanden werden. Der Mensch als offenes, erfahrendes Wesen wird immer auf den ihm besten, jedenfalls den ihm als besten erscheinenden Zustand hin streben. So transformiert sich das Streben nach Erhaltung

---

53 Vgl. Della Rocca, *Spinoza*, 156, 172.
54 Vgl. Della Rocca, *Spinoza*, 156, 172.
55 Die These, dass das Streben nach Machtsteigerung eine selbstreflexive Struktur des Geistes erfordert, die spezifisch für den menschlichen *conatus* ist, vertreten, mit unterschiedlichen Ansätzen: Kisser, *Selbsterhaltung und Selbstvervollkommnung*; Della Rocca, *Spinoza*, 154–172; Yovel, *Transcending Mere Survival*, insb. 48–50.

für ein kognitives und sich selbst erfahrendes Wesen als Streben nach dem bestmöglichen Zustand, den es kennt."[56]

Spinozas Theorie des *conatus* ist eine Theorie menschlicher Selbsterhaltung. Auch wenn von einer *Selbstgestaltung* des *conatus* in Bezug auf jedes seiner selbst bewusstes Individuum gesprochen werden kann, beschränkt Spinoza die Perspektive der Betrachtung doch auf den Menschen. Im Hinblick auf diesen, genauer im Hinblick auf eine Ethik, hat es Sinn, zwischen Selbsterhaltung als bloß mechanischem Beharrungsvermögen und Selbsterhaltung als einem Handlungsziel zu unterscheiden. Nur ein Wesen, das die Selbsterhaltung als immanentes Ziel seines Handelns begreifen kann, wird auch danach streben, seine Macht zu steigern. Ein solches Wesen ist der Mensch, und nur, weil es in der *Ethik* um ihn geht, wird die Machtsteigerung als spezifische Ausprägung des *conatus* überhaupt thematisch. Andererseits lässt sich sagen: Die Tatsache, dass der *conatus* sich als Streben nach Machtsteigerung verwirklicht, kann erst am Menschen erwiesen werden. Im Hinblick auf das Verhältnis von Selbsterhaltung und Machtsteigerung ist daher die These Wolfgang Bartuschats zu bestätigen, derzufolge Spinozas Ontologie auf eine Theorie des Menschen hin konstruiert ist.[57] Die universelle Fassung der *conatus*-Lehre in *Ethik* III, pr. 4–8 ist insofern relevant, als sie zeigt, dass der Mensch nach den Gesetzen der ganzen Natur zu erklären ist.[58]

Dass ein Mensch sich zu erhalten strebt, bedeutet nach Spinoza nicht, dass er den *status quo* seiner bestehenden Macht zu sichern sucht. Weil er nichts anderes als Streben, nämlich Affirmation seiner Macht im Kontext anderer Mächte ist, hat er als Macht keinen festen Bestand; Selbsterhaltung im Sinne des Verharrens bedeutet demnach, die Aktivität des *conatus* zu erhalten, mithin sich selbst *als strebende Macht* zu erhalten. Weil der Mensch sich seines Selbsterhaltungsstrebens bewusst ist, erkennt er, dass er seine Erhaltung am besten sichern kann, wenn er seine Macht sich zu erhalten steigert. Prägnant fasst dies W. Bartuschat in die Worte: „Selbsterhaltung [...] meint [...] Erhaltung des eigenen conatus, den angesichts äußerer Einwirkungen zu erhalten bedeutet, ihn in seiner Wirksamkeit zu steigern."[59] Spinozas *conatus*-Theorie ist insofern eine Theorie der Selbsterhaltung als Selbstentwicklung.[60]

---

56 Kisser, *Selbsterhaltung und Selbstvervollkommnung*, 44.
57 Vgl. Bartuschat, *Spinozas Theorie des Menschen*.
58 Auch im Hinblick auf Nietzsches Willen zur Macht lässt sich sagen, dass die dieses Theorem kennzeichnende Tendenz zur Machtsteigerung in Bezug auf den Menschen relevant ist. Der Universalismus, den Nietzsche für das Willen zur Macht-Konzept beansprucht, ist, anders als derjenige Spinozas, ein universalisierter Anthropomorphismus: In diesem Sinne ist es zu verstehen, wenn Nietzsche schreibt, man müsse sich „der Analogie des Menschen zu Ende bedienen" (NL 1885, 36[31], KSA 11, 563; vgl. auch NL 1883, 16[1], KSA 10, 495). Während Nietzsche die menschliche Perspektive auf die Erklärung der gesamten Natur ausweitet, engt Spinoza, gewissermaßen in umgekehrter Denkbewegung, seine Perspektive von einer universellen allmählich auf eine menschliche ein; man könnte diesbezüglich von einem anthropomorphisierten Universalismus sprechen.
59 Bartuschat, *Spinoza*, 138.

6.4 Zum Problem der Teleologie

Die Rekonstruktion des Verhältnisses von Selbsterhaltung und Machtsteigerung hat gezeigt, dass der menschliche *conatus* eine zielgerichtete Kraft ist, die den Menschen dazu bestimmt, die Machtsteigerung als ein Mittel zum Zweck seiner Selbsterhaltung anzustreben. Damit ist in der Vollzugsweise des *conatus* offenbar eine teleologische Struktur freigelegt worden. Dass Menschen Handlungen vollziehen, *um* sich selbst zu erhalten, ist die teleologische Grundannahme, die Spinozas Ausführungen spätestens ab *Ethik* III, pr. 12, wo das Streben nach Machtsteigerung eingeführt wird, zugrunde liegt. Problematisch ist die teleologische Struktur des *conatus* insofern, als Spinoza andernorts in der *Ethik* die aristotelische Lehre der Zweckursachen entschieden zurückweist. Wie sich seine Kritik der Zweckursächlichkeit mit der offenbar teleologischen *conatus*-Theorie vereinbaren lasse, ist eine Frage, die seit langem kontrovers diskutiert wird.[61]

Nicht selten wird dabei die auch von Nietzsche aufgegriffene Kritik vorgebracht, dass Spinoza mit der Theorie des *conatus* seiner Ablehnung zweckursächlicher Erklärungen gegenüber inkonsequent geworden sei:[62] Die von ihm verworfene Teleologie habe er im Rahmen seiner Theorie des menschlichen Handelns implizit wieder beansprucht. Vorgehalten wird Spinoza, von einer nicht-teleologischen Theorie des *conatus* am Anfang von Teil III der *Ethik* zu einer implizit teleologischen Ausprägung der Theorie ab E III, pr. 12 und in den späteren Teilen des Werkes überzugehen. Ohne diese teleologische Interpretation des *conatus* sei es Spinoza nicht möglich, das Spezifische des menschlichen Handelns zu erklären, vor allem nicht, wie man unter der Leitung der Vernunft handeln könne.[63]

Im Folgenden soll gezeigt werden, dass diese Kritik auf einer dem spinozanischen Denken unangemessenen Gleichsetzung von Zweckgerichtetheit und Zweckursächlichkeit beruht. Unterscheidet man konsequent zwischen diesen beiden Begriffen, so kann der Vorwurf einer Inkonsequenz Spinozas entkräftet werden. Spinozas *conatus*-Lehre bietet in der Tat eine teleologische Theorie menschlichen Handelns, insofern sie Strukturen der Zielgerichtetheit erklärt; sie rekurriert dabei jedoch nicht auf zweckursächliche Erklärungsmodelle und ist insofern mit Spinozas Kritik der Finalursachen

---

60 Dass Spinoza vom *conatus in suo esse perseverandi* spricht, und nur selten von der *conservatio sui*, mag eben darauf zurückzuführen sein, dass er das Moment der Entwicklung gegenüber der konservativen Bedeutung der Selbsterhaltung hervorheben will.
61 In den letzten Jahren wurde die Debatte um den Stellenwert der Teleologie bei Spinoza vor allem im anglo-amerikanischen Raum intensiv ausgetragen: Vgl. Bennett, *Teleology and Spinoza's Conatus*; ders., *Spinoza's Ethics*; ders., *Spinoza and Teleology*; Rice, *Spinoza, Bennett, and Teleology*; Curley, *Teleology*; Garrett, *Teleology in Spinoza*; Jarrett, *Teleology*. Eine hervorragende systematische Studie hat jüngst S. Schmid beigesteuert: vgl. ders., *Finalursachen in der frühen Neuzeit*.
62 So etwa Bennett (vgl. vorige Anm.).
63 Vgl. Bennett, *Spinoza's Ethics*, 243 ff.; 296 f.; ders., *Spinoza and Teleology*.

durchaus konsistent.[64] Der Vorwurf der Inkonsequenz ergibt sich daraus, dass man zwischen Zweckursächlichkeit einerseits und Teleologie im Sinne von Zweckgerichtetheit andererseits begrifflich nicht streng unterscheidet. Somit hängt die Kritik an Spinoza entscheidend davon ab, welchen Begriff von Teleologie man voraussetzt;[65] versteht man unter Teleologie lediglich „die Annahme der Zielgerichtetheit eines Prozesses oder einer Handlung"[66], so kann Spinozas *conatus*-Lehre als eine teleologische Theorie begriffen werden, ohne dass man Spinoza deshalb der Inkonsequenz überführen müsste. Die besondere Leistung der *conatus*-Theorie besteht gerade darin, dass sie es ermöglicht, Zielgerichtetheit unter den Bedingungen eines rein wirkursächlich aufgefassten Weltzusammenhangs zu erklären: Indem sie teleologische Strukturen des Handelns auf mechanische Ursache-Wirkungs-Verhältnisse zurückführt, trägt sie der Tatsache Rechnung, dass Zielgerichtetheit für das menschliche Handeln konstitutiv ist.

Ein Blick auf Spinozas Kritik der Finalursachen im Anhang des ersten Teils der *Ethik* bestätigt dies. In diesem polemischen und „seine ganze Lehre erleuchtenden"[67] Text, wie Kuno Fischer treffend schreibt, erklärt Spinoza, „daß die Natur keinen Zweck hat, der ihr vorgegeben wäre, und daß alle Zweckursachen nichts als menschliche Einbildungen sind [...]"[68]. Indem er die Existenz von *causae finales* im Sinne naturimmanenter Zweckursachen verneint, bestreitet Spinoza, dass Zwecke überhaupt Ursache im eigentlichen Sinn sein können. Das erklärte Ziel seiner Ausführungen ist es, das Vorurteil aufzuklären, von dem alle anderen menschlichen Vorurteile abhingen: „daß nämlich die Menschen gewöhnlich annehmen, alle natürlichen Dinge handelten, wie sie selbst, um eines Zweckes willen, und sogar für ausgemacht halten, Gott selbst leite alles auf irgendeinen Zweck hin [...]" (E I, app., S. 79 f.). Indem er verneint, dass die natürlichen Dinge um eines Zweckes willen existieren und dass Gott zweckgerichtet handle, bestreitet Spinoza jedoch keineswegs den phänomenalen Tatbestand, dass die Menschen ihr Handeln auf Ziele ausrichten. Im Gegenteil hält er sogar fest, dass „die Menschen alles um eines Zweckes willen tun, nämlich um des

---

64 Die wenigsten Spinoza-Interpreten nehmen eine solche Differenzierung von Teleologie und Zweckursächlichkeit vor: Manche behaupten, Spinoza habe Teleologie, d.h. ein Konzept von Zweckursächlichkeit gelten lassen (z. B. Curley, *Teleology*), andere wiederum behaupten, er habe jede Form von Teleologie, d.h. Zweckursächlichkeit verworfen, wobei er diese Position nicht konsequent durchgehalten habe (z. B. Bennett, *Spinoza's Ethics*; ders., *Spinoza and Teleology*).
65 Laut L. W. Stern gehört der Begriff der Teleologie „zu den wenigst geklärten der gesamten Philosophie" (L. W. Stern, *Person und Sache. System der philosophischen Weltanschauung*, zit. bei: Busche, *Teleologie*, 970). Der Begriff wurde übrigens erst 1728 von Christian Wolff geprägt, als Neologismus, dem natürlich eine lange Denktradition vorausging.
66 Prechtl, *Teleologie*, 607.
67 Fischer, *Geschichte der neuern Philosophie I, 2*, 236.
68 „[...] naturam finem nullum sibi praefixum habere et omnes causas finales nihil nisi humana esse figmenta [...]" (E I, app., S. 84).

Nützlichen willen, das sie begehren"⁶⁹. Das Vorurteil der Zweckursächlichkeit entsteht dadurch, dass wir das, was wir begehren, aus Unwissenheit über die realen Ursachen unserer Begierde für deren bewirkende Ursache halten. Nur insofern schleicht sich also ein Fehler ein, als die Zielgerichtetheit des menschlichen Handelns, deren natürliche Teleologie, finalursächlich gedeutet wird. Weil die Menschen es aber gewohnt sind, ihr Handeln zweckursächlich zu erklären, und weil ihnen das natürliche Geschehen und das Wirken Gottes unergründlich scheinen, übertragen sie das zweckursächliche Begründungsmodell auf die Natur im Ganzen: Sie behaupten, dass Natur und Götter alles auf einen Zweck, nämlich auf den Nutzen der Menschen, hin lenken. Angesichts der unabschließbaren Kette von Ursachen, die ihre Begründungen in einen infiniten Regress zu führen droht, berufen sie sich auf den Willen Gottes als den letzten Grund aller Dinge, d. h. sie flüchten sich in den „Zufluchtsort der Unwissenheit".⁷⁰ Damit aber geben sie nach Spinoza „bloß zu verstehen [...], daß die Natur samt den Göttern ebenso verrückt ist wie die Menschen" (E I, app., S. 83)⁷¹.

Erst im Vorwort zum vierten Teil der *Ethik* kann Spinoza, nachdem er die Theorie des *conatus* entwickelt hat, erklären, dass dasjenige, „[w]as Zweckursache genannt wird, [...] nichts anderes als der menschliche Trieb selbst [ist], insofern er als das Prinzip oder die erste Ursache einer Sache angesehen wird"⁷². Das Beispiel, das er hierauf folgen lässt, ist erhellend:

> Wenn wir z. B. sagen, das Bewohnen war die Zweckursache dieses oder jenes Hauses, dann verstehen wir darunter doch wohl nichts anderes, als daß ein Mensch, weil er sich die Annehmlichkeit des häuslichen Lebens vorstellte, einen Trieb hatte, ein Haus zu bauen. Demnach ist das Bewohnen, insofern es als eine Zweckursache angesehen wird, nichts weiter als dieser einzelne Trieb, der der Sache nach eine bewirkende Ursache ist, die bloß deshalb als eine erste Ursache angesehen wird, weil Menschen in der Regel die Ursachen ihrer Triebe nicht kennen. Denn sie sind [...] sich ihrer Handlungen und Triebe bewußt, ohne die Ursachen zu kennen, von denen sie bestimmt werden, nach etwas zu verlangen. (E IV, praef., S. 377)

Das Beispiel verdeutlicht, dass finalursächliche Erklärungen wirkursächlich nicht erfasste Zusammenhänge ersetzen: Jede Zweckursache ist, richtig verstanden, eine

---

69 „[...] homines omnia propter finem agere, videlicet propter utile, quod appetunt" (E I, app., S. 80) (Übersetzung: H.M.R.).
70 „Et sic porro causarum causas rogare non cessabunt, donec ad Dei voluntatem, hoc est ignorantiae asylum, confugeris" (E I, app., S. 88).
71 Nach W. Bartuschat geht es Spinoza darum, zu zeigen, „daß die falschen Auffassungen [...] aus einem falschen menschlichen Selbstverständnis resultieren. Sie ergeben sich daraus, daß die Menschen ihren Status als Modus nicht erfassen, weil sie die Erfahrungen, die sie von sich machen, unbezogen auf die letzte sie bewirkende Ursache, absolut setzen und dann von ihnen her, nur befreit von den eigenen Grenzen der Endlichkeit, Gott inadäquat vorstellen" (ders., *Spinozas Theorie des Menschen*, 23).
72 „Causa autem, quae finalis dicitur, nihil est praeter ipsum humanum appetitum, quatenus is alicujus rei veluti principium seu causa primaria consideratur" (E IV, praef., S. 374 f.; Übersetzung: H.M.R.).

Wirkursache, die als solche keine erste oder freie Ursache ist, sondern eine Wirkung des ihr vorangegangenen Kausalgeschehens. Die Wirkursache, die einen Menschen dazu bestimmt, Ziele zu verfolgen bzw. Absichten zu realisieren, ist sein Trieb (*appetitus*). Weil dieser Trieb durch Vorstellungsbilder informiert wird, richtet er sich auf bestimmte Gegenstände oder Zustände. Insofern ist er nicht Trieb zur Selbsterhaltung im abstrakten Sinne, sondern Trieb zur Selbsterhaltung mittels konkreter Tätigkeiten, etwa mittels des Bewohnens eines Hauses. Die Menschen und Dinge, auf die wir treffen, die Vorstellungsbilder, die wir formen, aber auch die vernünftigen Ideen, die wir ausbilden, prägen unser Selbsterhaltungsstreben, indem sie bestimmen, auf welche Objekte dieses Streben sich richtet. Irrtümlicherweise halten wir unsere Ziele für die Ursachen unserer Handlungen, während sie vielmehr die Wirkungen der Ausrichtung unseres Triebes auf bestimmte Objekte oder Zustände sind.

Die teleologische Struktur des Triebes oder *conatus*[73] kommt dadurch zustande, dass dieser sich, insofern er über Bewusstsein verfügt, auf die Zukunft beziehen kann. Zielgerichtetes Handeln ist charakteristisch für Wesen, die fähig sind, die zu erwartenden Folgen ihrer Handlungen zu antizipieren: Wenn jemand voraussieht (oder glaubt, voraussehen zu können), dass das Erbauen eines Hauses seiner Erhaltung besonders dienlich sein wird, so wird er die Absicht entwickeln, ein Haus zu bauen, d. h. sein Selbsterhaltungstrieb wird die konkrete Form eines Triebes zum Hausbau annehmen. Hinsichtlich der Handlungsteleologie, die einen seiner selbst bewussten *conatus* auszeichnet, werden Handlungen nicht durch Zielzustände erklärt, sondern dadurch, dass wirkursächliche, d. h. mechanistische Vorgänge durch Bewusstseinsinhalte mitgeprägt werden, die auf die Zukunft gerichtet sind. Die besondere Leistung der *conatus*-Theorie besteht insofern darin, dass sie ein Begründungsmodell für teleologische Strukturen des Handelns liefert, ohne auf den Begriff der Zweckursache zu rekurrieren.

Weil die teleologische Ausprägung des *conatus* an die Fähigkeit des Individuums zur Antizipation gebunden ist, gehört sie nicht zu den primären Bestimmungsmerkmalen des Selbsterhaltungsstrebens. Deshalb tritt sie erst in *Ethik* III, pr. 12 – in Bezug auf das Streben nach Machtsteigerung – auf, als Spinozas Ausführungen sich vom Einzelding im Allgemeinen auf den Menschen im Besonderen richten. Für die *conatus*-Theorie in ihrer universellen Fassung hat die Teleologie keine Bedeutung; deshalb wird sie von Spinoza dort auch nicht entwickelt. Hierin zeigt sich, dass der *conatus* die Grundlage für eine Theorie der Teleologie *menschlichen* Handelns liefert. Auch in dieser Hinsicht lässt sich also sagen, dass Spinozas Theorie des *conatus* auf den Menschen hin entworfen ist. Wolfgang Bartuschat bemerkt dazu treffend: „Die gelingende Selbsterhaltung ist [...] abhängig von Bedingungen, die dem Individuum eigen sind und die zu ergreifen Ausdruck eines Könnens dieses Individuums ist. Die Theorie dieses Könnens entwickelt Spinoza allein für das menschliche Individuum, das sich, sofern es sich der Bedingungen der Selbsterhaltung versichert und darin das

---

73 Vgl. E III, pr. 9, sc.

eigene Sein zu realisieren vermag, gegenüber allen Individuen nichtmenschlicher Art auszeichnet."[74]

Der *conatus* ist kein teleologisches Prinzip in dem Sinne, dass er einem Menschen seine Selbsterhaltung als ein Telos aufgäbe, das dieser erst noch zu realisieren hätte. Als Prinzip besagt er lediglich, dass alle Wirkungen, die von einem Einzelding ausgehen, dieses Ding affirmieren, d. h. tendenziell dessen Selbsterhaltung dienen. Ob das Selbsterhaltungsstreben eines Individuums sich auf bestimmte Ziele richtet, die diesem Streben dienlich sind, hängt von dessen Fähigkeit ab, die eigene Zukunft zu antizipieren.

Der immer wieder vorgebrachte Einwand, Spinoza sei mit der Ausführung seiner Ethik den eigenen theoretischen Grundannahmen gegenüber inkonsequent geworden, kann vor dem Hintergrund dieser Ausführungen entkräftet werden. An Spinozas Theorie des *conatus* lässt sich erweisen, dass nicht jede Ablehnung von Finalursachen einem allgemeinen Verwerfen von Teleologie gleichkommt. Nach dieser Rekonstruktion von Spinozas Theorie des *conatus* und dem Versuch, im Hinblick auf Machtsteigerung und Teleologie zwei zentrale Probleme zu lösen, die mit ihr verbunden sind, kann nun zu Nietzsches indirekter Rezeption dieser Theorie übergegangen werden.

---

[74] Bartuschat, *Spinozas Theorie des Menschen*, S. X.

7 Nietzsches indirekte Rezeption von Spinozas *conatus*-Lehre

Weil sich nicht nachweisen lässt, dass Nietzsche Spinozas Schriften jemals gelesen hätte, können seine Spinoza-Interpretationen nicht direkt auf die Schriften des niederländischen Philosophen bezogen werden. Die *conatus*-Theorie wurde im vorangegangenen Kapitel allein mit der Absicht dargestellt, die neuzeitliche Selbsterhaltungsproblematik in ihrer spinozanischen Gestalt zu exponieren und damit zugleich eine sachliche Grundlage für die Beurteilung der Interpretationen zu schaffen, die Nietzsche rezipiert hat. Im Folgenden soll es zunächst um die Quellen gehen, aus denen Nietzsche seine Kenntnis von Spinozas Selbsterhaltungstheorie bezogen hat; deren wichtigste, Kuno Fischers *Geschichte der neuern Philosophie I, 2* von 1865, ist eingehend zu analysieren. Dabei verdient die Thematik der Machtsteigerung besonderes Augenmerk: Welche Kenntnis konnte Nietzsche von der Bedeutung der Machtsteigerung im Zusammenhang von Spinozas Selbsterhaltungstheorie haben? Es lässt sich belegen, dass er aus den Büchern, die er gelesen hat, insbesondere aus Fischers Spinoza-Studie, entnehmen konnte, dass Selbsterhaltung bei Spinoza nicht ohne eine Tendenz zur Machtsteigerung zu denken ist. Vergleicht man Nietzsches Quellenmaterial mit seinen Exzerpten, so erkennt man, welche Aspekte er hervorhob und welche er vernachlässigte oder gar überging; dabei wird deutlich, dass er das Moment der Machtsteigerung bei Spinoza verdrängt und es für sein eigenes Denken vereinnahmt hat. Dies ist als eine strategische Interpretationsentscheidung anzusehen, die Nietzsche aus *sachlichen* Gründen traf; nach seinen Gründen wird abschließend zu fragen sein.

7.1 Seine Quellen

Nietzsches früheste Bekanntmachung mit Spinozas Selbsterhaltungstheorie fand in der Vorlesung von Karl *Schaarschmidt* statt, die Nietzsche 1865 in Bonn gehört hat; die transkribierte Mitschrift von seiner Hand findet sich im Anhang an diese Arbeit.[1] Bemerkenswert sind Nietzsches Notizen besonders deshalb, weil sie zeigen, dass er sich bereits als junger Student für die Thematik der Selbsterhaltung bei Spinoza interessierte: Mit der einzigen Marginalie, die er in die Mitschrift zu Spinoza gesetzt hat, hebt er das „Selbsterhaltungsstreben" gegenüber allen anderen behandelten Themen hervor. Über dieses Streben notiert er sich:

> Jedes Ding sucht in seinem Sein zu ver-
> [*Randnotiz:* Selbsterhaltungsstreben] harren. ‚in suo esse perseverare conatur.'
> Somit rettet er den Individualismus.

---

[1] Vgl. Anhang I.

> Wenn wir handeln, so steigern wir unsre Macht. Die körperlichen Affecte haben ihren Ausdruck in der Seele. cupiditas – appetitus. Die Lust ist der lebendige Affect der Thätigkeit, durch Traurigkeit zu immer größerer Passivität. Liebe und Haß – Grundwesen – Freude und Traurigkeit. Der Mensch in einem fortwährenden Kampfe. Das setzt eine Statik der Affecte u. eine Dynamik.

Hieraus geht zum Einen hervor, dass Nietzsche schon 1865 zur Kenntnis genommen hat, dass eine Tendenz zur Machtsteigerung in Spinozas *conatus*-Theorie integriert ist: Handeln bedeutet, tendenziell in seinem Sein zu verharren, und als solches – als „Selbsterhaltungsstreben" – geht es mit einer Steigerung der eigenen Macht einher. Andererseits konnte Nietzsche seinen Notizen entnehmen, dass Handeln im Sinne der Selbsterhaltung an einen fortwährenden Wechsel freudiger und trauriger Affekte gebunden ist, sodass der handelnde Mensch sich in einem beständigen „Kampfe" befindet, der sowohl affektive „Statik" als auch „Dynamik" impliziert. Der *conatus* wird hier also als dynamisches Prinzip von Veränderung und tendenzieller Machtsteigerung dargestellt – ganz im Gegensatz zu Nietzsches Darstellung desselben in seinen Schriften der 1880er Jahre. Auch wenn Nietzsche sich auf die Vorlesungsmitschrift später nicht mehr explizit bezogen hat, ist doch deutlich, dass in ihr die Keimzellen seines späteren Interesses an Spinoza als Selbsterhaltungstheoretiker enthalten sind.[2]

Fünfzehn Jahre später, als Nietzsche seine Machtkonzeption ausarbeitet und kritisch profiliert, wendet er sich Kuno *Fischers Geschichte der neuern Philosophie I, 2* zu: Er wählt damit einen Gewährsmann, der den Machtbegriff ins Zentrum rückt, den ontologischen Primat der *potentia* bei Spinoza betont und dessen Machttheorie systematisch rekonstruiert. Fischer stellt individuelle Macht als Macht zur Selbsterhaltung dar, wobei er wiederholt darauf eingeht, dass Erhaltung bei Spinoza eine Tendenz zur Machtsteigerung in sich begreift. Nietzsches fortdauerndes Interesse an Fischers Schrift verdankt sich zweifelsohne der zentralen Stellung, die der Machtbegriff und die Problematik von Selbsterhaltung und Machtsteigerung darin einnehmen.[3]

---

[2] Es kann natürlich nicht davon ausgegangen werden, dass die Vorlesung mehr als einen oberflächlichen und flüchtigen Eindruck bei Nietzsche hinterlassen hat; gleichwohl mag sie sein späteres Interesse an Spinoza ‚instinktiv' geleitet haben, gemäß Nietzsches Äußerung: „Ich kannte Spinoza fast nicht: daß mich jetzt nach ihm verlangte, war eine ‚Instinkthandlung'" (Nietzsche an Franz Overbeck, 30. Juli 1881, KSB 6, 111).

[3] Es lässt sich insofern bekräftigen, was W. Wurzer vorsichtig wie folgt formuliert hat: „Wenn Nietzsche überhaupt dieses Werk [i.e. die *Geschichte der neuern Philosophie I, 2*] für wichtig hielt, dann vielleicht nur[,] weil Fischer immer wieder die Machtidee und das Streben nach mehr Macht in Spinozas Philosophie betonte" (Wurzer, *Nietzsche und Spinoza*, 70).

Bevor auf Nietzsches Fischer-Rezeption im Detail eingegangen wird, sind zunächst einige andere Autoren zu behandeln, die Nietzsche in den 1880er Jahren gelesen hat und von denen er gleichfalls Aufschluss über Spinozas Selbsterhaltungstheorie erhalten konnte. Im Vergleich zu Kuno Fischer sind sie für seine Spinoza-Rezeption jedoch weitaus weniger bedeutend.

1881 hat Nietzsche Otto *Liebmanns* Buch *Zur Analysis der Wirklichkeit. Eine Erörterung der Grundprobleme der Philosophie* (1880) gelesen und vielfach annotiert. Spinoza wird dort eher marginal und hauptsächlich kritisch behandelt. In Bezug auf die *conatus*-Lehre konnte Nietzsche bei Liebmann lesen, dass ihr das Prinzip des Egoismus zugrunde liege:

> Alle Individuen sind von Natur egoistisch; so sagt ein bekannter Satz des Spinoza, der gewiß als Axiom gelten darf. Unaquaeque res, quantum in se est, in suo esse perseverare conatur. Ethic. III, propos. VI, conf. propos. XXVIII. Man könnte dies das verallgemeinerte Trägheitsprincip nennen, wenn dem Namen nicht ein allzu physikalischer Beigeschmack anhaftete, welcher der besonderen Natur des animalischen Daseins nicht entsprechen will. Ein Grundtrieb oder der Grundtrieb des Menschen wie jedes animalischen Geschöpfes besteht in dem unausrottbar eingefleischten Drang der Selbsterhaltung, der Liebe zum Leben, oder genauer zum befriedigten und glückseligen Leben. Das ist Egoismus.[4]

Bedenkt man, dass Nietzsche 1881 nach seiner ersten Fischer-Lektüre hervorhob, ein Hauptpunkt Spinozas, in dem er selbst sich wiederfinde, bestehe im Leugnen des „Unegoistische[n]" (Nietzsche an Franz Overbeck, 30. Juli 1881, KSB 6, 111), so lässt sich davon ausgehen, dass er mit dieser – kritisch intendierten – Darstellung der spinozanischen Selbsterhaltung nur sympathisieren konnte.

Auch in Eduard von *Hartmanns Phänomenologie des sittlichen Bewusstseins: Prolegomena zu jeder künftigen Ethik* (1879), die Nietzsche 1883 gelesen, exzerpiert und ausführlich annotiert hat, finden sich einige Stellen zu Spinozas *conatus*-Lehre.[5] Ähnlich wie Liebmann stellt Hartmann Spinoza als Vertreter des „egoistischen Standpunkt[s] der Ethik" dar, wobei er die „egoistische Pseudomoral"[6] des Philosophen, die „die unentbehrlichen metaphysischen Voraussetzungen des sittlichen Bewusstseins"[7] aufhebe, scharf kritisiert. Wie Kuno Fischer stellt Hartmann den Zusammenhang zwischen Selbsterhaltung und Machtsteigerung bei Spinoza deutlich heraus:

> [...] Spinoza geht davon aus, dass die Begierde das eigentliche Wesen des Menschen ist (Ethik Theil IV. Satz 18 Beweis), weil sie allein auf Vermehrung der Realität hinwirkt, welche mit der Vollkommenheit identisch ist (Th. II Def. 6). Der Selbsterhaltungstrieb ist ihm die erste und

---

4 Liebmann, *Zur Analysis der Wirklichkeit*, 637.
5 Die folgenden Notate zu Spinoza aus dem Nachlass 1883 sind Exzerpte bzw. Paraphrasen von Hartmanns *Phänomenologie des sittlichen Bewusstseins*, wie Brobjer (*Nietzsche's Philosophical Context*, 159, Anm. 108) nachgewiesen hat: 7[31], 7[35], 7[20] und 7[108].
6 Hartmann, *Phänomenologie des sittlichen Bewusstseins*, 503, 777, 808; vgl. auch ebd., 8–14.
7 Hartmann, *Phänomenologie des sittlichen Bewusstseins*, 844.

einzige Grundlage der Tugend (IV 22 Folgesatz), und die Tugend selbst ist das Vermögen oder die Macht, seine Realität zu erhalten und zu vermehren (IV Def. 8). Denn je mehr Begierden wir befriedigen können und je mehr Lust wir dadurch erlangen, zu desto grösserer Vollkommenheit gehen wir über (Th. IV Anhang § 31).[8]

Wie Kuno Fischer, im Unterschied zu diesem aber in dezidiert kritischer Perspektive, stellt Hartmann heraus, dass das wesenhafte Interesse des Menschen im Erkennen liege. Er zitiert Spinoza mit den Worten: „**Alles das**, wonach wir der Vernunft gemäss streben, ist **nichts anderes als das Erkennen**, und der Geist hält, sofern er die Vernunft anwendet, **nur das für ihn nützlich**, was zum **Erkennen** führt.'"[9]. Diese Stelle hat Nietzsche exzerpiert: „Nach Spinoza: ‚sofern der Mensch die Vernunft anwendet, hält er nur das für **nützlich,** was zum Erkennen führt'" (NL Frühjahr-Sommer 1883, 7[31], KSA 10, 253). Hartmann zufolge führt Spinozas Erkenntniskonzeption zur Verflüchtigung der Philosophie in einen „reinen Intellektualismus"[10], ein in seiner Schrift wiederkehrendes kritisches Motiv. Nietzsche, der schon in seinen Fischer-Exzerpten von 1881 den Zusammenhang zwischen Selbsterhaltung und Erkenntnis festgehalten und kritisiert hatte, konnte in Hartmans Polemik eine Bestätigung seiner Skepsis gegenüber Spinozas Rationalismus finden.[11]

Dass Nietzsche sich für diesen Aspekt und das entsprechende Spinoza-Zitat besonders interessiert hat, zeigt eine Stelle in seinem Handexemplar von Jean-Marie *Guyaus* Schrift *L'irréligion de l'avenir*, die er angestrichen hat: „‚Nous ne tendons, par la **raison**, à rien autre chose qu'à comprendre; et l'âme, en **tant qu'elle se sert de la raison**, ne juge utile pour elle que ce qui la conduit à comprendre.'"[12].

Auch in Harald *Höffdings* Schrift *Psychologie in Umrissen auf Grundlage der Erfahrung* (1887), die Nietzsche im Jahr ihres Erscheinens gelesen hat, hat er eine Stelle angestrichen und angemerkt, die sich auf Spinozas Selbsterhaltungsprinzip bezieht:

> Geht man vom Instinkt der Selbsterhaltung als ursprünglicher Grundlage aus, welche durch den nach den Gesetzen der Vorstellungsverbindung wirkenden Einfluß der Erfahrungen abgeändert wird, so wird man [...] ebensowohl ein *herrschendes Gefühl des Hasses, des Neides und der Bosheit* konstruieren können, als ein *herrschendes Gefühl der Sympathie*. Hierauf hat schon Spinoza aufmerksam gemacht.[13]

Unmittelbar hierauf folgt die Stelle über die „malevolent sympathy", die Nietzsche in seine Apologie der Grausamkeit in *Zur Genealogie der Moral* II, 6 hat einfließen las-

---

8 Hartmann, *Phänomenologie des sittlichen Bewusstseins*, 8 f.
9 Hartmann, *Phänomenologie des sittlichen Bewusstseins*, 12.
10 Hartmann, *Phänomenologie des sittlichen Bewusstseins*, 12.
11 Vgl. NL Frühjahr-Herbst 1881, 11[193], KSA 9, 517.
12 Guyau, *L'irréligion de l'avenir*, 399. (Die Hervorhebungen im Zitat stammen vom Verfasser der Schrift.)
13 Höffding, *Psychologie in Umrissen*, 318 f. Die von Nietzsche angestrichenen Wörter sind hier kursiv wiedergegeben.

sen.¹⁴ Der Gedanke, dass ausgehend vom Selbsterhaltungsprinzip sowohl Grausamkeit als auch Mitleid legitime Handlungsmotive seien, hat Nietzsche interessiert; er assoziiert das naturalistische Argument in *Zur Genealogie der Moral* mit Spinoza und hebt es positiv hervor. Umso bemerkenswerter ist es, dass seine Bezugnahmen auf Spinozas Selbsterhaltungsprinzip eine solch positive Beurteilung völlig entbehren.

Doch nun zu einer detaillierten Betrachtung von Nietzsches Rezeption der Spinoza-Studie Kuno *Fischers*. Seine Exzerpte aus der *Geschichte der neuern Philosophie I, 2* von 1881 und 1887 zeigen, dass Nietzsche sich für die Bedeutung der Selbsterhaltung vorrangig interessiert hat.¹⁵ Die Thematik wird bei Fischer in mehreren Kapiteln abgehandelt;¹⁶ daraus geht hervor, dass das „Streben nach Selbsterhaltung"¹⁷ von Spinoza als die Wesensbestimmung jedes Dinges aufgefasst wird. Jedes Ding zeichne sich durch ein Beharrungsvermögen aus, das sich aus der widerständigen Macht ergebe, die das Ding angesichts einer potentiell bedrohlichen Umwelt sei:

> Da [...] jedes Ding nur von Außen zerstört werden kann, so ist klar, daß keines durch sein eigenes Vermögen zerstört wird, vielmehr, da es der zerstörenden Ursache entgegengesetzt ist, mit aller Kraft strebt, in seinem Dasein zu beharren. Kein Ding ist sich selbst entgegengesetzt, keines zerstört sich selbst. Jedes Ding, so viel an ihm ist, bejaht sein Dasein und strebt es zu erhalten. Die Erhaltung ist der Gegensatz der Zerstörung. Ist nun jedes Ding der Ursache seiner Zerstörung mit seinem ganzen Vermögen entgegengesetzt, so ist sein ganzes Vermögen das Streben nach Selbsterhaltung. Das Vermögen eines Dinges ist sein Wesen. Also besteht das Wesen jedes Dinges in dem Streben nach Selbsterhaltung.¹⁸

Insofern Selbsterhaltung als Gegenteil der Selbstzerstörung verstanden wird, scheint hier zunächst ein negatives Selbsterhaltungsprinzip formuliert zu sein: Jedes Ding beharrt in seinem Dasein, sofern es nicht von äußeren Ursachen daran gehindert wird. Hieraus folgt aber nicht, dass Selbsterhaltung nach Spinoza als bloß reaktive Haltung angesichts von Bedrohungen oder gar als Wahrung des *status quo* zu verstehen wäre; für diese Interpretation des *conatus*, die sich bei Nietzsche findet, lassen sich bei Fischer keine Anhaltspunkte finden. Im Gegenteil zeigt Fischer ausführlich, dass Selbsterhaltung bei Spinoza eine Dynamik von Machtäußerungen impliziert, die auch eine Tendenz zur Machtsteigerung in sich begreift. Sich selbst zu erhalten bedeutet

---

14 Vgl. GM II, 6, KSA 5, 301 sowie Kap. 2 dieser Arbeit.
15 Vgl. NL Frühjahr – Herbst 1881, 11[193], KSA 9, 517 f.; NL Ende 1886 – Frühjahr 1887, 7[4], KSA 12, 261. Im Anhang an diese Arbeit findet sich ein detaillierter Nachweis von Nietzsches Exzerpten aus Fischers *Geschichte der neuern Philosophie I, 2* im Notat 11[193] (vgl. Anhang II). In Bezug auf das Notat 7[4] wurde ein solcher Nachweis bereits von M. Scandella erbracht (vgl. Scandella, *Did Nietzsche Read Spinoza?*, 319–329).
16 Vgl. Fischer, *Geschichte der neuern Philosophie I, 2*, 352 („Streben nach Selbsterhaltung"), 404 f. („Die Sicherheit des Lebens als Bedingung der Selbsterhaltung"), 483–485 („Die Begierde als Tugend"), 487–489 („Die Selbsterhaltung als Grundlage der Tugend").
17 Vgl. den gleichnamigen Abschnitt bei Fischer, *Geschichte der neuern Philosophie I, 2*, 352.
18 Fischer, *Geschichte der neuern Philosophie I, 2*, 352. Im Anschluss hieran zitiert der Autor Spinoza (E III, pr. 6 und 7).

demnach, sich als eine wirkende Macht zu erhalten, sich also durch die aktiven Ausdrucksformen der eigenen Macht zu erhalten, die nach Fischer stets auch auf Steigerung drängen. Fischer sieht in der Dynamik von Erhaltung und Steigerung der eigenen Macht ein universelles Wesensmerkmal der Dinge:[19]

> [...] [J]edes Wesen [strebt] nothwendig danach, sein eigenes Dasein zu erhalten und zu vermehren. Sein eigenes Dasein ist das ihm inwohnende Vermögen (agendi potentia), seine Kraft, seine Thätigkeit. Darum strebt jedes Wesen, thätig zu sein, so viel es vermag. Die Begierde der Selbsterhaltung ist der Affect ; die Begierde, thätig und nur thätig zu sein, die nothwendig daraus folgt, ist der thätige Affect oder die A c t i o n. [...] Die thätigen Affecte werden aber die Leidenschaften nothwendig unterwerfen, wenn sie mächtiger sind als jene, denn jedes Wesen, also auch die menschliche Natur, will so mächtig sein als möglich. So fordert es die Begierde der Selbsterhaltung.[20]

An anderer Stelle konnte Nietzsche lesen: „Jede Begierde ist das Streben nach Selbsterhaltung d.h. nach Erhaltung und Steigerung des eigenen Vermögens"[21]. In Fischers Terminologie lassen sich sogar Anklänge an Nietzsches eigenen Begriff des Willens zur Macht finden, etwa wenn es heißt:

> Was [...] muß der Wille begehren, wenn er nichts ist als die Bejahung der Natur, als das Streben nach Selbsterhaltung, als die Begierde nach Macht?[22]

Dass Selbsterhaltung nach Spinoza an eine Dynamik von Erhaltung und Erweiterung der eigenen Macht gebunden ist, hat Nietzsche nachweislich zur Kenntnis genommen, denn er hat Exzerpte aus Abschnitten entnommen, in denen Fischer diese Thematik behandelt; es handelt sich dabei um die Unterkapitel „Der Wille zur klaren Erkennt-

---

[19] Hierin unterscheidet sich Fischers Interpretation der *conatus*-Theorie von derjenigen, die im vorangegangenen Kapitel gegeben wurde und in der die Tendenz zur Machtsteigerung als alleiniges Merkmal des Menschen bzw. eines vernunftbegabten, selbstreflexiven Wesens gedeutet wurde.
[20] Fischer, *Geschichte der neuern Philosophie I, 2*, 381–384.
[21] Fischer, *Geschichte der neuern Philosophie I, 2*, 377. Weitere Stellen, an denen Fischer den Zusammenhang von Selbsterhaltung und Machtsteigerung betont, sind: ebd., 359 („Wir begehren unsere Selbsterhaltung. Wir empfinden freudig, was unser Dasein vermehrt und steigert. Wir lieben, was uns diese Freude verursacht."); ebd., 364f. („[...] jeder [sucht] sein Dasein so viel als möglich zu erhalten und zu mehren [...]."); ebd., 365 („Die Begierde, das eigene Dasein zu erhalten und so vollkommen als möglich zu machen, fordert, daß wir lieben, was uns erfreut, daß wir Alles thun, um den Gegenstand zu erhalten und zu steigern, den wir lieben."); ebd., 366 („Nun aber wollen wir vor Allem unser eigenes Dasein erhalten und vermehrt sehen."); ebd., 368 („Wir wollen unser Dasein vermehren, unsere Freude steigern, unsere Liebe verstärken."); ebd., 508 („Es giebt keine Wahl, wo die Naturnothwendigkeit entscheidet, und die Selbstbejahung ist naturnothwendig, denn jedes Ding sucht von Natur seine Realität zu erhalten und zu mehren."); ebd., 536 („Die freudigen [Affecte] sind allemal der Ausdruck des gesteigerten Selbstgefühls, der vermehrten Macht, dagegen die traurigen allemal der Ausdruck des entgegengesetzten Zustandes. Nun ist das Grundstreben der menschlichen Natur die Begierde, ihre Realität zu erhalten und zu vermehren.").
[22] Fischer, *Geschichte der neuern Philosophie I, 2*, 538.

niß"²³ und „Der Werth der Affecte"²⁴ im Kapitel „Der menschliche Wille". Hier konnte Nietzsche lesen:

> Die Grundform aller Begierden ist das Streben nach Selbsterhaltung: der Wille, unsere Macht zu erhalten und zu vermehren.²⁵
>
> Was wir thun, das thun wir, um unsere Macht zu erhalten und zu vermehren.²⁶

Nietzsche berücksichtigte den Zusammenhang von Selbsterhaltung und Machtsteigerung erst 1887, als er sich den zuletzt zitierten Satz notierte.²⁷ Er ging auch auf den von Fischer entwickelten Gedanken ein, dass Machterweiterung nach Spinoza notwendigerweise gut sei, insofern Macht und Tugend identisch seien.²⁸ Bei Fischer konnte er lesen:

> Was wir thun, das thun wir, um unsere Macht zu erhalten und zu vermehren. Diese Macht ist unsere Tugend; diese Tugend ist unser Zweck; dieser Zweck ist unser Streben. Daher sagt Spinoza: […] ‚Unter Tugend und Macht verstehe ich dasselbe, das heißt: die Tugend in Rücksicht des Menschen ist dessen eigenes Wesen oder seine Natur, sofern sie die Macht hat, gewisse Dinge zu vollbringen, die bloß durch die Gesetze unserer eigenen Natur begriffen werden können.' / […] Was unserer Macht dient und sie fördert, das ist nützlich und gut. Was unsere Macht hemmt und vermindert, das ist schädlich und schlecht.²⁹

---

23 Fischer, *Geschichte der neuern Philosophie I, 2*, 482–489. Nietzsche entnahm Exzerpte aus den Abschnitten „Die Begierde als Tugend" (483–485), „Die Tugend als das vernunftgemäße Leben" (485 f.) und „Das Gute und Schlechte" (486), „Die Erkenntniß als höchstes Gut und höchste Tugend" (487), „Die Selbsterhaltung als Grundlage der Tugend" (487–489).
24 Fischer, *Geschichte der neuern Philosophie I, 2*, 489–501. Nietzsche entnahm Exzerpte aus dem Abschnitt „Die Affecte als Motive des Handelns" (489).
25 Fischer, *Geschichte der neuern Philosophie I, 2*, 483.
26 Fischer, *Geschichte der neuern Philosophie I, 2*, 484.
27 Vgl. NL Ende 1886 – Frühjahr 1887, 7[4], KSA 12, 261.
28 Vgl. Fischer, *Geschichte der neuern Philosophie I, 2*, 485: „Was unserer Macht dient und sie fördert, das ist nützlich und gut. Was unsere Macht hemmt und vermindert, das ist schädlich und schlecht."; ebd., 495: „Alle Affecte, welche die menschliche Macht erweitern, sind gut; die entgegengesetzten sind schlecht". Vgl. auch ebd., 490 f.: „[…] das Gute […] ist unserem Wesen nicht fremd, sondern mit demselben in vollster Uebereinstimmung, es steigert und vermehrt unsere Macht, erhebt unser Selbstgefühl, reizt darum nothwendig unsere Begierde und kann deßhalb nicht anders als freudig empfunden werden […]. […] Die Freude erweitert unser Dasein, vermehrt und verdoppelt gleichsam unsere Macht, denn wir fühlen unsere Kraft vereinigt mit der eines andern uns hülfreichen Wesens, das mit unserer Natur übereinstimmt. […] wir werden [daher] Alles thun, was unsere Erkenntniß, unsere Macht, unsere Tugend fördert, und Alles meiden, was sie hemmt".
29 Fischer, *Geschichte der neuern Philosophie I, 2*, 484 f.

Nicht unberücksichtigt ließ Nietzsche, dass Selbsterhaltung für Spinoza die Voraussetzung aller Tugend ist, ein Sachverhalt, der von Fischer deutlich hervorgehoben wird:[30]

> Ist [...] die Tugend das Streben so mächtig zu sein als möglich, so leuchtet ein, daß sie bedingt ist durch das Streben zu sein und in seinem Dasein zu beharren, so ist die Begierde der Selbsterhaltung, dieser Grundaffect, zugleich das Element und die Bedingung aller Tugend. ‚Niemand,' sagt Spinoza, ‚kann begehren, glücklich zu sein, gut zu handeln und zu leben, wenn er nicht zugleich begehrt, zu sein, zu handeln und zu leben, das heißt in Wirklichkeit zu existieren.' ‚Das Streben der Selbsterhaltung ist darum die Voraussetzung aller Tugend.'[31]

Nietzsche hat sich für diesen Gedanken 1887 besonders interessiert; er charakterisierte ihn als „natürlich-egoistische[n] Gesichtspunkt" Spinozas und belegte ihn mit den folgenden Exzerpten aus Fischers Buch:

> Tugend und Macht identisch. Sie entsagt nicht, sie begehrt, sie kämpft nicht gegen, sondern für die Natur; sie ist nicht die Vernichtung, sondern die Befriedigung des mächtigsten Affekts. Gut ist, was unsere Macht fördert: böse das Gegentheil. Tugend folgt aus dem Streben nach Selbsterhaltung. ‚Was wir thun, thun wir, um unsere Macht zu erhalten und zu vermehren.' ‚Unter Tugend und Macht verstehe ich dasselbe.' / Finis = appetitus. Virtus = potentia. Eth. IV Defin. VII. VIII. (NL Ende 1886 – Frühjahr 1887, 7[4], KSA 12, 261)

Zwar stehen diese Exzerpte im Kontext von Notizen, mit denen Nietzsche 1887 „Spinoza's psychologische[n] Hintergrund" als „[s]pärlich!" (NL Ende 1886 – Frühjahr 1887, 7[4], KSA 12, 260) erweisen will, doch zeugen sie andererseits von der gedanklichen Nähe zwischen Spinozas Machtverständnis und Nietzsches Konzeption des Willens zur Macht. Dass Nietzsche diese Nähe nicht herausstreicht, sondern sich von Spinoza im Gegenteil distanziert, hat sachliche Gründe. Unter Anderem hat Nietzsche daran Anstoß genommen, dass für Spinoza die größte Entfaltung von Macht im rationalen Erkennen besteht. Bei Fischer konnte er lesen:

> Die Begierde ist unser Wesen; wir können nichts Anderes begehren als die Erhaltung unseres Daseins, die Vermehrung unserer Macht. Diese Macht ist unsere Thätigkeit, unsere Tugend. Unsere vollkommene Thätigkeit und darum unsere höchste Tugend und Macht ist das Erkennen.[32]

> [...] wir werden Alles thun, was unsere Erkenntniß, unsere Macht, unsere Tugend fördert, und Alles meiden, was sie hemmt. [33]

---
30 Vgl. den schon 1881 von Nietzsche notierten Satz: „„Das Streben nach Selbsterhaltung ist die Voraussetzung aller Tugend.'" (NL Frühjahr-Herbst 1881, 11[193], KSA 9, 517).
31 Fischer, *Geschichte der neuern Philosophie I, 2*, 488 f.
32 Fischer, *Geschichte der neuern Philosophie I, 2*, 502 f.
33 Fischer, *Geschichte der neuern Philosophie I, 2*, 490 f.; vgl. auch ebd., 497 f.: „Tugend ist Macht. Alle Affecte, die das Machtgefühl einschränken oder aufheben, können unmöglich Tugenden sein. Und da das Vernunftbewußtsein das höchste Machtgefühl giebt, so können die ohnmächtigen Affecte nie aus der Vernunft hervorgehen."; vgl. auch ebd., 494: „Alle Affecte, die unsere Macht, unsere Tugend,

> Gut ist was unsere Tugend, unsere Macht, unsere Erkenntniß befördert; das Gegentheil ist schlecht.[34]

Nietzsche notierte sich 1887 eine ähnliche Äußerung aus Fischers Buch: „‚Unsere wahre Thätigkeit besteht in der denkenden Natur, in der vernünftigen Betrachtung. Die Begierde zur Thätigkeit = der Begierde vernunftgemäß zu leben." (NL Ende 1886 – Frühjahr 1887, 7[4], KSA 12, 261).[35] Spinozas Vernunftkonzeption typologisierte Nietzsche wie folgt: „[...] der spezifische ‚Denker' verräth sich. Die Erkenntniß wird Herr über alle anderen Affekte; sie ist stärker." (NL Ende 1886 – Frühjahr 1887, 7[4], KSA 12, 261). Im selben Notat führte er den Vernunftoptimismus des Philosophen auf sein eigenes Prinzip des Willens zur Macht zurück: „Spinoza glaubt, Alles absolut erkannt zu haben. / Dabei hat er das g r ö ß t e Gefühl von Macht. Der Trieb dazu hat alle anderen Triebe überwältigt und ausgelöscht" (NL Ende 1886 – Frühjahr 1887, 7[4], KSA 12, 263).

7.2 Seine Interpretationen und Motive

Angesichts der Zentralität des Machtgedankens und der Betonung des Steigerungsmoments bei Fischer mag es verwundern, dass der Machttheoretiker Spinoza in Nietzsches Schriften kaum in Erscheinung tritt. Anstatt die Ähnlichkeiten zwischen Spinozas und seiner eigenen Machtkonzeption zu betonen, stilisiert Nietzsche Spinoza zum Vertreter einer Selbsterhaltungstheorie, bei der es um das bloße Überleben geht, während die Dynamik der Machtsteigerung, die in Spinozas *conatus*-Lehre integriert ist, nicht zur Sprache kommt. Nietzsche hat bei seiner Fischer-Lektüre zur Kenntnis genommen, dass Selbsterhaltung für Spinoza kein bloß reaktives Am-Leben-Bleiben angesichts feindlicher Umstände ist: Der *conatus* ist nicht nur reaktiv, sondern er ist auch das Prinzip einer aktiven, auf Veränderung gerichteten Machtentfaltung, die eine Tendenz zur Machtsteigerung in sich schließt.

Dass Nietzsche die spinozanische Selbsterhaltungstheorie auf die Idee undynamischer Selbstbewahrung reduziert, wird besonders deutlich, wenn man seine Exzerpte mit den entsprechenden Ausführungen Fischers vergleicht. Auf einer Seite, von der Nietzsche einen Satz exzerpiert hat, schreibt Fischer über Spinozas *conatus*:

> Die Grundform aller Begierden ist das Streben nach Selbsterhaltung: der Wille, unsere Macht zu erhalten und zu vermehren. Je mehr wir vermögen, um so mächtiger, kraftvoller, tüchtiger ist

---

unsere Erkenntniß befördern [...] sind gut, weil sie tüchtig und nützlich sind; alle Affecte, welche die entgegengesetzte Wirkung haben, sind schlecht, weil sie untüchtig und schädlich sind".
34 Fischer, *Geschichte der neuern Philosophie I, 2*, 489.
35 Die exzerpierte Stelle findet sich bei Fischer im Abschnitt „Tapferkeit (Seelenstärke und Großmuth)": vgl. Fischer, *Geschichte der neuern Philosophie I, 2*, 383.

unser Wesen; um so tüchtiger sind wir selbst. Diese Tüchtigkeit ist unsere **Tugend**. Es gibt im Sinne Spinoza's keine andere Tugend, als Tüchtigkeit, als Macht.³⁶

Anstatt die Nähe zu seinem eigenen Machtverständnis zu begrüßen, notiert sich Nietzsche 1881 von dieser Seite einen Satz, der nicht das Moment der Macht und ihrer Steigerung betont, sondern die Selbsterhaltung bei Spinoza als reines Beharrenwollen darstellt: „‚Die B e g i e r d e ist das Wesen des Menschen selbst, nämlich das Streben, kraft dessen der Mensch in seinem Sein beharren will.'" (NL Frühjahr-Herbst 1881, 11[193], KSA 9, 517 f.). Auch die anderen exzerpierten Stellen im Notat 11[193] zeigen, dass Nietzsche bei seiner ersten Fischer-Lektüre 1881 den Zusammenhang von Selbsterhaltung und Machtsteigerung vollständig ausgeblendet hat. Er interessiert sich offenkundig nicht dafür, dass Spinoza das Selbsterhaltungsstreben als ein Prinzip lebendiger Entwicklung auffasst, für das die Tendenz zur Machtsteigerung bestimmend ist. Was Nietzsche von Fischer 1881 aufnimmt, ist lediglich die zentrale Bedeutung des Selbsterhaltungsprinzips bei Spinoza: „‚Jeder ist in dem Grade ohnmächtig als er seinen Nutzen d. h. seine Selbsterhaltung außer Acht lässt.' / ‚Das Streben nach Selbsterhaltung ist die erste und einzige Grundlage aller Tugend.'" (NL Frühjahr-Herbst 1881, 11[193], KSA 9, 517 f.).³⁷ In die Dynamik der spinozanischen Selbsterhaltung, die ein In-einander-Greifen von Machterhaltung und Machtsteigerung umfasst, denkt er sich nicht ein. Erst bei seiner erneuten Fischer-Lektüre 1887 hat er den Zusammenhang von Selbsterhaltung und Machtsteigerung durch eine kurze Notiz berücksichtigt.³⁸

Wenn Nietzsche aus Fischers Buch das einseitige Bild eines Spinoza extrahiert, der mit dem Selbsterhaltungsprinzip ein Theorem der Beharrung vertreten habe, das jede Steigerungsdynamik ausschließe, so entspricht dies einer interpretatorischen Entscheidung. Motiviert wurde er zu der Ausblendung der Machtsteigerung bei Spinoza wohl dadurch, dass er sich an *der Hinordnung der Machtsteigerung auf die Selbsterhaltung* störte. Es ist die primäre Stellung der Selbsterhaltung, die Nietzsche an Spinoza interessiert, die ihn zugleich aber auf Distanz gehen lässt. Dass mit der Vorrangstellung der Selbsterhaltung bei Spinoza eine rationalistische Vernunftkonzeption zusammenhängt, liefert Nietzsche einen weiteren Grund, auf Distanz zu gehen.³⁹ Unter Nietzsches Feder wird Spinoza zum Theoretiker einer reaktiven Selbstbewahrung, die dem aktiven und ausgreifenden Charakter von Macht, der allein Veränderung und Entwicklung erklären könne, nicht gerecht wird.

---

36 Fischer, *Geschichte der neuern Philosophie I, 2*, 483.
37 Die exzerpierten Sätze finden sich bei Fischer im Abschnitt „Die Begierde als Tugend": vgl. Fischer, *Geschichte der neuern Philosophie I, 2*, 484.
38 Vgl. NL Ende 1886 – Frühjahr 1887, 7[4], KSA 12, 261.
39 Zum Zusammenhang zwischen Spinozas Selbsterhaltungstheorie, seiner rationalistischen Vernunftkonzeption und einem essentialistischen Subjektverständnis – sowie vor allem zu Nietzsches Kritik daran – vgl. die ausführliche Analyse in Kap. 4 dieser Arbeit (Abschnitt 4.1.).

An der verkürzenden Deutung von Spinozas Selbsterhaltungstheorie ist Nietzsche so viel gelegen, dass er auch in seinen spätesten Notizen noch immer daran festhält. Obwohl er 1887 mit einem Exzerpt aus Fischer *expressis verbis* berücksichtigt hat, dass die Erhaltung von Macht bei Spinoza auf deren Mehrung bezogen ist, legt er den Philosophen im Nachlass von 1888 auf eine Stillstandsthese fest:

> [...] Der Satz des Spinoza von der Selbsterhaltung müßte eigentlich der Veränderung einen Halt setzen: aber der Satz ist falsch, das Gegentheil ist wahr. Gerade an allem Lebendigen ist am deutlichsten zu zeigen, daß es alles thut, um nicht sich zu erhalten, sondern um mehr zu werden... (NL Frühjahr 1888, 14[121], KSA 13, 301)

Vorbild für diese Kritik, die sich bei Fischer nicht findet, könnte Jean-Marie Guyaus Schrift *L'irréligion de l'avenir* gewesen sein, in der Nietzsche eine Stelle angestrichen hat, die eine ähnliche Kritik in Bezug auf die spinozanische Substanz zum Ausdruck bringt: „On se demande pourquoi cette existence prétendue parfaite, incapable de tout progrès réel, n'est pas de tout point immuable, et pourquoi cette éternelle agitation sans but au sein de la substance absolue"[40]. (Die Worte „progrès réel" hat Nietzsche zusätzlich unterstrichen.)

Auch in William Rolphs Schrift *Biologische Probleme* konnte Nietzsche, wie bereits gezeigt, eine Kritik an der Selbsterhaltung als Prinzip des *status quo* und damit letztlich als Stillstandsprinzip finden. Vor dem Hintergrund seiner Rolph-Lektüre sind jene Überlegungen zu verstehen, die Nietzsche im Nachlass – und wohlgemerkt nur dort – zur Selbsterhaltung als Prinzip des Stillstands angestellt hat.[41] Im zitierten Notat sieht Nietzsche in dem Streben, „mehr zu werden", die Bedingung dafür, dass ein Lebewesen sich verändern kann; zeigt sich dieses Streben am lebendigen Individuum am deutlichsten, so ist es doch zugleich von universeller Tragweite: Als die innere Dynamik jedes Dinges ist das Streben nach Machtsteigerung der Grund dafür, dass Veränderung und somit Geschehen stattfindet. Selbsterhaltung taugt nach Nietzsche hingegen deshalb nicht als Prinzip, weil Geschehen nicht auf die bloße Erhaltung des Bestehenden zurückgeführt werden kann.[42] Indem er die Selbsterhaltung auf das Wahren des *status quo* festlegt, kann er sie als Stillstandsprinzip anprangern, das dem Grundcharakter der Welt als Werden nicht gerecht wird.

Nietzsches Anspruch, das ‚Werden' gegenüber dem ‚Sein' aufzuwerten, ist im Zusammenhang seiner Kritik an Spinozas Selbsterhaltungsprinzip besonders Rech-

---

[40] Guyau, *L'irréligion de l'avenir*, 400. (Die Hervorhebung im Zitat stammt vom Autor der Schrift.)
[41] Vgl. das bereits zitierte Notat NL Frühjahr 1888, 14[121], KSA 13, 301; vgl. im Zusammenhang damit auch NL Herbst 1887, 9[160], KSA 12, 430; 9[26], ebd., 348.
[42] Von einem Verständnis der Selbsterhaltung als Bewahrung des gegebenen Zustandes geht Nietzsche im zitierten Notat aus, wenn er, unmittelbar vor der zitierten Stelle zu Spinoza, schreibt: „[...] es ist eine bloße Erfahrungssache, daß die Veränderung nicht aufhört: an sich haben wir nicht den geringsten Grund zu verstehen, daß auf eine Ver<änderung> eine andere folgen müsse. Im Gegentheil: ein erreichter Zustand schiene sich selbst erhalten zu müssen, wenn es nicht ein Vermögen in ihm gebe [sic!], eben nicht sich erhalten<zu>wollen..." (NL Frühjahr 1888, 14[121], KSA 13, 301).

nung zu tragen. Wenn Nietzsche das Selbsterhaltungsprinzip im Nachlass auf die Bedeutung der Wahrung des *status quo* reduziert, so ist darin eine interpretatorische Zuspitzung zu sehen, die das zugrundeliegende Motiv seiner Kritik erkennen lässt: Er sieht im Prinzip der Selbsterhaltung das exemplarische Theorem der neuzeitlichen Seinsphilosophie, die er mit seiner Machtkonzeption im Hinblick auf eine Philosophie des Werdens überwinden will. Das Selbsterhaltungsprinzip sei ein für das Denken der Neuzeit exemplarisches Theoriestück: Ohne eine essentialistische, auf Sein und Einheit fixierte Konzeption von Individualität lasse sich ein solches Prinzip in der Tat nicht vertreten. Diesem Prinzip liegt eine Auffassung des Individuums als Subjekt zugrunde, das sich als die je bestimmte Machteinheit, die es ist, bewahren will, und seine Identität in der Zeit somit tendenziell erhält. Nietzsche ist dagegen bemüht, Machtvollzüge nicht hinsichtlich eines sich darin erhaltenden Subjekts zu interpretieren, sondern hinsichtlich eines sich beständig übersteigenden, sich *als* Macht steigernden Selbst. Das neuzeitliche Selbsterhaltungsprinzip bringe den Wunsch nach Wahrung des Seienden zum Ausdruck und damit zuletzt eine lebensfeindliche, weltabgewandte Haltung; Spinoza, der das Prinzip in metaphysisch begründeter und universeller Fassung vertreten hat, wollte offenbar „der Veränderung einen Halt setzen" (NL Frühjahr 1888, 14[121], KSA 13, 301) und am Gleichbleibenden festhalten. Ihn zeichne, wie Descartes, „die Verachtung [...] gegen alles Wechselnde" (NL Herbst 1887, 9[160], KSA 12, 430) aus; es geht aber nach Nietzsche darum, „[...] gegen den Werth des Ewig-Gleichbleibenden (v. Spinozas Naivetät, Descartes ebenfalls) de[n] Werth des Kürzesten u<nd> Vergänglichsten, das verführerische Goldaufblitzen am Bauch der Schlange vita [...]" (NL Herbst 1887, 9[26])[43] aufzuzeigen. In einem späten Notat zur „Psychologie der Metaphysik", wo es um den „Einfluß der Furchtsamkeit" geht, meint Nietzsche bei Spinoza eine regelrechte Phobie des Werdens diagnostizieren zu können: „Insgleichen der **Wechsel**, die **Vergänglichkeit** gefürchtet: darin drückt sich eine gedrückte Seele aus, voller Mißtrauen und schlimmer Erfahrung (Fall Spinoza: eine umgekehrte Art Mensch würde diesen Wechsel zum Reiz rechnen)" (NL Juli-August 1888, 18[16], KSA 13, 537).

Wenn Nietzsche Spinozas rationalistische Vernunftkonzeption kritisiert, wenn er dessen Selbsterhaltungstheorie in nachgelassenen Notizen auf eine Stillstandsthese zuspitzt, so zeigt sich darin ein grundlegendes Motiv seines Argwohns gegenüber dem neuzeitlichen Selbsterhaltungsprinzip: Als Prinzip von Identität und Beharrung stehe die Selbsterhaltung im Dienst einer Hypostasierung des Seins, gegen die er seine Philosophie des Werdens positionieren will. Wie er das Programm einer Philosophie des Werdens durch die genuine Neu-Interpretation des Selbsterhaltungstheorems in seinen Spätschriften einzulösen sucht, wird im Folgenden zu zeigen sein.

---

43 Hier zitiert nach der korrekten Transkription in KGW IX/6, 119.

8 Selbsterhaltung und Machtsteigerung in Nietzsches Konzeption des Willens zur Macht

Eine Art Topos der Nietzsche-Forschung lautet: Die Ähnlichkeiten zwischen Nietzsches und Spinozas Machtkonzeption sind so groß, dass Nietzsche sich von Spinoza distanzieren musste, um die Originalität seines Willens zur Macht behaupten zu können; gelingen konnte ihm die Distanzierung nur dadurch, dass er Ähnlichkeiten zwischen dem Willen zur Macht und dem *conatus* aus seinem Spinoza-Bild ausblendete. So behauptet etwa Werner Stegmaier, dass Nietzsche „die Abgrenzung seines Willen-zur-Macht-Gedankens von Spinozas Ethik [...] und von Darwins Selektionsprinzip" – das ebenfalls auf Machtsteigerung beruhe – in sachlicher Hinsicht „schwer" werde, und „in solchen Fällen" grenze er sich „umso schärfer ab, um nicht ‚verwechselt' zu werden"[1]. Ähnlich äußert sich Andreas Urs Sommer über Nietzsches Darstellungsstrategie: „By degrading Spinoza to a fainting theoretician of power preservation, Nietzsche wishes to gloss over Spinoza's dangerous proximity to his own 'will to power,' a concept he claims as his own original philosophical creation"[2]. Dieser in der Nietzsche-Forschung gängigen Deutung ist entgegenzuhalten, dass der Wille zur Macht eine entscheidende sachliche Differenz zu Spinozas *conatus* aufweist.[3] Nietzsches Beitrag zu einer Theorie der Macht besteht gegenüber Spinoza (und anderen Selbsterhaltungstheoretikern) darin, das Steigerungsgeschehen als primär, das Erhaltungsgeschehen hingegen nur als sekundär zu begreifen. Aufgrund dieser sachlichen Differenz, und nicht primär aufgrund seiner Sorge um Originalität, grenzt

---

1 Stegmaier, *Nietzsches Befreiung der Philosophie*, 151 f.
2 Sommer, *Nietzsche's Readings on Spinoza*, 173.
3 Mindestens zwei weitere Autoren haben bereits die Differenz zwischen Nietzsches und Spinozas Machtkonzeption betont, allerdings mit sehr fragwürdigen Argumenten: R. Burger sieht in der Diskrepanz zwischen *conatus* und Willen zur Macht den „gesellschaftlich wesentliche[n] Unterschied zwischen dem aristokratischen 17. Jahrhundert und dem imperialistischen 19. Jahrhundert", der hier „zu seinem metaphysischen Ausdruck" komme (Burger, *Spinoza, Nietzsche und Sisyphos*, 48). Für J. Rehmann liegt die entscheidende Differenz zwischen Nietzsches und Spinozas Machtbegriff nicht in der Stellung zur Selbsterhaltung, sondern in dem „politisch-ethischen Gegensatz zwischen Spinozas *potentia agendi* als kooperativer Handlungsmacht und Nietzsches aristokratischer Herrschaftsmacht" (Rehmann, *Spinoza und Nietzsche*, 214). Der Gegensatz von Selbsterhaltung und Machtsteigerung sei nur eine „Fährte" (ebd., 215), die Nietzsche seinen Lesern gelegt habe, um jenen eigentlichen Gegensatz zu verbergen. Fraglich wird Rehmanns Nietzsche-Interpretation spätestens dort, wo er Nietzsches elitären Machtbegriff im Sinne „projizierter Massenvernichtung" deutet: „Was in den Konstruktionen einer homogenen Spinoza-Nietzsche-Linie ausgeblendet wird, ist letztlich nichts weniger als die ‚Differenz' zwischen gesellschaftlicher Kooperation und projizierter Massenvernichtung. Diesen Gegensatz nicht zu sehen, ist intellektuell und ethisch skandalös" (ebd., 223). Zu Recht kritisiert Rehmann grundsätzlich aber „[d]ie Identifizierung der Machtbegriffe Spinozas und Nietzsches", die „Teil einer Großerzählung geworden [sei], die sowohl den Mainstream der Nietzsche-Forschung als auch die poststrukturalistischen Interpretationen weitgehend beherrscht" (ebd., 213; als Beispiele führt der Autor die Interpretationen W. Wurzers, G. Deleuzes und M. Hardts an).

sich Nietzsche von Spinoza und Anderen ab: Er will in der Tat nicht verwechselt werden, weil eine solche ‚Verwechslung' darin bestände, seine eigene philosophische Position zu verkennen.

Es ist Nietzsches Anspruch, in entscheidender Weise über das Selbsterhaltungsprinzip, das von Spinoza bis in den zeitgenössischen Darwinismus reicht, hinauszugehen. In diesem Sinne hat Günter Abel Nietzsches Philosophie des Willens zur Macht als Überbietung und Überwindung des neuzeitlichen Selbsterhaltungsgedankens interpretiert;[4] er hat verdeutlicht, dass Nietzsche der Selbsterhaltung die Stellung eines Prinzips abspricht und sie stattdessen als „abgeleiteten Modus des Steigerungs- und Auslassungscharakters von Kraft"[5] versteht, der die Willen zur Macht-Lebendigkeit charakterisiert. Obwohl Abel betont, dies bedeute „gerade nicht, daß damit das Phänomen der Selbsterhaltung verschwindet oder geleugnet wird", vielmehr bleibe Selbsterhaltung bei Nietzsche „als Moment im Lebensprozeß nach wie vor anerkannt"[6], ist dieses Moment in seiner Interpretation und in anderen seitdem unterbelichtet geblieben. Abels Interpretation hat, vielleicht entgegen der Intention des Autors, die Bedeutung der Selbsterhaltung in Nietzsches Machtkonzeption der 1880er Jahre in den Hintergrund rücken lassen. Bis heute gibt es keine Studie, die den Stellenwert der Selbsterhaltung im Zusammenhang der Philosophie des Willens zur Macht facettenreich rekonstruiert. Im Folgenden soll daher versucht werden, eine Art Typologie der Selbsterhaltung in Nietzsches Konzeption des Willens zur Macht zu entwerfen. Dabei wird einerseits den verschiedenen Funktionen der Selbsterhaltung in ihrem abgeleiteten Status als Implikation des Willens zur Macht nachgegangen, andererseits wird gezeigt, dass Nietzsche die Selbsterhaltung im Spätwerk auf paradoxe Weise neu interpretiert, indem er den Erhaltungsgedanken auf Machtsteigerung und damit auf kontinuierliche Selbstüberwindung anwendet. Im Zusammenhang des letzteren Gedankens lässt sich zeigen, dass Nietzsche die Tradition des neuzeitlichen Selbsterhaltungsgedankens letztlich nicht überwindet, sondern von innen heraus erneuert. Die Polemik gegen das Selbsterhaltungsprinzip von *Also sprach Zarathustra* bis *Zur Genealogie der Moral* darf nicht darüber hinwegtäuschen, dass der Erhaltungsgedanke in Nietzsches spätem Denken eine neue und eigenständige Bedeutung gewinnt: In den Spätschriften dynamisiert Nietzsche das Konzept der Selbsterhaltung, indem er das Erhaltungsstreben auf Machterweiterung und Selbstüberwindung bezieht; dabei ist Selbsterhaltung nicht mehr nur als sekundäre Implikation des Machtstrebens zu verstehen, sondern als zentrales Konzept in Nietzsches Nachdenken über das Phänomen Macht, das er in den Dienst einer Philosophie des Werdens zu stellen sucht.

In der Entwicklung von Nietzsches Machtkonzeption in den 1880er Jahren ist, im Hinblick auf die Stellung der Selbsterhaltung, dementsprechend zwischen zwei

---

4 Vgl. Abel, *Nietzsche contra Selbsterhaltung*; ders., *Nietzsche*, insb. 39–81.
5 Abel, *Nietzsche contra Selbsterhaltung*, 393.
6 Abel, *Nietzsche contra Selbsterhaltung*, 393.

Phasen zu unterscheiden: Bis *Zur Genealogie der Moral* und dem fünften Buch der *Fröhlichen Wissenschaft* (1887) kritisiert Nietzsche das Selbsterhaltungsprinzip, um den mit *Also sprach Zarathustra* aufgetretenen Willen zur Macht von der Tradition dieses Prinzips abzugrenzen. In den späteren Schriften, vorbereitet durch nachgelassene Notizen ab 1884/85, integriert Nietzsche auf der Grundlage der vollzogenen Abgrenzung den Selbsterhaltungsgedanken in seine eigene Machtkonzeption daraufhin in neuer und eigenständiger Bedeutung.

8.1 Eine Typologie der Selbsterhaltung

Nietzsche kehrt das Verhältnis von Selbsterhaltung und Machtsteigerung im Vergleich zu Spinoza und der neuzeitlichen Tradition des Selbsterhaltungsprinzips, wie gezeigt wurde, um: Während Spinoza das Streben nach Selbsterhaltung als primäres Prinzip begründet hatte, als dessen Implikation er die Tendenz zur Machtsteigerung verstand, erhebt Nietzsche die Machtsteigerung zum prinzipiellen Moment der Lebendigkeit, welchem die Selbsterhaltung als nicht-notwendige Implikation untergeordnet ist.[7] „Die Philosophie des Willens zur Macht", so lässt sich mit Marco Brusotti schließen, „führt die Selbsterhaltung [...] grundsätzlich auf Steigerung zurück"[8]. Als sekundäres Moment der Lebendigkeit bleibt Selbsterhaltung gleichwohl, wie es in JGB 13 heißt, eine der „häufigsten" Folgen des Willens zur Macht und ist insofern ein relativ häufig anzutreffendes Phänomen. Nietzsches Invektiven gegen Spinoza und die Tradition des Selbsterhaltungsprinzips dürfen daher nicht darüber hinwegtäuschen, dass die Selbsterhaltung auch im Zusammenhang der Konzeption des Willens zur Macht eine wichtige Rolle spielt. In der Tat bedient sich Nietzsche der Erklärungskraft der Selbsterhaltung auch in den achtziger Jahren fortwährend; zwar wird der Begriff nicht mehr zur Erklärung der fundamentalen Lebensprozesse herangezogen, doch ist Selbsterhaltung als ein Trieb unter vielen innerhalb der Triebökonomie eines Organismus wirksam, und sie kann, in Notlagen oder bei schwachen Individuen, als eine Minimalform des Willens zur Macht sogar vorübergehend zum Haupttrieb werden. Es darf daher nicht verwundern, wenn Nietzsche weiterhin von einem „Instinkte der Selbsterhaltung, Selbstbejahung" (GM I, 13, KSA 5, 280) und – jedoch vor allem im Nachlass – von einem „Selbsterhaltungstrieb" (NL Herbst 1887, 10[117], KSA 12, 523) bzw. „Selbsterhaltungsinstinkt" (NL Herbst 1887, 9[173], KSA 12, 439; NL Frühjahr 1888, 14[27], KSA 13, 230) spricht und mit deren Erklärungsfunktion operiert. Die unterschiedlichen Funktionen, die der Selbsterhaltung innerhalb der Willen zur Macht-Konzeption zukommen, bedürfen dabei einer begrifflichen Klärung.

Leitend für die im Folgenden zu entwerfende Typologie der Selbsterhaltung in Nietzsches Machtkonzeption ist der Gedanke, dass Selbsterhaltung kein primärer und

---

[7] Darin ist Yovels Position zuzustimmen: Vgl. ders., *Spinoza und Nietzsche*, 293.
[8] Brusotti, *Leidenschaft der Erkenntnis*, 502.

prinzipieller Trieb, sondern ein sekundäres Moment von Lebensvollzügen ist. Es sei daran erinnert, dass mit dem Gedanken, Selbsterhaltung sei nicht selbst Prinzip, sondern Implikation eines anderen Prinzips, bei Nietzsche ein verändertes Verständnis von Individualität zusammenhängt: Weil Individuen nicht primär danach streben, sich zu erhalten, sondern danach, ihre Macht zu erweitern, bleiben sie nicht wesenhaft als dieselben Machteinheiten bestehen; vielmehr übersteigen sie ihre Identität in einem Prozess fortwährender ‚Selbstüberwindung' immer wieder zu einer neuen hin. Was sich erhält, ist insofern ein durch seine Machtvollzüge von Grund auf sich veränderndes Individuum, das als ‚es selbst' nicht im Sinne einer wesenhaften Identität bestehen bleibt, sondern im Sinne eines fundamental veränderlichen Relationsgefüges einzelner Machtwillen. Mit der Konzeption des Willens zur Macht, der als ein Streben nach Machtsteigerung jedes Individuum auszeichnet, wird also der herkömmliche Begriff des Subjekts, in Bezug auf den das Selbsterhaltungsprinzip formuliert wurde, unterlaufen. Dass die Priorität der Machtsteigerung gegenüber der Selbsterhaltung einen veränderten Subjektbegriff impliziert, verdeutlicht sich Nietzsche im späten Nachlass immer wieder, etwa, wenn er feststellt, es gebe „[k]e i n e Subjekt-‚Atome'":

> Die Sphäre eines Subjektes beständig w a c h s e n d oder sich v e r m i n d e r n d – der Mittelpunkt des Systems sich beständig v e r s c h i e b e n d – [...]. Keine ‚Substanz', vielmehr Etwas, das an sich nach Verstärkung strebt; und das sich nur indirekt ‚erhalten' will (es will sich ü b e r b i e t e n –) (NL Herbst 1887, 9[98], KSA 12, 391f.)

Dass Selbsterhaltung nur eine der Folgen eines erfolgreichen Erweiterungsstrebens sei, illustriert Nietzsche am biologischen Beispiel des Protoplasma[9], z. B. wenn er, „[a] m L e i t f a d e n d e s L e i b e s" vorgehend, notiert: „Das sich theilende Protoplasma. ½ + ½ n i c h t = 1, sondern = 2. <Damit> wird der Glaube an die Seelen-Monas hinfällig. / Selbst Erhaltung nur als eine der Folgen der Selbsterweiterung. seines ‚Selbst'?" (NL Herbst 1885 – Herbst 1886, 2[68]).[10] Darin wird nicht nur der abgeleitete

---

9 Unter Protoplasma verstand man in der zeitgenössischen Biologie „diejenige Substanz im tierischen und pflanzlichen Körper, an welche das Leben gebunden ist, daher auch in jeder einzelnen Zelle, aus denen die genannten Organismen zusammengesetzt sind, der wesentliche, ihnen allen gemeinsame Inhalt (im Gegensatz zu den mehr zufälligen und auch nicht jeder Zelle zukommenden Teilen, wie Zellhaut, Zellkern, Stärkekörner, Fettkügelchen etc.)" (*Meyers Konversationslexikon*, Bd. 13, 422).
10 Hier zitiert nach der korrekten Transkription in KGW IX/5, 147. Nietzsches Notizen zum Protoplasma gehen auf seine Lektüre von W. H. Rolphs *Biologische Probleme* zurück (vgl. dazu Rolph, *Biologische Probleme*, 112–129 (nachgewiesen bei Moore, *Nachweise aus William H. Rolph*, 536f. sowie 541–543)); die Schrift nutzt Nietzsche noch im späten Nachlass als naturwissenschaftlichen Grundstock für seine Gegenstellung zum Selbsterhaltungsprinzip; auf sie beziehen sich z. B. die folgenden Notate: NL Nov. 1887 – März 1888, 11[121], hier zitiert nach der korrekten Transkription in KGW IX/7, 144: „[...] man kann die unterste u<nd> ursprünglichste Thätigkeit im Protoplasma nicht aus einem Willen zur Selbsterhaltung ableiten: denn er nimmt auf eine unsinnige Art mehr in sich hinein, als die Erhaltung bedingen würde: und vor allem, er ‚erhält sich damit eben n i c h t', sondern z e r f ä l l t ... Der Trieb, der hier waltet, hat gerade dieses Sich-n i c h t-erhalten-Wollen zu erklären: ‚Hunger' ist schon eine Aus-

Charakter der Selbsterhaltung betont, sondern auch eine damit zusammenhängende Neuinterpretation der Begriffe des Selbst und der Selbsterhaltung: Was sich erhält, ist nicht ein unteilbares, subjektartiges Selbst im Sinne einer „Seelen-Monas", sondern ein teilbares, radikal wandelbares Selbst, von dem nur noch in Anführungszeichen gesprochen werden kann, weil es kein individuelles Subjekt, sondern eine transindividuelle Machtdynamik ist: Selbst*erhaltung* in diesem Sinn impliziert gerade die *Aufhebung* des früheren Selbst. Auf diese paradoxe Neufassung des Begriffs der Selbsterhaltung, die sich als Konsequenz von Nietzsches Kritik am Selbsterhaltungsprinzip in den Spätschriften ergibt, wird noch zurückzukommen sein. Zuvor ist jedoch ein genauerer Blick auf die verschiedenen Stellungen der Selbsterhaltung als untergeordneter Funktion der Machtsteigerung zu werfen.

8.1.1 Selbsterhaltung als Funktion in der Triebökonomie eines Organismus

Das Streben nach Selbsterhaltung ist kein *primum mobile* von Lebensvollzügen mehr, sondern es ist der Willen zur Macht-Dynamik im Sinne eines auf Steigerung zielenden Geschehens untergeordnet. Als Implikation des Willens zur Macht spielt die Selbsterhaltung jedoch weiterhin eine wichtige Rolle, was sich darin zeigt, dass Nietzsche deren Erklärungsfunktion auch in den 1880er Jahren durchgehend gebraucht. Inwiefern die Selbsterhaltung Implikation des Willens zur Macht ist bzw. wie sich die Erhaltungstendenzen einer Machtorganisation aus deren Streben nach Machtsteigerung erklären lassen, lässt sich anhand von Nietzsches Gebrauch des Begriffs der Selbsterhaltung rekonstruieren.[11]

Von der Selbsterhaltung spricht Nietzsche als von einem Trieb unter vielen anderen innerhalb der Triebökonomie eines Organismus, der als Individuum ange-

---

deutung, nach ungleich complicirteren Organismen [...]"; NL Frühjahr 1888, 14[174], KSA 13, 360 f.: „[...] was der Mensch will, was jeder kleinste Theil eines lebenden Organismus will, das ist ein plus von Macht. [...] Nehmen wir den einfachsten Fall, den der primitiven Ernährung: das Protoplasma streckt seine Pseudopodien aus, um nach etwas zu suchen, was ihm widersteht – nicht aus Hunger, sondern aus Willen zur Macht. Darauf macht es den Versuch, dasselbe zu überwinden, sich anzueignen, sich einzuverleiben: – das, was man ‚Ernährung' nennt, ist bloß eine Folge-Erscheinung, eine Nutzanwendung jenes ursprünglichen Willens, s t ä r k e r zu werden / Es ist nicht möglich, den H u n g e r als primum mobile zu nehmen: ebenso wenig als die Selbsterhaltung: der Hunger als Folge der Unterernährung aufgefaßt, heißt: der Hunger als Folge eines n i c h t m e h r H e r r w e r d e n d e n Willens zur Macht / die Zweiheit als Folge einer zu schwachen Einheit".

11 G. Abel hat erstmals unternommen, zu zeigen, dass eine Ableitung der meisten Erhaltungsphänomene aus der Machtsteigerung möglich ist, während W. Müller-Lauter keine Möglichkeit sah, „„die Erhaltungstendenzen eines ausgebildeten Organismus aus dem Grundstreben der Teile nach Machtsteigerung abzuleiten" (Abel, *Nietzsche*, 116, Anm.; der Autor verweist auf einen Diskussionsbeitrag Müller-Lauters in: W. Müller-Lauter, „Der Organismus als innerer Kampf. Der Einfluß von Wilhelm Roux auf Friedrich Nietzsche", in: *Nietzsche-Studien* 7 (1978), 189–235, hier 225). Zum Phänomen der Selbsterhaltung in seinem aus der Machtsteigerung abgeleiteten Status vgl. Abel, *Nietzsche*, insb. 116– 119.

sprochen werden kann. In jedem ‚Individuum' – also in jeder relativ einheitlichen und stabilen Organisation von Machtwillen – sind Triebe (oder einzelne Machtwillen) wirksam, die auf die Erhaltung des Individuums ausgerichtet sind. Solche Selbsterhaltungstriebe dienen dazu, die Gesamttendenz des Individuums zur Machtsteigerung zu gewährleisten: Damit das Individuum sein Streben nach mehr Macht, das sich aus dem Streben seiner einzelnen Machtwillen ergibt, realisieren kann, bedarf es einer eigenen Triebökonomie, bei der einzelne Triebe sich in den Dienst der Erhaltung der gesamten Organisation stellen.[12] Dies kann sich etwa derart vollziehen, dass ein einzelner Trieb andere Triebe unter seine Herrschaft bringt und sie dazu zwingt, im Dienste der Erhaltung des Ganzen zu fungieren; dabei ist die Funktion, die ein Trieb erfüllt, niemals frei von Eigennutz, sondern das Gehorchen, das sich im Erbringen von Erhaltungsleistungen zeigt, dient zugleich dem Machtstreben des gehorchenden Triebes. Die Stellung der Selbsterhaltung als Implikation des Willens zur Macht erklärt sich also dadurch, dass ein Wille zur Macht, um die ihm eigene Dynamik des Machtstrebens zu realisieren, in der Regel zugleich auch selbstbewahrende Tendenzen entfaltet. Selbsterhaltung ist insofern eine Implikation des Willens zur Macht, als sie dessen Realisierungsmöglichkeiten als Funktion dient; als *funktionale Implikation* ist sie teleologisch im Hinblick auf die Machtsteigerungstendenz eines Organismus zu erklären.

Ein funktionaler Selbsterhaltungstrieb steht in Beziehung zu anderen Trieben, von denen jeder einzelne nach Macht strebt und zugleich in eine übergreifende Machtdynamik eingespannt ist, innerhalb derer er bestimmte Funktionen aufgeprägt bekommt. Selbsterhaltung ist insofern kein „kardinale[r]" (JGB I, 13, KSA 5, 27) oder prinzipieller Trieb, als sie einen lediglich funktionalen Charakter innerhalb der Triebökonomie eines nach Macht strebenden Individuums hat und darin stets in Konkurrenz zu anderen, ebenfalls funktionalen Trieben steht.[13] Im Kampf der Triebe, der die Ökonomie des Ganzen bedingt, kann ein Trieb zur Selbsthingabe über den Erhaltungstrieb Herr werden[14] oder Selbsterhaltungs- und Fortpflanzungstrieb können miteinander in Konflikt treten. Ein Wille zur Macht, als relativ einheitliche und stabile Organisation einer Vielheit einzelner Machtwillen, vollzieht sich vermöge einer Ökonomie von Trieben, z. B. „Trieben der Selbst-Erhaltung, der Aneignung, Auswahl,

---

12 In diesem Sinne notierte sich Nietzsche 1881, Erhaltung zu wollen bedeute, „sein Machtgefühl in die Ferne [zu] treiben" (NL Frühjahr-Herbst 1881, 11[59], KSA 9, 463).
13 Vgl. NL Frühjahr-Herbst 1881, 11[56], KSA 9, 461f.: „Wie entsteht Trieb, Geschmack, L e i d e n - s c h a f t? Letztere o p f e r t s i c h a n d e r e T r i e b e, die schwächer sind (anderes Verlangen nach Lust) –: das ist nicht unegoistisch! E i n Trieb beherrscht die anderen, auch den sogenannten Selbsterhaltungstrieb!".
14 Vgl. NL Herbst 1880, 6[127], KSA 9, 228f.: „Unsere moralischen Triebe drängen den Intellekt, sie zu vertheidigen und absolut zu nehmen, oder sie neu zu begründen. Unsere Selbsterhalt<ung>striebe treiben den Intellekt, die Moral als relativ oder nichtig zu beweisen. Es ist ein K a m p f d e r T r i e b e – im Intellekt abgespielt. Der Trieb der Redlichkeit tritt dazwischen – nebst den Trieben nach Aufopferung, Stolz, Verachtung: i c h".

Absicht auf Fortpflanzung usw." (NL Frühjahr 1884, 25[488], KSA 11, 141 f.)[15], die zusammen oder gegeneinander wirken können.

Dabei ist die jeweilige Triebökonomie, die ein Individuum auszeichnet, Ausdruck der relativen *Stärke* oder *Schwäche* des Individuums; auch die Selbsterhaltungstriebe eines Individuums – also die Art und Weise, wie ein Individuum sich erhält – zeugen von dessen relativer Mächtigkeit oder Ohnmacht. Selbsterhaltungstriebe des starken bzw. stärkeren Lebens stehen Selbsterhaltungstrieben des schwachen bzw. schwächeren Lebens gegenüber. Nietzsche zufolge ist es etwa die Aufgabe des erstarkten Individuums, das kulturgeschichtlich nach der Selbstüberwindung der christlichen Moral auftritt, die eigene Triebökonomie zur Kunst auszubilden, zu einer individuell ausgeübten Kunst, die sich nicht mehr an überkommenen moralischen Vorgaben orientiert: „Der gefährliche und unheimliche Punkt ist erreicht," heißt es in *Jenseits von Gut und Böse*, „wo das grössere, vielfachere, umfänglichere Leben über die alte Moral h i n w e g l e b t ; das ‚Individuum' steht da, genöthigt zu einer eigenen Gesetzgebung, zu eigenen Künsten und Listen der Selbst-Erhaltung, Selbst-Erhöhung, Selbst-Erlösung" (JGB IX, 262, KSA 5, 216)[16]. In diesem Zusammenhang ist auch der von Nietzsche in *Ecce homo* formulierte Gedanke zu verstehen, dass es eine „Kunst der Selbsterhaltung – der S e l b s t s u c h t " gebe, deren „Meisterstück" (EH, *Warum ich so klug bin* 9, KSA 6, 293) darin bestehe, ‚der zu werden, der man ist'.[17] Die Selbstwerdung im Sinne eines Erfüllens der sich aus einem selbst heraus entwickelnden Aufgabe vollzieht sich als eine „Kunst der Selbsterhaltung", bei der man instinktiv dasjenige aufsucht, was die eigene Entwicklung fördert, und dasjenige meidet, was diese Entwicklung hemmt oder verhindert:[18]

---

15 Den Gedanken, dass Selbsterhaltung eine Funktion innerhalb der Triebökonomie eines Individuums erfülle, hat Nietzsche übrigens ganz persönlich verstanden, wie seine folgenden Worte an Köselitz zeigen: „Himmel! Was liegt m i r jetzt alles auf dem Nacken!! Irgend ein Selbst-Erhaltungstrieb s c h r e i t jetzt förmlich nach Ihnen und Ihrer Kunst, Sie Erleichterer meines Daseins, dem ich jeden Tag ein Mal im Herzen D a n k sage! –" (Nietzsche an Heinrich Köselitz, 22. März 1884, KSB 6, 486).
16 Vgl. NL Sommer 1883, 8[16], KSA 10, 340: „D e r h ö h e r e M e n s c h , / seine Selbst-Erlösung und Selbst-Erhaltung". Dieses Notat zur Triebökonomie des ‚höheren Menschen' steht in unmittelbarem Kontext mit Notaten, von denen sich eines explizit und kritisch auf Spinoza bezieht (vgl. 8[17], ebd.) und andere spinozistische Themen aufnehmen, z. B. das Problem der Erhaltung (8[18], ebd.) und die Teleologie-Kritik (8[19], ebd., 340 f.); Nietzsches Überlegungen zur Triebökonomie des ‚höheren Menschen' stehen also im Zusammenhang seiner Auseinandersetzung mit Spinoza.
17 Vgl. Heit, *Zur Wirklichkeit des Subjekts*. Der Autor problematisiert in Bezug auf Nietzsches Subjektverständnis einen deterministischen Essentialismus, wie er durch den Untertitel von EH, „Wie man wird, was man ist", nahegelegt werden könnte. Die Selbstwerdung eines Subjekts sei bei Nietzsche nicht als notwendige Entwicklung eines im Voraus bestimmten Wesens zu verstehen. Demgegenüber schlägt Heit vor, „den Prozess der Subjektbildung genealogisch als eine Folge letztlich kontingenter Ereignisse und Konstellationen [zu] verstehen, die zu einem aktuellen Zustand geführt haben, der selbst ein labiles Gleichgewicht darstellt und kein finales" (ebd., 178). Die Formel „Wie man wird, was man ist" bedeutet nach Heit also sinngemäß: ‚Wie man irgendwie wird, was man gerade ist'.
18 In diesem Sinne bezeichnet Nietzsche den „Selbst-Erhaltungs-Instinkt" als den „dirigirende[n] Instinkt, – das tiefe Bewußtsein des Nützlichen und Schädlichen" (NL Sept.-Okt. 1888, 22[18], KSA 13,

[...] [I]n der Wahl von Nahrung, von Ort und Klima, von Erholung [...] gebietet ein Instinkt der Selbsterhaltung, der sich als Instinkt der S e l b s t v e r t h e i d i g u n g am unzweideutigsten ausspricht. Vieles nicht sehn, nicht hören, nicht an sich herankommen lassen – erste Klugheit, erster Beweis dafür, dass man kein Zufall, sondern eine Necessität ist. Das gangbare Wort für diesen Selbstvertheidigungs-Instinkt ist G e s c h m a c k. (EH, *Warum ich so klug bin* 8, KSA 6, 291f.)

Es zeugt von der Stärke eines Individuums, wenn es seinen Selbsterhaltungsinstinkt zu einem persönlichen Geschmack kultiviert, der es ihm ermöglicht, seine Selbstwerdung als größtmögliche Steigerung der eigenen Macht zu vollziehen. Demgegenüber zeugt es von Schwäche, wenn ein Individuum seine Lebensbedingungen nicht nach seinem persönlichen Geschmack gestaltet, sondern sich sein Selbsterhaltungsinstinkt darauf richtet, auf Gegebenes zu reagieren, z. B. Bedrohungen abzuwehren. Die Art und Weise, wie jemand sich erhält, gibt also zu erkennen gibt, ob er, wie Nietzsche in Bezug auf die Selbstsucht schreibt, „die aufsteigende oder die absteigende Linie des Lebens darstellt" (GD *Streifzüge* 33, KSA 6, 131)[19]. Es gilt daher für die Selbsterhaltung, was Nietzsche in Bezug auf die Selbstsucht schreibt: Sie ist „[...] so viel werth, als Der physiologisch werth ist, der sie hat: sie kann sehr viel werth sein, sie kann nichtswürdig und verächtlich sein" (GD, *Streifzüge* 33, KSA 6, 131)[20]. Auch das Ideal des Übermenschen entwirft Nietzsche in seinen Notizen im Hinblick auf dessen sich vom Durchschnittsmenschen abhebende Erhaltungsbedingungen.[21]

Der unterschiedliche Wert, der der Selbsterhaltung von Individuen zukommt, lässt sich nach Nietzsche an denjenigen Werten ablesen, die von den Selbsterhaltungstrieben dieser Individuen hervorgebracht werden. Jene Triebe interpretieren in der Tat, wie alle Triebe, die Wirklichkeit, die sie umgibt bzw. die sie selbst sind, d. h. sie legen sie auf einen Wert in Bezug auf ihr eigenes Machtstreben fest.[22] Wie bei starken Individuen, so treibt auch bei schwachen Individuen der „Instinkt[...] der Selbsterhaltung, Selbstbejahung" (GM I, 13, KSA 5, 280) dazu, Werte zu vertreten, durch die man seine Macht behaupten und, wenn möglich, steigern kann. Anhand der Parabel von Lämmern und Raubvögeln beschreibt Nietzsche in *Zur Genealogie der Moral*, wie die schwachen Menschen ihr bedrohtes Machtstreben dadurch erhalten, dass sie ihre Schwäche „als Freiheit, ihr So- und So-sein als V e r d i e n s t aus[...]legen" (GM I, 13, KSA 5, 281). Ihr Selbsterhaltungstrieb oder -instinkt treibt sie dazu, widernatürliche Werte anzunehmen, die ihrer unterlegenen Macht dazu verhelfen, sich gegen ein übermächtiges Gegenüber durchzusetzen. Als Ausdruck des Erhaltungsinstinkts

---

591). In Bezug auf sich selbst schreibt er in einem Brief, es sei die „Sache der Klugheit und Selbsterhaltung", die es ihm gebiete, „über meine letzten Absichten hübsch schweigsam zu leben" (Nietzsche an Malwida von Meysenbug, gegen Ende März 1884, KSB 6, 489f.).
19 Vgl. GD *Streifzüge* 33, KSA 6, 131f.
20 Der Abschnitt trägt den Titel: „N a t u r w e r t h   d e s   E g o i s m u s". Vgl. NL Frühjahr 1888, 14[29], KSA 13, 231. An anderer Stelle bestimmt Nietzsche „Egoismus als das perspektivische Sehen und Beurtheilen aller Dinge zum Zweck der Erhaltung [...]" (NL Sommer-Herbst 1884, 26[71], KSA 11, 167).)
21 Vgl. NL Herbst 1887, 10[17], KSA 12, 462.
22 Vgl. Za, *Von tausend und Einem Ziele*, KSA 4, 74f.

schwacher Individuen sieht Nietzsche allgemein die christlichen Wertsetzungen an; diese seien als Reaktion auf die Erhaltungsinstinkte des „starken Lebens" zu verstehen:

> Das Christenthum hat die Partei alles Schwachen, Niedrigen, Missrathnen genommen, es hat ein Ideal aus dem Widerspruch gegen die Erhaltungs-Instinkte des starken Lebens gemacht; es hat die Vernunft selbst der geistigstärksten Naturen verdorben, indem es die obersten Werthe der Geistigkeit als sündhaft, als irreführend, als Versuchungen empfinden lehrte. (AC 5, KSA 6, 171)[23]

In Bezug auf die Juden führt Nietzsche im *Antichrist* aus, dass ihr Selbsterhaltungsinstinkt als Reaktion auf die widrigsten Bedingungen aufgetreten sei und deshalb einen reaktiven, die Wirklichkeit bekämpfenden Zug habe, durch den sie ihre Macht trotz allem behaupten könnten:

> Psychologisch nachgerechnet, ist das jüdische Volk ein Volk der zähesten Lebenskraft, welches, unter unmögliche Bedingungen versetzt, freiwillig, aus der tiefsten Klugheit der Selbst-Erhaltung, die Partei aller décadence-Instinkte nimmt, – nicht als von ihnen beherrscht, sondern weil es in ihnen eine Macht errieth, mit der man sich gegen ‚die Welt' durchsetzen kann. (AC 24, KSA 6, 192)[24]

In ähnlicher Weise verwirklicht sich nach Nietzsche das Machtstreben des Theologen: es sei dessen „unterster Selbsterhaltungs-Instinkt, der verbietet, dass die Realität in irgend einem Punkte zu Ehren oder auch nur zu Worte käme" (AC 9, KSA 6, 175 f.) – In Bezug auf den Stellenwert der Selbsterhaltung gilt in allen diesen Fällen, dass Erhaltung nicht „das Einzige [ist], was ein Wesen will"[25], dass sie aber als Funktion innerhalb der Gesamtökonomie einer Macht-Organisation dazu beiträgt – jedenfalls in den weitaus meisten Fällen –, dass diese ihren Willen zur Macht überhaupt realisieren kann. Dabei verbleibt sie in einem sekundären Status, insofern sie funktional aus dem Streben nach Machtsteigerung zu erklären ist. Selbsterhaltung ist also letztlich, in

---

23 Vgl. die Vorstufe im NL November 1887 – März 1888, 11[408], KSA 13, 188. Vgl. ferner NL Herbst 1887, 10[75], KSA 12, 498: Die christlichen Tugenden seien durch die „Zustände und Mittel der Selbsterhaltung der kleinsten Art Mensch" hervorgebracht worden. Vgl. auch NL Herbst 1887, 10[178], KSA 12, 562, wo Nietzsche im Kontext des ‚christlichen Ideals' vom „Erhaltungs-Instinkt der lebensärmsten Schichten" spricht. Ferner notiert er in Bezug auf die „gefährliche Antinatürlichkeit des Christenthums", sie stelle „den Schutz-Selbsterhaltungstrieb der Schwachen unter sich als höchstes Werthmaß hin, sie befeindet nichts mehr als was wie die Natur mit Schwachen und Schlechtweggekommenen handelt: schädigend, ausnützend, zerstörend..." (NL Frühjahr 1888, 14[5], KSA 13, 219 f.).
24 Vgl. auch AC 44, KSA 6, 220 f. sowie AC 30, ebd., 200 f.
25 Vgl. NL Sommer-Herbst 1884, 26[369], KSA 11, 247 f.: „Ist denn Erhaltung das Einzige, was ein Wesen will?". Nietzsche bezieht sich hierbei wiederum auf W. H. Rolph: Vgl. ders., *Biologische Probleme*, 72–97 (nachgewiesen bei Moore, *Nachweise aus William H. Rolph*, 537–540).

untergeordneter Funktion, ein auf Steigerung zielendes Geschehen, weil sie dazu dient, die *Wachstumsbedingungen* eines Individuums zu *erhalten*.[26]

In der Hinordnung auf die Wachstumsbedingungen eines Individuums erfüllt Selbsterhaltung ihre Funktion; ist eine solche Hinordnung nicht mehr möglich, weil die Wachstumsbedingungen einer Machtorganisation zunichte gemacht sind, so wird ein Selbsterhaltungstrieb sich innerhalb der Organisation nicht weiter durchsetzen können: Ist ein Über-sich-hinaus-Wachsen nicht mehr möglich – sei es aus äußeren, sei es aus inneren, der Schwäche oder Machtfülle eines Individuums geschuldeten Gründen – so wird das Individuum sich gerade nicht erhalten, sondern zerfallen.[27] Es geht bei der Selbsterhaltung in Nietzsches Verständnis also nicht um die Wahrung des physischen Bestandes oder um ein bedingungsloses Überleben. Vielmehr erhält sich ein Individuum nur im Hinblick auf eine gegenwärtige oder künftig zu realisierende Tendenz zur Steigerung. Die Hinordnung der Selbsterhaltung auf Machtsteigerung wird dann manifest, wenn eine Steigerungsdynamik mit den erhaltenden Trieben in Konflikt tritt – es sind dann nicht diese Triebe, die sich durchsetzen, sondern der Wille zur Macht. Im Opfertod oder im Suizid starker Individuen sind es Triebe zur Selbsterhöhung, Selbsterweiterung, Selbstverstärkung, welche die Selbst-Erhaltungstriebe überwältigen.[28] Andererseits können, bei Individuen, die zu schwach sind, um noch irgendeine Aussicht auf Machtsteigerung zu haben, die Triebe zur Selbstzersetzung oder Selbstvernichtung die Selbst-Erhaltungstriebe besiegen.[29] Insofern sind selbst Verfall und Tod in bestimmter Hinsicht noch als eine Spielart der Machtsteigerung zu begreifen.

8.1.2 Selbsterhaltung als Notwehr

Erhaltende Triebe, die von Nietzsche als Selbsterhaltungstriebe bezeichnet werden, sind in der Gesamtökonomie jedes Individuums wirksam; sie dienen nicht dazu, ein Selbst im *status quo* seiner Macht zu erhalten, sondern dazu, die Bedingungen einer fortwährenden Selbstübersteigung des Selbst zu sichern. Als solche stehen sie stets in Konkurrenz mit anderen Trieben, die in der Gesamtökonomie des Individuums ebenfalls zur Sicherung von dessen Steigerungstendenz beitragen, z.B. mit Trieben zur Selbstverschwendung oder zur Selbstopferung.

---

26 Vgl. dazu Abel, *Nietzsche*, insb. 116–119.
27 Vgl. NL Herbst 1885 – Frühjahr 1886, 1[118], KSA 12, 38.
28 Vgl. NL Frühjahr 1888, 14[5], KSA 13, 219: „[...] alle großen Bewegungen, Kriege usw. bringen die Menschen dazu, sich zu opfern: es sind die S t a r k e n, die auf diese Weise fortwährend ihre Zahl v e r m i n d e r n ... / dagegen haben die S c h w a c h e n einen erschrecklichen Instinkt, sich zu s c h o n e n, sich zu erhalten, sich g e g e n s e i t i g zu halten...".
29 Vgl. Za I, *Von den Verächtern des Leibes*, KSA 4, 40f.: Kranke Leiber wollen sich nicht selbst erhalten, sondern untergehen, weil sie nicht mehr über sich hinaus schaffen können; dies äußert sich noch in den Wertschätzungen, die sie hervorbringen: Es sind die Leiber der „Verächter des Leibes".

Einen Sonderfall, in dem die Selbsterhaltung zum Haupttrieb werden kann, der alle anderen Triebe dominiert, stellen *Notlagen* dar, in denen das Leben eines Individuums akut bedroht ist. In einer Notlage, die Nietzsche zufolge in der Natur nur als Ausnahme vorkommt,[30] kann die Selbsterhaltung zum primären Gegenstand des Strebens werden; wenn etwa Nahrungsmangel das Leben eines Individuums bedroht, kann ein Trieb zum Überleben die Übermacht über alle anderen Triebe gewinnen und die Selbsterhaltung damit vorübergehend zum ‚Prinzip' werden. Das Streben nach Selbsterhaltung ist aber auch hier letztlich eine Spielart des Machtwollens, das auf Steigerung ausgerichtet ist: Da ein Wille zur Macht seine Steigerungstendenz aufgrund einer äußeren Bedrohung nicht realisieren kann, beschränkt er sich darauf, wenigstens sein Überdauern zu sichern. Der Selbsterhaltungstrieb, der hier in den Vordergrund tritt, kann als eine Minimalform des Willens zur Macht angesprochen werden. Nietzsche verwendet dafür auch die Metapher der Maske, wenn er im Nachlass schreibt: „die **maskirten** Arten des Willens zur Macht": „[…] in niedrigster Form: Wille überhaupt dazusein ‚Selbsterhaltungstrieb'" (NL Ende 1886 – Frühjahr 1887, 7[6], KSA 12, 275)[31]. Erhaltung ist die Notdurft derer, die zu schwach sind, um ihre Macht steigern zu können; sie tritt dann in den Vordergrund, wenn ein Wille zur Macht derart geschwächt ist, dass er nicht mehr Herr über seine Umgebung oder sich selbst wird. Doch auch dann, wenn es einem Individuum vordergründig nur noch darum geht, am Leben zu bleiben, bleibt das Machtstreben der primäre Impetus: der Wille zur Macht äußert sich in seiner minimalen Realisierung als ‚Selbsterhaltungstrieb'. Die Formulierung der Selbsterhaltung zum Prinzip ist bei Nietzsche insofern nicht universal, sondern eher symptomatisch.

8.2 Die paradoxe Interpretation der Selbsterhaltung beim späten Nietzsche

8.2.1 Selbsterhaltung des Willens zur Macht

Die verschiedenen Funktionen der Selbsterhaltung in Nietzsches Machtkonzeption der 1880er Jahre sind aus der sekundären Stellung zu erklären, die dem Phänomen als Implikation der Steigerungsdynamik des Willens zur Macht zukommt. Wenn Nietzsche sich des Selbsterhaltungsbegriffs fortwährend weiter bedient, so darf dies nicht im Sinne einer Inkonsequenz an seiner Kritik des Selbsterhaltungsprinzips verstanden werden; sein Gebrauch des Begriffs zeugt vielmehr von der Bemühung, sich von der

---

30 Vgl. FW V, 349, KSA 3, 585, wo Nietzsche in Anlehnung an W. H. Rolph ausführt: „[…] in der Natur herrscht nicht die Nothlage, sondern der Ueberfluss, die Verschwendung, sogar bis in's Unsinnige. Der Kampf um's Dasein ist nur eine Ausnahme, eine zeitweilige Restriktion des Lebenswillens […]".
31 Es handelt sich bei diesem Notat um Textmaterial für das Kapitel „Die Guten und die Verbesserer" des 2. Buchs von Nietzsches projizierter Schrift *Der Wille zur Macht* (vgl. Nietzsches Inhaltsverzeichnis in KSA 12, 246).

neuzeitlichen Tradition des Selbsterhaltungsprinzips abzugrenzen. Von *Also sprach Zarathustra* bis *Zur Genealogie der Moral* und dem fünften Buch der *Fröhlichen Wissenschaft* dominiert dieses Bemühen um Abgrenzung. Im Spätwerk kann Nietzsche, auf der Grundlage der vollzogenen Distanzierung, mit dem ‚Selbsterhaltungsprinzip' in neuer Bedeutung operieren; in seinen Schriften von 1888, und zuvor schon in nachgelassenen Notizen, interpretiert er den Erhaltungsgedanken auf paradoxe Weise um, indem er den Begriff der Selbsterhaltung auf Machtsteigerung und damit auf kontinuierliche Selbstüberwindung bezieht: Was sich erhalten will, ist kein subjektartiges Selbst, sondern eine Machtdynamik, die fortwährende Selbstübersteigung und sogar Selbstauflösung impliziert. Diese Uminterpretation der Selbsterhaltung ergibt sich als Konsequenz aus Nietzsches Ansicht, dass ‚Selbsterhaltungstriebe' dazu dienen, die *Steigerungs*bedingungen eines Individuums zu *erhalten*; aus dieser Hinordnung der Selbsterhaltung auf Steigerung folgt zuletzt der Schluss, dass das ‚Selbst', das sich erhält, gar kein individuelles Wesen sein kann, sondern eine transindividuelle Machtdynamik sein muss. Indem Nietzsche den Begriff der Selbsterhaltung schließlich auf paradoxe Weise gegen den Begriff des individuellen Selbst wendet, beansprucht er aber nicht, den Selbsterhaltungsgedanken aufzulösen, sondern vielmehr, einen dynamischen Begriff der Selbsterhaltung an die Stelle jenes Selbsterhaltungsprinzips zu setzen, das die neuzeitliche Philosophie und Wissenschaft bis in die Gegenwart hinein dominiere. Der Begriff der Selbsterhaltung wird damit gewissermaßen selbst zum Gegenstand von Nietzsches „Umwerthung aller Werthe"[32]. Als umgewerteter Begriff dient er in Nietzsches Nachdenken über das Problem der Selbsterhaltung in den späten 1880er Jahren nicht mehr nur dazu, abgeleitete Formen des Machtstrebens zu bezeichnen, sondern er wird zu einem zentralen Begriff, mithilfe dessen Nietzsche seine eigene Philosophie der Macht artikuliert.

In einer weiteren Hinsicht zeigt sich hiermit, dass Nietzsches Philosophie der Macht mit einem neuen Lebensbegriff zusammenhängt. Von der Selbstbeschreibung des Lebens als „das, w a s s i c h i m m e r s e l b e r ü b e r w i n d e n m u s s" (Za II, *Von der Selbst-Ueberwindung*, KSA 4, 148) im *Zarathustra*, über den Satz „Leben selbst ist

---

32 Vom „Versuch der Umwerthung aller Werthe" spricht Nietzsche erstmals im Nachlass von 1884 im Zusammenhang seiner „P h i l o s o p h i e d e r e w i g e n W i e d e r k u n f t" (NL Sommer-Herbst 1884, 26[259], KSA 11, 218). Vgl. auch das Notat 26[284], wo Nietzsche in Bezug auf den fraglichen Umwertungsvorgang schreibt: „nicht mehr Wille der Erhaltung, sondern der Macht" (KSA 11, 225). Im Nachlass von 1885/86 plant Nietzsche den Begriff „Umwerthung aller Werthe" als Untertitel seines projektierten Hauptwerks *Der Wille zur Macht* ein (vgl. NL Herbst 1885 – Herbst 1886, 2[100], KSA 12, 109; vgl. auch GM III, 27, KSA 5, 409 sowie Nietzsche an Bernhard und Elisabeth Förster, 2. Sept. 1886, KSB 7, 241). Später wird der Untertitel zum Haupttitel des projektierten Werks, dessen erstes Buch *Der Antichrist* heißen sollte (vgl. NL Sept. 1888, 19[8], KSA 13, 545); Ende 1888 wird *Der Antichrist* dann zur gesamten *Umwerthung aller Werthe* (vgl. Nietzsche an Paul Deussen, 26. Nov. 1888, KSB 8, 492), während Nietzsche den letzteren Ausdruck nur noch als Untertitel nimmt (vgl. Nietzsche an Helen Zimmern, 8. Dez. 1888, ebd., 512), um ihn schließlich ganz wegfallen zu lassen und durch den Untertitel „Fluch auf das Christenthum" (AC, KSA 6, 165) zu ersetzen.

Wille zur Macht" (JGB I, 13, KSA 5, 27)[33] in JGB I, 13, bis hin zur Bezeichnung des Willens zur Macht als „der Wille des Lebens" (FW V, 349, KSA 3, 586) in FW V, 349 entwirft Nietzsche eine Interpretation des Lebens als Willen zur Macht, d.h. als Dynamik von Machtäußerungen, die auf Steigerung ausgerichtet sind. Was sich dann in seinem späten Verständnis der Selbsterhaltung erhalten will, ist das Leben im Sinne jener kontinuierlichen Tendenz zur Machtsteigerung – nicht ein individuelles Einzelleben, nicht ein ‚Selbst' im Sinne eines Subjekts. Selbsterhaltung bedeutet demnach für Nietzsche nicht mehr das Überdauern einer bestehenden, sich nur in Nuancen verändernden individuellen Machtorganisation, sondern der Begriff steht für die Erhaltung einer transindividuellen Machtdynamik, für die auch die (Selbst-)Auslöschung eines Individuums Bedingung sein kann. Der Begriff der Selbsterhaltung bezeichnet nun die Erhaltung eines überindividuellen ‚Selbst', welches das Leben im Sinne der Willen zur Macht-Dynamik ist.

In Nietzsches spätem Verständnis bedeutet *Selbsterhaltung* die *Erhaltung der Willen zur Macht-Dynamik*. Wenn er im Rückblick auf seine bisherigen Schriften notiert, sie durchziehe der Gedanke, dass „der Werth der Welt in unserer Interpretation liegt [...] daß die bisherigen Interpretationen perspektivische Schätzungen sind, vermöge deren wir uns im Leben, das heißt im Willen zur Macht, *zum Wachsthum der Macht erhalten*" (NL Herbst 1885 – Herbst 1886, 2[108], KSA 12, 114), so verdeutlicht dies, dass seine Kritik am Selbsterhaltungsprinzip mit einem neuen Lebensbegriff zusammenhängt. „Leben selbst ist", wie es in JGB 13 heißt, „Wille zur Macht": Sich im Leben zu erhalten, bedeutet, sich im Willen zur Macht, zur Steigerung der Macht zu erhalten, und nicht in jener besonderen Form des Lebens, die ein individuelles Einzelleben darstellt. Das Selbsterhaltungsprinzip im Sinne des Am-Leben-Bleibens ist nach Nietzsche gerade gegen den Willen zur Macht, das unaufhörliche Streben nach *Machtsteigerung* gerichtet, weil sich diesem Prinzip zufolge Leben auch um den Preis den Machtverfalls erhalten will. Aus der Perspektive des Willens zur Macht geht es aber um die „Mittel zur Erhaltung des *Lebendigen*" (NL Herbst 1885, 43[1], KSA 11, 699; Hervorhebung: H.M.R.) – entsprechend stehen nach Nietzsche auch die verschiedenen Ausgestaltungen des Willens zur Macht – Wille zur Wahrheit, Wille zur Güte, zum Schönen – im Dienste der „Erhaltung einer bestimmten Art des Lebendigen" (NL Herbst 1885, 43[1], KSA 11, 699).

8.2.2 „Erhaltungs- und Wachsthums-Gesetze"

Vor dem Hintergrund von Nietzsches paradoxer Interpretation der Selbsterhaltung ist es zu verstehen, wenn in den Spätschriften *Götzen-Dämmerung* (erschienen 1889) und *Der Antichrist* (abgeschlossen 1888), sowie im späten Nachlass, von der Selbsterhaltung in Verbindung mit Erweiterung, Wachstum oder Steigerung die Rede ist. Dass er

---

[33] Vgl. JGB I, 36, wo Nietzsche den Willen zur Macht als „mein[en] Satz" (KSA 5, 55) bezeichnet.

dort mit dem Begriffspaar „Selbsterhaltung und Selbsterweiterung" (GD, *Streifzüge eines Unzeitgemässen* 19, KSA 6, 123) operiert, von „den tiefsten Erhaltungs- und Wachsthums-Gesetzen" (AC 11, KSA 6, 177) oder von „E r h a l t u n g s - S t e i g e r u n g s - B e d i n g u n g e n" (NL Nov. 1887 – März 1888, 11[73], KSA 13, 36) spricht, mag vor dem Hintergrund seiner vorangegangenen Kritik am Selbsterhaltungsprinzip verwundern. Wenn er dabei stets zuerst die Erhaltung und dann die Erweiterung, das Wachstum bzw. die Steigerung nennt, so scheint er das Moment der Selbsterhaltung in denselben Rang wie das Moment der Machtsteigerung zu erheben und vielleicht sogar – da es zuerst genannt wird – als fundamentaler bzw. primär anzusehen. Die Doppelperspektive von Erhaltung und Steigerung steht aber, so irritierend sie auch sein mag, nicht im Gegensatz zu Nietzsches früherer Kritik des Selbsterhaltungsprinzips. Vielmehr bringt Nietzsche durch die Kombination der Begriffe seine neue Interpretation der Selbsterhaltung zum Ausdruck: Selbsterhaltung ist demnach stets in Verbindung mit Machtsteigerung zu denken, sie ist selbst letztlich als ein Steigerungsgeschehen zu verstehen, dient sie doch nicht der Sicherung des physischen Bestandes oder dem bloßen Überleben, sondern dazu, sich *im Willen zur Macht*, d.h. zur Steigerung der Macht zu erhalten. In diesem Sinne ist es zu verstehen, wenn Nietzsche im *Antichrist* gegen Kants kategorischen Imperativ einwendet, „[d]as Umgekehrte" werde „von den tiefsten Erhaltungs- und Wachsthums-Gesetzen geboten: dass Jeder sich s e i n e Tugend, s e i n e n kategorischen Imperativ erfinde" (AC 11, KSA 6, 177)[34]. Die *eigene* Tugend – so lässt sich in Bezug auf die vorliegende Problematik sagen – kann nur bei schwachen Individuen auf Selbsterhaltung im Sinne der Sicherung des Überlebens zielen, während sie sich bei starken Individuen gerade als ein Aufs-Spiel-Setzen des Überlebens zugunsten einer Steigerungsdynamik realisiert. Dabei handelt es sich in beiden Fällen um Selbsterhaltung: dort um Selbsterhaltung in der Bedeutung einer Minimalform des Willens zur Macht, hier um Selbsterhaltung in der paradoxen Bedeutung, die beim späten Nietzsche in den Vordergrund tritt – Erhaltung einer Willen zur Macht-Dynamik und nicht eines Individuums. Die Kombination der Begriffe Erhaltung und Steigerung in Nietzsches Spätschriften zeugt von dieser paradoxen Uminterpretation der Selbsterhaltung in Bezug auf den Willen zur Macht. Wenn in der *Götzen-Dämmerung* vom „u n t e r s t e [n] Instinkt" einer Gattung als vom Instinkt „der Selbsterhaltung und Selbsterweiterung" (GD, *Streifzüge eines Unzeitgemässen* 19, KSA 6, 123)[35] die Rede ist, so wird Selbsterhaltung in diesem Sinne in die Perspektive des Willens zur Macht gestellt.

---

34 Vgl. in diesem Zusammenhang Nietzsches Ausführungen in AC 2, KSA 6, 170.
35 Das Zitat lautet im Kontext: „Im Schönen setzt sich der Mensch als Maass der Vollkommenheit; in ausgesuchten Fällen betet er sich darin an. Eine Gattung k a n n gar nicht anders als dergestalt zu sich allein Ja sagen. Ihr u n t e r s t e r Instinkt, der der Selbsterhaltung und Selbsterweiterung, strahlt noch in solchen Sublimitäten aus.". Dass es bei diesem untersten Instinkt um den Willen zur Macht geht, verdeutlicht Nietzsche kurz darauf: „Sein [i.e. des Menschen] Gefühl der Macht, sein Wille zur Macht, sein Muth, sein Stolz – das fällt mit dem Hässlichen, das steigt mit dem Schönen..." (GD, *Streifzüge eines Unzeitgemässen* 20, KSA 6, 124).

Auch in Nietzsches nachgelassenen Notaten ist ab 1885 die Kombination der Begriffe Erhaltung und Wachstum bzw. Steigerung kontinuierlich und häufig anzutreffen, nicht zuletzt in Texten, die Nietzsche im Kontext des später verworfenen Werkprojekts *Der Wille zur Macht* nummeriert hat. Nietzsche experimentiert in diesen Jahren durchweg mit einer neuen „Optik der Selbsterhaltung und des Wachsthums" (NL April-Juni 1885, 34[194], KSA 11, 486). Dabei verwendet er auch hier das Begriffspaar ohne die Erhaltung dem Wachstum unterzuordnen, und stets führt er zuerst das Moment der Erhaltung, dann dasjenige des Wachstums an.[36] Für die von ihm angestrebte Umwertung aller Werte ist es etwa von Bedeutung, dass auch „[d]er Gesichtspunkt des ‚Werths' [...] der Gesichtspunkt von **Erhaltungs-Steigerungs-Bedingungen** in Hinsicht auf complexe Gebilde von relativer Dauer des Lebens innerhalb des Werdens [ist]" (NL Nov. 1887 – März 1888, 11[73], KSA 13, 36); der Herdenmensch wird also, weil er andere Erhaltungs- und Steigerungsbedingungen hat, andere Werte hervorbringen als der Ausnahme- und Übermensch.[37] Sein eigenes philosophisches Vorgehen charakterisiert Nietzsche dementsprechend als „Versuch, die moralischen Urtheile als Symptome und Zeichensprachen zu verstehen, in denen sich Vorgänge des physiologischen Gedeihens oder Mißrathens, ebenso das Bewußtsein von Erhaltungs- und Wachsthumsbedingungen verrathen" (NL Herbst 1885 – Herbst 1886, 2[165], KSA 12, 149).[38]

8.2.3 Das Stillstandsargument

Nietzsches Kritik am tradierten Selbsterhaltungsprinzip steht insofern im Zusammenhang der Aufwertung des Begriffs des Werdens gegenüber demjenigen des Seins, die Nietzsche zu seinem philosophischen Programm macht. Indem der Selbsterhaltungsbegriff im beschriebenen Sinne umgewertet wird, soll er in den Dienst einer Philosophie des Werdens gestellt werden, ist doch das Werden nach Nietzsche, wie sich mit Günter Abel sagen lässt, „gewissermaßen die einzig legitime, d.h. nicht aus der Verfassung des Lebens selbst heraustretende, sich nicht von dem, was das Leben *ist*, abtrennende, sondern unter dessen immanente Maßstäblichkeit fallende Version der ‚Erhaltung'. Das Werden selbst, indem es *wird*, *ist* das einzig Bleibende"[39]. In der Aufwertung des Werdens gegenüber dem Sein liegt ein zentrales Motiv von Nietzsches Kritik am Selbsterhaltungsprinzip. Eines von Nietzsches Argumenten gegen das Prinzip lautet in der Tat, es könne Veränderung und Entwicklung nicht erklären; wenn

---

36 Vgl. z.B. NL Juni-Juli 1885, 36[29], KSA 11, 563; NL Herbst 1887, 9[140], KSA 12, 415; sowie NL Herbst 1887, 10[181], KSA 12, 564.
37 Vgl. NL Herbst 1887, 10[167], KSA 12, 554; hier ist interessanterweise nur von Erhaltungs- und nicht auch von Steigerungsbedingungen die Rede.
38 Vgl. auch NL Herbst 1887, 9[38], KSA 12, 352f.. Vgl. auch NL Herbst 1887, 10[23], KSA 12, 468f. und NL Nov. 1887 – März 1888, 11[118], KSA 13, 56, sowie NL Frühjahr 1888, 14[184], KSA 13, 370.
39 Abel, *Nietzsche*, 69.

es zuträfe, dass alles sich primär im Dasein erhalten wolle, so wäre alles Geschehen längst zum Stillstand gekommen. Dieser Kritikpunkt, der als Stillstandsargument bezeichnet werden kann, hat in der Nietzsche-Forschung besondere Beachtung gefunden. Abel sieht in ihm Nietzsches „Kernargument", von dem alle weiteren Einwände gegen das Selbsterhaltungsprinzip abhängen; der Autor referiert das Argument zustimmend, wenn er schreibt, Nietzsche habe

> die Unmöglichkeit gesehen [...], aus dem Selbsterhaltungsprinzip Bewegung, Veränderung, Wechsel, Werden, mithin Geschehen, abzuleiten. [...] Der dem Geschehen und allem Lebendigen eigentümliche Grundconatus kann von daher nicht in der Beharrung und Selbsterhaltung bestehen. Das würde nicht nur Veränderung nicht erklären können, sondern auch ein Stillstellen der Prachtentfaltung des Individuums, des ‚Typus' bedeuten.[40]

Dem steht nach Abel Nietzsches Einsicht gegenüber, dass „Bewegung und Veränderung, mithin Geschehen, nicht bloß auf die Erhaltung des Bestandes zurückzuführen sind und auch nicht bloß etwas exogen Verursachtes, sondern wesentlich etwas endogen Herausgebrachtes darstellen"[41]. Geschehen könne nicht auf eine jedem Zustand innewohnende Tendenz zur Selbsterhaltung zurückgeführt werden, sondern müsse durch eine Tendenz zum Mehr-Werden, zur Steigerung von Macht erklärt werden, die mit einem fortwährenden Übergreifen von Machtgebilden über einander einhergehe. Gegen Abel ist zunächst einzuwenden, dass die Überlegungen, auf die er Nietzsches „Kernargument" gegen das Selbsterhaltungsprinzip zurückführt, sich bei Nietzsche nur im Nachlass finden. Sie stehen dort im Zusammenhang mit seiner Kritik an der mechanistischen Weltauffassung, die mit ihrem rein quantitativen, auf dem Erhaltungsgrundsatz beruhenden Kraftverständnis *Veränderung* nicht erklären könne:

> [...] – in unserer Wissenschaft, wo der Begriff Ursache und Wirkung reduzirt ist auf das Gleichungs-Verhältniß, mit dem Ehrgeiz, zu beweisen, daß auf jeder Seite dasselbe Quantum von Kraft ist, f e h l t die **treibende Kraft:** wir betrachten nur Resultate, wir setzen sie als gleich in Hinsicht auf Inhalt an Kraft, wir erlassen uns die Frage der V e r u r s a c h u n g einer Veränderung... / es ist eine bloße Erfahrungssache, daß die Veränderung n i c h t a u f h ö r t : an sich haben wir nicht den geringsten Grund zu verstehen, daß auf eine Ver<änderung> eine andere folgen müsse. Im Gegentheil: ein e r r e i c h t e r Z u s t a n d schiene sich selbst erhalten zu müssen, wenn es nicht ein Vermögen in ihm gebe [sic!], eben n i c h t sich erhalten<zu>wollen... (NL Frühjahr 1888, 14[121], KSA 13, 301)

Unmittelbar darauf kritisiert Nietzsche Spinozas Selbsterhaltungstheorem als Stillstandsprinzip:

> Der Satz des Spinoza von der Selbsterhaltung müßte eigentlich der Veränderung einen Halt setzen: aber der Satz ist falsch, das G e g e n t h e i l ist wahr. Gerade an allem Lebendigen ist am

---

40 Abel, *Nietzsche contra Selbsterhaltung*, 393f. In Bezug auf Letzteres bezieht sich Abel auf ein nachgelassenes Notat mit antidarwinistischer Stoßrichtung (vgl. NL Ende 1886 – Frühjahr 1887, 7[25], KSA 12, 304).
41 Abel, *Nietzsche contra Selbsterhaltung*, 369.

deutlichsten zu zeigen, daß es alles thut, um nicht sich zu erhalten, sondern um mehr zu werden... (NL Frühjahr 1888, 14[121], KSA 13, 301)

Diese Kritik an Spinozas Selbsterhaltungsprinzip wäre dann zutreffend, wenn „Selbsterhaltung" bedeutete, den „erreichte[n] Zustand" zu bewahren, wie Nietzsche es hier nahelegt. Auf der Grundlage eines derart undynamischen Verständnisses von Selbsterhaltung, die darin bestände, den *status quo* des Selbst zu erhalten, ließen sich Veränderung und Entwicklung in der Tat nicht erklären. Nietzsche scheint aber gesehen zu haben, dass ein solches Verständnis der Selbsterhaltung sich auf Spinozas *conatus* nicht anwenden lässt, denn er erprobt dieses Argument nur in nachgelassenen Notizen und lässt es nirgends in seine Schriften eingehen. Es scheint ihm deutlich gewesen zu sein, dass weder Spinoza noch die anderen von ihm kritisierten Exponenten des Selbsterhaltungsprinzips die Selbsterhaltung in der Bedeutung einer Wahrung des *status quo* aufgefasst haben. In der Tat besagt Spinozas Theorie der Selbsterhaltung nicht, dass ein Individuum seinen jeweils gegebenen Zustand oder einen von Anfang an gegebenen Bestand erhält, sondern dass es sich als *wirkende Macht* erhält, die produktiv und somit veränderlich ist. Ähnlich verhält es sich bei Schopenhauer und im Darwinismus.[42]

Abels Deutung, die Stillstandsthese sei Nietzsches Kernargument gegen das neuzeitliche Selbsterhaltungsprinzip, hat also keine Grundlage in Nietzsches veröffentlichten Schriften. Wenn der Autor ausführt, aus Nietzsches Philosophie trete uns „die Behauptung entgegen, daß ‚Erhaltung' als Sicherung dessen, was ohnehin schon ist, bzw. als bloßer Verlustersatz entlang der Zeit bereits eine Verfalls- und Niedergangsform von ‚Leben' darstellt, dergegenüber es einen ursprünglich-aktiveren Kräftecharakter herauszustreiten gilt"[43], so lässt sich diese These jedenfalls nicht als Kritik an Spinoza oder den anderen von Nietzsche angegriffenen Vertretern des Selbsterhaltungsprinzips formulieren. Nietzsches Kritik am Selbsterhaltungsprinzip beruht in seinen Schriften gerade nicht auf dem Stillstandsargument, sondern auf der Überlegung, dass Selbsterhaltung – im Sinne des Am-Leben-Bleibens – kein primäres Ziel des Wollens, sondern lediglich eine *Implikation* eines auf *Machtgewinn* gerichteten Wollens sei. Nietzsche kritisiert also den *prinzipiellen Charakter der Selbsterhaltung*; dabei setzt er kein Verständnis von Selbsterhaltung als Wahrung des *status quo* voraus, sondern ein Verständnis der Selbsterhaltung als Überleben oder Überdauern eines durchaus veränderlichen Individuums. In Bezug auf die Veränderlichkeit des sich Erhaltenden setzt Nietzsche freilich andere Akzente als Spinoza, der in der Tradition eines essentialistischen Subjektbegriffs stand: Nietzsche betont, dass ein Individuum keine wesenhafte, unveränderliche Identität habe, sondern dass es von

---

[42] V. Gerhardt hat darauf hingewiesen, dass nicht nur bei Darwin, sondern auch bei den von Nietzsche direkt rezipierten Autoren Spencer, Dühring, Bagehot, Emerson und Lange die Selbsterhaltung zugleich Selbstentwicklung und Selbstvervollkommnung impliziert (vgl. Gerhardt, *Vom Willen zur Macht*, 188f.).

[43] Abel, *Nietzsche contra Selbsterhaltung*, 367.

Grund auf veränderlich sei; diese radikale Wandelbarkeit ist eben auf den Gedanken zurückzuführen, dass Machtsteigerung gegenüber der Selbsterhaltung primär ist, dass ein Individuum seine Selbsterhaltung im Vollzug der Steigerungsdynamik opfern kann.

Welche Rolle spielt für Nietzsches Kritik am Selbsterhaltungsprinzip dann aber das Stillstandsargument? In der „blutleer[en]" Darstellung der Selbsterhaltung als „überschußlose[r] Bestandswahrung"[44] kann man mit Volker Gerhardt eine Strategie sehen, durch die Nietzsche seine dynamische Auffassung des Lebens zu profilieren sucht. Der Gegensatz zwischen dem Selbsterhaltungsprinzip als Prinzip des *status quo* und dem Willen zur Macht als Prinzip von Machtsteigerung werde von Nietzsche mit strategischer Absicht inszeniert: „Um die *Steigerung* als die elementare Lebensform zu profilieren, überläßt er der Selbsterhaltung nur noch die unproduktive Funktion der Sicherung des Status quo"[45]. Dazu bemerkt der Autor treffend:

> Erst Nietzsche formalisiert den Selbsterhaltungstrieb zu einem Vermögen, das nichts will als sich selbst. Er ist es, der durch Abstraktionen das ‚Selbst' und das ‚Dasein' zu bewegungslosen Größen macht, und dem es dann ein Leichtes ist, dem konservierten Stillstand zu attestieren, daß sich nichts bewegt. In seiner Darstellung wird die Selbsterhaltung zum praktischen Selbstverhältnis eines *Punktes*.[46]

Berücksichtigt man, dass Nietzsche das Stillstandsargument nur in unveröffentlichten Notizen erprobt hat, so lässt es sich als ein experimentelles Argument verstehen, mit dem er seine Kritik an der Verbindung von Selbsterhaltungsprinzip und essentialistischem Subjektbegriff sowie an der Priorität der Selbsterhaltung zuspitzen will. Dass es – als Kritik an Spinoza – schon ihm selbst nicht überzeugend schien, könnte erklären, weshalb er es bei diesem Experimentieren beließ.

Abschließend ist festzuhalten, dass Nietzsche der Erklärungsfunktion der Selbsterhaltung in seiner Konzeption des Willens zur Macht eine weitaus zentralere und umfassendere Bedeutung verleiht, als es seine Kritik am Selbsterhaltungsprinzip erwarten lassen würde; und er tut dies nicht nur im Nachlass, sondern ebenso in den Schriften. Selbsterhaltung ist auch für ihn ein dominantes Phänomen, das in den meisten Machtvollzügen zugegen ist. Der entscheidende Unterschied zu früheren Selbsterhaltungskonzeptionen liegt jedoch darin, dass Nietzsche der Selbsterhaltung einen nur abgeleiteten Status zuspricht, der aus einem fundamentalen und primären Streben nach Machtsteigerung zu erklären ist. Selbsterhaltung ist, wenn auch ein überaus häufiges Phänomen, nicht das Erste oder Hauptsächliche, was ein Wesen will; dies zeigt sich gerade dann, wenn die Steigerungsbedingungen eines Individuums dessen Selbsterhaltung auszuschließen scheinen, wenn sich also ein Individuum vom eigenen Tod einen Machtgewinn verspricht. In einem solchen Fall wird das In-

---

44 Gerhardt, *Vom Willen zur Macht*, 188.
45 Gerhardt, *Vom Willen zur Macht*, 190.
46 Gerhardt, *Vom Willen zur Macht*, 189.

dividuum seine Selbsterhaltung – sofern es stark genug dazu ist – dem projizierten Machtgewinn opfern; der Suizid tritt dann als ultime Realisierungsform der Machtsteigerung auf. Im Rahmen von Spinozas Selbsterhaltungstheorie wäre ein solcher Fall grundlegend anders zu erklären: Der Freitod im Hinblick auf eine vorgestellte Machtsteigerung wäre als ein *Illusionierungsvorgang* zu verstehen, bei dem das fundamentale Selbsterhaltungsstreben eines Individuums durch feindliche äußere Ursachen überlistet und schließlich besiegt wird. Nietzsche geht es hingegen darum, Formen der Selbstvernichtung, wie Selbstopferung und Suizid, als Formen der Realisierung eines Willens zur Macht zu beschreiben: Was sich sogar noch im Tod eines Individuums durchsetzt, ist ein „Wille zur Macht", nämlich eine transindividuelle Machtdynamik, die über die engen Grenzen der ‚Individualität' hinaus auf Steigerung zielt. Während man im Rahmen von Spinozas Selbsterhaltungstheorie den Suizid nur als Ergebnis einer negativen Fremdeinwirkung verstehen kann, wird er für Nietzsche zum exemplarischen Realisierungsfall der Willen zur Macht-Dynamik. Dies verdeutlicht, wie provokativ die These vom Primat der Machtsteigerung in anthropologischer und ethischer Hinsicht ist. Ob eine solche These dem Vollzugscharakter menschlicher Macht gerecht wird, bleibt fragwürdig: Kann die fundamentale Bedeutung der Selbsterhaltung für das menschliche Wollen und Streben derart überschritten und überwunden werden? An diesem überaus problematischen Punkt hätte eine sachliche Kritik von Nietzsches Machtkonzeption anzusetzen.

Schlussbetrachtung

Nietzsche grenzt seine Konzeption des Willens zur Macht vom neuzeitlichen Selbsterhaltungsprinzip ab, weil er die *Priorität* der Machtsteigerung gegenüber der Selbsterhaltung betonen will. Es geht ihm darum herauszustellen, dass Macht nicht primär konservativ, sondern expansiv ist, dass der Vollzug von Macht also mit Steigerung und Entwicklung einhergeht. Sein systematischer Beitrag zu einer Theorie der Macht, der eine sachliche Auseinandersetzung und Kritik verdient, besteht in der Betonung der Priorität der Steigerung gegenüber der Erhaltung. Wenn Nietzsche sich von Spinoza, von den zeitgenössischen Darwinisten und von Schopenhauer abgrenzt, so deshalb, weil er diese als Vertreter eines primär auf Selbsterhaltung zielenden (Miss-)Verständnisses der Macht ansieht. Wenn er ausblendet, dass auch Spinoza in seine Theorie der Selbsterhaltung eine konstitutive Tendenz zur Machtsteigerung integriert, so hat er dafür andere als nur strategische Motive der Selbstprofilierung: Die wesentliche sachliche Differenz, die er zwischen Spinoza und sich selbst sieht, besteht darin, dass Spinoza Macht primär als Fähigkeit zur Selbsterhaltung begreift und Tendenzen zur Machtsteigerung auf die Selbsterhaltung hinordnet; Macht ist bei Spinoza primär Selbsterhaltungsvermögen und nur sekundär, als Implikation der Selbsterhaltung, auch Steigerungsvermögen. Weil Nietzsche die Prioritäten gegenüber Spinoza, dessen Position er als repräsentativ für die neuzeitliche Tradition ansieht, umkehren will, ist er bemüht, sich von diesem zu distanzieren. Dass er das Moment der Machtsteigerung aus dem in seinen Schriften entworfenen Spinoza-Bild ausblendet, ist offenbar darauf zurückzuführen, dass er aufgrund der genannten sachlichen Differenz jede Annäherungsmöglichkeit zwischen Spinozas Machtdenken und seinem eigenen verhindern will.

Als Konsequenz aus dem bloß sekundären Status der Selbsterhaltung entwickelt Nietzsche in seinen Spätschriften eine originelle Neu-Interpretation des Selbsterhaltungsgedankens. Er eignet sich den Selbsterhaltungsbegriff in eigenständiger Bedeutung an, indem er ihn von seiner Anbindung an überkommene Individualitätskonzepte löst und ihn auf den Willen zur Macht im Sinne einer transindividuellen Machtsteigerungsdynamik bezieht: Was sich selbst erhält, sind nicht mehr beständige Individuen, sondern Willen zur Macht-Gebilde, die in immer neue Formen veränderlicher Individualität, nämlich in immer neue Formen vorübergehender Organisation eintreten. Damit führt Nietzsche den neuzeitlichen Selbsterhaltungsgedanken auf eigenwillige Weise fort, indem er ihn gegen das tradierte, bis in seine Gegenwart reichende Selbsterhaltungsprinzip wendet, das dadurch eine neue Bedeutung gewinnt. Nietzsche als Fortführer und Erneuerer des neuzeitlichen Selbsterhaltungsprinzips zu verstehen, widerspricht zwar seinem eigenen Selbstverständnis als Kritiker dieser Tradition ebenso wie gängigen Deutungen der Nietzsche-Forschung. Die neue Interpretation der Selbsterhaltung in Nietzsches Spätschriften, die hier rekonstruiert wurde, erlaubt jedoch genau einen solchen Schluss. Nietzsche hat mit dieser

Interpretation einen historisch wie auch systematisch relevanten Beitrag zur Theorie der Macht geleistet.

Bevor seinem machttheoretischen Beitrag weiter nachgegangen werden kann, ist zunächst zusammenzufassen, worin die Bedeutung Spinozas für Nietzsches Machtkonzeption liegt. Die schrittweise Abgrenzung des Willens zur Macht vom neuzeitlichen Selbsterhaltungsprinzip hat Nietzsche hauptsächlich in Auseinandersetzung mit Spinoza vollzogen. Im Dreigestirn des neuzeitlichen Selbsterhaltungsdenkens, das aus seiner Sicht Schopenhauer, Spinoza und der Darwinismus bilden, kommt Spinoza in der Tat die zentrale und vorrangige Stellung zu. Spinoza ist derjenige Denker, der die Selbsterhaltung nicht nur metaphysisch fundiert, sondern als universelles Prinzip begründet hat, sodass sie als Bestimmung das Wesen alles Seienden und alles Geschehens betrifft. Er ist für Nietzsche in der genannten Konstellation der anspruchsvollste und daher würdigste Gegner. Nietzsches Auseinandersetzung mit ihm kommt für die begriffliche Bestimmung des Willens zur Macht im Hinblick auf Selbsterhaltung und Machtsteigerung die vergleichsweise größte Bedeutung zu. Zwar hatte Nietzsche bereits im Dialog mit Schopenhauer wichtige Aspekte seiner Kritik am Selbsterhaltungsprinzip benannt: Der Gedanke, dass die bloße Fortdauer des Daseins nicht der primäre Gegenstand des Wollens sein könne, weil sich der Wille aus sich heraus in einer Dynamik der Übersteigung des Gegebenen befinde, ist hier bereits ebenso formuliert wie die Überlegung, dass es ein einheitliches Subjekt des Willens, durch das der Gedanke der *Selbst*erhaltung sinnvoll wird, gar nicht gebe. Doch erst in der Auseinandersetzung mit Spinoza kann Nietzsche seine Gegenposition zum Selbsterhaltungsprinzip wirklich entfalten, weil diese Auseinandersetzung ihm zwei entscheidende Schritte ermöglicht: Einerseits erlaubt sie ihm, die im Entstehen begriffene Konzeption des Willens zur Macht im Hinblick auf das Verhältnis von Selbsterhaltung und Machtsteigerung begrifflich zu bestimmen; andererseits ermöglicht sie ihm, diese Konzeption in einem umfassenden historischen Kontext zu verorten und damit gegen eine bestimmte philosophische Tradition zu positionieren.

In Bezug auf ersteres wurde in der Arbeit detailliert gezeigt, wie Nietzsche die den Willen zur Macht kennzeichnende Bestimmung der Selbsterhaltung als *Implikation* von Machtsteigerung entwickelt. An die einzelnen Schritte sei hier nochmals erinnert: Als Nietzsche im Nachlass von 1881 seine neue Konzeption des Individuums als eines radikal wandelbaren Relationsgefüges einzelner Machtwillen ausarbeitet, tut er dies in Abgrenzung von Spinozas Selbsterhaltungsprinzip, das er aufgrund seiner Verbindung mit einem essentialistischen und rationalistischen Subjektbegriff kritisiert. In dieser Auseinandersetzung scheint ihm deutlich geworden zu sein, dass seine radikal dynamische Konzeption von Individualität die Unterordnung der Selbsterhaltung unter eine Tendenz zur Machtsteigerung erfordert. Eine solche Konsequenz hat er bereits gezogen, als er den Willen zur Macht in *Also sprach Zarathustra* in sein Werk einführt; die These von der Vorrangstellung der Machtsteigerung gegenüber der Selbsterhaltung ist dort in Bezug auf den Willen zur Macht das Entscheidende. In *Jenseits von Gut und Böse* 13 behauptet Nietzsche in Bezug auf die Selbsterhaltung dann explizit, dass sie nicht primäres Prinzip des Lebendigen sei, sondern die *nicht-*

notwendige Implikation eines anderen Prinzips, nämlich des Willens zur Macht. Dass er diese Bestimmung in Auseinandersetzung mit Spinoza gewonnen hat, lässt die Tatsache erahnen, dass er Spinoza hier als einzigen Vertreter des Selbsterhaltungsprinzips namentlich erwähnt. Auch im Aphorismus 349 der *Fröhlichen Wissenschaft* V erwähnt Nietzsche Spinoza; die Bestimmung des Selbsterhaltungstriebs als Minimalform des Willens zur Macht, die er hier formuliert, stammt zwar nicht direkt aus seiner Auseinandersetzung mit Spinoza, sondern aus derjenigen mit dem Darwinismus. Doch folgt diese Bestimmung als Ergebnis aus dem abgeleiteten, sekundären Status der Selbsterhaltung, den Nietzsche durch seinen kritischen Dialog mit Spinoza von den nachgelassenen Notaten des Jahres 1881 bis *Jenseits von Gut und Böse* (1886) schrittweise erarbeitet hat.

Nicht nur für die begriffliche Bestimmung, sondern auch für die kritische historische Positionierung des Willens zur Macht ist Nietzsches Auseinandersetzung mit Spinoza von entscheidender Bedeutung. In den wichtigsten veröffentlichten Texten, in denen Nietzsche seine Bestimmung der Selbsterhaltung als abgeleitetes Phänomen von Machtsteigerung entwickelt, stellt er Spinoza als Vertreter des zu verwerfenden Selbsterhaltungsprinzips *par excellence* dar (vgl. JGB 13, FW 349). Wichtig ist es, zu sehen, dass Spinoza dabei als *symbolische Figur* fungiert. Den Namen ,Spinoza' setzt Nietzsche ein, um das neuzeitliche Selbsterhaltungsprinzip, das er kritisiert, zu personifizieren. Ein persönlicher Zweikampf – *Ego contra Spinoza* – dient Nietzsche dazu, die große historische Tragweite seiner Kritik am Selbsterhaltungsprinzip zu veranschaulichen. In Bezug auf Nietzsches eigene Entwicklung lässt sich sagen, das ihn erst die Beschäftigung mit Spinoza dazu befähigt hat, das Selbsterhaltungsprinzip, das er schon um 1880 beargwöhnte, in eine größere Traditionslinie einzuordnen, die für das neuzeitliche Denken bestimmend ist. Die intensive Spinoza-Rezeption ab 1881 erlaubt es ihm, seine Konzeption des Willens zur Macht auf eine übergreifende historische Problemlage zu beziehen und als Gegenposition zur neuzeitlichen Tradition des Selbsterhaltungsprinzips zu profilieren. Der historische Horizont, in den Nietzsche seine Kritik am Selbsterhaltungsprinzip einschreibt, verdankt sich also seiner Auseinandersetzung mit Spinoza. Aufgrund der wichtigen Funktion, die Nietzsches Spinoza-Rezeption für die inhaltliche Bestimmung und die kritische historische Positionierung der Konzeption des Willens zur Macht einnimmt, ist es nicht übertrieben, Spinoza für Nietzsches Denken eine Bedeutung beizumessen, die innerhalb der neuzeitlichen Philosophie nur von Schopenhauer und vielleicht von Kant übertroffen wird.

Die vorliegende Arbeit hat darüber hinaus auch ein Licht auf Nietzsches Verhalten als Interpret historischer Autoren geworfen. Typisch für sein Verhältnis zur Tradition ist der instrumentelle und strategische Charakter seines Umgangs. Wer danach fragt, welchen Stellenwert für Nietzsche die Geschichte der Philosophie hat, gibt einen Teil der Antwort schon in der Umformulierung der Frage: Wozu *dient* sie ihm? Nietzsche ist nicht daran interessiert, einem historischen Autor oder Werk gerecht zu werden, sondern daran, im kritischen Dialog mit Anderen seine eigenen Gedanken auszuformen. Die Wahlverwandtschaften und Wahlfeindschaften, die er dabei eingeht, dienen der Profilierung seiner eigenen Gedanken. Deswegen nimmt er es mit der Lektüre von Originalwerken oft nicht besonders genau. Im Falle Spinozas – aber z. B. auch Kants und Rousseaus – hat er aus der Sekundärliteratur zentrale Gedanken und griffige Thesen aufgenommen, die ihm einerseits dazu dienen, seine eigenen Gedanken auszuarbeiten und kritisch abzugrenzen, andererseits dazu, sich selbst als einmaligen Erneuerer in der Geschichte der Philosophie darzustellen. Bemerkenswert ist angesichts einer solchen Haltung, wie treffsicher Nietzsche dennoch zentrale Problemgehalte der Tradition erfasst. Zwar hat er bei seiner Darstellung Spinozas – wie auch Schopenhauers und des Darwinismus – übergangen, dass das Moment der Machtsteigerung ein konstitutiver Bestandteil von deren Selbsterhaltungstheorien ist. Doch dient diese Verkürzung gerade der Profilierung seiner eigenen Position, die, wohlgemerkt, auch ohne solche Verkürzungen ihre Originalität behaupten könnte. Trotz der Ausblendung mancher Sachverhalte – oder vielleicht gerade deshalb – ist Nietzsche als Interpret der Philosophiegeschichte interessant, weil er zugrundeliegende Probleme in historisch übergreifender Perspektive erfasst und auf eigenwillige Weise zu lösen sucht.

Mit seiner Neubestimmung des Verhältnisses von Selbsterhaltung und Machtsteigerung hat Nietzsche dabei einen machttheoretischen Beitrag geleistet, der in historischer wie auch in systematischer Hinsicht produktiv ist. Historisch betrachtet hat er eine Problematik weiter entwickelt, die schon in der frühen Neuzeit – nicht nur bei Spinoza, sondern auch bei Hobbes – angelegt ist: Wenn das Selbsterhaltungsprinzip in Bezug auf das Lebendige überhaupt etwas erklären können soll, muss Selbsterhaltung bereits in sich und aus ihrer eigenen Struktur auf Steigerung bezogen sein; andernfalls droht sie zur reinen Bestandswahrung zu verkommen und damit zu Verfall zu führen, womit sie als Selbsterhaltung gerade verfehlt wird. Indem Nietzsche die Prioritäten gegenüber der philosophischen Tradition umkehrt – indem er die Machtsteigerung aus ihrer Hinordnung auf Selbsterhaltung löst und sie selbst zum Gegenstand von Erhaltung macht –, gibt er eine neue Antwort auf die skizzierte Problematik, die eine starke These enthält: Selbsterhaltung ist überhaupt nur sinnvoll, insofern sie dazu dient, Machtsteigerung zu sichern; dient sie nicht mehr der Steigerung von Macht, ist das sich erhaltende Selbst schon auf dem Weg zu Stillstand und Verfall. Entgegen Spinoza behauptet Nietzsche, dass Selbsterhaltung ihre Funktion nur insofern erfüllt, als sie – sei es auch in untergeordneter Stellung – der Steigerung dient. Diese These bedarf einer weiterführenden kritischen Auseinandersetzung; dabei dürfte sich ein Vergleich mit der Machtkonzeption Spinozas als besonders produktiv erweisen.

In systematischer Hinsicht ist Nietzsches Interpretation fruchtbar, weil sie verdeutlicht, dass Macht sich immer in einer Dynamik der Steigerung befindet: Das Übersich-hinaus-Gehen ist als der Grundcharakter von Macht anzusehen. Macht ist immer auf ein Mehr ausgerichtet, sie ist als Macht ein Mehr-Macht-Wollen – und sie hört auf, Macht zu sein, sobald eine solche Dynamik fehlt, selbst wenn noch vorübergehend Herrschaft über etwas ausgeübt wird. Darin liegt ein wesentliches Moment von Nietzsches Analyse der Macht, das weiter verfolgt werden müsste. Zwar ist der Steigerungscharakter von Macht immer wieder hervorgehoben worden, – von Martin Heidegger[1] über Volker Gerhardt[2] bis hin zu Byung-Chul Han[3]. Die systematische Bedeutung dieser Einsicht, z. B. im Hinblick auf die politische Theorie, ist aber noch lange nicht ausgelotet.

Die Konzeption des Willens zur Macht stellt für heutige Interpreten eine besondere Herausforderung dar, weil Nietzsche mit ihr beansprucht, eine umfassende und einheitliche Auslegung der Erfahrungswelt zu geben. Die menschliche Lebendigkeit und die Wirklichkeit im Ganzen sollen als einheitlicher Sinnzusammenhang verständlich werden. Vor einem solchen Hintergrund kann man zu Recht bei Nietzsche – wenn auch entgegen seinem eigenem Verständnis – von einer Metaphysik des Willens zur Macht sprechen.[4] Kritisiert wurde diese Metaphysik u. a. dafür, dass Nietzsches Bevorzugung der *Macht* als einheitliches Bestimmungsmerkmal willkürlich und simplifizierend sei.[5] Dagegen lässt sich jedoch wiederum einwenden, dass Nietzsche, indem er den Willen zur Macht als seine persönliche Auslegung der Wirklichkeit behauptet, den interpretativen Charakter *jeder* Weltauslegung verdeutlicht. Seine Philosophie des Willens zur Macht ist eine interpretative Metaphysik, und zwar nicht nur in dem Sinne, dass sie als Interpretation vorgetragen wird, sondern auch in dem Sinne, dass sie dazu dient, den interpretativen Charakter jeder Welterklärung zu reflektieren. Nietzsches Auseinandersetzung mit Spinoza verdeutlicht den metaphysischen Anspruch seiner eigenen Machtkonzeption in besonderer Weise. Auch in Bezug auf seine Metaphysik der Macht gelten für Nietzsche daher die Worte Bergsons: Jeder Philosoph hat zwei Philosophien: seine eigene und diejenige Spinozas.[6]

---

1 Vgl. Gerhardt, *Nietzsche*, 56 f.
2 Vgl. Gerhardt, *Vom Willen zur Macht*, 263 f., 271 ff.
3 Vgl. Gerhardt, *Was ist Macht?*, 66 f.
4 Vgl. dazu Gerhardt, *Vom Willen zur Macht*, 285–292.
5 Vgl. Loukidelis, ‚*Es* denkt', 90 f.
6 Vgl. Bergson, *Hommage à Spinoza*, 2.

Anhang I Eine unpublizierte Handschrift Nietzsches zu Spinoza

Der folgende Text stellt meine Transkription der Handschrift **GSA 71/41** aus dem Bestand des Goethe- und Schiller-Archivs der Klassik Stiftung Weimar dar. Die Transkription gibt einen Ausschnitt aus Nietzsches Mitschrift der Vorlesung zur „Allgemeine[n] Geschichte der Philosophie" von Karl Schaarschmidt wieder, die Nietzsche im Sommersemester 1865 in Bonn hörte. Der transkribierte Ausschnitt enthält Nietzsches *Mitschrift zu Spinoza*; er befindet sich nach der Foliierung des Goethe- und Schiller-Archivs auf den Blättern 22–24. Die Mitschrift umfasst insgesamt 53 handgeschriebene Seiten; sie wurde unter dem Titel „Nietzsche – Kollegnachschriften. Karl Schaarschmidt: Allgemeine Geschichte der Philosophie. Vermischte Notizen" archiviert und bisher nicht publiziert. Ein Faksimile der Manuskriptseiten, die den von mir transkribierten Text enthalten, ist im Anschluss an die Transkription abgedruckt.

Unsicherheiten bei der Transkription wurden mit einem Sternchen* markiert. (Zum Beispiel ist es bei verschliffenen Endungen oft nicht entscheidbar, ob es sich um ein „e" oder ein „en" handelt (z. B. Quelle/Quellen).) [1]

> Das intellektuelle und das <u>imaginative</u>*
> Denken. Das gewöhnl. sinnl. Erkennen ist
> ein inadaequates. Blau – ein inadaequates
> Abstraktum. Sie entsprechen nicht der Wirklich-
> keit und geben ideae confusae. Unsre Seele
> unterscheidet nicht scharf alle Merkzeichen. Die
> <u>intellektuelle</u> Denkart ist entweder <u>ratio-
> nal</u> oder <u>intuitiv</u>. Die höchste Erkenntniß ist
> intuitiv, wo wir essentia u. existentia zugleich
> haben. Darin der Kernpunkt die Idee Gottes.
> Gottes Wesen ist ‚sein.' Beweise
>
> 1. Wenn man sagt, daß Gottes Wesen
>   sein Dasein nicht einschließt, so wäre dies
>   absurd.
>
> 2. Alles das ist nothwendig, von dem wir keine
>   Ursache angeben können, die seine Existenz ver-
>   hindert.
>
> 3. Nicht zu existiren ist ein Mangel. Darum
>   muß Gott dasein.
>   Es kommt darauf an alles ad ideam perfectissi-
>   mi zu reduziren. Gott ist zugleich Realgrund
>   und Erkenntnißgrund. Sp. ist weit entfernt
>   von dem Atheismus:

---

[1] Für Ihre Hilfe bei der Transkription danke ich Marie-Luise Haase sowie ihren Mitarbeitern im Goethe- und Schiller-Archiv in Weimar, Michael Kohlenbach und Thomas Riebe.

Die Lehre von der Substanz ist in deren* Definition enthalten.

1. Unter <u>causa sui</u> verstehe ich das, dessen Wesen Dasein in sich schließt.
2. Endlich ist das, was durch ein andres Ding desselben Wesens begrenzt werden kann.
3. Unter Substanz verstehe ich, quod in se est et per se percipitur. (Darin – die Alleinheit der göttl. Substanz.)
4. Unter dem* Attribut verstehe ich, was der Verstand von der Substanz als ihr Wesen bildend wahrnimmt.
5. Modem intelligo affectionem substantiae.
6. Unter Gott verstehe [ich] die aus unendl. Attri*buten bestehende Substanz.
7. Frei ist quod ex sola necessitate naturae wird.
7. [sic!] Gezwungen, was von einem Anderen bestimmt wird.
8. Unter Ewigkeit verstehe ich das Dasein selbst.
   Es kann nur eine Substanz geben, zu der* sich alle Dinge als modi verhalten. Das Wesen Gottes besteht in dem Sein. Gott das absolute Wesen, unendliche Attribute. Unendlich viele Attr. Wir kennen nur zwei Attrib. <u>Ausdehnung</u> u. <u>Denken</u>. Gott ist causa sui, aber auch aliarum rerum, nicht causa transcendens [darüber:]iens son*<dern> <u>immanens causa</u>. omnia sub specie aeternitatis* anzusehen. [Graphik]
   <u>Endliches</u>* kann nur aus <u>Endlichem</u> geworden sein.
   Dies ist die inadaequate Auffassung.
   <u>Akosmismus</u> ist das Wesen Spinozas. Wir thun ihm unrecht, wenn wir ihn Pantheist[st *über* m] nennen.
   Er sieht die Welt als eine <u>Täuschung</u> an
   Es giebt in der ganzen Welt nichts Zufälliges.

1. appendix Kampf gegen den Anthropomorphism.
   Die Ausdehnung drückt Gottes* Wesen aus wie das* Denken – Beides steht in einem Parallelverhältniß. Nur modale* Verhältnisse; Die Seele ist der Korpus selbst denkend aufgefaßt.
   Der Dualismus fällt weg, weil Körper u. Geist durchaus nicht real verschieden sind.
   Die Seele ist ein Theil des unendlichen Verstan-

des Gottes. Gott quatenus explicatur, denkt
in dem Menschen. Aus dem Theilhaften erklärt sich das Irren. Die Seele – Vorstellung
in Beziehung auf Ausdehnung. Daraus entspringen die passiones et affectiones. Da
diese das Leiden unsres Körpers ausdrük-
ken, so sind sie auch Leiden der Seele. Es
entsteht ein Kampf zwischen dem Denker u.
dem Leiden. (Wollen ein actives – erkennen
passiv – sagt Descartes) Sp. sagt Wollen u.
Erkennen sind identisch. Was uns Wollen
macht, ist die Einsicht. Socratischer Stand-
punct. Es giebt nur einzelne Willens-
acte. Damit ist die sogenannte Willensfreiheit aufgehoben. (ebenso wie die anthropologische Vorstellung v. d. Persönlichkeit Gottes.) Hiermit mußte jede
Ethik wegfallen.
Eigenthümliche Inconsequenz Spinozas,
da er doch eine relative Freiheit annimmt.
Jedes Ding sucht in seinem Sein zu ver-
[Randnotiz: Selbsterhaltungsstreben] harren. ‚in suo esse perseverare conatur.'
Somit rettet er den Individualismus.
Wenn wir handeln, so steigern wir unsre
Macht. Die körperlichen Affecte haben ihren
Ausdruck in der Seele. cupiditas – appetitus. Die Lust ist der lebendige Affect der
Thätigkeit, durch Traurigkeit zu immer größe-
rer Passivität. Liebe und Haß – Grundwe-
sen – Freude und Traurigkeit. Der Mensch
in einem fortwährenden Kampfe. Das setzt
eine Statik der Affecte u. eine Dynamik.
Durch die Erkenntniß der Ursachen* der Affecte heben wir deren Wirkungen* auf, denn
wir bringen sie auf Gott zurück.
Die große Variation der Affecte wird durch
die Einbildungskraft herbeigeführt, bei
einer Hoffnung habe ich eine unbestimmte
Lust aus der Zukunft, Gegensatz Furcht.
Wir gerathen in einen Turbo von Affecten
((Kunst einzig würdige Verhältniß von Materie Form u. Geist)) Wir können einen Affect
nur durch einen andern Affect bekämpfen
indem wir das Erkennen zu Affecten gestalten. Da mit dem reinen Erkennen die
Lust gesteigert wird, müssen wir den Affect
der Lust fördern.
    Lust   Traurigkeit
        cupiditas

   Der amor intellectualis dei., macht uns

immer freier von den Affecten. Beschäftigung
mit der Idee Gottes ist der stärkste Affect.
(Die Ausbildung des Menschen zum Kunstwerk)
Das Denken hat die Qualität des Guten.
Lust u. Begierde nur dann gute Eigenschaften
wenn sie aus ewiger Grundlage entspringen.
Im 4 u V. Buch seiner Ethik hat er eine
Reihe von Vorschriften entworfen. Wir müssen
der Vernunft gemäß leben. Wir sollen die Lust
nicht der Lust wegen suchen, sondern die Quellen* der Lust, den intellectus. ~~Wenn~~

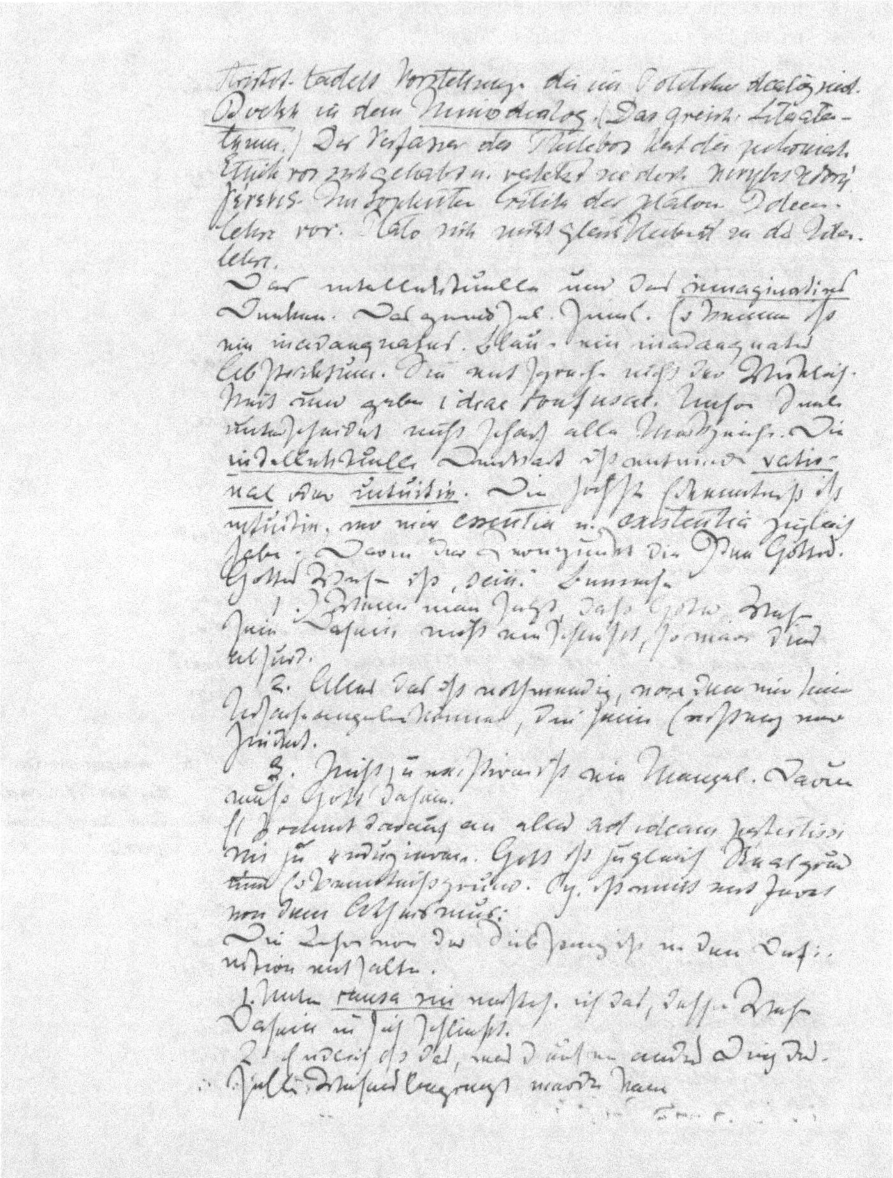

Fig 1.: Foto: *Klassik Stiftung Weimar*

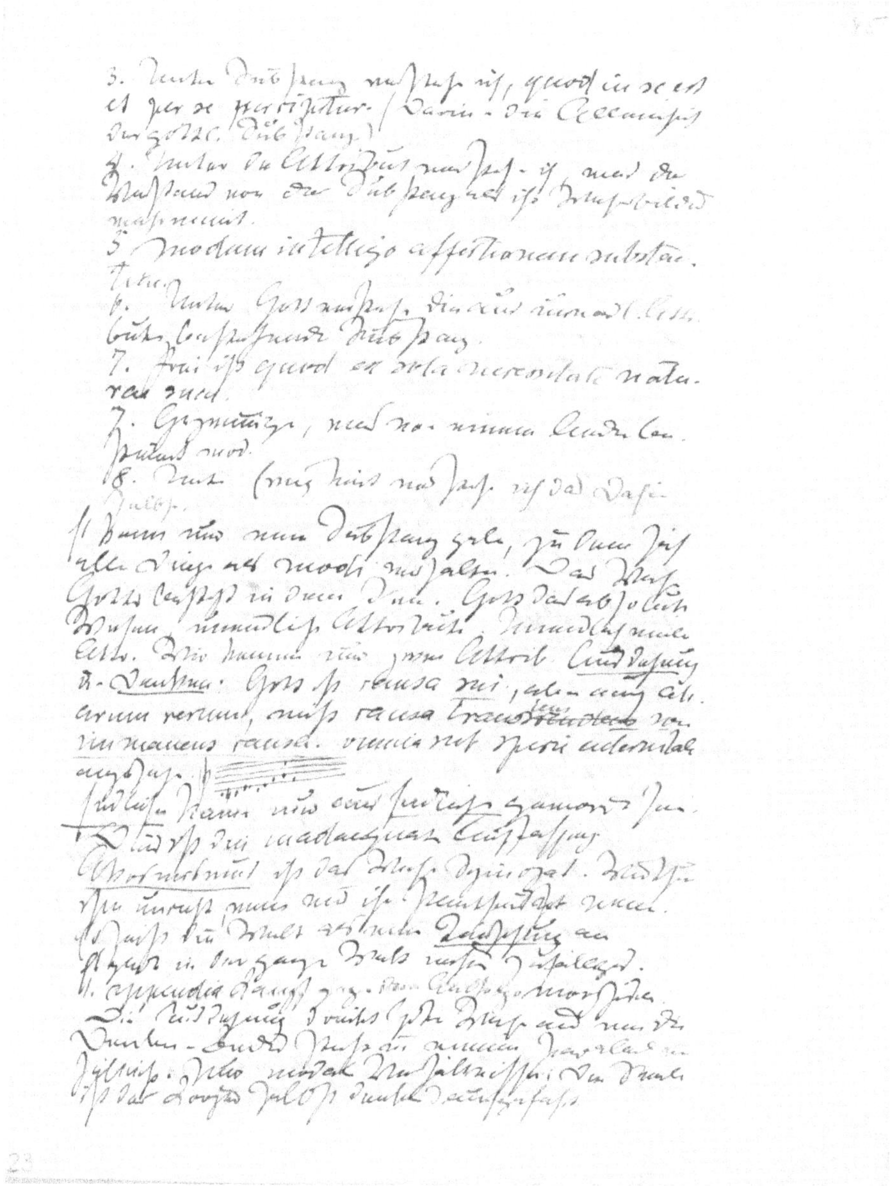

Fig 2.: Foto: *Klassik Stiftung Weimar*

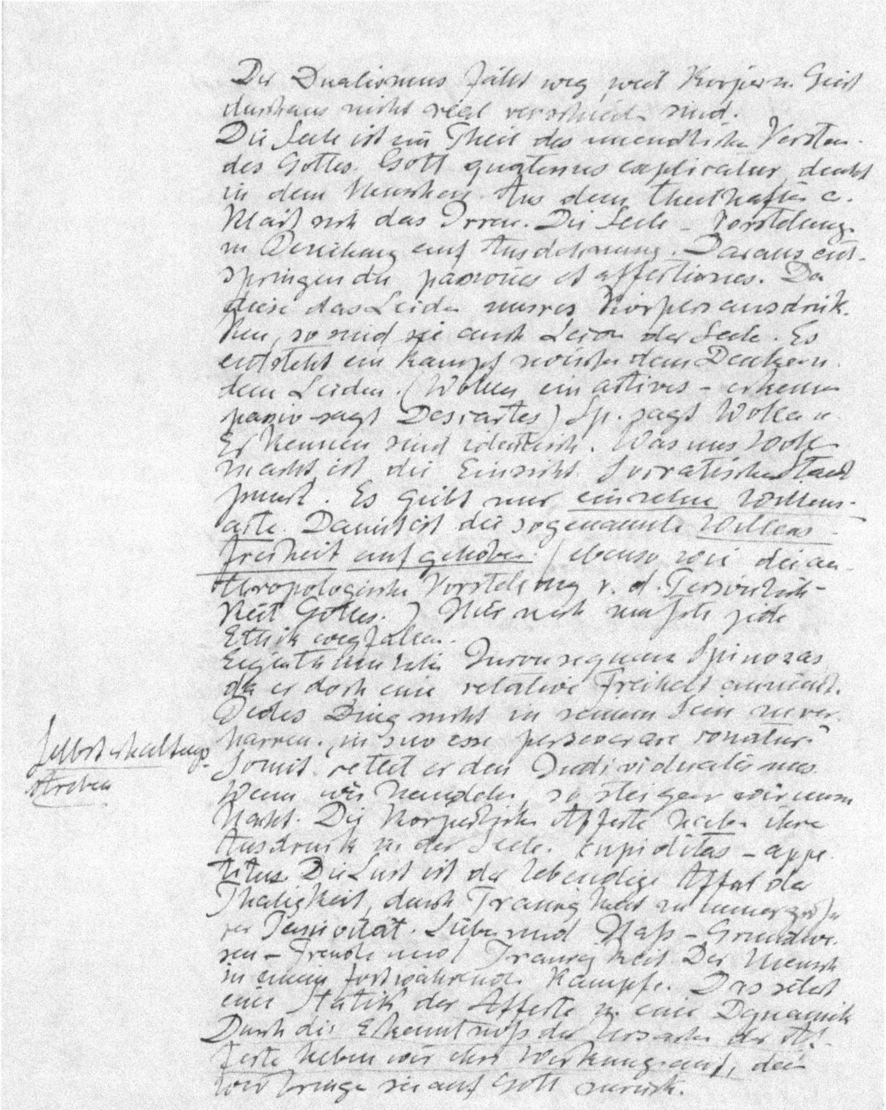
Der Dualismus fällt weg weil Körper u. Geist
durchaus nicht real verschieden sind.
Die Seele ist ein Theil des unendlichen Verstan-
des Gottes. Gott quatenus explicatur, denkt
in dem Menschen. Aus dem [illegible] c.
[illegible] das Irren. Die Seele – Vorstellung
in Beziehung auf Ausdehnung. Daraus entspringen die passiones et affectiones. Da
diese das Leiden unseres Körpers ausdrük-
ken, so sind sie auch Leiden der Seele. Es
entsteht ein Kampf zwischen dem Denken u.
dem Leiden. (Wollen ein actives – erkennen
passiv – sagt Descartes) Sp. sagt Wollen u
Erkennen sind identisch. Was uns [illegible]
macht ist die Einsicht. Sokratischer Standpunkt. Es giebt nur einzelne Willens-
akte. Damit ist der sogenannte Willensfreiheit aufgehoben (ebenso wie die anthropologische Vorstellung v. d. Persönlichkeit Gottes.) Hiermit muß jede
Ethik wegfallen.
Eigenthümlich ist die Inconsequenz Spinozas
daß er doch eine relative Freiheit annimmt.
Jedes Ding sucht in seinem Sein zu verharren. (in suo esse perseverare conatur)
Somit rettet er den Individualismus.
Wenn wir handeln, so steigern wir unsere
Macht. Die körperlichen Affecte finden ihren
Ausdruck in der Seele. Cupiditas – appetitus. Die Lust ist der lebendige Affect der
Thätigkeit, durch Traurigkeit [illegible]
[illegible] Passivität. Liebe und Haß – Grundfor-
men – Freude und Traurigkeit. Der Mensch
in einem fortwährenden Kampfe. Dies [illegible]
eine Statik der Affecte u. eine Dynamik
Durch die Erkenntniß der Ursachen der Affecte heben wir ihre Wirkung auf, denn
wir bringen sie auf Gott zurück.

Selbsterhaltungs-Streben

Fig 3.: Foto: *Klassik Stiftung Weimar*

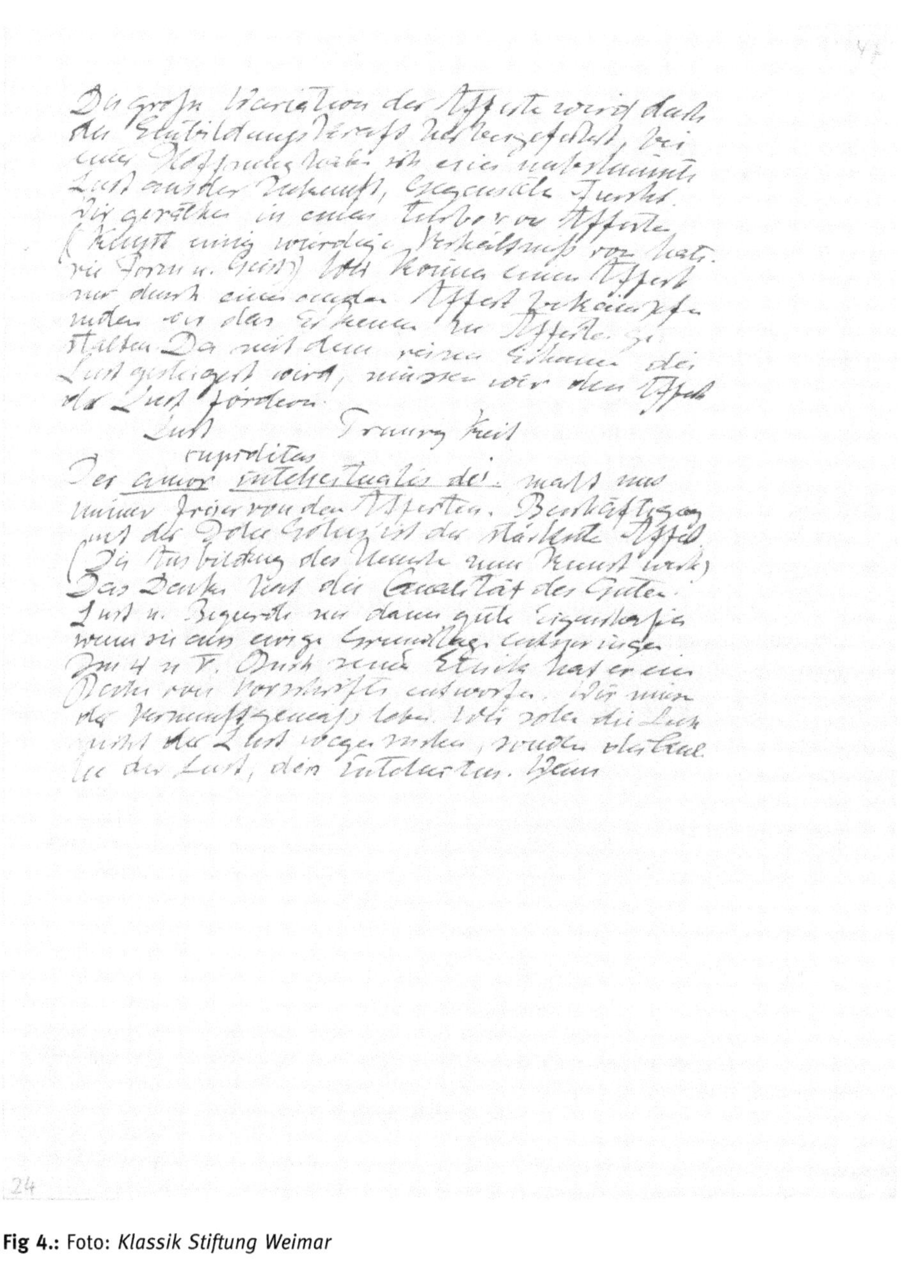

Fig 4.: Foto: *Klassik Stiftung Weimar*

Anhang II Nachweis von Nietzsches Fischer-Exzerpten im Notat 11[193] von 1881

Nietzsches umfangreichste Exzerpte aus Kuno Fischers *Geschichte der neuern Philosophie I, 2* zu Spinozas *conatus*- und Machttheorie befinden sich in den Notaten 11[193] vom Sommer 1881[1] und 7[4] vom Frühjahr 1887[2]. Im Folgenden werden seine Exzerpte und Paraphrasen aus Fischers Buch im Notat 11[193] einzeln nachgewiesen. In Bezug auf das Notat 7[4] von 1887 wurde ein solcher Nachweis bereits von Maurizio Scandella erbracht; die vorliegende Analyse dient als Ergänzung zu seinem Beitrag.[3] Sie wird im Anhang an diese Arbeit erbracht, um die kontinuierliche Gedankenentwicklung in Kap. 7 und 8 nicht zu unterbrechen; der Sache nach gehört sie aber zum 7. Kapitel.

Das Notat 11[193] besteht aus drei Typen von Eintragungen: 1) Exzerpte von Spinoza-Zitaten aus Fischers *Geschichte der neuern Philosophie I, 2*; 2) Exzerpte und Paraphrasen von Fischers Ausführungen in derselben Schrift; 3) Kommentare Nietzsches. Bemerkenswert ist, dass Nietzsche die Zitate und Paraphrasen zu Fischers Buch rückwärts lesend überträgt. Zunächst bezieht er sich auf den dritten Teil der *Geschichte der neuern Philosophie I, 2*, der unter dem Titel „Der Werth der Affecte" steht. Er notiert sich eine Stelle, die sich auf den vierten Teil von Spinozas *Ethik* bezieht („De Servitute Humana seu de Affectuum Viribus"):

> Spinoza: wir werden nur durch Begierden und Affekte in unserem Handeln bestimmt. Die Erkenntniß muß Affekt sein, um Motiv zu sein. (NL Sommer-Herbst 1881, 11[193], KSA 9, 517)

Es handelt sich hierbei um eine Paraphrase von Fischers Ausführungen im Abschnitt „Die Affecte als Motive des Handelns".[4] Dem fügt Nietzsche einen eigenen Kommentar an:

> Ich sage: sie [i.e. die Erkenntnis] muß L e i d e n s c h a f t sein, um Motiv zu sein. (NL Sommer-Herbst 1881, 11[193], KSA 9, 517)

---

1 Vgl. NL Sommer-Herbst 1881, 11[193], KSA 9, 517f.
2 Vgl. NL Ende 1886 – Frühjahr 1887, 7[4], KSA 12, 260–264.
3 Vgl. Scandella, *Did Nietzsche Read Spinoza?*, 319–329.
4 Die Stelle, auf die Nietzsche sich bezieht, befindet sich bei Fischer, *Geschichte der neuern Philosophie I, 2*, 489: „[...] wir werden in unseren Handlungen nur bestimmt durch Begierden und Affecte. Die wahre Erkenntniß des Guten und Bösen kann nur dann Motiv unseres Handelns sein, wenn sie Affect sein kann. Nur als Affect bestimmt sie unser Handeln. Wenn wir nämlich blos aus dieser Erkenntniß handeln, so bestimmt uns kein anderer Trieb, so sind alle anderen Affecte und Begierden zurückgedrängt und niedergehalten. Affecte können aber nur durch Affecte besiegt werden. Darum muß die wahre Erkenntniß des Guten und Bösen nothwendig Affect sein, um Motiv zu sein". (In der Anmerkung hierzu verweist Fischer auf Spinoza, E IV, pr. 14.)

Daraufhin exzerpiert Nietzsche Stellen aus dem 2. Teil von Fischers Buch („Der Wille zur klaren Erkenntniß"), die sich ebenfalls auf den vierten Teil der *Ethik*, „Von menschlicher Knechtschaft oder von den Kräften der Affekte", bezieht:

> ex virtute absolute agere = ex ductu rationis agere, vivere, suum Esse conservare. ‚von Grund aus nicht anderes suchen als den e i g e n e n N u t z e n' ‚Niemand strebt um eines anderen Wesens willen das eigene Sein zu erhalten.' ‚Das Streben nach Selbsterhaltung ist die Voraussetzung aller Tugend.' (NL Sommer-Herbst 1881, 11[193], KSA 9, 517)

Hierbei handelt es sich um Spinoza-Zitate, die Fischer im Abschnitt „Die Selbsterhaltung als Grundlage der Tugend" anführt.[5] Aus dem zweiten Teil von Fischers Buch stammt auch das Folgende, das Nietzsche sodann notiert:

> ‚Die Menschen sind sich gegenseitig am nützlichsten, wenn jeder seinen eigenen Nutzen sucht.' ‚Kein einzelnes Wesen in der Welt ist dem Menschen so nützlich, als der Mensch der nach der Richtschnur seiner Vernunft ex ductu rationis lebt.' (NL Sommer-Herbst 1881, 11[193], KSA 9, 517)

Es handelt sich hierbei um Spinoza-Zitate, die Fischer im Abschnitt „Das Gute und Schlechte" anführt.[6] Aus dem darauffolgenden Abschnitt in Fischers Buch – „Die Erkenntniß als höchstes Gut und höchste Tugend" – exzerpiert Nietzsche ein weiteres Spinoza-Zitat:

> G u t ist alles, was der Erkenntniß wahrhaft dient; s c h l e c h t dagegen alles, was sie hindert. (NL Sommer-Herbst 1881, 11[193], KSA 9, 517)[7]

Es folgt ein längerer Passus, in dem Nietzsche Fischers Ausführungen im Abschnitt „Die Tugend als das vernunftgemäße Leben" exzerpiert:

> Unsere Vernunft ist unsere größte Macht. Sie ist unter allen Gütern das Einzige, das alle gleichmäßig erfreut, das keiner dem anderen beneidet, das jeder dem Anderen wünscht und um so mehr wünscht als er selbst davon hat. – Einig sind die Menschen nur in der Vernunft. Sie können nicht einiger sein als wenn sie vernunftgemäß leben. Sie können nicht mächtiger sein als wenn sie vollkommen übereinstimmen. – Wir leben im Zustande der Übereinstimmung mit Anderen und mit uns selbst jedenfalls mächtiger als in dem des Zwiespalts. Die *Leidenschaften entzweien*; sie bringen uns in Widerstreit mit den anderen Menschen und mit uns selbst, sie machen uns feindselig nach außen und schwankend nach innen. (NL Sommer-Herbst 1881, 11[193], KSA 9, 517)[8]

---

5 Vgl. Fischer, *Geschichte der neuern Philosophie I, 2*, 488f. Vgl. dazu die entsprechenden Lehrsätze bei Spinoza: E IV, pr. 21–25, auf die Fischer in einer Anmerkung verweist.
6 Vgl. Fischer, *Geschichte der neuern Philosophie I, 2*, 486. Vgl. dazu die entsprechenden Stellen bei Spinoza: E IV, pr. 35, cor. 1–2.
7 Vgl. Fischer, *Geschichte der neuern Philosophie I, 2*, 487 sowie Spinoza, E IV, pr. 27, worauf sich Fischer in einer Anmerkung bezieht.
8 Vgl. Fischer, *Geschichte der neuern Philosophie I, 2*, 486: „Wir sind im Zustande der Uebereinstimmung mit Anderen und mit uns selbst jedenfalls mächtiger, als in dem des Zwiespalts. Die Leidenschaften entzweien; sie bringen uns in Widerstreit mit den anderen Menschen und mit uns selbst, sie

Diesen Erläuterungen Fischers zu Spinoza fügt Nietzsche eine dezidiert kritische Glosse an:

> **ego:** das Alles ist **Vorurtheil.** Es g i e b t gar keine Vernunft der Art, und o h n e Kampf und Leidenschaft wird alles s c h w a c h , Mensch und Gesellschaft. (NL Sommer-Herbst 1881, 11[193], KSA 9, 517)

Es folgen kurze Exzerpte von Spinoza-Zitaten aus verschiedenen Abschnitten im zweiten Teil von Fischers Buch, zunächst aus dem Abschnitt „Die Begierde als Tugend":

> (,Die B e g i e r d e ist das Wesen des Menschen selbst, nämlich das Streben, kraft dessen der Mensch in seinem Sein beharren will.' (NL Sommer-Herbst 1881, 11[193], KSA 9, 517)[9]

> ,Jeder ist in dem Grade ohnmächtig als er seinen Nutzen d. h. seine Selbsterhaltung außer Acht läßt.' / ,Das Streben nach Selbsterhaltung ist die erste und einzige Grundlage der Tugend.' (NL Sommer-Herbst 1881, 11[193], KSA 9, 518)[10]

Auch aus dem ersten Teil von Fischers Buch – unter dem Titel „Einheit von Wille und Verstand" – exzerpiert Nietzsche ein Spinoza-Zitat, mit dem er sich nicht, wie in allen vorherigen Notizen, auf den vierten, sondern auf den zweiten Teil der *Ethik* – „De Natura et Origine mentis" – bezieht. Aus Fischers Abschnitt „Der Wille als Bejahung und Verneinung" notiert sich Nietzsche die Worte, mit denen Spinoza die Willensfreiheit verneint:

> Es giebt im Geiste keinen freien Willen, sondern der Geist wird, dies oder jenes zu wollen, von einer Ursache bestimmt, die ebenfalls von einer anderen bestimmt ist, und diese wiederum von einer anderen, und so fort bis ins Endlose. (NL Sommer-Herbst 1881, 11[193], KSA 9, 518)[11]

Aus demselben Abschnitt exzerpiert Nietzsche Fischers Satz:

> Der Wille ist das Vermögen zu bejahen und zu verneinen: nichts Anderes.[12]

---

machen uns feindselig nach Außen und schwankend nach Innen. Einig sind die Menschen n u r in der Vernunft. Sie können nicht einiger sein, als wenn sie vernunftgemäß leben. Sie können nicht mächtiger sein, als wenn sie vollkommen übereinstimmen, und diese vollkommene Uebereinstimmung ist nur möglich in dem vernunftgemäßen Leben. Unsere Vernunft ist unsere größte Macht. Sie ist darum nothwendig auch unser höchstes Gut. Sie ist unter allen Gütern das Einzige, das alle gleichmäßig erfreut, das keiner dem andern beneidet, daß [sic!] jeder dem andern wünscht und um so mehr wünscht, je mehr er selbst von diesem Gute besitzt". (In der Anmerkung zu diesem Abschnitt verweist Fischer auf Spinoza, E IV, pr. 32–34 sowie pr. 35–37.)

9 Vgl. Fischer, *Geschichte der neuern Philosophie I, 2*, 483.
10 Vgl. Fischer, *Geschichte der neuern Philosophie I, 2*, 484. Vgl. auch die entsprechenden Stellen bei Spinoza, auf die Fischer verweist: E IV, pr. 18, sc.; pr. 20, dem.; pr. 22, cor.
11 Vgl. Fischer, *Geschichte der neuern Philosophie I, 2*, 480. (Es handelt sich um einen Satz Spinozas, auch wenn Nietzsche ihn nicht in Anführungszeichen exzerpiert.)
12 Vgl. Fischer, *Geschichte der neuern Philosophie I, 2*, 479.

Das Notat endet mit einem kritischen Kommentar Nietzsches, der in dieser Arbeit bereits ausführlich besprochen wurde:

> Dagegen i c h : Voregoismus, Heerdentrieb sind älter als das „Sich-selbst-erhalten-wollen". Erst wird der Mensch als F u n k t i o n e n t w i c k e l t : daraus löst sich später wieder das Individuum, indem es als F u n k t i o n unzählige Bedingungen des G a n z e n , des Organismus, **kennen gelernt** und allmählich sich e i n v e r l e i b t hat.

Literaturverzeichnis

Quellen

Bourget, *Essais*
Bourget, Paul: *Essais de Psychologie contemporaine*, Paris 1883.

Bourget, *Nouveaux essais*
Bourget, Paul: *Nouveaux essais de Psychologie contemporaine*, Paris 1886.

Colerus, *La Vie de Spinoza*
Colerus, Jean: *La Vie de B. de Spinoza, tirée des écrits de ce fameux philosophe et du témoignage de plusieurs personnes dignes de foi, qui l'ont connu particulièrement – par Jean Colerus, ministre de l'église luthérienne de La Haye, 1706*, in: Jean Colerus/Lucas: *Vies de Spinoza*, Paris 1999, 7 – 91.

Dühring, *Der Werth des Lebens*
Dühring, Eugen: *Der Werth des Lebens. Eine philosophische Betrachtung*, Breslau 1865.

Dühring, *Kritische Geschichte der Philosophie*
Dühring, Eugen: *Kritische Geschichte der Philosophie von ihren Anfängen bis zur Gegenwart*, zweite vermehrte Auflage, Berlin 1873.

Eckermann, *Gespräche mit Goethe*
Eckermann, Johann Peter: *Gespräche mit Goethe in den letzten Jahren seines Lebens*, hrsg. von Heinz Schlaffer, in: J. W. Goethe, *Sämtliche Werke nach Epochen seines Schaffens: Münchner Ausgabe*, hrsg. von Karl Richter u. a., Bd. 19, München 1986.

Falckenberg, *Geschichte der neueren Philosophie*
Falckenberg, Richard: *Geschichte der neueren Philosophie von Nikolaus von Kues bis zur Gegenwart. Im Grundriss dargestellt*, Leipzig 1886.

Fischer, *Geschichte der neuern Philosophie I, 2*
Fischer, Kuno: *Geschichte der neuern Philosophie I, 2. Descartes' Schule. Geulinx. Malebranche. Baruch Spinoza*, zweite völlig umgearbeitete Auflage, Heidelberg 1865.

Goethe, *Dichtung und Wahrheit*
Goethe, Johann Wolfgang: *Aus meinem Leben: Dichtung und Wahrheit*, hrsg. von Peter Sprengel, in: J. W. Goethe, *Sämtliche Werke nach Epochen seines Schaffens: Münchner Ausgabe*, hrsg. von Karl Richter u. a., Bd. 16, München 1985.

Goethe, *Briefe, Tagebücher und Gespräche*
Goethe, Johann Wolfgang: *Das erste Weimarer Jahrzehnt: Briefe, Tagebücher und Gespräche vom 7. November 1775 bis 2. September 1786*, hrsg. von Hartmut Reinhardt, Frankfurt a. M. 1997.

Guyau, *La morale d'Épicure*
Guyau, [Jean-]M[arie]: *La morale d'Épicure et ses rapports avec les doctrines contemporaines*, Paris 1878.

Guyau, *La morale anglaise contemporaine*
Guyau, [Jean-]M[arie]: *La morale anglaise contemporaine: Morale de l'utilité et de l'évolution*, Paris 1879.

Guyau, *L'irréligion de l'avenir*
Guyau, [Jean-]M[arie]: *L'irréligion de l'avenir: Étude sociologique*, 2. Aufl., Paris 1887.

Hartmann, *Philosophie des Unbewussten*
Hartmann, Eduard von: *Philosophie des Unbewussten: Versuch einer Weltanschauung*, Berlin 1869.

Hartmann, *Phänomenologie des sittlichen Bewusstseins*
Hartmann, Eduard von: *Phänomenologie des sittlichen Bewusstseins: Prolegomena zu jeder künftigen Ethik*, Berlin 1879.

Heine, *Geschichte der Religion und Philosophie*
Heine, Heinrich: *Zur Geschichte der Religion und Philosophie in Deutschland*, bearbeitet von Manfred Windfuhr, in: H[einrich] Heine: *Historisch-kritische Gesamtausgabe der Werke*, hrsg. von Manfred Windfuhr, Bd. 8/1, Hamburg 1979, 9–120.

Heine, *Die romantische Schule*
Heine, Heinrich: *Die romantische Schule*, bearbeitet von Manfred Windfuhr, in: H[eine] Heine: *Historisch-kritische Gesamtausgabe der Werke*, hrsg. von Manfred Windfuhr, Bd. 8/1, Hamburg 1979, 121–249.

Höffding, *Psychologie in Umrissen*
Höffding, Harald: *Psychologie in Umrissen auf Grundlage der Erfahrung*, Leipzig 1887.

Lecky, *Sittengeschichte Europas*
William Edward Hartpole Lecky's Sittengeschichte Europas von Augustus bis auf Karl den Grossen, hrsg. von Heimann Jolowicz, 2., rechtmässige Aufl., mit den Zusätzen der 3. engl. verm., und durchges. von Ferdinand Löwe, 2 Bde, Leipzig/Heidelberg 1879.

Liebmann, *Zur Analysis der Wirklichkeit*
Liebmann, Otto: *Zur Analysis der Wirklichkeit. Eine Erörterung der Grundprobleme der Philosophie*, zweite, beträchtlich vermehrte Auflage, Straßburg 1880.

Mayer, *Die Mechanik der Wärme*
Mayer, Julius Robert: *Die Mechanik der Wärme in gesammelten Schriften*, 2., umgearb. und verm. Auflage, Stuttgart 1874.

Rée, *Ursprung der moralischen Empfindungen*
Rée, Paul: *Der Ursprung der moralischen Empfindungen*, Chemnitz 1877.

Rolph, *Biologische Probleme*
Rolph, W[illiam] H[enry]: *Biologische Probleme, zugleich als Versuch zur Entwicklung einer rationellen Ethik*, zweite, stark erweiterte Auflage, Leipzig 1884.

Roux, *Der Kampf der Theile im Organismus*
Roux, Wilhelm: *Der Kampf der Theile im Organismus. Ein Beitrag zur Vervollständigung der mechanischen Zweckmässigkeitslehre*, Leipzig 1881.

Schultze, *Paul Rée, der Ursprung der moralischen Empfindungen*
Schultze, Fritz: „Paul Rée, der Ursprung der moralischen Empfindungen. Chemnitz, Ernst
   Schmeitzner 1877. VIII, 142, [1] S. 8^0. M. 2,80.", in: *Jenaer Literaturzeitung* 41 (1877), 628.

Spir, *Denken und Wirklichkeit*
Spir, African: *Denken und Wirklichkeit: Versuch einer Erneuerung der kritischen Philosophie*, 2.,
   umgearbeitete Aufl., Leipzig 1877 (^{1}1873).

Teichmüller, *Die praktische Vernunft*
Teichmüller, Gustav: *Die praktische Vernunft bei Aristoteles*, in: *Neue Studien zur Geschichte der
   Begriffe*, Bd. 3, Gotha 1879.

Teichmüller, *Die wirkliche und die scheinbare Welt*
Teichmüller, Gustav: *Die wirkliche und die scheinbare Welt: Neue Grundlegung der Metaphysik*,
   Breslau 1882.

Trendelenburg, *Ueber Spinoza's Grundgedanken*
Trendelenburg, Adolf: *Ueber Spinoza's Grundgedanken und dessen Erfolg. Aus den Denkschriften
   der Königl. Akademie der Wissenschaften, 1849*, in: ders.: *Historische Beiträge zur Philosophie*,
   Bd. 2: *Vermischte Abhandlungen*, Berlin 1855, 31–111.

Ueberweg, *Grundriss der Geschichte der Philosophie*
Ueberweg, Friedrich: *Grundriss der Geschichte der Philosophie von Thales bis auf die Gegenwart.
   Dritter Theil. Die Neuzeit*, Berlin 1866.

Weitere Literatur

Abdo Ferez, Die Produktivität der Macht
Abdo Ferez, María Cecilia: *Die Produktivität der Macht: Eine Analyse der politischen Theorie von
   Baruch Spinoza*, Berlin 2007.

Abel, Nietzsche contra Selbsterhaltung
Abel, Günter: „Nietzsche contra ‚Selbsterhaltung'. Steigerung der Macht und ewige Wiederkehr", in:
   Nietzsche-Studien 10/11 (1981/1982), 367–384.

Abel, Nietzsche
Abel, Günter: *Nietzsche. Die Dynamik der Willen zur Macht und die ewige Wiederkehr*, Berlin/New
   York 1998 (^{1}1984).

Alquié, Le rationalisme de Spinoza
Alquié, Ferdinand: *Le rationalisme de Spinoza*, Paris 1981.

Ansell Pearson, Viroid Life
Ansell Pearson, Keith: *Viroid Life: Perspectives on Nietzsche and the Transhuman Condition*,
   London/New York ^{2}2009.

Avila Crespo, Spinoza y Nietzsche
Avila Crespo, Remedios: „Finalidad, Deseo y Virtud: Spinoza y Nietzsche", in: Anales del Seminario de Metafisica XX, Madrid 1985, 21–45.

Ballauff, Organismus
Ballauff, Theodor: „Organismus / I. Biologie", in: Historisches Wörterbuch der Philosophie, hrsg. von Joachim Ritter und Karlfried Gründer, Bd. 6, Darmstadt 1984, 1330–1336.

Bartuschat, Nietzsche. Selbstsein und Negativität
Bartuschat, Wolfgang: Nietzsche. Selbstsein und Negativität. Zur Problematik einer Philosophie des sich selbst vollendenden Willens, Diss., Heidelberg 1964.

Bartuschat, Spinozas Theorie des Menschen
Bartuschat, Wolfgang: Spinozas Theorie des Menschen, Hamburg 1992.

Bartuschat, Spinoza
Bartuschat, Wolfgang: Baruch de Spinoza, München ²2006.

Bartuschat, Spinoza als Kritiker der Politischen Theologie
Bartuschat, Wolfgang: „Spinoza als Kritiker der Politischen Theologie – ein Vorgänger Nietzsches?", in: Nietzsche, Darwin und die Kritik der Politischen Theologie, hrsg. von Volker Gerhardt und Renate Reschke (= Nietzscheforschung 17 (2010)), 191–203.

Bennett, Teleology and Spinoza's Conatus
Bennett, Jonathan: „Teleology and Spinoza's Conatus", in: Midwest Studies in Philosophy 8 (1983), 143–160.

Bennett, Spinoza's Ethics
Bennett, Jonathan: A Study of Spinoza's Ethics, [ohne Ort] 1984.

Bennett, Spinoza and Teleology
Bennett, Jonathan: „Spinoza and Teleology: a Reply to Curley", in: Spinoza: Issues and Directions. The Proceedings of the Chicago Spinoza Conference, hrsg. von Edwin Curley und Pierre-François Moreau, Leiden 1990, 53–57.

Benoit, Nietzsche lecteur de Spinoza
Benoit, Blaise: „Nietzsche lecteur de Spinoza: Réinterpréter la conservation?", in: Revue philosophique de la France et de l'étranger 204/4 (2014), 477–494.

Bergson, Hommage à Spinoza
Bergson, Henri: „Hommage à Spinoza: Une lettre de M. Bergson", in: Journal des débats politiques et littéraires, 28. Februar 1927, 2.

Bertino, „Vernatürlichung"
Bertino, Andrea Christian: „Vernatürlichung": Ursprünge von Friedrich Nietzsches Entidealisierung des Menschen, seiner Sprache und seiner Geschichte bei Johann Gottfried Herder, Berlin/Boston 2011.

Blumenberg, Selbsterhaltung und Beharrung
Blumenberg, Hans: „Selbsterhaltung und Beharrung. Zur Konstitution der neuzeitlichen Rationalität", in: Subjektivität und Selbsterhaltung: Beiträge zur Diagnose der Moderne, hrsg. von Hans Ebeling, Frankfurt a. M. 1996, 144–207.

Boehm, Nietzsches Wiederholung Spinozas
Boehm, Timon: „Nietzsches Wiederholung Spinozas. Ein problemgeschichtlicher Bezug der Konzepte des conatus und des Willens zur Macht", in: Nietzsche-Studien 46 (2017), 28–57.

Boehm, Interpretationen der Affektivität
Boehm, Timon: „Interpretationen der Affektivität bei Nietzsche und Spinoza", in: Nietzsche-Studien 46 (2017), 314–323.

Bouriau, Conatus spinoziste et volonté schopenhauerienne
Bouriau, Christophe: „Conatus spinoziste et volonté schopenhauerienne", in: Spinoza au XIXe siècle, hrsg. von André Tosel, Pierre-François Moreau und Jean Salem, Paris 2007, 163–180.

Brann, Schopenhauer und Spinoza
Brann, Henry Walter: „Schopenhauer und Spinoza", in: Schopenhauer-Jahrbuch 51 (1970), 138–152.

Brobjer, Nietzsche's Knowledge of Spinoza
Brobjer, Thomas: „Nietzsche's Knowledge of Spinoza", in: Spinoza in Nordic Countries, hrsg. von Vesa Oittinen, Helsinki 2004, 203–216.

Brobjer, Nietzsche's Philosophical Context
Brobjer, Thomas H.: Nietzsche's Philosophical Context: An Intellectual Biography, Urbana/Chicago 2008.

Broese, Schopenhauers Überwindung der Selbsterhaltung
Broese, Konstantin: „Schopenhauers Überwindung der Theorie der Selbsterhaltung und der neuzeitlichen Rationalität: Schopenhauer als Wegbereiter Nietzsches", in: Vernunft der Aufklärung – Aufklärung der Vernunft, hrsg. von K. Broese u. a., Berlin 2006, 217–230.

Brusotti, Leidenschaft der Erkenntnis
Brusotti, Marco: Die Leidenschaft der Erkenntnis: Philosophie und ästhetische Lebensgestaltung bei Nietzsche von „Morgenröthe" bis „Also sprach Zarathustra", Berlin/New York 1997.

Brusotti, Beiträge zur Quellenforschung
Brusotti, Marco: „Beiträge zur Quellenforschung", in: Nietzsche-Studien 21 (1992), 390–397.

Burger, Spinoza, Nietzsche und Sisyphos
Burger, Rudolf: „Spinoza, Nietzsche und Sisyphos", in: Merkur: Deutsche Zeitschrift für europäisches Denken, hrsg. von Karl Heinz Bohrer und Kurt Scheel, 49/1 (1995), 45–54.

Busche, Teleologie
Busche, Hubertus: „Teleologie", in: Historisches Wörterbuch der Philosophie, hrsg. von Joachim Ritter und Karlfried Gründer, Bd. 10, Basel 1998, 970–977.

Campioni et alii, Nietzsches persönliche Bibliothek
Campioni, Giuliano; D'Iorio, Paolo; Fornari, Maria Cristina; Fronterotta, Francesco; Orsucci, Andrea (Hrsg.): Nietzsches persönliche Bibliothek, unter Mitarbeit von Renate Müller-Buck, Berlin / New York 2003.

Christians, Selbst
Christians, Ingo: „Selbst", in: Nietzsche-Handbuch: Leben – Werk – Wirkung, hrsg. von Henning Ottmann, Stuttgart/Weimar 2000/2011, 321–324.

Clark, Nietzsche on Truth and Philosophy
Clark, Maudemarie: Nietzsche on Truth and Philosophy, Cambridge 1990.

Clark, Nietzsche's Doctrine of the Will to Power
Clark, Maudemarie: „Nietzsche's Doctrine of the Will to Power: Neither Ontological nor Biological", in: International Studies in Philosophy 32/3 (2000), 119–135.

Clark, On Nietzsche's Darwinism
Clark, Maudemarie: „On Nietzsche's Darwinism", in: International Studies in Philosophy 39/3 (2007), 117–133.

Cloeren, Ockham's razor
Cloeren, H. J.: „Ockham's razor", in: Historisches Wörterbuch der Philosophie, Bd. 6, hrsg. von Joachim Ritter und Karlfried Gründer, Basel 1984, 1094–1096.

Conway, Life and Self-Overcoming
Conway, Daniel W.: „Life and Self-Overcoming", in: Keith Ansell Pearson (Hrsg.): A Companion to Nietzsche, Malden/Oxford 2006, 532–547.

Cook, Conatus
Cook, Thomas: „Conatus: A Pivotal Doctrine at the Center of the Ethics", in: Spinoza's Ethics: A Collective Commentary, hrsg. von Michael Hampe, Ursula Renz und Robert Schnepf, Leiden/Boston 2011, 149–166.

Curley, Behind the Geometrical Method
Curley, Edwin: Behind the Geometrical Method. A Reading of Spinoza's Ethics, Princeton 1988.

Curley, Teleology
Curley, Edwin: „On Bennett's Spinoza: the Issue of Teleology", in: Spinoza: Issues and Directions. The Proceedings of the Chicago Spinoza Conference, hrsg. von Edwin Curley und Pierre-François Moreau, Leiden 1990, 39–52.

Darwin, Origin of Species
Darwin, Charles: The Origin of Species by Means of Natural Selection, or the Preservation of Favoured Races in the Struggle for Life, Sixth Edition, with Additions and Corrections to 1872, London 1888.

Decher, Wille zum Leben – Wille zur Macht
Decher, Friedhelm: Wille zum Leben – Wille zur Macht: eine Untersuchung zu Schopenhauer und Nietzsche, Würzburg 1984.

Delahunty, Spinoza
Delahunty, R. J.: Spinoza. The Arguments of the Philosophers, London/New York 1985.

Deleuze, Nietzsche et la philosophie
Deleuze, Gilles: Nietzsche et la philosophie, Paris 1962.

Deleuze, Spinoza et le problème de l'expression
Deleuze, Gilles: Spinoza et le problème de l'expression, Paris 1968.

Deleuze, Spinoza – Philosophie pratique
Deleuze, Gilles: Spinoza – Philosophie pratique, Paris 1981.

Della Rocca, Spinoza's metaphysical psychology
Della Rocca, Michael: „Spinoza's metaphysical psychology", in: The Cambridge Companion to Spinoza, hrsg. von Don Garrett, Cambridge 1996, 192–266.

Della Rocca, Spinoza
Della Rocca, Michael: Spinoza, London/New York 2008.

Descartes, Prinzipien der Philosophie
Descartes, René: Die Prinzipien der Philosophie, übers. und mit Anm. versehen v. Artur Buchenau, Hamburg ^{8}1992.

Diels/Kranz, Fragmente der Vorsokratiker I
Diels, Hermann/Kranz, Walther (Hrsg.): Die Fragmente der Vorsokratiker, Bd. 1, griechisch und deutsch von Hermann Diels, 9. Aufl. hrsg. von Walther Kranz, Berlin 1952.

Dilthey, Weltanschauung und Analyse des Menschen
Dilthey, Wilhelm: Weltanschauung und Analyse des Menschen seit Renaissance und Reformation, 11., unveränderte Aufl., Stuttgart 1991.

Düsing, *Nietzsches Denkweg*
Düsing, Edith: *Nietzsches Denkweg: Theologie – Darwinismus – Nihilismus*, München 2007 (^{1}2006).

Fornari, *Die Entwicklung der Herdenmoral*
Fornari, Maria Cristina: *Die Entwicklung der Herdenmoral. Nietzsche liest Spencer und Mill*, aus dem Italienischen von Leonie Schröder, Wiesbaden 2009.

Förster, *Goethe's Spinozism*
Förster, Eckart: „Goethe's Spinozism", in: ders. (Hrsg.): *Spinoza and German Idealism*, Cambridge 2012, 85–99.

Friedl, *Heine und Nietzsche*
Friedl, Herwig: „Heinrich Heine und Friedrich Nietzsche", in: *Heinrich Heine im Spannungsfeld von Literatur und Wissenschaft: Symposium anläßlich der Benennung der Universität Düsseldorf nach Heinrich Heine*, hrsg. von Wilhelm Gössmann und Manfred Windfuhr, [Essen] 1990, 195–214.

Garrett, *Teleology in Spinoza*
Garrett, Don: „Teleology in Spinoza and Early Modern Rationalism", in: *New Essays on the Rationalists*, hrsg. von Rocco J. Gennaro und Charles Huenemann, New York/Oxford 1999, 310–335.

Garrett, *Spinoza's Conatus Argument*
Garrett, Don: „Spinoza's *Conatus* Argument", in: *Spinoza: Metaphysical Themes*, hrsg. von O. Koistinen and J. Biro, Oxford 2002, 127–158.

Gawoll, *Nietzsche und der Geist Spinozas*
Gawoll, Hans-Jürgen: „Nietzsche und der Geist Spinozas: Die existentielle Umwandlung einer affirmativen Ontologie", in: *Nietzsche-Studien* 30 (2001), 44–61.

Gerhardt, *Gipfel der Internität*
Gerhardt, Volker: „Gipfel der Internität: Zu Günter Abels Rekonstruktion der Wiederkehr", in: *Nietzsche-Studien* 16 (1987), 444–466.

Gerhardt, *Macht und Metaphysik*
Gerhardt, Volker: „Macht und Metaphysik: Nietzsches Machtbegriff im Wandel der Interpretation", in: ders.: *Pathos und Distanz: Studien zur Philosophie Friedrich Nietzsches*, Stuttgart 1988, 72–97.

Gerhardt, *Das ‚Princip des Gleichgewichts'*
Gerhardt, Volker: „Das ‚Princip des Gleichgewichts': Zum Verhältnis von Recht und Macht bei Nietzsche", in: ders.: *Pathos und Distanz: Studien zur Philosophie Friedrich Nietzsches*, Stuttgart 1988, 98–132.

Gerhardt, *Vom Willen zur Macht*
Gerhardt, Volker: *Vom Willen zur Macht: Anthropologie und Metaphysik der Macht am exemplarischen Fall Friedrich Nietzsches*, Berlin/New York 1996.

Gerhardt, *Wille zur Macht*
Gerhardt, Volker: „Wille zur Macht", in: *Nietzsche-Handbuch: Leben – Werk – Wirkung*, hrsg. von Henning Ottmann, Stuttgart 2000/2011, 351–355.

Gerhardt, *Nietzsche, Goethe und die Humanität*
Gerhardt, Volker: „Nietzsche, Goethe und die Humanität", in: ders.: *Die Funken des freien Geistes: Neuere Aufsätze zu Nietzsches Philosophie der Zukunft*, hrsg. von Jan-Christoph Heilinger und Nikolaos Loukidelis, Berlin/New York 2011.

Gessmann (Hg.), *Darwinismus*
[ohne Autorennennung:] „Darwinismus", in: *Philosophisches Wörterbuch*, begr. von Heinrich Schmidt, neu hrsg. von Martin Gessmann, 23., vollständig neu bearbeitete Aufl., Stuttgart 2009, 145.

Giesz, *Existenzialismus und Wille zur Macht*
Giesz, Ludwig: *Nietzsche. Existenzialismus und Wille zur Macht*, Stuttgart 1950.

Goedert, *Nietzsche und Schopenhauer*
Goedert, Georges: „Nietzsche und Schopenhauer", in: *Nietzsche-Studien* 7 (1978), Berlin/New York, 1–15.

Grosse Wiesmann, *Chaos sive natura*
Grosse Wiesmann, Hannah: „‚Chaos sive natura': Zu Nietzsches Kritik am spinozanischen Gottesbegriff", in: *Gott oder Natur: Perspektiven nach Spinoza*, hrsg. von Ana Honnacker und Matthias Ruf, Berlin 2015, 75–90.

Grosse Wiesmann, *Spinoza's Conatus and Nietzsche's Will to Power*
Grosse Wiesmann, Hannah: „Spinoza's Conatus and Nietzsche's Will to Power: Self-Preservation vs. Increase of Power?", in: *Le spinozisme: réceptions et critiques* (= *Interpretationes* 7 (2015)), hrsg. von Jean-Sébastien Laberge und Emilia Marra. (im Druck)

Haar, *La critique nietzschéenne de Schopenhauer*
Haar, Michel: „La critique nietzschéenne de Schopenhauer", in: *Schopenhauer*, hrsg. von J. Lefranc, Paris 1997, 304–316.

Han, *Was ist Macht?*
Han, Byung-Chul: *Was ist Macht?*, Stuttgart 2005.

Hegel, *Vorlesungen über die Geschichte der Philosophie III*
Hegel, Georg Wilhelm Friedrich: *Vorlesungen über die Geschichte der Philosophie III*, in: ders.: *Werke*, auf der Grundlage der *Werke* von 1832–1845 neu edierte Ausg., Bd. 20, Frankfurt a. M. 1971.

Heidegger, *Nietzsche*
Heidegger, Martin: *Nietzsche*, 2 Bde, Pfullingen 1989 (^{1}1961).

Heit, *Zur Wirklichkeit des Subjekts*
Heit, Helmut: „‚… was man ist'? Zur Wirklichkeit des Subjekts bei Nietzsche", in: *Wirklich. Wirklichkeit. Wirklichkeiten: Friedrich Nietzsches wahre und scheinbare Welten*, hrsg. von Renate Reschke (= *Nietzscheforschung* 20 (2013)), 173–192.

Henrich, *Die Grundstruktur der modernen Philosophie*
Henrich, Dieter: „Die Grundstruktur der modernen Philosophie", in: *Subjektivität und Selbsterhaltung: Beiträge zur Diagnose der Moderne*, hrsg. von Hans Ebeling, Frankfurt a. M. 1996, 97–121.

Henrich, *Über Selbstbewußtsein und Selbsterhaltung*
Henrich, Dieter: „Über Selbstbewußtsein und Selbsterhaltung: Probleme und Nachträge zum Vortrag über ‚Die Grundstruktur der modernen Philosophie'", in: *Subjektivität und Selbsterhaltung: Beiträge zur Diagnose der Moderne*, hrsg. von Hans Ebeling, Frankfurt a. M. 1996, 122–143.

Hobbes, *Leviathan*
Hobbes, Thomas: *Leviathan*, hrsg. von Noel Malcolm, 3 Bde, Oxford 2012.

Ioan, *A case of 'consumption'*
Ioan, Razvan: „A case of 'consumption': Nietzsche's diagnosis of Spinoza", in: *Nietzsche-Studien* 46 (2017), 1–27.

Janaway, *Nietzsche, the self, and Schopenhauer*
Janaway, Christopher: „Nietzsche, the self, and Schopenhauer", in: *Nietzsche and Modern German Thought*, hrsg. von Keith Ansell-Pearson, London/New York 1991, 119–142.

Jarrett, *Teleology*
Jarrett, Charles: „Teleology and Spinoza's Doctrine of Final Causes", in: *Desire and Affect: Spinoza as Psychologist, Papers Presented at The Third Jerusalem Conference (Ethica III)*, hrsg. von Yirmiyahu Yovel, New York 1999, 3–23.

Jaspers, *Nietzsche*
Jaspers, Karl: *Nietzsche. Einführung in das Verständnis seines Philosophierens*, 4. unver. Aufl., Berlin/New York 1974 (^{1}1936).

Johnson, *Nietzsche's Anti-Darwinism*
Johnson, Dirk R.: *Nietzsche's Anti-Darwinism*, Cambridge/New York 2010.

Kaufmann, *Nietzsche*
Kaufmann, Walter : *Nietzsche: Philosoph, Psychologe, Antichrist*, aus dem Amerikanischen übers. von Jörg Salaquarda, Darmstadt 1982.

Kisser, *Selbsterhaltung und Selbstvervollkommnung*
Kisser, Thomas: „Selbsterhaltung und Selbstvervollkommnung", in: *Freiheit und Notwendigkeit: ethische und politische Aspekte bei Spinoza und in der Geschichte des (Anti-) Spinozismus*, hrsg. von Etienne Balibar, Helmut Seidel und Manfred Walther, Würzburg 1994, 41–46.

Klaiber, *‚Ich hasse Rousseau...'*
Klaiber, Tilo: „‚Ich hasse Rousseau...': Typus, Antitypus und das Motiv für Nietzsches Wahlfeindschaft", in: *Nietzsche und Frankreich*, hrsg. von Clemens Pornschlegel und Martin Stingelin, Berlin/New York 2009, 47–62.

Lodoli, *Spinoza e Nietzsche*
Lodoli, Federico: *Spinoza e Nietzsche: Della potenza e le sue determinazioni*, Verona 2012.

Loukidelis, *‚Es denkt'*
Loukidelis, Nikolaos: *„Es denkt": Ein Kommentar zum Aphorismus 17 aus Jenseits von Gut und Böse*, Würzburg 2013.

Lynch, *‚Die Inkonsequenz Spinozas'*
Lynch, Kelly: „‚Die Inkonsequenz Spinozas': Notes on Nietzsche and Spinoza: Short Commentary on *Beyond Good and Evil*, Chapter 1, # 13", in: *De philosophia* 3 (1982), 45–53.

Macherey, *Introduction à l'Ethique III*
Macherey, Pierre: *Introduction à l'Ethique de Spinoza: La troisième partie: La vie affective*, Paris 1995.

Mann, *Schopenhauer*
Mann, Thomas: „Schopenhauer", in: *Adel des Geistes: Zwanzig Versuche zum Problem der Humanität*, in: ders.: *Gesammelte Werke*, Bd. 10, Berlin/Weimar 1965, 293–345.

Meyers Konversationslexikon
[Autorenkollektiv:] *Meyers Konversationslexikon*, 4. Aufl., Leipzig/Wien 1885–1892.

Midgley, *Heine bei Nietzsche*
Midgley, David: „Heine bei Nietzsche", in: *Harry ... Heinrich ... Henri ... Heine: Deutscher, Jude, Europäer*, hrsg. von Dietmar Goltschnigg u. a., Berlin 2008, 301–306.

Mittasch, *Mayers Kausalbegriff*
Mittasch, Alwin: *Julius Robert Mayers Kausalbegriff. Seine geschichtliche Stellung, Auswirkung und Bedeutung*, Berlin 1940.

Mittasch, *Nietzsche als Naturphilosoph*
Mittasch, Alwin: *Friedrich Nietzsche als Naturphilosoph*, Stuttgart 1952.

Mittelman, Will to Power
Mittelman, Willard: „The Relation between Nietzsche's Theory of The Will to Power and His Earlier Conception of Power", in: Nietzsche-Studien 9 (1980), 122–141.

Mommsen, Goethes Verhältnis zu Christus und Spinoza
Mommsen, Momme: „Goethes Verhältnis zu Christus und Spinoza. Blick auf die Werther-Zeit", in: ders.: Lebendige Überlieferung: George, Hölderlin, Goethe, Bern 1999, 275–306.

Montinari, Textkritik und Wille zur Macht
Montinari, Mazzino: „Nietzsches Nachlaß von 1885 bis 1888 oder Textkritik und Wille zur Macht", in: ders.: Nietzsche lesen, Berlin/New York 1982, 92–119.

Moore, Nachweise aus William H. Rolph
Moore, Greg[ory]: „Nachweise aus William H. Rolph, Charles Richet La Douleur, Henry Maudsley, Friedrich Lange, Karl Semper und Alfred Espinas", in: Nietzsche-Studien 27 (1998), 535–551.

Moore, *Nietzsche, Biology and Metaphor*
Moore, Gregory: *Nietzsche, Biology and Metaphor*, Cambridge 2002.

Moore, *Nietzsche and Evolutionary Theory*
Moore, Gregory: „Nietzsche and Evolutionary Theory", in: *A Companion to Nietzsche*, hrsg. von Keith Ansell-Pearson, Malden/Oxford/Carlton 2006, 517–531.

Müller, *Selbsterhaltung und Wille zur Macht*
Müller, Severin: „Selbsterhaltung und Wille zur Macht. Typik und Folgelasten eines Problemzusammenhangs bei Hobbes und Nietzsche", in: *Friedrich Nietzsche, Strukturen der Negativität*, hrsg. von Walter Gebhard, Frankfurt a. M./Bern/New York/Nancy 1984, 49–111.

Müller-Lauter, *Nietzsche. Seine Philosophie der Gegensätze*
Müller-Lauter, Wolfgang: *Nietzsche: Seine Philosophie der Gegensätze und die Gegensätze seiner Philosophie*, Berlin/New York 1971.

Müller-Lauter, *Der Organismus als innerer Kampf*
Müller-Lauter, Wolfgang: „Der Organismus als innerer Kampf: Der Einfluß von Wilhelm Roux auf Friedrich Nietzsche", in: ders., *Über Werden und Wille zur Macht: Nietzsche-Interpretationen I*, Berlin/New York 1999, 97–140.

Müller-Lauter, *Nietzsches Lehre vom Willen zur Macht*
Müller-Lauter, Wolfgang: „Nietzsches Lehre vom Willen zur Macht", in: ders.: *Über Werden und Wille zur Macht: Nietzsche-Interpretationen I,* Berlin/New York 1999, 25–95.

Negri, *Die wilde Anomalie*
Negri, Antonio: *Die wilde Anomalie: Baruch Spinozas Entwurf einer freien Gesellschaft,* aus dem Italienischen von Werner Raith, Berlin 1982.

Newton, *Die mathematischen Prinzipien*
Newton, Isaac: *Die mathematischen Prinzipien der Physik,* übers. und hrsg. von Volkmar Schüller, Berlin/New York 1999.

Owen, *Is there a Doctrine of Will to Power?*
Owen, David: „Is there a Doctrine of Will to Power?", in: *International Studies in Philosophy* 32/3, 2000, 95–106.

Patzer, *Overbeck – Rohde: Briefwechsel*
Patzer, Andreas (Hrsg.): *Franz Overbeck – Erwin Rohde: Briefwechsel,* mit einer Einführung von Uvo Hölscher, 2 Bde, Berlin/New York 1990.

Pethick, *Affectivity and Philosophy after Spinoza and Nietzsche*
Pethick, Stuart: *Affectivity and Philosophy after Spinoza und Nietzsche. Making Knowledge the Most Powerful Affect,* Basingstoke/New York 2015.

Prechtl, *Teleologie*
Prechtl, Peter: „Teleologie", in: *Metzler-Lexikon Philosophie: Begriffe und Definitionen,* hrsg. von Peter Prechtl und Franz-Peter Burkard, 3., erw. und aktualisierte Aufl., Stuttgart/Weimar 2008, 607f.

Rappaport, *Spinoza und Schopenhauer*
Rappaport, Samuel: *Spinoza und Schopenhauer. Eine kritisch-historische Untersuchung mit Berücksichtigung des unedierten Schopenhauerschen Nachlasses,* Berlin 1899.

Reginster, *What is new in 'Nietzsche's New Darwinism'*
Reginster, Bernard: „What is New in ‚Nietzsche's New Darwinism?'", in: *International Studies in Philosophy* 39/3 (2007), 99–116.

Rehmann, *Spinoza und Nietzsche*
Rehmann, Jan: „Spinoza und Nietzsche: Wider die Verwechslung von Handlungsfähigkeit und Herrschaftsmacht", in: *Das Argument* 307 (2014), 213–225.
(http://www.linksnet.de/de/artikel/31482)

Reschke, *Wie und warum Nietzsche sich Heine als Franzosen sah*
Reschke, Renate: „Wie und warum Friedrich Nietzsche sich Heinrich Heine als Franzosen oder wie er sich Heine als Heine sah", in: *Nietzsche und Frankreich,* hrsg. von Clemens Pornschlegel und Martin Stingelin, Berlin/New York 2009, 63–90.

Rice, *Spinoza, Bennett, and Teleology*
Rice, Lee: „Spinoza, Bennett, and Teleology", in: *The Southern Journal of Philosophy* 23 (1985), 241–253.

Richardson, *Clark on Will to Power*
Richardson, John: „Clark on Will to Power", in: *International Studies in Philosophy* 32/3 (2000), 107–117.

Richardson, *Nietzsche's New Darwinism*
Richardson, John: *Nietzsche's New Darwinism*, Oxford/New York 2004.

Richardson, *Replies to Clark and Reginster*
Richardson, John: „Replies to Clark and Reginster", in: *International Studies in Philosophy* 39/3 (2007), 135–147.

Rovere, *Exister*
Rovere, Maxime: *Exister: Méthodes de Spinoza*, Paris 2010.

Rupschus/Stegmaier, *Inconsequenz Spinoza's*
Rupschus, Andreas; Stegmaier, Werner: „,Inconsequenz Spinoza's'? Adolf Trendelenburg als Quelle von Nietzsches Spinoza-Kritik in Jenseits von Gut und Böse 13", in: *Nietzsche-Studien* 38 (2009), 299–308.

Saar, *Genealogie als Kritik*
Saar, Martin: *Genealogie als Kritik: Geschichte und Theorie des Subjekts nach Nietzsche und Foucault*, Frankfurt/New York 2007.

Saar, *Die Immanenz der Macht*
Saar, Martin: *Die Immanenz der Macht: Politische Theorie nach Spinoza*, Berlin 2013.

Salaquarda, *Nietzsches Metaphysikkritik*
Salaquarda, Jörg: „Nietzsches Metaphysikkritik und ihre Vorbereitung durch Schopenhauer", in: *Die Deutung der Welt. Jörg Salaquardas Schriften zu Arthur Schopenhauer*, hrsg. von K. Broese, M. Koßler und B. Salaquarda, Würzburg 2007, 229–252.

Sandkaulen, *Die Macht des Lebens und die Freiheit zum Tod*
Sandkaulen, Birgit: „Die Macht des Lebens und die Freiheit zum Tod: Spinozas Theorie des Suizids im Problemfeld moderner Subjektivität", in: *Deutsche Zeitschrift für Philosophie* 55/2 (2007), 193–207.

Scandella, *Did Nietzsche Read Spinoza?*
Scandella, Maurizio: „Did Nietzsche Read Spinoza? Some Preliminary Notes on the Nietzsche-Spinoza Problem, Kuno Fischer and Other Sources", in: *Nietzsche-Studien* 41 (2012), 308–332.

Scandella, *Zur Entstehung einiger Verweise auf Spinoza in Nietzsches Schriften*
Scandella, Maurizio: „Zur Entstehung einiger Verweise auf Spinoza in Nietzsches Schriften anhand der Quellen und des Heftes M III 1", in: *Nietzsche-Studien* 43 (2014), 173–183.

Schacht, *The Nietzsche-Spinoza Problem*
Schacht, Richard: „The Nietzsche-Spinoza Problem", in: *Desire and Affect: Spinoza as Psychologist, Papers Presented at The Third Jerusalem Conference (Ethica III)*, hrsg. von Yirmiyahu Yovel, New York 1999, 211–232.

Schacht, *Nietzsche's 'Will to Power'*
Schacht, Richard: „Nietzsche's ‚Will to Power'", in: *International Studies in Philosophy* 32/3 (2000), 83–94.

Schings, *Philosoph des Klassischen*
Schings, Hans-Jürgen: „Philosoph des Klassischen: Spuren Spinozas in Goethes Werk", in: ders.: *Zustimmung zur Welt: Goethe-Studien*, Würzburg 2011, 297–311.

Schmid, *Finalursachen in der frühen Neuzeit*
Schmid, Stephan: *Finalursachen in der frühen Neuzeit. Eine Untersuchung der Transformation teleologischer Erklärungen*, Berlin/New York 2011.

Schmidt, *Der 'naturforschende Pantheist'*
Schmidt, Alfred: „Der ‚naturforschende Pantheist': Die Rezeption Spinozas und seiner romantischen Wirkungsgeschichte im Werk Goethes", in: *Jahrbuch des Freien Deutschen Hochstifts*, Göttingen 2010 (2011), 103–134.

Schneider, *Spinoza in der deutschen Philosophiegeschichtsschreibung*
Schneider, Ulrich Johannes: „Spinoza in der deutschen Philosophiegeschichtsschreibung 1800–1850", in: *Spinoza in der europäischen Geistesgeschichte*, hrsg. von H. Delf u. a., Berlin 1994, 305–331.

Schulz, *Schopenhauers spinozistische Grundansicht*
Schulz, Ortrun: „Schopenhauers spinozistische Grundansicht", in: *Schopenhauer-Jahrbuch* 74 (1993), 51–71.

Seggern, *Nietzsche und die Weimarer Klassik*
Seggern, Hans-Gerd von: *Nietzsche und die Weimarer Klassik*, Tübingen 2005.

Simmel, *Schopenhauer und Nietzsche*
Simmel, Georg: „Schopenhauer und Nietzsche", in: ders.: *Aufsätze und Abhandlungen 1901–1908*, hrsg. von Alessandro Cavalli und Volkhard Krech, Bd. 2, Frankfurt a. M. 1993, 58–68.

Skowron, *Nietzsches 'Anti-Darwinismus'*
Skowron, Michael: „Nietzsches ‚Anti-Darwinismus'", in: *Nietzsche-Studien* 37 (2008), 160–194.

Soll, *Schopenhauer as Nietzsche's 'great teacher' and 'antipode'*
Soll, Ivan: „Schopenhauer as Nietzsche's ‚great teacher' and ‚antipode'", in: *The Oxford Handbook of Nietzsche*, hrsg. von Ken Gemes und John Richardson, Oxford 2013, 160–184.

Sommer, *Nietzsche anti Darwin*
Sommer, Andreas Urs: „Große Menschen züchten? Nietzsche anti Darwin", in: *Nietzsche – Macht – Größe: Nietzsche, Philosoph der Größe der Macht oder der Macht der Größe*, hrsg. von Volker Caysa und Konstanze Schwarzwald, Berlin/Boston 2012, 171–187.

Sommer, *Nietzsche's Readings on Spinoza*
Sommer, Andreas Urs: „Nietzsche's Readings on Spinoza: A Contextualist Study, Particularly on the Reception of Kuno Fischer", in: *The Journal of Nietzsche Studies* 43/2 (2012), 156–184.

Sommer, *Spinoza, Nietzsche und die Geschichte*
(Unpublizierte, teilweise abweichende deutsche Fassung des unter dem Titel „Nietzsche's Readings on Spinoza" zitierten Aufsatzes)

Sommer, *Kommentar zu Nietzsches Der Fall Wagner/Götzen-Dämmerung*
Sommer, Andreas Urs: *Kommentar zu Nietzsches* Der Fall Wagner/Götzen-Dämmerung (Nietzsche-Kommentar, Bd. 6/1), Berlin/Boston 2012.

Spierling, *Schopenhauer*
Spierling, Volker: *Arthur Schopenhauer zur Einführung*, Hamburg 2010 (^{1}2002).

Spindler, *Spinoza and Nietzsche*
Spindler, Fredrika: „Spinoza and Nietzsche: On Conatus and Will to Power. Critique and Affinities: An Introduction", in: *Spinoza in Nordic Countries*, hrsg. von Vesa Oittinen, Helsinki 2004, 187–202.

Spindler, *Philosophie de la puissance et détermination de l'homme*
Spindler, Fredrika: *Philosophie de la puissance et détermination de l'homme chez Spinoza et chez Nietzsche*, Göteborg 2005.

Springmann, *Macht und Organisation*
Springmann, Simon: *Macht und Organisation: Die Machtkonzeption bei Friedrich Nietzsche und in der mikropolitischen Organisationstheorie*, Berlin 2010.

Stambaugh, *The other Nietzsche*
Stambaugh, Joan: *The other Nietzsche*, Albany, New York, 1994.

Stegmaier, *Darwin, Darwinismus, Nietzsche*
Stegmaier, Werner: „Darwin, Darwinismus, Nietzsche. Zum Problem der Evolution", in: *Nietzsche-Studien* 16 (1987), 264–287.

Stegmaier, *‚Philosophischer Idealismus' und die ‚Musik des Lebens'*
Stegmaier, Werner: „‚Philosophischer Idealismus' und die ‚Musik des Lebens': Zu Nietzsches Umgang mit Paradoxien. Eine kontextuelle Interpretation des Aphorismus Nr. 372 der Fröhlichen Wissenschaft", in: *Nietzsche-Studien* 33 (2004), 90–128.

Stegmaier, *Nietzsches Befreiung der Philosophie*
Stegmaier, Werner: *Nietzsches Befreiung der Philosophie. Kontextuelle Interpretation des V. Buchs der Fröhlichen Wissenschaft*, Berlin/Boston 2012.

Turco Liveri, *Nietzsche e Spinoza*
Turco Liveri, Giuseppe: *Nietzsche e Spinoza: Ricostruzione filosofico-storica di un „incontro" impossibile*, Rom 2003.

Viljanen, *Spinoza's Geometry of Power*
Viljanen, Valtteri: *Spinoza's Geometry of Power*, Cambridge 2011.

Vogel, *Die Philosophie will ein Meisterstück machen*
Vogel, Ulrich: „,Die Philosophie will ein Meisterstück machen…': Spinoza, Pantheismus und Philosophie bei Kuno Fischer", in: *Societas rationis: Festschrift für Burkhard Tuschling zum 65. Geburtstag*, hrsg. von D. Hüning, G. Stiening und U. Vogel, Berlin 2002, 351–381.

Whitlock, *Boscovich, Spinoza and Nietzsche*
Whitlock, Greg: „Roger Boscovich, Benedict de Spinoza and Friedrich Nietzsche: The Untold Story", in: *Nietzsche-Studien* 25 (1996), 200–220.

Wiehl, *Nietzsches Anti-Platonismus und Spinoza*
Wiehl, Reiner: „Nietzsches Anti-Platonismus und Spinoza", in: *Affektenlehre und amor Dei intellectualis: Die Rezeption Spinozas im Deutschen Idealismus, in der Frühromantik und in der Gegenwart*, hrsg. von Violetta Waibel u. a., Hamburg 2012, 333–349.

Wittwer, *Selbsttötung als philosophisches Problem*
Wittwer, Héctor: *Selbsttötung als philosophisches Problem: Über die Rationalität und Moralität des Suizids*, Paderborn 2003.

Wollenberg, *Power, Affect, Knowledge*
Wollenberg, David: „Power, Affect, Knowledge: Nietzsche on Spinoza", in: *Nietzsche and the Problem of Subjectivity*, hrsg. von João Constâncio, Maria João Mayer Branco und Bartholomew Ryan, Berlin/Boston 2015, 65–94.

Wurzer, *Nietzsche und Spinoza*
Wurzer, William S.: *Nietzsche und Spinoza*, Meisenheim am Glan 1975.

Yovel, *Spinoza und Nietzsche*
Yovel, Yirmiyahu: „Spinoza und Nietzsche: *Amor dei* und *Amor fati*", in: ders.: *Spinoza: Das Abenteuer der Immanenz*, übers. von Brigitte Flickinger, Göttingen 1994, 284–320.

Yovel, *Transcending Mere Survival*
Yovel, Yirmiyahu: „Transcending Mere Survival: From *Conatus* to *Conatus Intelligendi*", in: *Desire and Affect: Spinoza as Psychologist, Papers Presented at The Third Jerusalem Conference (Ethica III)*, hrsg. von Yirmiyahu Yovel, New York 1999, 45–61.

Zittel, *Nachlaß 1880–1885*
Zittel, Claus: „Nachlaß 1880–1885", in: *Nietzsche-Handbuch: Leben – Werk – Wirkung*, hrsg. von Henning Ottmann, Stuttgart/Weimar 2000/2011, 138–142.

Personenregister

Abdo Ferez, María Cecilia 37
Abel, Günter 8, 9, 11, 12–13, 53, 59, 60, 63, 64, 65, 67, 77, 78, 89, 91, 95, 105, 147, 150, 155, 157, 160–161, 162
Alquié, Ferdinand 124
Ansell Pearson, Keith 105
Athene 19, 93
Avila Crespo, Remedios 8

Bagehot, Walter 162
Ballauff, Theodor 77
Bartuschat, Wolfgang 8, 28, 92, 114, 115, 117, 118, 121, 128, 131, 132–133
Bennett, Jonathan 129, 130
Benoit, Blaise 8
Bergson, Henri 1, 169
Bertino, Andrea Christian 77
Blumenberg, Hans 11, 12, 95, 115, 120, 123
Boehm, Timon 8
Borelius, Johan Jakob 47
Bošković, Ruđer 79, 99
Bourget, Paul 51
Bouriau, Christophe 27
Boyle, Robert 99
Brahe, Tycho 99
Brann, Henry Walter 27
Brobjer, Thomas 4, 5, 17, 22, 23, 28, 31, 32, 33, 34, 35, 38, 43, 44, 45–46, 49, 136
Broese, Konstantin 64, 65
Bruno, Giordano 19, 51
Brusotti, Marco 49, 57–58, 59, 148
Brutus 1
Burger, Rudolf 146
Busche, Hubertus 130

Cardanus (Gerolamo Cardano) 50
Christians, Ingo 78
Cicero 115
Clark, Maudemarie 8, 105
Cloeren, H. J. 95
Colerus, Jean 44
Colli, Giorgio 61
Conway, Daniel W. 85
Cook, Thomas 114
Curley, Edwin 120, 129, 130

Darwin, Charles 13, 88, 99, 105–106, 107, 108, 110–111, 112, 162
Decher, Friedhelm 59, 60, 61, 62–63, 66, 67
Delahunty, R. J. 115
Deleuze, Gilles 8, 36–37, 124, 146
Della Rocca, Michael 116, 117, 119, 127
Descartes, René 10–11, 12, 29, 118, 119, 145, 172
Detloff, C. 5
Diels, Hermann 79
Dilthey, Wilhelm 12, 115
Dühring, Eugen 14, 30, 31–32, 48, 122, 162
Düsing, Edith 105

Eckermann, Johann Peter 24, 26
Epikur 15
Emerson, Ralph Waldo 162
Empedokles 1, 40

Falckenberg, Richard 49
Fischer, Kuno 1, 2, 5, 14, 16–18, 22–23, 25, 26, 30, 34–39, 40, 42–47, 52, 53–54, 69, 72, 73–77, 81–83, 86, 94, 101, 102, 103, 106, 113, 122, 130, 134–143, 178–181
Fornari, Maria Cristina 80
Förster, Bernhard 157
Förster, Eckart 25
Förster, Elisabeth 157
Friedl, Herwig 29

Galileo Galilei 119
Garrett, Don 115, 129
Gawoll, Hans-Jürgen 3, 35
Gerhardt, Volker 8, 9, 10, 24, 28, 43, 53, 54, 55, 60, 68, 69, 72–73, 92, 162, 163, 169
Gessmann, Martin 107
Giesz, Ludwig 8
Gillot, Hendrik 33
Goedert, Georges 59
Goethe, Johann Wolfgang von 1, 14, 15, 24–27, 28, 29, 30, 33, 38, 40–43
Grosse Wiesmann, Hannah 8
Guyau, Jean-Marie 45, 101–102, 137, 144

Haar, Michel 60
Haeckel, Ernst 88, 99, 105
Han, Byung-Chul 169

Hardt, Michael 146
Hartley 50
Hartmann, Eduard von 30, 31, 45–46, 136–137
Hegel, Georg Wilhelm Friedrich 30, 37–38, 101
Heidegger, Martin 8, 9, 169
Heine, Heinrich 26, 28–30, 40
Heit, Helmut 152
Henrich, Dieter 12
Heraklit 1, 40, 79
Herder, Johann Gottfried 38, 77
Hobbes, Thomas 10, 11, 13, 101, 115, 126, 168
Höffding, Harald 49–51, 137
Holbach, Paul Henri Thiry d'(Holbach) 99
Huygens, Christiaan 99

Ioan, Razvan 8

Jacobi, Friedrich Heinrich 38, 42, 94
Janaway, Christopher 60
Jarrett, Charles 129
Jaspers, Karl 8, 54
Jesus Christus 1, 15, 29
Johnson, Dirk R. 105

Kant, Immanuel 4, 9, 15, 19, 39, 40–41, 47, 61, 167, 168
Kaufmann, Walter 8, 54
Kepler, Johannes 15, 24
Kisser, Thomas 127, 128
Klaiber, Tilo 4
Knebel, Karl Ludwig von 24, 41
Kopernikus (Copernicus) 99
Kranz, Walther 79

La Rochefoucauld, Francois de 19
Lamarck, Jean-Baptiste de 99
Lange, Friedrich Albert 30, 33, 106, 162
Lecky, William Edward Hartpole 44
Leibniz 9, 10–11
Levy, Oscar XIII
Liebmann, Otto 44–45, 136
Littré 58
Lodoli, Federico 8
Loukidelis, Nikolaos 169
Lynch, Kelly 94–95

Macherey, Pierre 120–121
Malthus, Thomas Robert 99, 110, 112
Mayer, Julius Robert 89–91
Mendelssohn, Moses 35, 94

Midgley, David 29
Mill, James 50
Mill, John Stuart 50, 80, 95
Mirabeau, Marquis de 1
Mittasch, Alwin 89, 90
Mittelman, Willard 54
Mohammed (Muhamed) 1
Mommsen, Momme 30
Montaigne, Michel de 15
Montinari, Mazzino 8, 35, 86
Moore, Gregory 105, 108, 110–111, 112, 149, 154
Moses 1
Müller, Severin 13
Müller-Lauter, Wolfgang 8, 76, 78, 108, 150
Münchhausen, Baron 28

Napoleon Bonaparte 41
Negri, Antonio 37
Newton, Isaac 10, 11, 18, 99, 119
Nietzsche, Friedrich *passim*

Odysseus 15
Overbeck, Franz XIII, 1, 15–16, 17, 18, 23, 33, 34, 38, 44, 45, 53, 83, 93–94, 122, 135, 136
Owen, David 8–9

Pascal, Blaise 1, 15
Patzer, Andreas 33
Pethick, Stuart 8
Platon 1, 9, 15, 19, 26, 87, 97–98
Prechtl, Peter 130

Rappaport, Samuel 27
Rée, Paul 30, 32–33, 55, 80, 105, 106
Reginster, Bernard 105
Rehmann, Jan 146
Reschke, Renate 21
Rhode, Erwin 33
Rice, Lee 129
Richardson, John 8, 9, 105, 107
Ritter, Heinrich 37
Roberty, E. (Eugène) de 45
Rolph, William Henry 97–98, 102–103, 105–106, 108–113, 144, 149, 154, 156
Rousseau, Jean-Jacques 4, 15, 168
Roux, Wilhelm 76–78, 105–106, 108, 150
Rovere, Maxime 121
Rupschus, Andreas 8, 35, 46, 47, 48, 86

Saar, Martin 37, 100
Salaquarda, Jörg 66
Salis, Meta von 52
Salomé, Lou von 33
Sandkaulen, Birgit 123
Scandella, Maurizio 2, 5, 24, 34, 35, 40, 42, 46, 48, 49, 51, 79, 101, 102, 138, 178
Schaarschmidt, Karl 48, 134–135
Schelling, Friedrich Wilhelm Joseph 28, 37–38, 52
Schings, Hans-Jürgen 25
Schirnhofer, Resa von 51–52
Schmeitzner, Ernst 33
Schmid, Stephan 129
Schmidt, Alfred 25
Schneider, Ulrich Johannes 35, 37, 38, 48
Schöll, Adolf 24, 40, 41, 42
Schopenhauer, Arthur 4, 7, 10, 12, 13, 15, 19, 20, 24, 25, 27–28, 31, 33, 47, 52, 55, 60–71, 72–73, 83, 92, 96, 105, 162, 165, 166, 167, 168
Schultze, Fritz 33
Schulz, Ortrun 27
Seggern, Hans-Gerd von 25, 42
Seneca 115
Seydlitz, Reinhart von 33
Simmel, Georg 60
Skowron, Michael 106
Soll, Ivan 60
Sommer, Andreas Urs 5, 8, 40, 41, 47, 48–49, 80, 82, 83, 100, 101, 102, 103, 105, 106, 112, 146
Spencer, Herbert 58, 80, 88, 99, 101–102, 105, 162

Spierling, Volker 61, 66
Spindler, Fredrika 8
Spinoza *passim*
Spir, African 30, 33–34, 48–49
Springmann, Simon 28
Stambaugh, Joan 4
Stegmaier, Werner 3, 8, 35, 46–48, 86, 94, 98, 99, 103, 105, 146
Stein, Charlotte von 24
Stern, William 130

Teichmüller, Gustav 45, 46
Trendelenburg, Adolf 35, 46–47, 48
Turco Liveri, Giuseppe 17

Ueberweg, Friedrich 30–31

Viljanen, Valtteri 37
Vogel, Ulrich 38, 39
Voltaire 18

Whitlock, Greg 79
Wiehl, Reiner 16
Wittwer, Héctor 123
Wolff, Christian 130
Wollenberg, David 3
Wurzer, William 5, 8, 22, 32, 33, 34, 45, 135, 146

Yovel, Yirmiyahu 2, 4, 8, 43, 127, 148

Zarathustra 1
Zittel, Claus 6

Sachregister

Affekte *siehe* Grundaffekte
All-Einheits-Gedanke 43
Also sprach Zarathustra 7–8, 53, 59, 60, 67–68, 73, 82, 83–85, 147, 148, 157–158, 166
Altruismus 50, 121–122
amor Dei intellectualis 4, 46
amor fati 3–4
An Goethe 41
Anthropomorphismus 128, 171
Der Antichrist 2, 20, 153, 154, 157, 158, 159
Anti-Darwinismus 106, 107, 111–112
appetitus 23, 69, 125, 126, 131, 132, 135, 141, 172
argumentum ad hominem 18–19
Arterhaltung 54, 57–59, 63, 107, 108
Auslese, natürliche 99, 107–108, 113; *siehe auch* Selektion
Auslösungskausalität 89–90

Begierde 16, 58, 74, 75, 83, 115, 125, 131, 136–137, 139–143, 173, 178, 180
„Begriffs-Albinos" 2, 51
Beharrungsvermögen 124, 126, 128, 138
Bevölkerungstheorie, Malthus'sche 110, 112
Bewegung 73, 118–120, 161, 163
Bewusstsein 61, 82, 118, 124–128, 132
Bibliothek, Nietzsches 28, 33, 34, 48, 49, 76, 101, 108
Biologische Probleme 102–103, 108–111, 113, 144, 149
Bosheit, uninteressierte 19, 49

causa sui-Begriff 28, 31, 171
causae finales 122–123, 130; *siehe auch* Zweckursachen
„Centralisation" 75–77
Christentum 154
conatus-Begriff 115, 118, 119, 125
conatus-Lehre 10–11, 95, 100, 114–133, 134–145
– ethische Implikationen der 121–123
– Grundlagen der 114–121
– Nietzsches Rezeption der 23, 69, 100, 105, 122, 134–145, 178
– Stellung bei Spinoza 114–115
– teleologische Grundannahmen der 129–133

– und Machtsteigerung 123–128
– und Wille zur Macht 146–147
conservare 120
creatio continua 11, 12, 95

Darwinismus 55, 61, 70, 76, 80, 87–88, 98–103, 105–113, 162, 165, 166, 167, 168
– englischer 98, 101–102, 105, 106
– Kritik am 89, 100, 102, 103, 105–113
Décadence 64, 154
Denken und Wirklichkeit 33–34, 48
Ding
– als Macht 117–118
– Begriff des ~s 116
– Einzelding 116–117, 121, 123–127
– Erhaltung des ~s 11, 46, 116–117, 138–139
– Streben des ~s 117–121, 144
– Verharren des ~s 114–120, 138
Ding an sich 61–63, 65–66, 67
Dividuum 79

Egoismus 32, 49–50, 55, 63, 81, 122, 136, 153
Einsamkeit 16
Energieerhaltung, Satz der 10–11, 89–90
Erhaltungsbedingungen 85, 153–154, 160
Erhaltungsgedanke 11–12, 57, 59–60, 61–64, 89, 105, 147, 157
Erhaltungsgesetze 159–160, 161
Erhaltungskausalität 89–90
Erhaltungsstreben 115–116, 147, 150–151
– des Dings 116–118
Erhaltungstrieb 68, 86, 151–152
Erkenntnis 16–18, 61–62, 64, 66, 81–82, 137, 141–142, 170, 178–179
– als mächtigster Affekt 15–16, 18
– Konzeption 3, 75, 137
Erkenntnistrieb 82
Ernährung 109, 111, 150; *siehe auch* Nahrung
Ethik 5, 14, 25, 27, 30–31, 35, 43, 94, 114–126, 128, 129–132, 178–180
Ethik der Bejahung 3–4
Evolution 101–102, 107–113
Ewige Wiederkunft des Gleichen 3, 17, 66, 79

Fortpflanzung 58, 63–64, 108–109, 152
Freude 115, 125–126, 127, 139

Die Fröhliche Wissenschaft 14, 17, 20, 51, 55, 56–59, 70, 97–104, 167

Gattung, Erhaltung der 57–60, 63–64, 68, 80, 159
Genealogie 1, 94, 99–100
Genius
– Begriff des 26, 53
– wissender 15, 26
Gerechtigkeit 55, 92–93
Geschichte der neuern Philosophie 2, 22–23, 34–39, 73, 135, 138–142, 178–181
Geschichte der Religion und Philosophie in Deutschland 29–30
Geschichte des Materialismus 33, 106
Gewissen 19–20, 36
Gier 45
Glaube 3, 100
Glück 50
Goethe- und Schiller-Archiv 23, 170
Gott 18, 20, 26, 31, 36, 47, 122, 130–131, 170–173; *siehe auch* Glaube; Macht Gottes
– jüdisch-christlicher 2, 41, 51
– Tod Gottes 100
Gottesbeweis 11
Götzen-Dämmerung 42, 112, 158–159
Grausamkeit 19, 49, 137–138
Grundaffekte 125–126
Grundriss der Geschichte der Philosophie von Thales bis auf die Gegenwart 30–31
Gut und Böse 3, 20, 32, 36, 122, 141, 178

Handeln 24, 49, 75, 82, 121, 135, 178
– Theorie des ~s 129–132
– zielgerichtetes 90, 131–132
„Heerdentrieb" 80–81, 181
Hegelianismus 39
Herdenmensch 82, 160
Herrschaft 10, 56, 78, 83–84, 151, 168
Herrschaftsverhältnisse 70, 84
Herzogin Anna Amalia Bibliothek 45
Hunger 149–150

Idealismus, deutscher 27–28, 37–39, 66, 94
Illusionierung 164
Immanentisierung 12
Imperativ, kategorischer 159
in se esse 119
„Inconsequenz Spinoza's" 18, 46–48, 87, 93, 95, 123, 172

Individualität 81–83, 145, 149, 164, 165, 166
– lebendige 71, 73, 79, 144
Individuum 10, 55, 56, 58–60, 77–82, 91–92, 114–115, 116–117, 120–121, 126–128, 132–133, 136, 149, 150–157, 162–164

Jenseits von Gut und Böse 18–19, 46, 69–70, 87–97, 107, 152, 166–167

Der Kampf der Theile im Organismus 76–77
„Kampf um Lebensmehrung" 102–103, 108–109
„Kampf ums Dasein" 98–100, 102–103, 107–110, 112, 113, 156
„Kampf ums Leben" 103, 106–110, 112
Kampf ums Überleben 113
Kausalität 89–90; *siehe auch* Auslösungskausalität
– des Willens 96–97
Kausalprinzip 90, 96, 97
Körper 119–120
und Geist 124–125, 127, 171–172
Kraft 11, 56, 76–79, 119
– Auslassen von 86–87, 89–92, 95
– Begriff der 90, 127, 161
Kraftpotential 89–90
Krieg 109
– aller gegen alle 63
Kritische Geschichte der Philosophie 48

La morale d'Épicure 101
Leben 84–85, 152–154, 162–163; *siehe auch* Wille zum Leben
– als Wille zur Macht 87, 89, 94, 95, 97, 98, 111, 158
– Begriff des ~s 63, 157–158
– vernunftgemäßes 179
– Wert des ~s 32
Lebendiges 55, 57, 75–76, 78–79, 81–82, 84, 86–87, 91, 106–107, 112, 144, 158, 168
Lebenskampf 102–103, 109
Lebensmehrung 102, 108–109, 111–112
Lebenswille 98, 156, 158
Leib 55, 61–62, 66, 82, 155
– als Erscheinung des Willens 62
Leiblichkeit 3, 61–62
Leidenschaft 16, 26, 74–75, 81, 179–180
L'irréligion de l'avenir 101, 137, 144
Lust 172–173
– Erklärung von 58–59

– und Machtgefühl 58–59, 91
– und Unlust 50, 68–69
– Willen zur 69

Macht 92–93; *siehe auch* Wille zur Macht
– Begriff der 36, 54–55, 72, 146; *siehe auch* Machtkonzeption
– Natur menschlicher 54, 55, 72, 75, 140
– Problem der 4
– strebende 128
– und Recht 92
– und Tugend 140–142, 143
– zur Selbsterhaltung 135
Macht Gottes 116–117
Machtdynamik 59, 157–159, 164, 168–169
Machterhaltung 143
Machterweiterung 98, 102, 111–112, 140, 143, 147
Machtgefühl 54–58, 84–85, 91–92, 141
Machtgewinn 84–85, 162, 163–164
Machtkonzeption 6–7, 53–54, 59, 92, 103–104, 146; *siehe auch* Macht, Begriff der
1880er Jahre 7, 147–148, 156–157
– frühe vs. späte 54
– Profilierung der 53
– Spinozas 8, 28, 36–37, 92, 141, 146
Machtminderung 125, 140
Machtsteigerung 7, 10, 12–13, 24, 36, 54–57, 59–60, 72–73, 83, 92, 99, 102–104, 123–129, 134–135, 136, 138–139, 140, 142–144, 146–151, 154–155, 157–159, 163–164, 165–168; *siehe auch* Selbsterhaltung, und Machtsteigerung
Machttheorie Spinozas 4–5, 52, 53–54, 117, 135, 142, 178
– Fischers Interpretation 36–37
Machtverständnis, Nietzsches 7, 28, 83, 143
– Entwicklung 54–56
Machtzuwachs 56, 78, 82
Makranthropos 62, 66
mathematische Methode 25–26, 29, 31, 93; *siehe auch* mos geometricus
Menschliches, Allzumenschliches 14–15, 26, 28, 29, 30, 32, 33, 54–55, 68
Metaphysik 9, 69, 100, 169
– hermeneutische 62, 65–66
– Spinozas 28, 30, 100, 113
Mitleid 19, 137–138
Mitleidsmoral 19
Mitschriften 23–24, 25, 48, 134–135, 170–175

Monismus, Spinozas 88
Moral 18, 55–56, 101–102, 151
– christliche 41, 152
Moralkritik 3
– genealogische 20
– Spinozas 3, 14, 32–33, 35, 50–51
Morgenröthe 2, 14–15, 26, 54–57, 61, 72, 91
morsus conscientiae 20, 36
mos geometricus 14, 19, 25–26, 29, 115–116; *siehe auch* mathematische Methode

Nachlass, Nietzsches 4–5, 6, 8, 14, 40, 144–145
Nahrung 58, 78, 123, 150, 153
– ~smangel 108–109, 110–111, 156
– ~süberfluss 108–109, 110
Natur 58, 62, 64, 77, 102–103, 112–113, 128, 130, 131, 139–141
– Begriff der 41, 77
– bei Spinoza 115
– menschliche 77, 125, 139
– Überfluss in der 98, 102, 111, 112, 156
Naturalismus
– kausalistischer 39
– kritischer 33
„Naturforscher" 94, 95, 98, 99, 103
Naturrecht 49
Naturtheorie, Spinozas 115
Naturwissenschaft 10–11, 42, 94–95, 96, 98, 99
Nietzsche-Forschung 8, 106, 146–147, 161, 165
Nietzschestraße XIII
Nihilismus 64
Notwehr 97, 102, 155–156

Ockham's Rasiermesser 95
Opfertod 155
Optimismus 27
Organismus 76–78, 80, 82, 109, 150–151

„palintropos harmoniè" 79
Pantheismus 26, 27, 29, 30, 33–34, 79
perseverare 120
Pessimismus 63, 64, 66
Phaidon 14
Phänomenologie des sittlichen Bewusstseins 45, 136–137
Philosophie des Unbewussten 31
Philosophiegeschichte 1, 9, 24, 37, 39, 47–48, 167–168

Physiologie 86–88, 96, 99
– Kritik an der 88–89, 91, 97–98, 107
potentia 116, 118, 135, 141
Die praktische Vernunft bei Aristoteles 46
Principia Philosophiae 118–119
The Principle of Population 110
Prinzipiensparsamkeit 96
Protoplasma 111, 149–150
Psychologie in Umrissen auf Grundlage der Erfahrung 49–51, 137
Q
Quellen zu Spinoza 4–7, 22–52, 86, 95, 101, 134–142, 170–177, 178–181; *siehe auch* Sekundärquellen

Rationalismus, Spinozas 2, 3, 17–18, 31, 35, 42, 81, 116, 117, 137, 143, 145; *siehe auch* Selbsterhaltungsprinzip, rationalistisches
Rationalität, neuzeitliche 11–12, 64–65
Recht
– natürliches 115
– und Macht 28, 55, 92–93, 115
Die romantische Schule 28–29

Schaarschmidt-Vorlesung 23–25, 48, 134–135, 170–177
Schuld 36, 64
Schwäche 78, 84, 152–156, 159
Seele 26–27, 47, 68–69, 79, 82, 171–172
– Unsterblichkeit der 31
„Seelen-Atomistik" 79
Seelen-Geschichte 15, 26–27
Seelen-Monas 149–150
Sekundärquellen 4–5, 22, 40, 48, 106, 168; *siehe auch* Quellen zu Spinoza
Selbst, Konzept des 13, 75, 79, 82, 149–150, 155, 157–158; *siehe auch* Subjekt
Selbstbewahrung 112, 142, 143, 151
Selbsterhaltung; *siehe auch conatus*-Lehre
– als Implikation des Willens zur Macht 86–87, 91, 98, 147–164, 166–167
– als Minimalform des Willens zur Macht 97–99, 148, 156, 159
– als Notwehr 97, 155–156
– als sekundäres Phänomen 83–86, 98–99, 103–104, 148–149, 156–157, 165
– Kunst der 152–153
– Not der 55
– Primat der 57, 59
– Typologie der 148–156

– und Luststreben 69
– und Machtsteigerung 24, 36, 53–60, 63–64, 72, 103, 123–128, 135, 136–137, 139, 140, 143, 146–151, 154–155, 157–159, 163–164, 165–166, 168
– und Wille zur Macht 7–13, 72–104, 146–152, 156–160, 163–164, 165–167
Selbsterhaltungsprinzip
– als Grundsatz der Vernunft 73–74
– bei Hobbes 11, 115, 168
– bei Schopenhauer 61–65, 67–69, 70, 166
– darwinistisches 55, 105–108, 112, 166
– Kritik am 53, 61, 71, 72–83, 84–104, 156–157, 158–159, 160–163, 166–167
– negatives 47, 138
– neuzeitliches 6, 7, 9–13, 53–54, 61, 70–71, 87, 103–104, 112, 114, 145, 147, 156–157, 165–167
– rationalistisches 73–83
– Rehabilitierung des ~s 13
– teleologisches 94–95, 97
Selbsterhaltungsstreben 23, 80–81, 114–117, 121–122, 125, 127–128, 132–133, 134–135, 172
– und Wertsetzungen 122
Selbsterhaltungstrieb 55, 58, 65, 87–89, 90, 107, 108, 148, 150–153, 155–156, 163, 167
– als Einschränkung des Willens zur Macht 97
– als teleologisches Prinzip 18, 46, 87, 93–95, 132
– bei Spinoza 18, 46, 87, 93–95, 99, 136–137
Selbsterlösung 152
Selbsterweiterung 109, 149–150, 155, 158–159
Selbstgestaltung 42–43, 128
Selbstmord 57, 64, 84–85, 123, 155, 164
Selbstopfer 57, 155, 164
Selbstreflexivität 126–127
Selbstsucht 153
Selbsttötung *siehe* Selbstmord
Selbstübersteigung 13, 155, 157
Selbstüberwindung 67–68, 78, 85, 147, 149, 157–158
Selbstverteidigung 55, 112, 153
Selbstwerdung 152–153
Selbstzerstörung 123, 138
Selektion 107, 146; *siehe auch* Auslese, natürliche
Sils-Maria XIII, 1, 14, 15, 34
Sittengeschichte Europas von Augustus bis auf Karl den Grossen 44

Sozialdarwinismus 105
Spinoza; *siehe auch* Quellen zu Spinoza
– als Vorgänger Nietzsches 1–2, 3, 15, 92, 93–94
– Leben und Werk 1–2, 38–39
– Nietzsches Lektüre von 4–6, 22
– Nietzsches Umgang mit 1–2
– Werkausgaben 37
Spinoza-Bild, Nietzsches 2–3, 6–7, 20, 24–27, 31, 32, 33, 35, 51
– Abgrenzung von Goethe 25–26, 40–43
– Entwicklung 14–21
– esoterisches 3
– exoterisches 3
– positives vs. negatives 2–3, 14–15, 51
Spinoza-Rezeption 1–8, 54, 167
– des 18. Jahrhunderts 38
– des 19. Jahrhunderts 37–38
– Fischers 34–39
– Goethes 24–27
– Heines 28–30
– Nietzsches indirekte 6, 22–52, 134–145
– Schopenhauers 27–28
Spinozismus 1, 4, 33, 37–38, 94, 101
– Goethes 15, 24–27, 29, 38, 40, 42–43
Stärke vs. Schwäche 78, 84, 152–155
status quo, Wahrung des 81, 108, 109, 112–113, 128, 138, 144–145, 155, 162–163
Steigerung der Kräfte 55–56, 67, 108, 110–111
Steigerungsdynamik 10, 12, 57–60, 91–92, 143, 155, 156, 159–160, 163, 168–169; *siehe auch* Machtsteigerung; Wachstum
Stillstand 73, 144, 145, 161–163
Stillstandsargument 161–163
Stoa 44, 77, 115
Stoffwechsel 109, 121
Streben 74
– nach Herrschaft 83–84
– in seinem Sein zu verharren 11, 23, 48, 114–121, 135
„struggle for life" 80, 105, 106–107, 112
„struggle for existence" 76, 99, 110
Subjekt 64, 70, 123, 145; *siehe auch* Selbst, Konzept des
– ~begriff 71, 143, 149, 152, 162–163, 166
– beharrliches 13, 75
– bewusstes 61
– erkennendes 61–62, 65
– unveränderliches 78, 81–83
Subjektivismus 32

Substanzmetaphysik, Spinozas 27–28, 30, 31
Suizid *siehe* Selbstmord

Teleologie 12, 18, 58, 107, 122–123, 129–133
– Anti-~ 1, 12, 46–47, 88; *siehe auch* Teleologie-Kritik
– Begriff der 130
– menschlichen Handelns 129–130, 132
Teleologie-Kritik 31, 35, 46–47, 76, 86–87, 93–95, 152
Theologie, politische 92
Tod 44, 84–85, 155, 164; *siehe auch* Selbstmord
– Angst vor dem 64
Trägheitsprinzip 11, 119, 120, 123
Trauer 115, 125–126
Trieb 125, 132; *siehe auch* Grundaffekte; Selbsterhaltungstrieb
– Begriff des ~s 125, 131–132
Triebe 77, 78, 150–155
– böse 18
– Grund~ 63, 65, 136
– Kampf der 17, 18, 79, 151
– Natur der 72
Triebgefüge 80–81
Triebökonomie 91, 148–149, 150–155
Tugend
– und Macht 74, 115, 140–142, 143
– und Selbsterhaltung 49, 73, 74, 121–122, 136–137, 141, 143, 179

Überleben 69, 70–71, 103, 106–108, 110, 112–113, 142, 156, 159
Übermensch 59, 153, 160
Übervölkerung 110, 113
Ueber Auslösung 89
Ueber die vierfache Wurzel des Satzes vom zureichenden Grunde 28
Ueber Spinoza's Grundgedanken und dessen Erfolg 46
Umwelt
– Anpassung an die 107, 112
– bedrohliche 138
Umwertung aller Werte 157, 160
Universalismus 128
Utilitarismus 45, 80, 100–102
– englischer 100–102
– Kritik am 58

Veränderung 144–145, 160–162
Vergänglichkeit 145
Vernatürlichung 77, 82
Vernunft als „Centrum" 75–76, 77–78, 83
Vernunftkonzeption Spinozas 3, 17–18, 73–76, 79, 81–83, 142, 143, 145, 179
Verschiedenheit 76–77
Verteidigungskampf 108–109
vis inertiae 11, 46, 123
Voregoismus 80, 181
Vorlesungsmitschriften *siehe* Mitschriften; Schaarschmidt-Vorlesung
Vorsokratiker 20
Vorurteil 130–131, 180

Wachstum 108–109, 158–160
Wachstumsbedingungen 154–155
Die Welt als Wille und Vorstellung 27, 61
Werden, Philosophie des ~s 144–145, 147, 160
Werte 153; *siehe auch* Umwertung aller Werte
– moralische 55
– Relativität von ~n 3, 122
– Theorie der 32
Der Werth des Lebens 31–32
Wille
– als Ding an sich 62–63, 67
– bei Schopenhauer 61–65
– Konzeption 68, 96, 115, 125, 180
– Selbstaufhebung 64–65

– Stufen der Objektivation 62–63, 64
Wille zum Leben 60–71
– Konzeption 63
– Nietzsches Kritik 67–71
– und Wille zur Macht 60–61, 65–67
Wille zur Macht
– als „Wille des Lebens" 98, 157–158
– Differenz zum *conatus* 146–147
– Konzeption 7–13, 17, 37, 53–55, 56, 60, 72, 83–84, 107–108, 111–113, 139–140
– Restriktion 98, 112
– und Selbsterhaltung 86–104, 146–164
– und Wille zum Leben 60–61, 65–67
– Verfallsform 98–99
Der Wille zur Macht 41, 156, 160
Willensfreiheit 32–33, 44, 48, 96, 172, 180
Willensverneinung 64–65
Die wirkliche und die scheinbare Welt 46
Wohlgefühl 57–58

Zur Analysis der Wirklichkeit 44, 136
Zur Genealogie der Moral 2, 3, 19–20, 49, 50–51, 137–138, 153
Zur Geschichte der Religion und Philosophie 29–30
Zweckgerichtetheit vs. Zweckursächlichkeit 129–131
Zweckursachen 129–133

www.ingramcontent.com/pod-product-compliance
Lightning Source LLC
Chambersburg PA
CBHW080411230426
43662CB00016B/2369